Große Insolvenzrechtsreform 2006
Synopsen – Gesetzesmaterialien – Stellungnahmen – Kritik

Schriften zum deutschen,
europäischen und internationalen
Insolvenzrecht

S-INSO Band 4

Schriften zum deutschen,
europäischen und internationalen
Insolvenzrecht

Herausgegeben von

Professor Dr. Stefan Smid, Kiel
Rechtsanwalt Dr. Mark Zeuner, Hamburg
Rechtsanwalt Michael Schmidt, Berlin

S-INSO Band 4

W DE G RECHT

De Gruyter Recht · Berlin

Große Insolvenzrechtsreform 2006

Synopsen – Gesetzesmaterialien – Stellungnahmen – Kritik

Herausgegeben von Stefan Smid

Mit Beiträgen von
André Houben, Stefan Smid,
Silke Wehdeking, Mark Zeuner

W DE G RECHT

De Gruyter Recht · Berlin

∞ Gedruckt auf säurefreiem Papier,
das die US-ANSI-Norm über Haltbarkeit erfüllt.

ISBN-13: 978-3-89949-332-0
ISBN-10: 3-89949-332-X

Bibliografische Information Der Deutschen Bibliothek

Die Deutsche Bibliothek verzeichnet diese Publikation in der Deutschen Nationalbibliografie; detaillierte bibliografische Daten sind im Internet über http://dnb.ddb.de abrufbar.

Printed in Germany
Umschlaggestaltung: Christopher Schneider, Berlin
Datenkonvertierung/Satz: WERKSATZ Schmidt & Schulz GmbH, Gräfenhainichen
Druck und Bindung: Hubert & Co., Göttingen

Vorwort

Der Verlag De Gruyter Rechtswissenschaften und die Herausgeber der Schriften zum deutschen, europäischen und internationalen Insolvenzrecht (S-INSO) haben sich entschlossen, Materialien und Kommentare zu der von der Bundesregierung geplanten umfassenden Reform des Insolvenzrechts in diesem Band dem Publikum in handlicher Weise zugänglich zu machen.

Schwerpunkte der Reform und Einzelfragen werden in den Beiträgen der Autoren dieses Bandes erörtert. Sie bedarf als Ganzes einer bewertenden Einführung.

Wir hoffen, damit die Arbeit mit den verstreuten Entwürfen und Materialien zu erleichtern und zugleich einen kritischen Beitrag zur Reform zu leisten.

Kiel, im April 2006 *Stefan Smid*

Inhaltsverzeichnis

Einleitung

Stefan Smid

Drei Gesetzesentwürfe der Bundesregierung zur grundlegenden Reform des Insolvenzrechts sind der Öffentlichkeit bekannt geworden. Sie betreffen sowohl im allgemeinen das Insolvenzverfahrensrecht, das schwerpunktmäßig die Unternehmensinsolvenz betrifft[1] als auch die Reform der Insolvenzverfahren, die über das Vermögen natürlicher Personen eröffnet werden und das Recht der Entschuldung bzw. der Restschuldbefreiung.[2] Seit über einem Jahr wird hochkontrovers über das Recht der Insolvenzanfechtung gestritten.[3] Es ist keine Übertreibung, wenn behauptet wird, dass beide Entwürfe radikale Einschnitte in den bisherigen Gesetzeszustand nach sich ziehen werden.

Überwiegend verdienen die geplanten Änderungen Zustimmung.

Die Änderungen im Recht der Insolvenz natürlicher Personen entlasten das Insolvenzrecht von sachfremden Fragestellungen. Nach zwanzig Jahren der Diskussion darüber, wie eine Entschuldung natürlicher Personen mit Instrumentarien des Insolvenzrechts zu verwirklichen sei[4] gelangt der vorliegende Entwurf eines Gesetzes zur Entschuldung völlig mittelloser Personen und zur Änderung des Verbraucherinsolvenzverfahrens zu dem Ende, diese Fragen wenigstens dort aus dem Insolvenzrecht herauszunehmen, wo das Vermögen des Schuldners die Mittel zur Finanzierung von Insolvenzverfahren keinesfalls hergibt. Werden die geplanten Änderungen Gesetz wird damit die Reform der Jahre 1994/1999 in erheblichem Umfang auf ein vernünftiges Maß zurückgesetzt und deutlich, dass die *discharge* natürlicher Personen dem Gebiet des materiellen bürgerlichen Rechts und des Zwangsvollstreckungsrechts angehört: Es geht um die Fortdauer der Schuld, nicht um die Haftung.[5] Dass der Gesetzgeber indes nicht radikal verfährt und das Insolvenzrecht auch positiv-rechtlich entlastet und diese Fragen nicht im bürgerlichen Recht und im Zwangsvollstreckungsrecht, sondern in der InsO regelt, kann über diesen Befund nicht hinwegtäuschen.

---

1 Gesetzesentwurf der Bundesregierung, Entwurf eines Gesetzes zur Vereinfachung des Insolvenzverfahrens v. 8.2.2006.

2 Entwurf eines Gesetzes zur Entschuldung völlig mittelloser Personen und zur Änderung des Verbraucherinsolvenzverfahrens v. 2.3.2006.

3 Entwurf eines Gesetzes zum Pfändungsschutz der Altersvorsorge und zur Anpassung des Rechts der Insolvenzanfechtung v. 12.8.2005.

4 *Ackmann*, Schuldbefreiung durch Konkurs?, 1981/1982, passim; *Smid*, in: Leipold (Hrsg.), Insolvenzrecht im Umbruch, 1991, 139 ff.

5 Zum Ganzen *Häsemeyer*, Insolvenzrecht, 3. Aufl., 2003, Rn. 1.01 ff.

Ob die Mittel, derer sich der Entwurf zur Erreichung dieser Ziele bedient, unbedingte Zustimmung verlangen, mag nach alledem dahinstehen. Ob namentlich die Insolvenzgerichte wirklich eine substantielle Entlastung erfahren werden, ist zu diskutieren, wird sich gewiss aber erst in praxi erweisen. Zweifel daran sind aus der Praxis laut geworden; hier wird ein Alternativvorschlag gemacht.

Anders dagegen stellt der Entwurf des Gesetzes zur Vereinfachung des Insolvenzverfahrens keinen großen Wurf dar. In diesem Gesetzesentwurf werden einige Probleme des allgemeinen Insolvenzrechts behandelt. Ein lange überfälliger Schritt ist die Vereinfachung der Veröffentlichung insolvenzgerichtlicher Entscheidungen über das Internet, mit dem das deutsche Recht das Niveau ausländischer Rechte (namentlich des österreichischen[6]) erreicht. In der Diskussion um die Verwalterauswahl soll zwar kein legislatorisches Machtwort gesprochen werden, doch werden falsche Erwartungen mit guten Gründen zurechtgestutzt.[7] Die Behandlung des Eröffnungsverfahrens, dessen Ausgestaltung im europäischen Ausland Erstaunen, aus Gesichtspunkten des EU-Beihilferechts Bedenken[8] und im Inland bei einigen Insolvenzgerichten[9] ebenso komplizierte wie abwegige Konstruktionen veranlasst wird durch den Gesetzesentwurf eher zögerlich und wenig überzeugend behandelt. Schließlich scheut der Gesetzgeber davor zurück, das Insolvenzplanverfahren als dringend erforderliches Mittel zur Reorganisation angeschlagener Unternehmen zu vereinfachen.

Offen bleibt die Frage, welches Schicksal der seit Anfang 2005 beabsichtigte Eingriff in die §§ 133, 131 InsO nehmen wird; nach einer eindeutig ablehnenden Stellungnahme des Bundesrates hat die Bundesregierung repliziert; beide Verfassungsorgane stehen in einem rechtsdogmatischen Diskurs über Fragen des Insolvenzanfechtungsrechts, von dessen Ausgang freilich weniger dramatische Folgen ausgehen werden[10] als manch aufgeregte Stellungnahme im Jahr 2005[11] es erwarten ließ.

Vielleicht nicht mehr Perle bundesdeutscher Gesetze ist es doch zu hart, die InsO als Abbruchhalde abzutun.[12]

Das Insolvenzrecht wird mit diesen Regelungen in erheblichem Maße umgestaltet. Wegen der sachlich notwendigen Änderungen ist dies zu begrüßen. Sie sind freilich kein Anzeichen erforderlicher Modernisierung[13]. In den vergangenen Jahren hat die

---

6 Zur Öst. Insolvenzdatei: *Mohr* ZIK 1999, 156; *Konecny*, in: *ders.* (Hrsg.), Insolvenzforum 2001, Wien 2002, 84.
7 Vgl. neben *Kleine-Cosack/Prütting/Holzer*, Auswahl des Insolvenzverwalters, 2001, passim; *Wieland* ZIP 2005, 233 ff.
8 *Cranshaw*, Einflüsse des Europäischen Rechts, insbesondere des Beihilferechts, auf das Insolvenzverfahren und das Insolvenzplanverfahren, 2006.
9 Krit. Smid DZWIR 2004, 265, 267.
10 So *Smid* DZWIR 2005, 414 ff.
11 *Förster* ZInsO 2005, 785.
12 So aber *Pape* ZInsO 2005, 842.
13 *Paulus* (ZIP 2005, 2301 ff.) Stellungnahme vermögen wir nicht zu teilen.

Reform des Insolvenzrechts freilich viele Verunsicherungen, ad-hoc-Theorien und eine Loslösung des Insolvenzrechts aus dem Sinnzusammenhang der Gesamtrechtsordnung hervorgerufen oder befürchten lassen.[14] Daher sei ein Ausblick auf die Zeit nach Verwirklichung der geplanten Änderungen gestattet. Der Gesetzgeber tut gut daran, in das künftige Insolvenzrecht Ruhe einkehren zu lassen und der Rechtsprechung allfällige Korrekturen zu überlassen.

---

14 Vgl. die Bedenken bei *Smid* DZWIR 2004, 1.

I. Synopse zur Änderung der Insolvenzordnung[1]

§ 4a Stundung der Kosten des Insolvenzverfahrens	– gestrichen –

(1) Ist der Schuldner eine natürliche Person und hat er einen Antrag auf Restschuldbefreiung gestellt, so werden ihm auf Antrag die Kosten des Insolvenzverfahrens bis zur Erteilung der Restschuldbefreiung gestundet, soweit sein Vermögen voraussichtlich nicht ausreichen wird, um diese Kosten zu decken. Die Stundung nach Satz 1 umfasst auch die Kosten des Verfahrens über den Schuldenbereinigungsplan und des Verfahrens zur Restschuldbefreiung. Der Schuldner hat dem Antrag eine Erklärung beizufügen, ob einer der Versagungsgründe des § 290 Abs. 1 Nr. 1 und 3 vorliegt. Liegt ein solcher Grund vor, ist eine Stundung ausgeschlossen.

(2) Werden dem Schuldner die Verfahrenskosten gestundet, so wird ihm auf Antrag ein zur Vertretung bereiter Rechtsanwalt seiner Wahl beigeordnet, wenn die Vertretung durch einen Rechtsanwalt trotz der dem Gericht obliegenden Fürsorge erforderlich erscheint. § 121 Abs. 3 bis 5 der Zivilprozessordnung gilt entsprechend.

(3) Die Stundung bewirkt, dass

1. die Bundes oder Landeskasse
   a) die rückständigen und die entstehenden Gerichtskosten,
   b) die auf sie übergegangenen Ansprüche des beigeordneten Rechtsanwalts, nur nach den Bestimmungen, die das Gericht trifft, gegen den Schuldner geltend machen kann;
2. der beigeordnete Rechtsanwalt Ansprüche auf Vergütung gegen den Schuldner nicht geltend machen kann.

---

1 Die Änderungen basieren auf dem Entwurf eines Gesetzes zum Pfändungsschutz der Altersvorsorge und zur Anpassung des Rechts der Insolvenzanfechtung vom 15. August 2005, dem Entwurf eines Gesetzes zur Vereinfachung des Insolvenzverfahrens vom 8. Februar 2006 und dem Entwurf eines Gesetzes zur Entschuldung völlig mittelloser Personen und zur Änderung des Verbraucherinsolvenzverfahrens vom 2. März 2006.

Die Stundung erfolgt für jeden Verfahrensabschnitt besonders. Bis zur Entscheidung über die Stundung treten die in Satz 1 genannten Wirkungen einstweilig ein. § 4b Abs. 2 gilt entsprechend.

§ 4b Rückzahlung und Anpassung der gestundeten Beträge

– gestrichen –

(1) Ist der Schuldner nach Erteilung der Restschuldbefreiung nicht in der Lage, den gestundeten Betrag aus seinem Einkommen und seinem Vermögen zu zahlen, so kann das Gericht die Stundung verlängern und die zu zahlenden Monatsraten festsetzen. § 115 Abs. 1 und 2 sowie § 120 Abs. 2 der Zivilprozessordnung gelten entsprechend.

(2) Das Gericht kann die Entscheidung über die Stundung und die Monatsraten jederzeit ändern, soweit sich die für sie maßgebenden persönlichen oder wirtschaftlichen Verhältnisse wesentlich geändert haben. Der Schuldner ist verpflichtet, dem Gericht eine wesentliche Änderung dieser Verhältnisse unverzüglich anzuzeigen. § 120 Abs. 4 Satz 1 und 2 der Zivilprozessordnung gilt entsprechend. Eine Änderung zum Nachteil des Schuldners ist ausgeschlossen, wenn seit der Beendigung des Verfahrens vier Jahre vergangen sind.

§ 4c Aufhebung der Stundung

– gestrichen –

Das Gericht kann die Stundung aufheben, wenn

1. der Schuldner vorsätzlich oder grob fahrlässig unrichtige Angaben über Umstände gemacht hat, die für die Eröffnung des Insolvenzverfahrens oder die Stundung maßgebend sind, oder eine vom Gericht verlangte Erklärung über seine Verhältnisse nicht abgegeben hat;
2. die persönlichen oder wirtschaftlichen Voraussetzungen für die Stundung nicht vorgelegen haben; in diesem Fall ist die Aufhebung ausgeschlossen, wenn seit der Beendigung des Verfahrens vier Jahre vergangen sind;

3. der Schuldner länger als drei Monate mit der Zahlung einer Monatsrate oder mit der Zahlung eines sonstigen Betrages schuldhaft in Rückstand ist;
4. der Schuldner keine angemessene Erwerbstätigkeit ausübt und, wenn er ohne Beschäftigung ist, sich nicht um eine solche bemüht oder eine zumutbare Tätigkeit ablehnt; § 296 Abs. 2 Satz 2 und 3 gilt entsprechend;
5. die Restschuldbefreiung versagt oder widerrufen wird.

§ 4d Rechtsmittel

(1) Gegen die Ablehnung der Stundung oder deren Aufhebung sowie gegen die Ablehnung der Beiordnung eines Rechtsanwalts steht dem Schuldner die sofortige Beschwerde zu.
(2) Wird die Stundung bewilligt, so steht der Staatskasse die sofortige Beschwerde zu. Diese kann nur darauf gestützt werden, dass nach den persönlichen oder wirtschaftlichen Verhältnissen des Schuldners die Stundung hätte abgelehnt werden müssen.

– gestrichen –

§ 5 Verfahrensgrundsätze

(1) Das Insolvenzgericht hat von Amts wegen alle Umstände zu ermitteln, die für das Insolvenzverfahren von Bedeutung sind. Es kann zu diesem Zweck insbesondere Zeugen und Sachverständige vernehmen.
(2) Die Entscheidungen des Gerichts können ohne mündliche Verhandlung ergehen. Findet eine mündliche Verhandlung statt, so ist § 227 Abs. 3 Satz 1 der Zivilprozessordnung nicht anzuwenden.
(3) Tabellen und Verzeichnisse können maschinell hergestellt und bearbeitet werden.

§ 5 Verfahrensgrundsätze

(1) Das Insolvenzgericht hat von Amts wegen alle Umstände zu ermitteln, die für das Insolvenzverfahren von Bedeutung sind. Es kann zu diesem Zweck insbesondere Zeugen und Sachverständige vernehmen.
(2) Sind die Vermögensverbindlichkeiten des Schuldners überschaubar und die Zahl der Gläubiger oder die Höhe der Verbindlichkeiten gering, so kann das Insolvenzgericht anordnen, dass das Verfahren oder einzelne seiner Teile schriftlich durchgeführt werden. Es kann diese Anordnung jederzeit aufheben oder abändern. Die Anordnung, ihre Aufhebung oder Abänderung sind öffentlich bekannt zu machen.
(3) Die Entscheidungen des Gerichts können ohne mündliche Verhandlung ergehen. Findet eine mündliche Verhandlung statt, so ist § 227 Abs. 3 Satz 1 der Zivilprozessordnung nicht anzuwenden.

(4) Tabellen und Verzeichnisse können maschinell hergestellt und bearbeitet werden.

§ 7 Rechtsbeschwerde	**§ 7 Rechtsbeschwerde**
Gegen die Entscheidung über die sofortige Beschwerde findet die Rechtsbeschwerde statt.	Gegen die Entscheidung über die sofortige Beschwerde findet die Rechtsbeschwerde statt, *wenn das Beschwerdegericht sie in dem Beschluss zugelassen hat.*
§ 8 Zustellungen	**§ 8 Zustellungen**
(1) Die Zustellungen geschehen von Amts wegen. Sie können durch Aufgabe zur Post erfolgen. Einer Beglaubigung des zuzustellenden Dokuments bedarf es nicht. (2) An Personen, deren Aufenthalt unbekannt ist, wird nicht zugestellt. Haben sie einen zur Entgegennahme von Zustellungen berechtigten Vertreter, so wird dem Vertreter zugestellt. (3) Das Insolvenzgericht kann den Insolvenzverwalter beauftragen, die Zustellungen durchzuführen.	(1) *Die Zustellungen erfolgen von Amts wegen, ohne dass es einer Beglaubigung des zuzustellenden Schriftstücks bedarf. Sie können dadurch bewirkt werden, dass das Schriftstück unter der Anschrift des Zustellungsempfängers zur Post gegeben wird; § 184 Abs. 2 Satz 1,2 und 4 der Zivilprozessordnung gilt entsprechend. Soll die Zustellung im Inland bewirkt werden, so gilt das Schriftstück drei Werktage nach Aufgabe zur Post als zugestellt.* (2) An Personen, deren Aufenthalt unbekannt ist, wird nicht zugestellt. Haben sie einen zur Entgegennahme von Zustellungen berechtigten Vertreter, so wird dem Vertreter zugestellt. (3) *Das Insolvenzgericht kann den Insolvenzverwalter beauftragen, die Zustellungen nach Absatz 1 durchzuführen. Zur Durchführung der Zustellung und zu deren Beurkundung kann er sich Dritter, insbesondere auch eigenen Personals, bedienen. Der Insolvenzverwalter hat die von ihm nach § 184 Abs. 2 Satz 2 der Zivilprozessordnung angefertigten Vermerke nach Abschluss des Insolvenzverfahrens zu den Gerichtsakten zu reichen.*
§ 9 Öffentliche Bekanntmachung	**§ 9 Öffentliche Bekanntmachung**
(1) Die öffentliche Bekanntmachung erfolgt durch Veröffentlichung in dem für amtliche Bekanntmachungen des Gerichts bestimmten Blatt oder in einem für das Gericht bestimmten elektronischen Informations- und Kommunikationssystem, die Veröffentlichung kann auszugsweise geschehen. Dabei ist der Schuldner genau zu bezeichnen, insbesondere sind seine Anschrift und sein Geschäftszweig anzugeben.	(1) *Die öffentliche Bekanntmachung erfolgt durch Veröffentlichung in einem länderübergreifenden, zentralen elektronischen Informations- und Kommunikationssystem; diese kann auszugsweise geschehen.*[2] Dabei ist der Schuldner genau zu bezeichnen, insbesondere sind seine Anschrift und sein Geschäftszweig anzugeben. Die Bekanntmachung gilt als bewirkt, sobald nach dem Tag der Veröffentlichung zwei weitere Tage verstrichen sind.

2 Alternativformulierung der Bundesregierung: *Die öffentliche Bekanntmachung erfolgt durch eine zentrale und länderübergreifende Veröffentlichung im Internet; diese kann auszugsweise geschehen.*

Die Bekanntmachung gilt als bewirkt, sobald nach dem Tag der Veröffentlichung zwei weitere Tage verstrichen sind.
(2) Das Insolvenzgericht kann weitere und wiederholte Veröffentlichungen veranlassen. Das Bundesministerium der Justiz wird ermächtigt, durch Rechtsverordnung mit Zustimmung des Bundesrates die Einzelheiten der Veröffentlichung in einem elektronischen Informations- und Kommunikationssystem zu regeln. Dabei sind insbesondere Löschungsfristen vorzusehen sowie Vorschriften, die sicherstellen, dass die Veröffentlichungen

1. unversehrt, vollständig und aktuell bleiben,
2. jederzeit ihrem Ursprung nach zugeordnet werden können,
3. nach dem Stand der Technik durch Dritte nicht kopiert werden können.

(3) Die öffentliche Bekanntmachung genügt zum Nachweis der Zustellung an alle Beteiligten, auch wenn dieses Gesetz neben ihr eine besondere Zustellung vorschreibt.

§ 12 Juristische Personen

(1) Unzulässig ist das Insolvenzverfahren über das Vermögen

1. des Bundes oder eines Landes
2. einer juristischen Person des öffentlichen Rechts, die der Aufsicht eines Landes untersteht, wenn das Landesrecht dies bestimmt.

(2) Hat ein Land nach Absatz 1 Nr. 2 das Insolvenzverfahren über das Vermögen einer juristischen Person für unzulässig erklärt, so können im Falle der Zahlungsunfähigkeit oder der Überschuldung dieser juristischen Person deren Arbeitnehmer von dem Land die Leistungen verlangen, die sie im Falle der Eröffnung eines Insolvenzverfahrens nach den Vorschriften des Dritten Buches Sozialgesetzbuch über das Insolvenzgeld von der Agentur für Arbeit und nach den Vorschriften des Gesetzes zur Verbesserung der betrieblichen Altersversorgung vom Träger der Insolvenzsicherung beanspruchen könnten.

(2) *Das Insolvenzgericht kann weitere Veröffentlichungen veranlassen, soweit dies landesrechtlich bestimmt ist. Das Bundesministerium der Justiz wird ermächtigt, durch Rechtsverordnung mit Zustimmung des Bundesrates die Einzelheiten der Veröffentlichung in einem länderübergreifenden, zentralen elektronischen Informations- und Kommunikationssystem zu regeln.*
Dabei sind insbesondere Löschungsfristen vorzusehen sowie Vorschriften, die sicherstellen, dass die Veröffentlichungen

1. unversehrt, vollständig und aktuell bleiben,
2. jederzeit ihrem Ursprung nach zugeordnet werden können,
3. nach dem Stand der Technik durch Dritte nicht kopiert werden können.

(3) Die öffentliche Bekanntmachung genügt zum Nachweis der Zustellung an alle Beteiligten, auch wenn dieses Gesetz neben ihr eine besondere Zustellung vorschreibt.

– gestrichen –

§ 13 Eröffnungsantrag

(1) Das Insolvenzverfahren wird nur auf Antrag eröffnet. Antragsberechtigt sind die Gläubiger und der Schuldner.
(2) Der Antrag kann zurückgenommen werden, bis das Insolvenzverfahren eröffnet oder der Antrag rechtskräftig abgewiesen ist.

§ 13 Eröffnungsantrag

(1) Das Insolvenzverfahren wird nur auf *schriftlichen* Antrag eröffnet. Antragsberechtigt sind die Gläubiger und der Schuldner.
(2) Der Antrag kann zurückgenommen werden, bis das Insolvenzverfahren eröffnet oder der Antrag rechtskräftig abgewiesen ist.

§ 14 Antrag eines Gläubigers

(1) Der Antrag eines Gläubigers ist zulässig, wenn der Gläubiger ein rechtliches Interesse an der Eröffnung des Insolvenzverfahrens hat und seine Forderung und den Eröffnungsgrund glaubhaft macht.
(2) Ist der Antrag zulässig, so hat das Insolvenzgericht den Schuldner zu hören.

§ 14 Antrag eines Gläubigers

(1) Der Antrag eines Gläubigers ist zulässig, wenn der Gläubiger ein rechtliches Interesse an der Eröffnung des Insolvenzverfahrens hat und seine Forderung und den Eröffnungsgrund glaubhaft macht. *Der Antrag wird nicht allein dadurch unzulässig, dass der Schuldner nach Antragstellung die Forderung erfüllt.*
(2) Ist der Antrag zulässig, so hat das Insolvenzgericht den Schuldner zu hören.

§ 20 Auskunftspflicht im Eröffnungsverfahren. Hinweis auf Restschuldbefreiung

(1) Ist der Antrag zulässig, so hat der Schuldner dem Insolvenzgericht die Auskünfte zu erteilen, die zur Entscheidung über den Antrag erforderlich sind. Die §§ 97, 98, 101 Abs. 1 Satz 1, 2, Abs. 2 gelten entsprechend.
(2) Ist der Schuldner eine natürliche Person, so soll er darauf hingewiesen werden, dass er nach Maßgabe der §§ 286 bis 303 Restschuldbefreiung erlangen kann.

§ 20 Auskunfts- und Mitwirkungspflicht im Eröffnungsverfahren. Hinweis auf Restschuldbefreiung

(1) Ist der Antrag zulässig, so hat der Schuldner dem Insolvenzgericht die Auskünfte zu erteilen, die zur Entscheidung über den Antrag erforderlich sind. *Der Schuldner hat den vorläufigen Insolvenzverwalter bei der Erfüllung von dessen Aufgabe zu unterstützen.* Die §§ 97, 98, 101 Abs. 1 Satz 1, 2, Abs. 2 gelten entsprechend.
(2) Ist der Schuldner eine natürliche Person, so soll er darauf hingewiesen werden, dass er nach Maßgabe der §§ 286 bis 303 Restschuldbefreiung erlangen kann.

§ 21 Anordnung von Sicherungsmaßnahmen

(1) Das Insolvenzgericht hat alle Maßnahmen zu treffen, die erforderlich erscheinen, um bis zur Entscheidung über den Antrag eine den Gläubigern nachteilige Veränderung in der Vermögenslage des Schuldners zu verhüten. Gegen die Anordnung der Maßnahme steht dem Schuldner die sofortige Beschwerde zu.

§ 21 Anordnung von Sicherungsmaßnahmen

(1) Das Insolvenzgericht hat alle Maßnahmen zu treffen, die erforderlich erscheinen, um bis zur Entscheidung über den Antrag eine den Gläubigern nachteilige Veränderung in der Vermögenslage des Schuldners zu verhüten. Gegen die Anordnung der Maßnahme steht dem Schuldner die sofortige Beschwerde zu.

(2) Das Gericht kann insbesondere
1. einen vorläufigen Insolvenzverwalter bestellen, für den § 8 Abs. 3 und die §§ 56, 58 bis 66 entsprechend gelten;
2. dem Schuldner ein allgemeines Verfügungsverbot auferlegen oder anordnen, dass Verfügungen des Schuldners nur mit Zustimmung des vorläufigen Insolvenzverwalters wirksam sind;
3. Maßnahmen der Zwangsvollstreckung gegen den Schuldner untersagen oder einstweilen einstellen, soweit nicht unbewegliche Gegenstände betroffen sind;
4. eine vorläufige Postsperre anordnen, für die die §§ 99, 101 Abs. 1 Satz 1 entsprechend gelten.

Die Anordnung von Sicherungsmaßnahmen berührt nicht die Wirksamkeit von Verfügungen über Finanzsicherheiten nach § 1 Abs. 17 des Kreditwesengesetzes und die Wirksamkeit der Verrechnung von Ansprüchen und Leistungen aus Überweisungs-, Zahlungs- oder Übertragungsverträgen, die in ein System nach § 1 Abs. 16 des Kreditwesengesetzes eingebracht wurden.
(3) Reichen andere Maßnahmen nicht aus, so kann das Gericht den Schuldner zwangsweise vorführen und nach Anhörung in Haft nehmen lassen. Ist der Schuldner keine natürliche Person, so gilt entsprechendes für seine organschaftlichen Vertreter. Für die Anordnung von Haft gilt § 98 Abs. 3 entsprechend.

(2) Das Gericht kann insbesondere
1. einen vorläufigen Insolvenzverwalter bestellen, für den § 8 Abs. 3 und die §§ 56, 58 bis 66 entsprechend gelten;
2. dem Schuldner ein allgemeines Verfügungsverbot auferlegen oder anordnen, dass Verfügungen des Schuldners nur mit Zustimmung des vorläufigen Insolvenzverwalters wirksam sind;
3. Maßnahmen der Zwangsvollstreckung gegen den Schuldner untersagen oder einstweilen einstellen, soweit nicht unbewegliche Gegenstände betroffen sind;
4. eine vorläufige Postsperre anordnen, für die die §§ 99, 101 Abs. 1 Satz 1 entsprechend gelten;
5. *anordnen, dass Gegenstände, die im Falle der Eröffnung des Verfahrens von § 166 erfasst würden oder deren Aussonderung verlangt werden könnte, vom Gläubiger nicht verwertet oder eingezogen werden dürfen und dass solche Gegenstände zur Fortführung des Unternehmens des Schuldners eingesetzt werden können, soweit sie hierfür von erheblicher Bedeutung sind; § 169 Satz 2 und 3 gilt entsprechend; ein durch die Nutzung eingetretener Wertverlust ist durch laufende Zahlungen an den Gläubiger auszugleichen. Zieht der vorläufige Insolvenzverwalter eine zur Sicherung eines Anspruchs abgetretene Forderung anstelle des Gläubigers ein, so gelten §§ 170, 171 entsprechend.*

Die Anordnung von Sicherungsmaßnahmen berührt nicht die Wirksamkeit von Verfügungen über Finanzsicherheiten nach § 1 Abs. 17 des Kreditwesengesetzes und die Wirksamkeit der Verrechnung von Ansprüchen und Leistungen aus Überweisungs-, Zahlungs- oder Übertragungsverträgen, die in ein System nach § 1 Abs. 16 des Kreditwesengesetzes eingebracht wurden.
(3) Reichen andere Maßnahmen nicht aus, so kann das Gericht den Schuldner zwangsweise vorführen und nach Anhörung in Haft nehmen lassen. Ist der Schuldner keine natürliche Person, so gilt entsprechendes für

seine organschaftlichen Vertreter. Für die Anordnung von Haft gilt § 98 Abs. 3 entsprechend.

§ 22 Rechtsstellung des vorläufigen Insolvenzverwalters

(1) Wird ein vorläufiger Insolvenzverwalter bestellt und dem Schuldner ein allgemeines Verfügungsverbot auferlegt, so geht die Verwaltungs- und Verfügungsbefugnis über das Vermögen des Schuldners auf den vorläufigen Insolvenzverwalter über. In diesem Fall hat der vorläufige Insolvenzverwalter:

1. das Vermögen des Schuldners zu sichern und zu erhalten;
2. ein Unternehmen, das der Schuldner betreibt, bis zur Entscheidung über die Eröffnung des Insolvenzverfahrens fortzuführen, soweit nicht das Insolvenzgericht einer Stillegung zustimmt, um eine erhebliche Verminderung des Vermögens zu vermeiden;
3. zu prüfen, ob das Vermögen des Schuldners die Kosten des Verfahrens decken wird; das Gericht kann ihn zusätzlich beauftragen, als Sachverständiger zu prüfen, ob ein Eröffnungsgrund vorliegt und welche Aussichten für eine Fortführung des Unternehmens des Schuldners bestehen.

(2) Wird ein vorläufiger Insolvenzverwalter bestellt, ohne dass dem Schuldner ein allgemeines Verfügungsverbot auferlegt wird, so bestimmt das Gericht die Pflichten des vorläufigen Insolvenzverwalters. Sie dürfen nicht über die Pflichten nach Absatz 1 Satz 2 hinausgehen.

(3) Der vorläufige Insolvenzverwalter ist berechtigt, die Geschäftsräume des Schuldners zu betreten und dort Nachforschungen anzustellen. Der Schuldner hat dem vorläufigen Insolvenzverwalter Einsicht in seine Bücher und Geschäftspapiere zu gestatten. Er hat ihm alle erforderlichen Auskünfte zu erteilen; die §§ 97, 98, 101 Abs. 1 Satz 1, 2, Abs. 2 gelten entsprechend.

§ 22 Rechtsstellung des vorläufigen Insolvenzverwalters

(1) Wird ein vorläufiger Insolvenzverwalter bestellt und dem Schuldner ein allgemeines Verfügungsverbot auferlegt, so geht die Verwaltungs- und Verfügungsbefugnis über das Vermögen des Schuldners auf den vorläufigen Insolvenzverwalter über. In diesem Fall hat der vorläufige Insolvenzverwalter:

1. das Vermögen des Schuldners zu sichern und zu erhalten;
2. ein Unternehmen, das der Schuldner betreibt, bis zur Entscheidung über die Eröffnung des Insolvenzverfahrens fortzuführen, soweit nicht das Insolvenzgericht einer Stillegung zustimmt, um eine erhebliche Verminderung des Vermögens zu vermeiden;
3. zu prüfen, ob das Vermögen des Schuldners die Kosten des Verfahrens decken wird; das Gericht kann ihn zusätzlich beauftragen, als Sachverständiger zu prüfen, ob ein Eröffnungsgrund vorliegt und welche Aussichten für eine Fortführung des Unternehmens des Schuldners bestehen.

(2) Wird ein vorläufiger Insolvenzverwalter bestellt, ohne dass dem Schuldner ein allgemeines Verfügungsverbot auferlegt wird, so bestimmt das Gericht die Pflichten des vorläufigen Insolvenzverwalters. Sie dürfen nicht über die Pflichten nach Absatz 1 Satz 2 hinausgehen.

(3) Der vorläufige Insolvenzverwalter ist berechtigt, die Geschäftsräume des Schuldners zu betreten und dort Nachforschungen anzustellen. Der Schuldner hat dem vorläufigen Insolvenzverwalter Einsicht in seine Bücher und Geschäftspapiere zu gestatten. Er hat ihm alle erforderlichen Auskünfte zu erteilen *und ihn bei der Erfüllung seiner Aufgaben zu unterstützen*; die §§ 97, 98, 101 Abs. 1 Satz 1, 2, Abs. 2 gelten entsprechend.

§ 26 Abweisung mangels Masse

(1) Das Insolvenzgericht weist den Antrag auf Eröffnung des Insolvenzverfahrens ab, wenn das Vermögen des Schuldners voraussichtlich nicht ausreichen wird, um die Kosten des Verfahrens zu decken. Die Abweisung unterbleibt, wenn ein ausreichender Geldbetrag vorgeschossen wird oder die Kosten nach § 4a gestundet werden.
(2) Das Gericht hat die Schuldner, bei denen der Eröffnungsantrag mangels Masse abgewiesen worden ist, in ein Verzeichnis einzutragen (Schuldnerverzeichnis). Die Vorschriften über das Schuldnerverzeichnis nach der Zivilprozessordnung gelten entsprechend; jedoch beträgt die Löschungsfrist fünf Jahre.
(3) Wer nach Absatz 1 Satz 2 einen Vorschuss geleistet hat, kann die Erstattung des vorgeschossenen Betrages von jeder Person verlangen, die entgegen den Vorschriften des Gesellschaftsrechts den Antrag auf Eröffnung des Insolvenzverfahrens pflichtwidrig und schuldhaft nicht gestellt hat. Ist streitig, ob die Person pflichtwidrig und schuldhaft gehandelt hat, so trifft sie die Beweislast.

§ 27 Eröffnungsbeschluss

(1) Wird das Insolvenzverfahren eröffnet, so ernennt das Insolvenzgericht einen Insolvenzverwalter. Die §§ 270, 313 Abs. 1 bleiben unberührt.
(2) Der Eröffnungsbeschluss enthält:
1. Firma oder Namen und Vornamen, Geschäftszweig oder Beschäftigung, gewerbliche Niederlassung oder Wohnung des Schuldners;
2. Namen und Anschrift des Insolvenzverwalters;
3. die Stunde der Eröffnung.

(3) Ist die Stunde der Eröffnung nicht angegeben, so gilt als Zeitpunkt der Eröffnung die Mittagsstunde des Tages, an dem der Beschluss erlassen worden ist.

§ 26 Abweisung mangels Masse

(1) Das Insolvenzgericht weist den Antrag auf Eröffnung des Insolvenzverfahrens ab, wenn das Vermögen des Schuldners voraussichtlich nicht ausreichen wird, um die Kosten des Verfahrens zu decken. *Die Abweisung unterbleibt, wenn ein ausreichender Geldbetrag vorgeschossen wird. Der Beschluss ist öffentlich bekannt zu machen.*
(2) Das Gericht hat die Schuldner, bei denen der Eröffnungsantrag mangels Masse abgewiesen worden ist, in ein Verzeichnis einzutragen (Schuldnerverzeichnis). Die Vorschriften über das Schuldnerverzeichnis nach der Zivilprozessordnung gelten entsprechend; jedoch beträgt die Löschungsfrist fünf Jahre.
(3) Wer nach Absatz 1 Satz 2 einen Vorschuss geleistet hat, kann die Erstattung des vorgeschossenen Betrages von jeder Person verlangen, die entgegen den Vorschriften des Gesellschaftsrechts den Antrag auf Eröffnung des Insolvenzverfahrens pflichtwidrig und schuldhaft nicht gestellt hat. Ist streitig, ob die Person pflichtwidrig und schuldhaft gehandelt hat, so trifft sie die Beweislast.

§ 27 Eröffnungsbeschluss

(1) Wird das Insolvenzverfahren eröffnet, so ernennt das Insolvenzgericht einen Insolvenzverwalter. *§ 270 bleibt unberührt.*
(2) Der Eröffnungsbeschluss enthält:
1. Firma oder Namen und Vornamen, *Geburtsdatum und Geburtsort, Handelsregisterbezeichnung und Registergericht,* Geschäftszweig oder Beschäftigung, gewerbliche Niederlassung oder Wohnung des Schuldners;
2. Namen und Anschrift des Insolvenzverwalters;
3. die Stunde der Eröffnung;
4. *einen Hinweis, ob der Schuldner einen Antrag auf Restschuldbefreiung gestellt hat.*

(3) Ist die Stunde der Eröffnung nicht angegeben, so gilt als Zeitpunkt der Eröffnung die Mittagsstunde des Tages, an dem der Beschluss erlassen worden ist.

§ 28 Aufforderungen an die Gläubiger und die Schuldner

(1) Im Eröffnungsbeschluss sind die Gläubiger aufzufordern, ihre Forderungen innerhalb einer bestimmten Frist unter Beachtung des § 174 beim Insolvenzverwalter anzumelden. Die Frist ist auf einen Zeitraum von mindestens zwei Wochen und höchstens drei Monaten festzusetzen.
(2) Im Eröffnungsbeschluss sind die Gläubiger aufzufordern, dem Verwalter unverzüglich mitzuteilen, welche Sicherungsrechte sie an beweglichen Sachen oder an Rechten des Schuldners in Anspruch nehmen. Der Gegenstand, an dem das Sicherungsrecht beansprucht wird, die Art und der Entstehungsgrund des Sicherungsrechts sowie die gesicherte Forderung sind zu bezeichnen. Wer die Mitteilung schuldhaft unterlässt oder verzögert, haftet für den daraus entstehenden Schaden.
(3) Im Eröffnungsbeschluss sind die Personen, die Verpflichtungen gegenüber dem Schuldner haben, aufzufordern, nicht mehr an den Schuldner zu leisten, sondern an den Verwalter.

§ 28 Aufforderungen an die Gläubiger und die Schuldner

(1) Im Eröffnungsbeschluss sind die Gläubiger aufzufordern, ihre Forderungen innerhalb einer bestimmten Frist unter Beachtung des § 174 beim Insolvenzverwalter anzumelden. Die Frist ist auf einen Zeitraum von mindestens zwei Wochen und höchstens drei Monaten festzusetzen. *Liegen die Voraussetzungen für ein Verfahren nach § 5 Abs. 2 Satz 1 vor, kann das Gericht im Eröffnungsbeschluss bestimmen, dass die Forderungen binnen einer Notfrist von drei Monaten anzumelden sind.*
(2) Im Eröffnungsbeschluss sind die Gläubiger aufzufordern, dem Verwalter unverzüglich mitzuteilen, welche Sicherungsrechte sie an beweglichen Sachen oder an Rechten des Schuldners in Anspruch nehmen. Der Gegenstand, an dem das Sicherungsrecht beansprucht wird, die Art und der Entstehungsgrund des Sicherungsrechts sowie die gesicherte Forderung sind zu bezeichnen. Wer die Mitteilung schuldhaft unterlässt oder verzögert, haftet für den daraus entstehenden Schaden.
(3) Im Eröffnungsbeschluss sind die Personen, die Verpflichtungen gegenüber dem Schuldner haben, aufzufordern, nicht mehr an den Schuldner zu leisten, sondern an den Verwalter.

§ 29 Terminbestimmungen

(1) Im Eröffnungsbeschluss bestimmt das Insolvenzgericht Termine für:

1. eine Gläubigerversammlung, in der auf der Grundlage eines Berichts des Insolvenzverwalters über den Fortgang des Insolvenzverfahrens beschlossen wird (Berichtstermin); der Termin soll nicht über sechs Wochen und darf nicht über drei Monate hinaus angesetzt werden;
2. eine Gläubigerversammlung, in der die angemeldeten Forderungen geprüft werden (Prüfungstermin); der Zeitraum zwischen dem Ablauf der Anmeldefrist und dem Prü-

§ 29 Terminbestimmungen

(1) Im Eröffnungsbeschluss bestimmt das Insolvenzgericht Termine für:

1. eine Gläubigerversammlung, in der auf der Grundlage eines Berichts des Insolvenzverwalters über den Fortgang des Insolvenzverfahrens beschlossen wird (Berichtstermin); der Termin soll nicht über sechs Wochen und darf nicht über drei Monate hinaus angesetzt werden;
2. eine Gläubigerversammlung, in der die angemeldeten Forderungen geprüft werden (Prüfungstermin); der Zeitraum zwischen dem Ablauf der Anmeldefrist und dem Prü-

fungstermin soll mindestens eine Woche und höchstens zwei Monate betragen.
(2) Die Termine können verbunden werden.

fungstermin soll mindestens eine Woche und höchstens zwei Monate betragen.
(2) Die Termine können verbunden werden. *Liegen die Voraussetzungen für ein Verfahren nach § 5 Abs. 2 Satz 1 vor, kann das Gericht einen Prüfungstermin bestimmen.*

§ 30 Bekanntmachung des Eröffnungsbeschlusses

(1) Die Geschäftsstelle des Insolvenzgerichts hat den Eröffnungsbeschluss sofort öffentlich bekannt zu machen. Die Bekanntmachung ist, unbeschadet des § 9, auszugsweise im Bundesanzeiger zu veröffentlichen.
(2) Den Gläubigern und Schuldnern des Schuldners und dem Schuldner selbst ist der Beschluss besonders zuzustellen.

§ 30 Bekanntmachung des Eröffnungsbeschlusses

(1) Die Geschäftsstelle des Insolvenzgerichts hat den Eröffnungsbeschluss sofort öffentlich bekannt zu machen. *Hat der Schuldner einen Antrag nach § 287 gestellt, ist dies ebenfalls öffentlich bekannt zu machen, sofern kein Hinweis nach § 27 Abs. 2 Nr. 4 erfolgt ist.*
(2) Den Gläubigern und Schuldnern des Schuldners und dem Schuldner selbst ist der Beschluss besonders zuzustellen.

§ 34 Rechtsmittel

(1) Wird die Eröffnung des Insolvenzverfahrens abgelehnt, so steht dem Antragsteller und, wenn die Abweisung des Antrags nach § 26 erfolgt, dem Schuldner die sofortige Beschwerde zu.
(2) Wird das Insolvenzverfahren eröffnet, so steht dem Schuldner die sofortige Beschwerde zu.
(3) Sobald eine Entscheidung, die den Eröffnungsbeschluss aufhebt, Rechtskraft erlangt hat, ist die Aufhebung des Verfahrens öffentlich bekannt zu machen. § 200 Abs. 2 Satz 2 und 3 gilt entsprechend. Die Wirkungen der Rechtshandlungen, die vom Insolvenzverwalter oder ihm gegenüber vorgenommen worden sind, werden durch die Aufhebung nicht berührt.

§ 34 Rechtsmittel

(1) Wird die Eröffnung des Insolvenzverfahrens abgelehnt, so steht dem Antragsteller und, wenn die Abweisung des Antrags nach § 26 erfolgt, dem Schuldner die sofortige Beschwerde zu.
(2) Wird das Insolvenzverfahren eröffnet, so steht dem Schuldner die sofortige Beschwerde zu.
(3) *Sobald eine Entscheidung, die den Eröffnungsbeschluss aufhebt, Rechtskraft erlangt hat, ist die Aufhebung des Verfahrens öffentlich bekannt zu machen. § 200 Abs. 2 Satz 2 gilt entsprechend. Die Wirkungen der Rechtshandlungen, die vom Insolvenzverwalter oder ihm gegenüber vorgenommen worden sind, werden durch die Aufhebung nicht berührt.*

§ 35 Begriff der Insolvenzmasse

Das Insolvenzverfahren erfasst das gesamte Vermögen, das dem Schuldner zur Zeit der Eröffnung des Verfahrens gehört und das er während des Verfahrens erlangt (Insolvenzmasse).

§ 35 Begriff der Insolvenzmasse

(1) Das Insolvenzverfahren erfasst das gesamte Vermögen, das dem Schuldner zur Zeit der Eröffnung des Verfahrens gehört und das er während des Verfahrens erlangt (Insolvenzmasse).
(2) Übt der Schuldner eine selbstständige Tätigkeit aus oder beabsichtigt er, demnächst eine solche Tätigkeit auszuüben, so

kann der Insolvenzverwalter mit Zustimmung des Gläubigerausschusses oder, wenn dieser nicht bestellt ist, der Gläubigerversammlung erklären, dass Vermögen aus der selbständigen Tätigkeit nicht zur Insolvenzmasse gehört und Ansprüche aus dieser Tätigkeit nicht im Insolvenzverfahren geltend gemacht werden können. § 295 Abs. 2 gilt entsprechend.
(3) Die Erklärung des Insolvenzverwalters ist dem Gericht gegenüber anzuzeigen. Das Gericht hat die Erklärung öffentlich bekannt zu machen.

§ 36 Unpfändbare Gegenstände

(1) Gegenstände, die nicht der Zwangsvollstreckung unterliegen, gehören nicht zur Insolvenzmasse. Die §§ 850, 850a, 850c, 850e, 850f Abs. 1, §§ 850g bis 850i der Zivilprozessordnung gelten entsprechend.
(2) Zur Insolvenzmasse gehören jedoch
1. die Geschäftsbücher des Schuldners; gesetzliche Pflichten zur Aufbewahrung von Unterlagen bleiben unberührt;
2. die Sachen, die nach § 811 Abs. 1 Nr. 4 und 9 der Zivilprozessordnung nicht der Zwangsvollstreckung unterliegen.

(3) Sachen, die zum gewöhnlichen Hausrat gehören und im Haushalt des Schuldners gebraucht werden, gehören nicht zur Insolvenzmasse, wenn ohne weiteres ersichtlich ist, dass durch ihre Verwertung nur ein Erlös erzielt werden würde, der zu dem Wert außer allem Verhältnis steht.
(4) Für Entscheidungen, ob eine Gegenstand nach den in Absatz 1 Satz 2 genannten Vorschriften der Zwangsvollstreckung unterliegt, ist das Insolvenzgericht zuständig. Anstelle eines Gläubigers ist der Insolvenzverwalter antragsberechtigt. Für das Eröffnungsverfahren gelten die Sätze 1 und 2 entsprechend.

§ 36 Unpfändbare Gegenstände

(1) Gegenstände, die nicht der Zwangsvollstreckung unterliegen, gehören nicht zur Insolvenzmasse. Die §§ 850, 850a, 850c, 850e, 850f Abs. 1, §§ 850g bis 850i, *851c und 851d* der Zivilprozessordnung gelten entsprechend.
(2) Zur Insolvenzmasse gehören jedoch
1. die Geschäftsbücher des Schuldners; gesetzliche Pflichten zur Aufbewahrung von Unterlagen bleiben unberührt;
2. die Sachen, die nach § 811 Abs. 1 Nr. 4 und 9 der Zivilprozessordnung nicht der Zwangsvollstreckung unterliegen.

(3) Sachen, die zum gewöhnlichen Hausrat gehören und im Haushalt des Schuldners gebraucht werden, gehören nicht zur Insolvenzmasse, wenn ohne weiteres ersichtlich ist, dass durch ihre Verwertung nur ein Erlös erzielt werden würde, der zu dem Wert außer allem Verhältnis steht.
(4) Für Entscheidungen, ob eine Gegenstand nach den in Absatz 1 Satz 2 genannten Vorschriften der Zwangsvollstreckung unterliegt, ist das Insolvenzgericht zuständig. Anstelle eines Gläubigers ist der Insolvenzverwalter antragsberechtigt. Für das Eröffnungsverfahren gelten die Sätze 1 und 2 entsprechend.

§ 39 Nachrangige Insolvenzgläubiger

(1) Im Rang nach den übrigen Forderungen der Insolvenzgläubiger werden in folgen-

§ 39 Nachrangige Insolvenzgläubiger

(1) Im Rang nach den übrigen Forderungen der Insolvenzgläubiger werden in folgen-

der Rangfolge, bei gleichem Rang nach dem Verhältnis ihrer Beträge, berichtigt:

1. die seit der Eröffnung des Insolvenzverfahrens laufenden Zinsen der Forderungen der Insolvenzgläubiger;
2. die Kosten, die den einzelnen Insolvenzgläubigern durch ihre Teilnahme am Verfahren erwachsen;
3. Geldstrafen, Geldbußen, Ordnungsgelder und Zwangsgelder sowie solche Nebenfolgen einer Straftat oder Ordnungswidrigkeit, die zu einer Geldzahlung verpflichten;
4. Forderungen auf eine unentgeltliche Leistung des Schuldners;
5. Forderungen auf Rückgewähr des kapitalersetzenden Darlehens eines Gesellschafters oder gleichgestellte Forderungen.

(2) Forderungen, für die zwischen Gläubiger und Schuldner der Nachrang im Insolvenzverfahren vereinbart worden ist, werden im Zweifel nach den in Absatz 1 bezeichneten Forderungen berichtigt.

(3) Die Zinsen der Forderungen nachrangiger Insolvenzgläubiger und die Kosten, die diesen Gläubigern durch ihre Teilnahme am Verfahren entstehen, haben den gleichen Rang wie die Forderungen dieser Gläubiger.

§ 55 Sonstige Masseverbindlichkeiten

(1) Masseverbindlichkeiten sind weiter die Verbindlichkeiten:

1. die durch Handlungen des Insolvenzverwalters oder in anderer Weise durch die Verwaltung, Verwertung und Verteilung der Insolvenzmasse begründet werden, ohne zu den Kosten des Insolvenzverfahrens zu gehören;
2. aus gegenseitigen Verträgen, soweit deren Erfüllung zur Insolvenzmasse verlangt wird oder für die Zeit nach der Eröffnung des Insolvenzverfahrens erfolgen muss;
3. aus einer ungerechtfertigten Bereicherung der Masse.

der Rangfolge, bei gleichem Rang nach dem Verhältnis ihrer Beträge, berichtigt:

1. die seit der Eröffnung des Insolvenzverfahrens laufenden Zinsen *und Säumniszuschläge auf* Forderungen der Insolvenzgläubiger;
2. die Kosten, die den einzelnen Insolvenzgläubigern durch ihre Teilnahme am Verfahren erwachsen;
3. Geldstrafen, Geldbußen, Ordnungsgelder und Zwangsgelder sowie solche Nebenfolgen einer Straftat oder Ordnungswidrigkeit, die zu einer Geldzahlung verpflichten;
4. Forderungen auf eine unentgeltliche Leistung des Schuldners;
5. Forderungen auf Rückgewähr des kapitalersetzenden Darlehens eines Gesellschafters oder gleichgestellte Forderungen.

(2) Forderungen, für die zwischen Gläubiger und Schuldner der Nachrang im Insolvenzverfahren vereinbart worden ist, werden im Zweifel nach den in Absatz 1 bezeichneten Forderungen berichtigt.

(3) Die Zinsen der Forderungen nachrangiger Insolvenzgläubiger und die Kosten, die diesen Gläubigern durch ihre Teilnahme am Verfahren entstehen, haben den gleichen Rang wie die Forderungen dieser Gläubiger.

§ 55 Sonstige Masseverbindlichkeiten

(1) Masseverbindlichkeiten sind weiter die Verbindlichkeiten:

1. die durch Handlungen des Insolvenzverwalters oder in anderer Weise durch die Verwaltung, Verwertung und Verteilung der Insolvenzmasse begründet werden, ohne zu den Kosten des Insolvenzverfahrens zu gehören;
2. aus gegenseitigen Verträgen, soweit deren Erfüllung zur Insolvenzmasse verlangt wird oder für die Zeit nach der Eröffnung des Insolvenzverfahrens erfolgen muss;
3. aus einer ungerechtfertigten Bereicherung der Masse.

(2) Verbindlichkeiten, die von einem vorläufigen Insolvenzverwalter begründet worden sind, auf den die Verfügungsbefugnis über das Vermögen des Schuldners übergegangen ist, gelten nach der Eröffnung des Verfahrens als Masseverbindlichkeiten. Gleiches gilt für Verbindlichkeiten aus einem Dauerschuldverhältnis, soweit der vorläufige Insolvenzverwalter für das von ihm verwaltete Vermögen die Gegenleistung in Anspruch genommen hat.
(3) Gehen nach Absatz 2 begründete Ansprüche auf Arbeitsentgelt nach § 187 des Dritten Buches Sozialgesetzbuch auf die Bundesagentur für Arbeit über, so kann die Bundesagentur diese nur als Insolvenzgläubiger geltend machen. Satz 1 gilt entsprechend für die in § 208 Abs. 1 des Dritten Buches Sozialgesetzbuch bezeichneten Ansprüche, soweit diese gegenüber dem Schuldner bestehen bleiben.

(2) *Verbindlichkeiten, die von einem vorläufigen Insolvenzverwalter oder mit dessen Zustimmung begründet worden sind, gelten nach der Eröffnung des Verfahrens als Masseverbindlichkeiten. Gleiches gilt für Verbindlichkeiten aus einem Dauerschuldverhältnis, soweit für das Vermögen des Schuldners die Gegenleistung mit Zustimmung des Insolvenzverwalters in Anspruch genommen wurde.*
(3) Gehen nach Absatz 2 begründete Ansprüche auf Arbeitsentgelt nach § 187 des Dritten Buches Sozialgesetzbuch auf die Bundesagentur für Arbeit über, so kann die Bundesagentur diese nur als Insolvenzgläubiger geltend machen. Satz 1 gilt entsprechend für die in § 208 Abs. 1 des Dritten Buches Sozialgesetzbuch bezeichneten Ansprüche, soweit diese gegenüber dem Schuldner bestehen bleiben.

§ 56 Bestellung des Insolvenzverwalters

(1) Zum Insolvenzverwalter ist eine für den jeweiligen Einzelfall geeignete, insbesondere geschäftskundige und von den Gläubigern und dem Schuldner unabhängige natürliche Person zu bestellen.
(2) Der Verwalter erhält eine Urkunde über seine Bestellung. Bei Beendigung seines Amtes hat er die Urkunde dem Insolvenzgericht zurückzugeben.

§ 56 Bestellung des Insolvenzverwalters

(1) Zum Insolvenzverwalter ist eine für den jeweiligen Einzelfall geeignete, insbesondere geschäftskundige und von den Gläubigern und dem Schuldner unabhängige natürliche Person zu bestellen, *die aus dem Kreis aller zur Übernahme von Insolvenzverwaltungen bereiten Personen auszuwählen ist. Die Bereitschaft zur Übernahme von Insolvenzverwaltungen kann auf bestimmte Verfahren beschränkt werden.*
(2) Der Verwalter erhält eine Urkunde über seine Bestellung. Bei Beendigung seines Amtes hat er die Urkunde dem Insolvenzgericht zurückzugeben.

§ 63 Vergütung des Insolvenzverwalters

(1) Der Insolvenzverwalter hat Anspruch auf Vergütung für seine Geschäftsführung und auf Erstattung angemessener Auslagen. Der Regelsatz der Vergütung wird nach dem Wert der Insolvenzmasse zur Zeit der Beendigung des Insolvenzverfahrens berechnet. Dem Umfang und der Schwierigkeit der Geschäftsführung des Verwalters wird durch Abweichungen vom Regelsatz Rechnung getragen.

§ 63 Vergütung des Insolvenzverwalters

Der Insolvenzverwalter hat Anspruch auf Vergütung für seine Geschäftsführung und auf Erstattung angemessener Auslagen. Der Regelsatz der Vergütung wird nach dem Wert der Insolvenzmasse zur Zeit der Beendigung des Insolvenzverfahrens berechnet. Dem Umfang und der Schwierigkeit der Geschäftsführung des Verwalters wird durch Abweichungen vom Regelsatz Rechnung getragen.

(2) Sind die Kosten des Verfahrens nach § 4a gestundet, steht dem Insolvenzverwalter für seine Vergütung und seine Auslagen ein Anspruch gegen die Staatskasse zu, soweit die Insolvenzmasse dafür nicht ausreicht.

§ 73 Vergütung der Mitglieder des Gläubigerausschusses

(1) Die Mitglieder des Gläubigerausschusses haben Anspruch auf Vergütung für ihre Tätigkeit und auf Erstattung angemessener Auslagen. Dabei ist dem Zeitaufwand und dem Umfang der Tätigkeit Rechnung zu tragen.
(2) § 63 Abs. 2 sowie die §§ 64 und 65 gelten entsprechend.

§ 73 Vergütung der Mitglieder des Gläubigerausschusses

(1) Die Mitglieder des Gläubigerausschusses haben Anspruch auf Vergütung für ihre Tätigkeit und auf Erstattung angemessener Auslagen. Dabei ist dem Zeitaufwand und dem Umfang der Tätigkeit Rechnung zu tragen.
(2) *Die* §§ 64 und 65 gelten entsprechend.

§ 88 Vollstreckung vor Verfahrenseröffnung

Hat ein Insolvenzgläubiger im letzten Monat vor dem Antrag auf Eröffnung des Insolvenzverfahrens oder nach diesem Antrag durch Zwangsvollstreckung eine Sicherung an dem zur Insolvenzmasse gehörenden Vermögen des Schuldners erlangt, so wird diese Sicherung mit der Eröffnung des Verfahrens unwirksam.

§ 88 Vollstreckung vor Verfahrenseröffnung

(1) Hat ein Insolvenzgläubiger im letzten Monat vor dem Antrag auf Eröffnung des Insolvenzverfahrens oder nach diesem Antrag durch Zwangsvollstreckung eine Sicherung an dem zur Insolvenzmasse gehörenden Vermögen des Schuldners erlangt, so wird diese Sicherung mit der Eröffnung des Verfahrens unwirksam.
(2) Wird, nachdem eine außergerichtliche Einigung mit den Gläubigern über die Schuldenbereinigung auf der Grundlage eines Plans erfolglos versucht worden ist, ein Verbraucherinsolvenzverfahren nach § 304 eröffnet, beträgt die in Satz 1 genannte Frist drei Monate.

§ 98 Durchsetzung der Pflichten des Schuldners

(1) Wenn es zur Herbeiführung wahrheitsgemäßer Aussagen erforderlich erscheint, ordnet das Insolvenzgericht an, dass der Schuldner zu Protokoll an Eides Statt versichert, er habe die von ihm verlangte Auskunft nach bestem Wissen und Gewissen richtig und vollständig erteilt. Die §§ 478 bis 480, 483 der Zivilprozessordnung gelten entsprechend.
(2) Das Gericht kann den Schuldner zwangsweise vorführen und nach Anhörung in Haft nehmen lassen,

§ 98 Durchsetzung der Pflichten des Schuldners

(1) Wenn es zur Herbeiführung wahrheitsgemäßer Aussagen erforderlich erscheint, ordnet das Insolvenzgericht an, dass der Schuldner zu Protokoll an Eides Statt versichert, er habe die von ihm verlangte Auskunft nach bestem Wissen und Gewissen richtig und vollständig erteilt. Die §§ 478 bis 480, 483 der Zivilprozessordnung gelten entsprechend.
(2) Das Gericht kann den Schuldner zwangsweise vorführen und nach Anhörung in Haft nehmen lassen,

1. wenn der Schuldner eine Auskunft oder die eidesstattliche Versicherung oder die Mitwirkung bei der Erfüllung der Aufgaben des Insolvenzverwalters verweigert;
2. wenn der Schuldner sich der Erfüllung seiner Auskunfts- und Mitwirkungspflichten entziehen will, insbesondere Anstalten zur Flucht trifft, oder
3. wenn dies zur Vermeidung von Handlungen des Schuldners, die der Erfüllung seiner Auskunfts- und Mitwirkungspflichten zuwiderlaufen, insbesondere zur Sicherung der Insolvenzmasse, erforderlich ist.

(3) Für die Anordnung von Haft gelten die §§ 904 bis 910, 913 der Zivilprozessordnung entsprechend. Der Haftbefehl ist von Amts wegen aufzuheben, sobald die Voraussetzungen für die Anordnung von Haft nicht mehr vorliegen. Gegen die Anordnung der Haft und gegen die Abweisung eines Antrags auf Aufhebung des Haftbefehls wegen Wegfalls seiner Voraussetzungen findet die sofortige Beschwerde statt.

§ 99 Postsperre

(1) Soweit dies erforderlich erscheint, um für die Gläubiger nachteilige Rechtshandlungen des Schuldners aufzuklären oder zu verhindern, ordnet das Insolvenzgericht auf Antrag des Insolvenzverwalters oder von Amts wegen durch begründeten Beschluss an, dass bestimmte oder alle Postsendungen für den Schuldner dem Verwalter zuzuleiten sind. Die Anordnung ergeht nach Anhörung des Schuldners, sofern dadurch nicht wegen besonderer Umstände des Einzelfalls der Zweck der Anordnung gefährdet wird. Unterbleibt die vorherige Anhörung des Schuldners, so ist dies in dem Beschluss gesondert zu begründen und die Anhörung unverzüglich nachzuholen.

(2) Der Verwalter ist berechtigt, die ihm zugeleiteten Sendungen zu öffnen. Sendungen, deren Inhalt nicht die Insolvenzmasse

1. wenn der Schuldner eine Auskunft oder die eidesstattliche Versicherung oder die Mitwirkung bei der Erfüllung der Aufgaben des Insolvenzverwalters verweigert;
2. wenn der Schuldner sich der Erfüllung seiner Auskunfts- und Mitwirkungspflichten entziehen will, insbesondere Anstalten zur Flucht trifft, oder
3. wenn dies zur Vermeidung von Handlungen des Schuldners, die der Erfüllung seiner Auskunfts- und Mitwirkungspflichten zuwiderlaufen, insbesondere zur Sicherung der Insolvenzmasse, erforderlich ist.

(3) Für die Anordnung von Haft gelten die §§ 904 *bis 906, 909, 910*, 913 der Zivilprozessordnung entsprechend. Der Haftbefehl ist von Amts wegen aufzuheben, sobald die Voraussetzungen für die Anordnung von Haft nicht mehr vorliegen. Gegen die Anordnung der Haft und gegen die Abweisung eines Antrags auf Aufhebung des Haftbefehls wegen Wegfalls seiner Voraussetzungen findet die sofortige Beschwerde statt.

§ 99 Postsperre

(1) Soweit dies erforderlich erscheint, um für die Gläubiger nachteilige Rechtshandlungen des Schuldners aufzuklären oder zu verhindern, ordnet das Insolvenzgericht auf Antrag des Insolvenzverwalters oder von Amts wegen durch begründeten Beschluss an, *dass die in dem Beschluss bezeichneten Unternehmen bestimmte oder alle Postsendungen für den Schuldner dem Verwalter zuzuleiten haben*. Die Anordnung ergeht nach Anhörung des Schuldners, sofern dadurch nicht wegen besonderer Umstände des Einzelfalls der Zweck der Anordnung gefährdet wird. Unterbleibt die vorherige Anhörung des Schuldners, so ist dies in dem Beschluss gesondert zu begründen und die Anhörung unverzüglich nachzuholen.

(2) Der Verwalter ist berechtigt, die ihm zugeleiteten Sendungen zu öffnen. Sendungen, deren Inhalt nicht die Insolvenzmasse

betrifft, sind dem Schuldner unverzüglich zuzuleiten. Die übrigen Sendungen kann der Schuldner einsehen.
(3) Gegen die Anordnung der Postsperre steht dem Schuldner die sofortige Beschwerde zu. Das Gericht hat die Anordnung nach Anhörung des Verwalters aufzuheben, soweit ihre Voraussetzungen fortfallen.

§ 108 Fortbestehen von Dauerschuldverhältnissen

(1) Miet- und Pachtverhältnisse des Schuldners über unbewegliche Gegenstände oder Räume sowie Dienstverhältnisse des Schuldners bestehen mit Wirkung für die Insolvenzmasse fort. Dies gilt auch für Miet- und Pachtverhältnisse, die der Schuldner als Vermieter oder Verpächter eingegangen war und die sonstige Gegenstände betreffen, die einem Dritten, der ihre Anschaffung oder Herstellung finanziert hat, zur Sicherheit übertragen wurden.
(2) Ansprüche für die Zeit vor der Eröffnung des Insolvenzverfahrens kann der andere Teil nur als Insolvenzgläubiger geltend machen.

§ 109 Schuldner als Mieter oder Pächter

(1) Ein Miet- oder Pachtverhältnis über einen unbeweglichen Gegenstand oder über Räume, das der Schuldner als Mieter oder Pächter eingegangen war, kann der Insolvenzverwalter ohne Rücksicht auf die vereinbarte Vertragsdauer unter Einhaltung der gesetzlichen Frist kündigen. Ist Gegenstand des Mietverhältnisses die Wohnung des Schuldners, so tritt an die Stelle der Kündigung das Recht des Insolvenzverwalters zu erklären, dass Ansprüche, die nach Ablauf der in Satz 1 genannten Frist fällig werden, nicht im

betrifft, sind dem Schuldner unverzüglich zuzuleiten. Die übrigen Sendungen kann der Schuldner einsehen.
(3) Gegen die Anordnung der Postsperre steht dem Schuldner die sofortige Beschwerde zu. Das Gericht hat die Anordnung nach Anhörung des Verwalters aufzuheben, soweit ihre Voraussetzungen fortfallen.

§ 108 Fortbestehen *bestimmter Schuldverhältnisse*

(1) Miet- und Pachtverhältnisse des Schuldners über unbewegliche Gegenstände oder Räume sowie Dienstverhältnisse des Schuldners bestehen mit Wirkung für die Insolvenzmasse fort. Dies gilt auch für Miet- und Pachtverhältnisse, die der Schuldner als Vermieter oder Verpächter eingegangen war und die sonstige Gegenstände betreffen, die einem Dritten, der ihre Anschaffung oder Herstellung finanziert hat, zur Sicherheit übertragen wurden.
(2) Ein vom Schuldner als Darlehensgeber eingegangenes Darlehensverhältnis besteht mit Wirkung für die Masse fort, soweit dem Darlehensnehmer der geschuldete Gegenstand zur Verfügung gestellt wurde.
(3) Ansprüche für die Zeit vor der Eröffnung des Insolvenzverfahrens kann der andere Teil nur als Insolvenzgläubiger geltend machen.

§ 109 Schuldner als Mieter oder Pächter

(1) *Ein Miet- oder Pachtverhältnis über einen unbeweglichen Gegenstand oder über Räume, das der Schuldner als Mieter oder Pächter eingegangen war, kann der Insolvenzverwalter ohne Rücksicht auf die vereinbarte Vertragsdauer oder einen vereinbarten Ausschluss des Rechts zur ordentlichen Kündigung kündigen; die Kündigungsfrist beträgt drei Monate zum Monatsende, wenn nicht eine kürzere Frist maßgeblich ist.* Ist Gegenstand des Mietverhältnisses die Wohnung des Schuldners, so tritt an die Stelle der Kündigung das Recht des Insolvenzverwalters zu erklären, dass Ansprüche, die nach Ablauf

Insolvenzverfahren geltend gemacht werden können. Kündigt der Verwalter nach Satz 1 oder gibt er die Erklärung nach Satz 2 ab, so kann der andere Teil wegen der vorzeitigen Beendigung des Vertragsverhältnisses oder wegen der Folgen der Erklärung als Insolvenzgläubiger Schadenersatz verlangen.

(2) Waren dem Schuldner der unbewegliche Gegenstand oder die Räume zur Zeit der Eröffnung des Verfahrens noch nicht überlassen, so kann sowohl der Verwalter als auch der andere Teil vom Vertrag zurücktreten. Tritt der Verwalter zurück, so kann der andere Teil wegen der vorzeitigen Beendigung des Vertragsverhältnisses als Insolvenzgläubiger Schadenersatz verlangen. Jeder Teil hat dem anderen auf dessen Verlangen binnen zwei Wochen zu erklären, ob er vom Vertrag zurücktreten will; unterlässt er dies, so verliert er das Rücktrittsrecht.

der in Satz 1 genannten Frist fällig werden, nicht im Insolvenzverfahren geltend gemacht werden können. Kündigt der Verwalter nach Satz 1 oder gibt er die Erklärung nach Satz 2 ab, so kann der andere Teil wegen der vorzeitigen Beendigung des Vertragsverhältnisses oder wegen der Folgen der Erklärung als Insolvenzgläubiger Schadenersatz verlangen.

(2) Waren dem Schuldner der unbewegliche Gegenstand oder die Räume zur Zeit der Eröffnung des Verfahrens noch nicht überlassen, so kann sowohl der Verwalter als auch der andere Teil vom Vertrag zurücktreten. Tritt der Verwalter zurück, so kann der andere Teil wegen der vorzeitigen Beendigung des Vertragsverhältnisses als Insolvenzgläubiger Schadenersatz verlangen. Jeder Teil hat dem anderen auf dessen Verlangen binnen zwei Wochen zu erklären, ob er vom Vertrag zurücktreten will; unterlässt er dies, so verliert er das Rücktrittsrecht.

§ 131 Inkongruente Deckung

(1) Anfechtbar ist eine Rechtshandlung, die einem Insolvenzgläubiger eine Sicherung oder Befriedigung gewährt oder ermöglicht hat, die er nicht oder nicht in der Art oder nicht zu der Zeit zu beanspruchen hatte,

1. wenn die Handlung im letzten Monat vor dem Antrag auf Eröffnung des Insolvenzverfahrens oder nach diesem Antrag vorgenommen worden ist,
2. wenn die Handlung innerhalb des zweiten oder dritten Monats vor dem Eröffnungsantrag vorgenommen worden ist und der Schuldner zur Zeit der Handlung zahlungsunfähig war oder
3. wenn die Handlung innerhalb des zweiten oder dritten Monats vor dem Eröffnungsantrag vorgenommen worden ist und dem Gläubiger zur Zeit der Handlung bekannt war, dass sie die Insolvenzgläubiger benachteiligte.

§ 131 Inkongruente Deckung

(1) Anfechtbar ist eine Rechtshandlung, die einem Insolvenzgläubiger eine Sicherung oder Befriedigung gewährt oder ermöglicht hat, die er nicht oder nicht in der Art oder nicht zu der Zeit zu beanspruchen hatte,

1. wenn die Handlung im letzten Monat vor dem Antrag auf Eröffnung des Insolvenzverfahrens oder nach diesem Antrag vorgenommen worden ist,
2. wenn die Handlung innerhalb des zweiten oder dritten Monats vor dem Eröffnungsantrag vorgenommen worden ist und der Schuldner zur Zeit der Handlung zahlungsunfähig war oder
3. wenn die Handlung innerhalb des zweiten oder dritten Monats vor dem Eröffnungsantrag vorgenommen worden ist und dem Gläubiger zur Zeit der Handlung bekannt war, dass sie die Insolvenzgläubiger benachteiligte.

(2) Für die Anwendung des Absatzes 1 Nr. 3 steht der Kenntnis der Benachteiligung der Insolvenzgläubiger die Kenntnis von Umständen gleich, die zwingend auf die Benachteiligung schließen lassen. Gegenüber einer Person, die dem Schuldner zur Zeit der Handlung nahestand (§ 138), wird vermutet, dass sie die Benachteiligung der Insolvenzgläubiger kannte.

Eine Rechtshandlung wird nicht allein dadurch zu einer solchen nach Satz 1, dass der Gläubiger die Sicherung oder Befriedigung durch Zwangsvollstreckung erlangt.
(2) Für die Anwendung des Absatzes 1 Nr. 3 steht der Kenntnis der Benachteiligung der Insolvenzgläubiger die Kenntnis von Umständen gleich, die zwingend auf die Benachteiligung schließen lassen. Gegenüber einer Person, die dem Schuldner zur Zeit der Handlung nahestand (§ 138), wird vermutet, dass sie die Benachteiligung der Insolvenzgläubiger kannte.

§ 133 Vorsätzliche Benachteiligung

(1) Anfechtbar ist eine Rechtshandlung, die der Schuldner in den letzten zehn Jahren vor dem Antrag auf Eröffnung des Insolvenzverfahrens oder nach diesem Antrag mit dem Vorsatz, seine Gläubiger zu benachteiligen, vorgenommen hat, wenn der andere Teil zur Zeit der Handlung den Vorsatz des Schuldners kannte. Diese Kenntnis wird vermutet, wenn der andere Teil wusste, dass die Zahlungsunfähigkeit des Schuldners drohte und dass die Handlung die Gläubiger benachteiligte.
(2) Anfechtbar ist ein vom Schuldner mit einer nahestehenden Person (§ 138) geschlossener entgeltlicher Vertrag, durch den die Insolvenzgläubiger unmittelbar benachteiligt werden. Die Anfechtung ist ausgeschlossen, wenn der Vertrag früher als zwei Jahre vor dem Eröffnungsantrag geschlossen worden ist oder wenn dem anderen Teil zur Zeit des Vertragsschlusses ein Vorsatz des Schuldners, die Gläubiger zu benachteiligen, nicht bekannt war.

§ 133 Vorsätzliche Benachteiligung

(1) Anfechtbar ist eine Rechtshandlung, die der Schuldner in den letzten zehn Jahren vor dem Antrag auf Eröffnung des Insolvenzverfahrens oder nach diesem Antrag mit dem Vorsatz, seine Gläubiger zu benachteiligen, vorgenommen hat, wenn der andere Teil zur Zeit der Handlung den Vorsatz des Schuldners kannte. *Bei einer Rechtshandlung, die nicht eine nach § 130 Abs. 1 ist, wird diese Kenntnis vermutet, wenn der andere Teil wusste, dass die Zahlungsunfähigkeit des Schuldners drohte und dass diese Handlung die Gläubiger benachteiligte. Eine Rechtshandlung nach § 130 Abs. 1 kann nach Satz 1 nur angefochten werden, wenn ein unlauteres Verhalten des Schuldners vorliegt.*[3]
(2) Anfechtbar ist ein vom Schuldner mit einer nahestehenden Person (§ 138) geschlossener entgeltlicher Vertrag, durch den die Insolvenzgläubiger unmittelbar benachteiligt werden. Die Anfechtung ist ausgeschlossen, wenn der Vertrag früher als zwei Jahre vor dem Eröffnungsantrag geschlossen worden ist oder wenn dem anderen Teil zur Zeit des Vertragsschlusses ein Vorsatz des Schuldners, die Gläubiger zu benachteiligen, nicht bekannt war.

---

3 Aufgrund der Kritik des Bundesrates an dem Gesetzentwurf hat die Bundesregierung einen alternativen Formulierungsvorschlag für § 133 Abs. 1 vorgelegt: *Anfechtbar ist eine Rechtshandlung, die der Schuldner in den letzten zehn Jahren vor dem Antrag mit dem Vorsatz, seine Gläubiger auf unlautere Weise zu benachteiligen, vorgenommen hat, wenn der andere Teil zur Zeit der Handlung den Vorsatz des Schuldners kannte. Bei einer Handlung, die nicht eine nach § 130 Abs. 1 ist, wird diese Kenntnis vermutet, wenn der andere Teil wusste, dass die Zahlungsunfähigkeit drohte und dass diese Handlung die Gläubiger benachteiligte.*

§ 138 Nahestehende Personen

(1) Ist der Schuldner eine natürliche Person, so sind nahestehende Personen:

1. der Ehegatte des Schuldners, auch wenn die Ehe erst nach der Rechtshandlung geschlossen oder im letzten Jahr vor der Handlung aufgelöst worden ist;

1a. der Lebenspartner des Schuldners, auch wenn die Lebenspartnerschaft erst nach der Rechtshandlung eingegangen oder im letzten Jahr vor der Handlung aufgelöst worden ist;

2. Verwandte des Schuldners oder des in Nummer 1 bezeichneten Ehegatten oder des in Nummer 1a bezeichneten Lebenspartners in auf- und absteigender Linie und voll- und halbbürtige Geschwister des Schuldners oder des in Nummer 1 bezeichneten Ehegatten oder des in Nummer 1a bezeichneten Lebenspartners sowie die Ehegatten oder Lebenspartner dieser Personen;

3. Personen, die in häuslicher Gemeinschaft mit dem Schuldner leben oder im letzten Jahr vor der Handlung in häuslicher Gemeinschaft mit dem Schuldner gelebt haben.

(2) Ist der Schuldner eine juristische Person oder eine Gesellschaft ohne Rechtspersönlichkeit, so sind nahestehende Personen:

1. die Mitglieder des Vertretungs- oder Aufsichtsorgans und persönlich haftende Gesellschafter des Schuldners sowie Personen, die zu mehr als einem Viertel am Kapital des Schuldners beteiligt sind;

2. eine Person oder eine Gesellschaft, die auf Grund einer vergleichbaren gesellschaftsrechtlichen oder dienstvertraglichen Verbindung zum Schuldner die Möglichkeit haben, sich über dessen wirtschaftliche Verhältnisse zu unterrichten;

3. eine Person, die zu einer der in Nummer 1 oder 2 bezeichneten Personen in einer in Absatz 1 bezeich-

§ 138 Nahestehende Personen

(1) Ist der Schuldner eine natürliche Person, so sind nahestehende Personen:

1. der Ehegatte des Schuldners, auch wenn die Ehe erst nach der Rechtshandlung geschlossen oder im letzten Jahr vor der Handlung aufgelöst worden ist;

1a. der Lebenspartner des Schuldners, auch wenn die Lebenspartnerschaft erst nach der Rechtshandlung eingegangen oder im letzten Jahr vor der Handlung aufgelöst worden ist;

2. Verwandte des Schuldners oder des in Nummer 1 bezeichneten Ehegatten oder des in Nummer 1a bezeichneten Lebenspartners in auf- und absteigender Linie und voll- und halbbürtige Geschwister des Schuldners oder des in Nummer 1 bezeichneten Ehegatten oder des in Nummer 1a bezeichneten Lebenspartners sowie die Ehegatten oder Lebenspartner dieser Personen;

3. Personen, die in häuslicher Gemeinschaft mit dem Schuldner leben oder im letzten Jahr vor der Handlung in häuslicher Gemeinschaft mit dem Schuldner gelebt haben *sowie alle Personen, die auf Grund einer dienstvertraglichen Verbindung zum Schuldner die Möglichkeit haben, sich über dessen wirtschaftliche Verhältnisse zu unterrichten;*

4. *eine juristische Person oder eine Gesellschaft ohne Rechtspersönlichkeit, sofern der Schuldner oder eine der in Nummer 1 bis 3 genannten Personen Mitglied des Vertretungs- oder Aufsichtsorgans, persönlich haftender Gesellschafter oder zu mehr als einem Viertel an deren Kapital beteiligt ist oder auf Grund einer vergleichbaren gesellschaftsrechtlichen oder dienstvertraglichen Verbindung die Möglichkeit hat, sich über die wirtschaftlichen Verhältnisse des Schuldners zu unterrichten.*

(2) Ist der Schuldner eine juristische Person oder eine Gesellschaft ohne Rechtspersönlichkeit, so sind nahestehende Personen:

neten persönlichen Verbindung steht; dies gilt nicht, soweit die in Nummer 1 oder 2 bezeichneten Personen kraft Gesetzes in den Angelegenheiten des Schuldners zur Verschwiegenheit verpflichtet sind.

1. die Mitglieder des Vertretungs- oder Aufsichtsorgans und persönlich haftende Gesellschafter des Schuldners sowie Personen, die zu mehr als einem Viertel am Kapital des Schuldners beteiligt sind;
2. eine Person oder eine Gesellschaft, die auf Grund einer vergleichbaren gesellschaftsrechtlichen oder dienstvertraglichen Verbindung zum Schuldner die Möglichkeit haben, sich über dessen wirtschaftliche Verhältnisse zu unterrichten;
3. eine Person, die zu einer der in Nummer 1 oder 2 bezeichneten Personen in einer in Absatz 1 bezeichneten persönlichen Verbindung steht; dies gilt nicht, soweit die in Nummer 1 oder 2 bezeichneten Personen kraft Gesetzes in den Angelegenheiten des Schuldners zur Verschwiegenheit verpflichtet sind.

§ 149 Wertgegenstände

(1) Der Gläubigerausschuss kann bestimmen, bei welcher Stelle und zu welchen Bedingungen Geld, Wertpapiere und Kostbarkeiten hinterlegt oder angelegt werden sollen. Ist kein Gläubigerausschuss bestellt oder hat der Gläubigerausschuss noch keinen Beschluss gefasst, so kann das Insolvenzgericht entsprechendes anordnen.
(2) Ist ein Gläubigerausschuss bestellt, so ist der Insolvenzverwalter nur dann berechtigt, Geld, Wertpapiere oder Kostbarkeiten von der Stelle, bei der hinterlegt oder angelegt worden ist, in Empfang zu nehmen, wenn ein Mitglied des Gläubigerausschusses die Quittung mitunterzeichnet. Anweisungen des Verwalters auf diese Stelle sind nur gültig, wenn ein Mitglied des Gläubigerausschusses sie mitunterzeichnet hat.
(3) Die Gläubigerversammlung kann abweichende Regelungen beschließen.

§ 149 Wertgegenstände

(1) Der Gläubigerausschuss kann bestimmen, bei welcher Stelle und zu welchen Bedingungen Geld, Wertpapiere und Kostbarkeiten hinterlegt oder angelegt werden sollen. Ist kein Gläubigerausschuss bestellt oder hat der Gläubigerausschuss noch keinen Beschluss gefasst, so kann das Insolvenzgericht entsprechendes anordnen.
(2) Die Gläubigerversammlung kann abweichende Regelungen beschließen.

§ 158 Maßnahmen vor der Entscheidung

(1) Will der Insolvenzverwalter vor dem Berichtstermin das Unternehmen des Schuldners stilllegen, so hat er die Zustim-

§ 158 Maßnahmen vor der Entscheidung

(1) Will der Insolvenzverwalter vor dem Berichtstermin das Unternehmen des Schuldners stilllegen *oder veräußern*, so hat

mung des Gläubigerausschusses einzuholen, wenn ein solcher bestellt ist.
(2) Vor der Beschlussfassung des Gläubigerausschusses oder, wenn ein solcher nicht bestellt ist, vor der Stillegung des Unternehmens hat der Verwalter den Schuldner zu unterrichten. Das Insolvenzgericht untersagt auf Antrag des Schuldners und nach Anhörung des Verwalters die Stillegung, wenn diese ohne eine erhebliche Verminderung der Insolvenzmasse bis zum Berichtstermin aufgeschoben werden kann.

§ 160 Besonders bedeutsame Rechtshandlungen

(1) Der Insolvenzverwalter hat die Zustimmung des Gläubigerausschusses einzuholen, wenn er Rechtshandlungen vornehmen will, die für das Insolvenzverfahren von besonderer Bedeutung sind. Ist ein Gläubigerausschuss nicht bestellt, so ist die Zustimmung der Gläubigerversammlung einzuholen.
(2) Die Zustimmung nach Absatz 1 ist insbesondere erforderlich,

1. wenn das Unternehmen oder ein Betrieb, das Warenlager im ganzen, ein unbeweglicher Gegenstand aus freier Hand, die Beteiligung des Schuldners an einem anderen Unternehmen, die der Herstellung einer dauernden Verbindung zu diesem Unternehmen dienen soll, oder das Recht auf den Bezug wiederkehrender Einkünfte veräußert werden soll;
2. wenn ein Darlehen aufgenommen werden soll, das die Insolvenzmasse erheblich belasten würde;
3. wenn ein Rechtsstreit mit erheblichem Streitwert anhängig gemacht oder aufgenommen, die Aufnahme eines solchen Rechtsstreits abgelehnt oder zur Beilegung oder zur Vermeidung eines solchen Rechtsstreits ein Vergleich oder ein Schiedsvertrag geschlossen werden soll.

er die Zustimmung des Gläubigerausschusses einzuholen, wenn ein solcher bestellt ist.
(2) Vor der Beschlussfassung des Gläubigerausschusses oder, wenn ein solcher nicht bestellt ist, vor der Stillegung des Unternehmens hat der Verwalter den Schuldner zu unterrichten. Das Insolvenzgericht untersagt auf Antrag des Schuldners und nach Anhörung des Verwalters die Stillegung *oder Veräußerung*, wenn diese ohne eine erhebliche Verminderung der Insolvenzmasse bis zum Berichtstermin aufgeschoben werden kann.

§ 160 Besonders bedeutsame Rechtshandlungen

(1) Der Insolvenzverwalter hat die Zustimmung des Gläubigerausschusses einzuholen, wenn er Rechtshandlungen vornehmen will, die für das Insolvenzverfahren von besonderer Bedeutung sind. Ist ein Gläubigerausschuss nicht bestellt, so ist die Zustimmung der Gläubigerversammlung einzuholen. *Ist die einberufene Gläubigerversammlung beschlussfähig, gilt die Zustimmung als erteilt; auf diese Folgen sind die Gläubiger bei der Einladung zur Gläubigerversammlung hinzuweisen.*
(2) Die Zustimmung nach Absatz 1 ist insbesondere erforderlich,

1. wenn das Unternehmen oder ein Betrieb, das Warenlager im ganzen, ein unbeweglicher Gegenstand aus freier Hand, die Beteiligung des Schuldners an einem anderen Unternehmen, die der Herstellung einer dauernden Verbindung zu diesem Unternehmen dienen soll, oder das Recht auf den Bezug wiederkehrender Einkünfte veräußert werden soll;
2. wenn ein Darlehen aufgenommen werden soll, das die Insolvenzmasse erheblich belasten würde;
3. wenn ein Rechtsstreit mit erheblichem Streitwert anhängig gemacht oder aufgenommen, die Aufnahme eines solchen Rechtsstreits abgelehnt oder zur Beilegung oder zur

Vermeidung eines solchen Rechtsstreits ein Vergleich oder ein Schiedsvertrag geschlossen werden soll.

§ 184 Klage gegen einen Widerspruch des Schuldners

Hat der Schuldner im Prüfungstermin oder im schriftlichen Verfahren (§ 177) eine Forderung bestritten, so kann der Gläubiger Klage auf Feststellung der Forderung gegen den Schuldner erheben. War zur Zeit der Eröffnung des Insolvenzverfahrens ein Rechtsstreit über die Forderung anhängig, so kann der Gläubiger diesen Rechtsstreit gegen den Schuldner aufnehmen.

§ 184 Klage gegen einen Widerspruch des Schuldners

(1) Hat der Schuldner im Prüfungstermin oder im schriftlichen Verfahren (§ 177) eine Forderung bestritten, so kann der Gläubiger Klage auf Feststellung der Forderung gegen den Schuldner erheben. War zur Zeit der Eröffnung des Insolvenzverfahrens ein Rechtsstreit über die Forderung anhängig, so kann der Gläubiger diesen Rechtsstreit gegen den Schuldner aufnehmen.
(2) Liegt für eine solche Forderung ein vollstreckbarer Schuldtitel oder ein Endurteil vor, so obliegt es dem Schuldner binnen einer Frist von einem Monat, die mit dem Prüfungstermin oder im schriftlichen Verfahren mit dem Bestreiten der Forderung beginnt, den Widerspruch zu verfolgen. Nach fruchtlosem Ablauf dieser Frist gilt ein Widerspruch als nicht erhoben.

§ 188 Verteilungsverzeichnis

Vor einer Verteilung hat der Insolvenzverwalter ein Verzeichnis der Forderungen aufzustellen, die bei der Verteilung zu berücksichtigen sind. Das Verzeichnis ist auf der Geschäftsstelle zur Einsicht der Beteiligten niederzulegen. Der Verwalter hat die Summe der Forderungen und den für die Verteilung verfügbaren Betrag aus der Insolvenzmasse öffentlich bekannt zu machen.

§ 188 Verteilungsverzeichnis

Vor einer Verteilung hat der Insolvenzverwalter ein Verzeichnis der Forderungen aufzustellen, die bei der Verteilung zu berücksichtigen sind. Das Verzeichnis ist auf der Geschäftsstelle zur Einsicht der Beteiligten niederzulegen. *Der Verwalter zeigt dem Gericht die Summe der Forderungen und den für die Verteilung verfügbaren Betrag aus der Insolvenzmasse an; das Gericht hat die angezeigte Summe der Forderungen und den für die Verteilung verfügbaren Betrag öffentlich bekannt zu machen.*

§ 200 Aufhebung des Insolvenzverfahrens

(1) Sobald die Schlussverteilung vollzogen ist, beschließt das Insolvenzgericht die Aufhebung des Insolvenzverfahrens.
(2) Der Beschluss und der Grund der Aufhebung sind öffentlich bekannt zu machen. Die Bekanntmachung ist, unbeschadet des § 9, auszugsweise im Bundesanzeiger zu veröffentlichen. Die §§ 31 bis 33 gelten entsprechend.

§ 200 Aufhebung des Insolvenzverfahrens

(1) Sobald die Schlussverteilung vollzogen ist, beschließt das Insolvenzgericht die Aufhebung des Insolvenzverfahrens.
(2) Der Beschluss und der Grund der Aufhebung sind öffentlich bekannt zu machen. Die Bekanntmachung ist, unbeschadet des § 9, auszugsweise im Bundesanzeiger zu veröffentlichen.

§ 207 Einstellung mangels Masse

(1) Stellt sich nach der Eröffnung des Insolvenzverfahrens heraus, dass die Insolvenzmasse nicht ausreicht, um die Kosten des Verfahrens zu decken, so stellt das Insolvenzgericht das Verfahren ein. Die Einstellung unterbleibt, wenn ein ausreichender Geldbetrag vorgeschossen wird oder die Kosten nach § 4a gestundet werden; § 26 Abs. 3 gilt entsprechend.
(2) Vor der Einstellung sind die Gläubigerversammlung, der Insolvenzverwalter und die Massegläubiger zu hören.
(3) Soweit Barmittel in der Masse vorhanden sind, hat der Verwalter vor der Einstellung die Kosten des Verfahrens, von diesen zuerst die Auslagen, nach dem Verhältnis ihrer Beträge zu berichtigen. Zur Verwertung von Massegegenständen ist er nicht mehr verpflichtet.

§ 207 Einstellung mangels Masse

(1) Stellt sich nach der Eröffnung des Insolvenzverfahrens heraus, dass die Insolvenzmasse nicht ausreicht, um die Kosten des Verfahrens zu decken, so stellt das Insolvenzgericht das Verfahren ein. *Die Einstellung unterbleibt, wenn ein ausreichender Geldbetrag vorgeschossen wird;* § 26 Abs. 3 gilt entsprechend.
(2) Vor der Einstellung sind die Gläubigerversammlung, der Insolvenzverwalter und die Massegläubiger zu hören.
(3) Soweit Barmittel in der Masse vorhanden sind, hat der Verwalter vor der Einstellung die Kosten des Verfahrens, von diesen zuerst die Auslagen, nach dem Verhältnis ihrer Beträge zu berichtigen. Zur Verwertung von Massegegenständen ist er nicht mehr verpflichtet.

§ 215 Bekanntmachung und Wirkungen der Einstellung

(1) Der Beschluss, durch den das Insolvenzverfahren nach § 207, 211, 212 oder 213 eingestellt wird, und der Grund der Einstellung sind öffentlich bekannt zu machen. Der Schuldner, der Insolvenzverwalter und die Mitglieder des Gläubigerausschusses sind vorab über den Zeitpunkt des Wirksamwerdens der Einstellung (§ 9 Abs. 1 Satz 3) zu unterrichten. § 200 Abs. 2 Satz 2 und 3 gilt entsprechend.
(2) Mit der Einstellung des Insolvenzverfahrens erhält der Schuldner das Recht zurück, über die Insolvenzmasse frei zu verfügen. Die §§ 201, 202 gelten entsprechend.

§ 215 Bekanntmachung und Wirkungen der Einstellung

(1) Der Beschluss, durch den das Insolvenzverfahren nach § 207, 211, 212 oder 213 eingestellt wird, und der Grund der Einstellung sind öffentlich bekannt zu machen. Der Schuldner, der Insolvenzverwalter und die Mitglieder des Gläubigerausschusses sind vorab über den Zeitpunkt des Wirksamwerdens der Einstellung (§ 9 Abs. 1 Satz 3) zu unterrichten. *§ 200 Abs. 2 Satz 2 gilt entsprechend.*
(2) Mit der Einstellung des Insolvenzverfahrens erhält der Schuldner das Recht zurück, über die Insolvenzmasse frei zu verfügen. Die §§ 201, 202 gelten entsprechend.

§ 258 Aufhebung des Insolvenzverfahrens

(1) Sobald die Bestätigung des Insolvenzplans rechtskräftig ist, beschließt das Insolvenzgericht die Aufhebung des Insolvenzverfahrens.
(2) Vor der Aufhebung hat der Verwalter die unstreitigen Masseansprüche zu berichtigen und für die streitigen Sicherheit zu leisten.

§ 258 Aufhebung des Insolvenzverfahrens

(1) Sobald die Bestätigung des Insolvenzplans rechtskräftig ist, beschließt das Insolvenzgericht die Aufhebung des Insolvenzverfahrens.
(2) Vor der Aufhebung hat der Verwalter die unstreitigen Masseansprüche zu berichtigen und für die streitigen Sicherheit zu leisten.

(3) Der Beschluss und der Grund der Aufhebung sind öffentlich bekannt zu machen. Der Schuldner, der Insolvenzverwalter und die Mitglieder des Gläubigerausschusses sind vorab über den Zeitpunkt des Wirksamwerdens der Aufhebung (§ 9 Abs. 1 Satz 3) zu unterrichten. § 200 Abs. 2 Satz 2 und 3 gilt entsprechend.

Achter Teil
Restschuldbefreiung

§ 289 Entscheidung des Insolvenzgerichts

(1) Die Insolvenzgläubiger und der Insolvenzverwalter sind im Schlusstermin zu dem Antrag des Schuldners zu hören. Das Insolvenzgericht entscheidet über den Antrag des Schuldners durch Beschluss.
(2) Gegen den Beschluss steht dem Schuldner und jedem Insolvenzgläubiger, der im Schlusstermin die Versagung der Restschuldbefreiung beantragt hat, die sofortige Beschwerde zu. Das Insolvenzverfahren wird erst nach Rechtskraft des Beschlusses aufgehoben. Der rechtskräftige Beschluss ist zusammen mit dem Beschluss über die Aufhebung des Insolvenzverfahrens öffentlich bekannt zu machen.
(3) Im Falle der Einstellung des Insolvenzverfahrens kann Restschuldbefreiung nur erteilt werden, wenn nach Anzeige der Masseunzulänglichkeit die Insolvenzmasse nach § 209 verteilt worden ist und die Einstellung nach § 211 erfolgt. Absatz 2 gilt mit der Maßgabe, dass an die Stelle der Aufhebung des Verfahrens die Einstellung tritt.

§ 290 Versagung der Restschuldbefreiung

(1) In dem Beschluss ist die Restschuldbefreiung zu versagen, wenn dies im Schlusstermin von einem Insolvenzgläubiger beantragt worden ist und wenn

(3) Der Beschluss und der Grund der Aufhebung sind öffentlich bekannt zu machen. Der Schuldner, der Insolvenzverwalter und die Mitglieder des Gläubigerausschusses sind vorab über den Zeitpunkt des Wirksamwerdens der Aufhebung (§ 9 Abs. 1 Satz 3) zu unterrichten. *§ 200 Abs. 2 Satz 2 gilt entsprechend.*

Achter Teil
Restschuldbefreiung, *Entschuldung*
Erster Abschnitt
Restschuldbefreiung

§ 289 Entscheidung des Insolvenzgerichts

(1) *Die Insolvenzgläubiger und der Insolvenzverwalter sind zu dem Antrag des Schuldners zu hören.* Das Insolvenzgericht entscheidet über den Antrag des Schuldners durch Beschluss.
(2) *Gegen den Beschluss steht dem Schuldner und jedem Insolvenzgläubiger, der die Versagung der Restschuldbefreiung beantragt hat, die sofortige Beschwerde zu.* Das Insolvenzverfahren wird erst nach Rechtskraft des Beschlusses aufgehoben. Der rechtskräftige Beschluss ist zusammen mit dem Beschluss über die Aufhebung des Insolvenzverfahrens öffentlich bekannt zu machen.
(3) Im Falle der Einstellung des Insolvenzverfahrens kann Restschuldbefreiung nur erteilt werden, wenn nach Anzeige der Masseunzulänglichkeit die Insolvenzmasse nach § 209 verteilt worden ist und die Einstellung nach § 211 erfolgt. Absatz 2 gilt mit der Maßgabe, dass an die Stelle der Aufhebung des Verfahrens die Einstellung tritt.

§ 290 Versagung der Restschuldbefreiung

(1) *In dem Beschluss ist die Restschuldbefreiung von Amts wegen oder auf einen spätestens im Schlusstermin gestellten Antrag eines Insolvenzgläubigers zu versagen, wenn*

1. der Schuldner wegen einer Straftat nach den §§ 283 bis 283c des Strafgesetzbuchs rechtskräftig verurteilt worden ist,
2. der Schuldner in den letzten drei Jahren vor dem Antrag auf Eröffnung des Insolvenzverfahrens oder nach diesem Antrag vorsätzlich oder grob fahrlässig schriftlich unrichtige oder unvollständige Angaben über seine wirtschaftlichen Verhältnisse gemacht hat, um einen Kredit zu erhalten, Leistungen aus öffentlichen Mitteln zu beziehen oder Leistungen an öffentliche Kassen zu vermeiden,
3. in den letzten zehn Jahren vor dem Antrag auf Eröffnung des Insolvenzverfahrens oder nach diesem Antrag dem Schuldner Restschuldbefreiung erteilt oder nach § 296 oder § 297 versagt worden ist,
4. der Schuldner im letzten Jahr vor dem Antrag auf Eröffnung des Insolvenzverfahrens oder nach diesem Antrag vorsätzlich oder grob fahrlässig die Befriedigung der Insolvenzgläubiger dadurch beeinträchtigt hat, dass er unangemessene Verbindlichkeiten begründet oder Vermögen verschwendet oder ohne Aussicht auf eine Besserung seiner wirtschaftlichen Lage die Eröffnung des Insolvenzverfahrens verzögert hat,
5. der Schuldner während des Insolvenzverfahrens Auskunfts- oder Mitwirkungspflichten nach diesem Gesetz vorsätzlich oder grob fahrlässig verletzt hat oder
6. der Schuldner in den nach § 305 Abs. 1 Nr. 3 vorzulegenden Verzeichnissen seines Vermögens und seines Einkommens, seiner Gläubiger und der gegen ihn gerichteten Forderungen vorsätzlich oder grob fahrlässig unrichtige oder unvollständige Angaben gemacht hat.

(2) Der Antrag des Gläubigers ist nur zulässig, wenn ein Versagungsgrund glaubhaft gemacht wird.

1. der Schuldner wegen einer Straftat nach den §§ 283 bis 283c des Strafgesetzbuchs rechtskräftig verurteilt worden ist,

1a. *der Schuldner wegen einer zum Nachteil des Antrag stellenden Insolvenzgläubigers begangenen Straftat rechtskräftig zu einer Freiheitsstrafe verurteilt worden ist, sofern der der Verurteilung zugrunde liegende Straftatbestand dem Eigentum oder dem Vermögen zu dienen bestimmt ist,*

2. der Schuldner in den letzten drei Jahren vor dem Antrag auf Eröffnung des Insolvenzverfahrens oder nach diesem Antrag vorsätzlich oder grob fahrlässig schriftlich unrichtige oder unvollständige Angaben über seine wirtschaftlichen Verhältnisse gemacht hat, um einen Kredit zu erhalten, Leistungen aus öffentlichen Mitteln zu beziehen oder Leistungen an öffentliche Kassen zu vermeiden,
3. *in den letzten zehn Jahren vor dem Antrag auf Eröffnung des Insolvenzverfahrens oder nach diesem Antrag dem Schuldner*
   a. *Restschuldbefreiung erteilt oder nach §§ 290, 296, 297 oder § 297a versagt worden ist oder*
   b. *dem Schuldner Entschuldung erteilt oder nach § 303a Abs. 2 Satz 2, § 303f Abs. 1 Satz 2 versagt worden ist,*
4. der Schuldner im letzten Jahr vor dem Antrag auf Eröffnung des Insolvenzverfahrens oder nach diesem Antrag vorsätzlich oder grob fahrlässig die Befriedigung der Insolvenzgläubiger dadurch beeinträchtigt hat, dass er unangemessene Verbindlichkeiten begründet oder Vermögen verschwendet oder ohne Aussicht auf eine Besserung seiner wirtschaftlichen Lage die Eröffnung des Insolvenzverfahrens verzögert hat,
5. *der Schuldner Auskunfts- oder Mitwirkungspflichten nach diesem Gesetz vorsätzlich oder grob fahrlässig verletzt hat oder*
6. der Schuldner in den nach § 305 Abs. 1 Nr. 3 vorzulegenden Verzeich-

nissen seines Vermögens und seines Einkommens, seiner Gläubiger und der gegen ihn gerichteten Forderungen vorsätzlich oder grob fahrlässig unrichtige oder unvollständige Angaben gemacht hat.
(2) Der Antrag des Gläubigers ist nur zulässig, wenn ein Versagungsgrund glaubhaft gemacht wird.
(3) Das Gericht kann ohne Antrag eines Insolvenzgläubigers die Restschuldbefreiung nur versagen, wenn ein Versagungsgrund offenkundig ist.

§ 291 Ankündigung der Restschuldbefreiung

(1) Sind die Voraussetzungen des § 290 nicht gegeben, so stellt das Gericht in dem Beschluss fest, dass der Schuldner Restschuldbefreiung erlangt, wenn er den Obliegenheiten nach § 295 nachkommt und die Voraussetzungen für eine Versagung nach § 297 oder § 298 nicht vorliegen.
(2) Im gleichen Beschluss bestimmt das Gericht den Treuhänder, auf den die pfändbaren Bezüge des Schuldners nach Maßgabe der Abtretungserklärung (§ 287 Abs. 2) übergehen.

§ 292 Rechtsstellung des Treuhänders

(1) Der Treuhänder hat den zur Zahlung der Bezüge Verpflichteten über die Abtretung zu unterrichten. Er hat die Beträge, die er durch die Abtretung erlangt, und sonstige Leistungen des Schuldners oder Dritter von seinem Vermögen getrennt zu halten und einmal jährlich auf Grund des Schlussverzeichnisses an die Insolvenzgläubiger zu verteilen, sofern die nach § 4a gestundeten Verfahrenskosten abzüglich der Kosten für die Beiordnung eines Rechtsanwalts berichtigt sind. § 36 Abs. 1 Satz 2, Abs. 4 gilt entsprechend. Von den Beträgen, die er durch die Abtretung erlangt, und den sonstigen Leistungen hat er an den Schuldner nach Ablauf von vier Jahren seit der Aufhebung des Insolvenzverfahrens zehn

§ 291 Ankündigung der Restschuldbefreiung

(1) Sind die Voraussetzungen des § 290 nicht gegeben, so stellt das Gericht in dem Beschluss fest, dass der Schuldner Restschuldbefreiung erlangt, wenn er den Obliegenheiten nach § 295 nachkommt und die Voraussetzungen für eine Versagung nach *den §§ 297, 297a oder § 298* nicht vorliegen.
(2) Im gleichen Beschluss bestimmt das Gericht den Treuhänder, auf den die pfändbaren Bezüge des Schuldners nach Maßgabe der Abtretungserklärung (§ 287 Abs. 2) übergehen.

§ 292 Rechtsstellung des Treuhänders

(1) Der Treuhänder hat den zur Zahlung der Bezüge Verpflichteten über die Abtretung zu unterrichten. Er hat die Beträge, die er durch die Abtretung erlangt, und sonstige Leistungen des Schuldners oder Dritter von seinem Vermögen getrennt zu halten und einmal jährlich auf Grund des Schlussverzeichnisses an die Insolvenzgläubiger zu verteilen. § 36 Abs. 1 Satz 2, Abs. 4 gilt entsprechend. Von den Beträgen, die er durch die Abtretung erlangt, und den sonstigen Leistungen hat er an den Schuldner nach Ablauf von vier Jahren seit der Aufhebung des Insolvenzverfahrens zehn vom Hundert und nach Ablauf von fünf Jahren seit der Aufhebung fünfzehn vom Hundert abzuführen.
(2) Die Gläubigerversammlung kann dem Treuhänder zusätzlich die Aufgabe über-

vom Hundert und nach Ablauf von fünf Jahren seit der Aufhebung fünfzehn vom Hundert abzuführen. Sind die nach § 4a gestundeten Verfahrenskosten noch nicht berichtigt, werden Gelder an den Schuldner nur abgeführt, sofern sein Einkommen nicht den sich nach § 115 Abs. 1 der Zivilprozessordnung errechnenden Betrag übersteigt.
(2) Die Gläubigerversammlung kann dem Treuhänder zusätzlich die Aufgabe übertragen, die Erfüllung der Obliegenheiten des Schuldners zu überwachen. In diesem Fall hat der Treuhänder die Gläubiger unverzüglich zu benachrichtigen, wenn er einen Verstoß gegen diese Obliegenheiten feststellt. Der Treuhänder ist nur zur Überwachung verpflichtet, soweit die ihm dafür zustehende zusätzliche Vergütung gedeckt ist oder vorgeschossen wird.
(3) Der Treuhänder hat bei der Beendigung seines Amtes dem Insolvenzgericht Rechnung zu legen. Die §§ 58 und 59 gelten entsprechend, § 59 jedoch mit der Maßgabe, dass die Entlassung von jedem Insolvenzgläubiger beantragt werden kann und dass die sofortige Beschwerde jedem Insolvenzgläubiger zusteht.

§ 293 Vergütung des Treuhänders

(1) Der Treuhänder hat Anspruch auf Vergütung für seine Tätigkeit und auf Erstattung angemessener Auslagen. Dabei ist dem Zeitaufwand des Treuhänders und dem Umfang seiner Tätigkeit Rechnung zu tragen.
(2) § 63 Abs. 2 sowie die §§ 64 und 65 gelten entsprechend.

§ 296 Verstoß gegen Obliegenheiten

(1) Das Insolvenzgericht versagt die Restschuldbefreiung auf Antrag eines Insolvenzgläubigers, wenn der Schuldner während der Laufzeit der Abtretungserklärung eine seiner Obliegenheiten verletzt und dadurch die Befriedigung der Insolvenzgläubiger beeinträchtigt; dies gilt nicht, wenn den Schuldner kein Verschulden trifft. Der Antrag kann nur binnen

tragen, die Erfüllung der Obliegenheiten des Schuldners zu überwachen. In diesem Fall hat der Treuhänder die Gläubiger unverzüglich zu benachrichtigen, wenn er einen Verstoß gegen diese Obliegenheiten feststellt. Der Treuhänder ist nur zur Überwachung verpflichtet, soweit die ihm dafür zustehende zusätzliche Vergütung gedeckt ist oder vorgeschossen wird.
(3) Der Treuhänder hat bei der Beendigung seines Amtes dem Insolvenzgericht Rechnung zu legen. Die §§ 58 und 59 gelten entsprechend, § 59 jedoch mit der Maßgabe, dass die Entlassung von jedem Insolvenzgläubiger beantragt werden kann und dass die sofortige Beschwerde jedem Insolvenzgläubiger zusteht.

§ 293 Vergütung des Treuhänders

(1) Der Treuhänder hat Anspruch auf Vergütung für seine Tätigkeit und auf Erstattung angemessener Auslagen. Dabei ist dem Zeitaufwand des Treuhänders und dem Umfang seiner Tätigkeit Rechnung zu tragen.
(2) Die §§ 64 und 65 gelten entsprechend.

§ 296 Verstoß gegen Obliegenheiten

(1) Das Insolvenzgericht versagt die Restschuldbefreiung *von Amts wegen oder* auf Antrag eines Insolvenzgläubigers, wenn der Schuldner während der Laufzeit der Abtretungserklärung eine seiner Obliegenheiten verletzt und dadurch die Befriedigung der Insolvenzgläubiger beeinträchtigt; dies gilt nicht, wenn den Schuldner kein Verschulden trifft. Der Antrag kann nur binnen

eines Jahres nach dem Zeitpunkt gestellt werden, in dem die Obliegenheitsverletzung dem Gläubiger bekannt geworden ist. Er ist nur zulässig, wenn die Voraussetzungen der Sätze 1 und 2 glaubhaft gemacht werden.
(2) Vor der Entscheidung über den Antrag sind der Treuhänder, der Schuldner und die Insolvenzgläubiger zu hören. Der Schuldner hat über die Erfüllung seiner Obliegenheiten Auskunft zu erteilen und, wenn es der Gläubiger beantragt, die Richtigkeit dieser Auskunft an Eides Statt zu versichern. Gibt er die Auskunft oder die eidesstattliche Versicherung ohne hinreichende Entschuldigung nicht innerhalb der ihm gesetzten Frist ab oder erscheint er trotz ordnungsgemäßer Ladung ohne hinreichende Entschuldigung nicht zu einem Termin, den das Gericht für die Erteilung der Auskunft oder die eidesstattliche Versicherung anberaumt hat, so ist die Restschuldbefreiung zu versagen.
(3) Gegen die Entscheidung steht dem Antragsteller und dem Schuldner die sofortige Beschwerde zu. Die Versagung der Restschuldbefreiung ist öffentlich bekannt zu machen.

eines Jahres nach dem Zeitpunkt gestellt werden, in dem die Obliegenheitsverletzung dem Gläubiger bekannt geworden ist. Er ist nur zulässig, wenn die Voraussetzungen der Sätze 1 und 2 glaubhaft gemacht werden. *Für die Versagung von Amts wegen gelten Satz 2 und § 290 Abs. 3 entsprechend.*
(2) *Vor der Entscheidung sind der Treuhänder, der Schuldner und die Insolvenzgläubiger zu hören.* Der Schuldner hat über die Erfüllung seiner Obliegenheiten Auskunft zu erteilen und, wenn es der Gläubiger beantragt, die Richtigkeit dieser Auskunft an Eides Statt zu versichern. Gibt er die Auskunft oder die eidesstattliche Versicherung ohne hinreichende Entschuldigung nicht innerhalb der ihm gesetzten Frist ab oder erscheint er trotz ordnungsgemäßer Ladung ohne hinreichende Entschuldigung nicht zu einem Termin, den das Gericht für die Erteilung der Auskunft oder die eidesstattliche Versicherung anberaumt hat, so ist die Restschuldbefreiung zu versagen.
(3) Gegen die Entscheidung steht dem Antragsteller und dem Schuldner die sofortige Beschwerde zu. Die Versagung der Restschuldbefreiung ist öffentlich bekannt zu machen.

§ 297 Insolvenzstraftaten

(1) Das Insolvenzgericht versagt die Restschuldbefreiung auf Antrag eines Insolvenzgläubigers, wenn der Schuldner in dem Zeitraum zwischen Schlusstermin und Aufhebung des Insolvenzverfahrens oder während der Laufzeit der Abtretungserklärung wegen einer Straftat nach den §§ 283 bis 283c des Strafgesetzbuchs rechtskräftig verurteilt wird.
(2) § 296 Abs. 1 Satz 2 und 3, Abs. 3 gilt entsprechend.

§ 297 Insolvenzstraftaten

(1) Das Insolvenzgericht versagt die Restschuldbefreiung von Amts wegen oder auf Antrag eines Insolvenzgläubigers, wenn der Schuldner in dem Zeitraum zwischen Schlusstermin und Aufhebung des Insolvenzverfahrens oder während der Laufzeit der Abtretungserklärung

a) wegen einer Straftat nach den §§ 283 bis 283c StGB rechtskräftig verurteilt wird oder

b) wegen einer zum Nachteil des Antrag stellenden Insolvenzgläubigers begangenen Straftat zu einer Freiheitsstrafe verurteilt wird, sofern der der Verurteilung zugrunde liegende Straftatbestand dem Eigentum oder dem Vermögen zu dienen bestimmt ist.

(2) § 296 Abs. 1 Satz 2 bis 4, Abs. 3 gilt entsprechend.

§ 297a Nachträglich bekannt gewordene Versagungsgründe

(1) Auf Antrag eines Insolvenzgläubigers oder von Amts wegen versagt das Insolvenzgericht die Restschuldbefreiung, wenn sich während der Laufzeit der Abtretungserklärung herausstellt, dass ein Versagungsgrund nach § 290 Abs. 1 Nr. 1 bis 3 und 6 vorgelegen hat. Der Antrag kann nur binnen sechs Monaten nach dem Zeitpunkt gestellt werden, in dem der Versagungsgrund dem Gläubiger bekannt geworden ist. Er ist nur zulässig, wenn die Voraussetzungen der Sätze 1 und 2 glaubhaft gemacht werden.
(2) Für die Versagung von Amts wegen gelten Satz 2 und § 290 Abs. 3 entsprechend.

§ 298 Deckung der Mindestvergütung des Treuhänders

(1) Das Insolvenzgericht versagt die Restschuldbefreiung auf Antrag des Treuhänders, wenn die an diesen abgeführten Beträge für das vorangegangene Jahr seiner Tätigkeit die Mindestvergütung nicht decken und der Schuldner den fehlenden Betrag nicht einzahlt, obwohl ihn der Treuhänder schriftlich zur Zahlung binnen einer Frist von mindestens zwei Wochen aufgefordert und ihn dabei auf die Möglichkeit der Versagung der Restschuldbefreiung hingewiesen hat. Dies gilt nicht, wenn die Kosten des Insolvenzverfahrens nach § 4a gestundet wurden.
(2) Vor der Entscheidung ist der Schuldner zu hören. Die Versagung unterbleibt, wenn der Schuldner binnen zwei Wochen nach Aufforderung durch das Gericht den fehlenden Betrag einzahlt oder ihm dieser entsprechend § 4a gestundet wird.
(3) § 296 Abs. 3 gilt entsprechend.

§ 298 Deckung der Mindestvergütung des Treuhänders

(1) Das Insolvenzgericht versagt die Restschuldbefreiung auf Antrag des Treuhänders, wenn die an diesen abgeführten Beträge für das vorangegangene Jahr seiner Tätigkeit die Mindestvergütung nicht decken und der Schuldner den fehlenden Betrag nicht einzahlt, obwohl ihn der Treuhänder schriftlich zur Zahlung binnen einer Frist von mindestens zwei Wochen aufgefordert und ihn dabei auf die Möglichkeit der Versagung der Restschuldbefreiung hingewiesen hat.
(2) Vor der Entscheidung ist der Schuldner zu hören. *Die Versagung unterbleibt, wenn der Schuldner binnen zwei Wochen nach Aufforderung durch das Gericht den fehlenden Betrag einzahlt.*
(3) § 296 Abs. 3 gilt entsprechend.

§ 299 Vorzeitige Beendigung

Wird die Restschuldbefreiung nach § 296, 297 oder 298 versagt, so enden die Laufzeit der Abtretungserklärung, das Amt des Treuhänders und die Beschränkung der Rechte der Gläubiger mit der Rechtskraft der Entscheidung.

§ 299 Vorzeitige Beendigung

Wird die Restschuldbefreiung nach *den §§ 296, 297, 297a oder § 298* versagt, so enden die Laufzeit der Abtretungserklärung, das Amt des Treuhänders und die Beschränkung der Rechte der Gläubiger mit der Rechtskraft der Entscheidung.

§ 300 Entscheidung über die Restschuldbefreiung

(1) Ist die Laufzeit der Abtretungserklärung ohne eine vorzeitige Beendigung verstrichen, so entscheidet das Insolvenzgericht nach Anhörung der Insolvenzgläubiger, des Treuhänders und des Schuldners durch Beschluss über die Erteilung der Restschuldbefreiung.
(2) Das Insolvenzgericht versagt die Restschuldbefreiung auf Antrag eines Insolvenzgläubigers, wenn die Voraussetzungen des § 296 Abs. 1 oder 2 Satz 3 oder des § 297 vorliegen, oder auf Antrag des Treuhänders, wenn die Voraussetzungen des § 298 vorliegen.
(3) Der Beschluss ist öffentlich bekannt zu machen. Gegen den Beschluss steht dem Schuldner und jedem Insolvenzgläubiger, der bei der Anhörung nach Absatz 1 die Versagung der Restschuldbefreiung beantragt hat, die sofortige Beschwerde zu.

§ 300 Entscheidung über die Restschuldbefreiung

(1) Ist die Laufzeit der Abtretungserklärung ohne eine vorzeitige Beendigung verstrichen, so entscheidet das Insolvenzgericht nach Anhörung der Insolvenzgläubiger, des Treuhänders und des Schuldners durch Beschluss über die Erteilung der Restschuldbefreiung. *Das Gericht hat über die Erteilung der Restschuldbefreiung vorzeitig zu entscheiden, wenn*

1. *zwei Jahre der Laufzeit der Abtretungserklärung verstrichen sind und die Insolvenzgläubiger während des Insolvenz- und Restschuldbefreiungsverfahrens mindestens 40 % ihrer im Schlussverzeichnis aufgenommenen Forderungen erhalten haben oder*
2. *vier Jahre der Laufzeit der Abtretungserklärung verstrichen sind und die Insolvenzgläubiger während des Insolvenz- und Restschuldbefreiungsverfahrens mindestens 20 % ihrer im Schlussverzeichnis aufgenommenen Forderungen erhalten haben.*

(2) Das Insolvenzgericht versagt die Restschuldbefreiung von Amts wegen oder auf Antrag eines Insolvenzgläubigers, wenn die Voraussetzungen des § 296 Abs. 1 oder Abs. 2 Satz 3, des § 297 oder des § 297a vorliegen, oder auf Antrag des Treuhänders, wenn die Voraussetzungen des § 298 vorliegen.
(3) Der Beschluss ist öffentlich bekannt zu machen. Gegen den Beschluss steht dem Schuldner und jedem Insolvenzgläubiger, der bei der Anhörung nach Absatz 1 die Versagung der Restschuldbefreiung beantragt hat, die sofortige Beschwerde zu.

§ 302 Ausgenommene Forderungen

Von der Erteilung der Restschuldbefreiung werden nicht berührt:

1. Verbindlichkeiten des Schuldners aus einer vorsätzlich begangenen unerlaubten Handlung, sofern der Gläubiger die entsprechende Forderung unter Angabe dieses Rechtsgrundes nach § 174 Abs. 2 angemeldet hatte;

§ 302 Ausgenommene Forderungen

Von der Erteilung der Restschuldbefreiung werden nicht berührt:

1. Verbindlichkeiten des Schuldners aus einer vorsätzlich begangenen unerlaubten Handlung *oder aus rückständigem Unterhalt, den der Schuldner vorsätzlich pflichtwidrig nicht gewährt hat*, sofern der Gläubiger die entsprechende Forderung unter Angabe

2. Geldstrafen und die diesen in § 39 Abs. 1 Nr. 3 gleichgestellten Verbindlichkeiten des Schuldners;
3. Verbindlichkeiten aus zinslosen Darlehen, die dem Schuldner zur Begleichung der Kosten des Insolvenzverfahrens gewährt wurden.

§ 303 Widerruf der Restschuldbefreiung

(1) Auf Antrag eines Insolvenzgläubigers widerruft das Insolvenzgericht die Erteilung der Restschuldbefreiung, wenn sich nachträglich herausstellt, dass der Schuldner eine seiner Obliegenheiten vorsätzlich verletzt und dadurch die Befriedigung der Insolvenzgläubiger erheblich beeinträchtigt hat.
(2) Der Antrag des Gläubigers ist nur zulässig, wenn er innerhalb eines Jahres nach der Rechtskraft der Entscheidung über die Restschuldbefreiung gestellt wird und wenn glaubhaft gemacht wird, dass die Voraussetzungen des Absatzes 1 vorliegen und dass der Gläubiger bis zur Rechtskraft der Entscheidung keine Kenntnis von ihnen hatte.
(3) Vor der Entscheidung sind der Schuldner und der Treuhänder zu hören. Gegen die Entscheidung steht dem Antragsteller und dem Schuldner die sofortige Beschwerde zu. Die Entscheidung, durch welche die Restschuldbefreiung widerrufen wird, ist öffentlich bekannt zu machen.

dieses Rechtsgrundes nach § 174 Abs. 2 angemeldet hatte;
2. Geldstrafen und die diesen in § 39 Abs. 1 Nr. 3 gleichgestellten Verbindlichkeiten des Schuldners;
3. Verbindlichkeiten aus zinslosen Darlehen, die dem Schuldner zur Begleichung der Kosten des Insolvenzverfahrens gewährt wurden.

§ 303 Widerruf der Restschuldbefreiung

(1) Auf Antrag eines Insolvenzgläubigers widerruft das Insolvenzgericht die Erteilung der Restschuldbefreiung, wenn sich nachträglich herausstellt, dass der Schuldner eine seiner Obliegenheiten vorsätzlich verletzt und dadurch die Befriedigung der Insolvenzgläubiger erheblich beeinträchtigt hat *oder während der Laufzeit der Abtretungserklärung wegen einer der in § 297 Abs. 1 genannten Straftaten rechtskräftig verurteilt worden ist.*
(2) Der Antrag des Gläubigers ist nur zulässig, wenn er innerhalb eines Jahres nach der Rechtskraft der Entscheidung über die Restschuldbefreiung gestellt wird und wenn glaubhaft gemacht wird, dass die Voraussetzungen des Absatzes 1 vorliegen und dass der Gläubiger bis zur Rechtskraft der Entscheidung keine Kenntnis von ihnen hatte.
(3) Vor der Entscheidung sind der Schuldner und der Treuhänder zu hören. Gegen die Entscheidung steht dem Antragsteller und dem Schuldner die sofortige Beschwerde zu. Die Entscheidung, durch welche die Restschuldbefreiung widerrufen wird, ist öffentlich bekannt zu machen.

Zweiter Abschnitt
Entschuldungsverfahren

§ 303a Antrag des Schuldners

(1) Ist der Schuldner eine natürliche Person, kann er ein Entschuldungsverfahren beantragen, wenn er zahlungsunfähig ist und sein Vermögen voraussichtlich nicht ausreichen wird, um die Kosten eines Insolvenzverfahrens zu decken. Von der Ent-

schuldung werden nur Forderungen erfasst, die im Falle der Eröffnung eines Insolvenzverfahrens Insolvenzforderungen wären.

(2) Mit dem schriftlich einzureichenden Antrag hat der Schuldner Verzeichnisse und Erklärungen entsprechend § 305 Abs. 1 Nr. 3 vorzulegen; § 305 Abs. 2 Satz 1, Abs. 3 Satz 1 und 2, Abs. 4 und 5 gilt entsprechend. Der Schuldner hat dem Antrag eine Erklärung beizufügen, ob die tatsächlichen Voraussetzungen eines in § 290 Abs. 1 Nr. 1 und 3 genannten Versagungsgrundes vorliegen und ob ihm bereits einmal eine Entschuldung erteilt oder nach § 303f versagt worden ist. Liegen die tatsächlichen Voraussetzungen eines solchen Versagungsgrundes vor oder wurde ihm bereits einmal eine Entschuldung erteilt oder nach § 303f versagt, ist der Antrag zurückzuweisen.

(3) Mit dem Antrag hat der Schuldner die Bescheinigung einer geeigneten Person oder Stelle nach § 305 Abs. 1 Nr. 1 vorzulegen, dass eine Einigung mit den Gläubigern offensichtlich aussichtslos war.

§ 303b Eidesstattliche Versicherung

(1) Der Schuldner hat gegenüber dem Insolvenzgericht zu Protokoll an Eides statt zu versichern, dass er die in den Verzeichnissen nach § 303a Abs. 2 Satz 1 und 2 enthaltenen Angaben nach bestem Wissen und Gewissen richtig und vollständig gemacht hat. Die §§ 478 bis 480, 483 der Zivilprozessordnung und § 296 Abs. 2 Satz 3 gelten entsprechend.

(2) Der Schuldner ist dabei auch über Bedeutung und Ablauf des Entschuldungsverfahrens sowie über seine Obliegenheiten nach § 303e zu belehren.

§ 303c Beteiligung der Gläubiger

(1) Ist der Antrag zulässig, stellt das Gericht den vom Schuldner benannten Gläubigern den Antrag und die Vermögensübersicht mit der Belehrung zu, dass der Schuldner die Erfüllung der aufgeführten Forderungen spätestens nach Ablauf einer Frist von acht Jahren verweigern kann und fordert die Gläubiger auf, innerhalb einer Notfrist von einem Monat dem Gericht mitzuteilen, ob ein Versagungsantrag gestellt wird, weil Versagungsgründe entsprechend § 290 Abs. 1 vorliegen. Der Antrag ist nur zulässig, wenn ein Versagungsgrund glaubhaft gemacht wird.

(2) Die Gläubiger sind darauf hinzuweisen, dass die Verzeichnisse nach § 303a Abs. 1 Satz 2 beim Insolvenzgericht zur Einsicht niedergelegt sind.

§ 303d Entscheidung über den Entschuldungsantrag

(1) Wird ein Versagungsantrag nach § 303c nicht gestellt oder wird ihm nicht stattgegeben, stellt das Gericht durch Beschluss fest, dass der Schuldner die Erfüllung der im Forderungsverzeichnis aufgeführten Forderungen spätestens nach Ablauf einer Frist von acht Jahren verweigern kann, wenn die Entschuldung nicht nach § 303f versagt wird. Der Lauf der Frist beginnt mit der Stellung des Antrags nach § 303a Abs.1.
(2) Gegen den Beschluss steht dem Schuldner und jedem Gläubiger, der die Versagung der Entschuldung beantragt hat, die sofortige Beschwerde zu.

§ 303e Obliegenheiten des Schuldners

Dem Schuldner obliegt es, während einer Frist von acht Jahren

1. *eine angemessene Erwerbstätigkeit auszuüben und, wenn er ohne Beschäftigung ist, sich um eine solche zu bemühen und keine zumutbare Tätigkeit abzulehnen;*
2. *unverzüglich die in dem Verzeichnis nach § 303a Abs. 1 Satz 2 aufgeführten Gläubiger schriftlich zu unterrichten oder die Eröffnung des Insolvenzverfahrens zu beantragen, wenn er pfändbares Vermögen mit einem Wert von über 1 500 Euro erwirbt;*
3. *jeden Wechsel des Wohnsitzes oder der Beschäftigungsstelle unverzüglich den in dem Verzeichnis nach § 303a Abs. 1 Satz 2 aufgeführten Gläubigern mitzuteilen, auf Verlangen eines solchen Gläubigers Auskunft über seine Erwerbstätigkeit oder seine Bemühungen um eine solche und über seine Bezüge und sein Vermögen zu erteilen sowie ihm über alle das Verfahren betreffenden Verhältnisse Auskunft zu geben; § 97 Abs. 1 Satz 2 und 3 gilt entsprechend.*

§ 303f Versagung der Entschuldung

(1) Das Insolvenzgericht versagt die Entschuldung auf Antrag eines Gläubigers, wenn der Schuldner während einer Frist von acht Jahren eine seiner Obliegenheiten verletzt; dies gilt nicht, wenn den Schuldner kein Verschulden trifft. Der Schuldner hat über die Erfüllung seiner Obliegenheiten Auskunft zu erteilen und, wenn es der Gläubiger beantragt, die Richtigkeit dieser Auskunft an Eides statt zu versichern. § 296 Abs. 2 Satz 3 gilt entsprechend.
(2) Das Gericht versagt die Entschuldung auf Antrag eines Gläubigers, wenn der Schuldner während der Frist von acht Jahren wegen einer der in § 297 Abs. 1 genannten Straftaten rechtskräftig verurteil wird.
(3) Der Antrag kann nur binnen eines Jahres nach dem Zeitpunkt gestellt werden, in dem die Obliegenheitsverletzung oder die Straftat dem Gläubiger bekannt geworden ist. Er ist nur zulässig, wenn die Voraussetzungen von Absatz 1 Satz 1 und Absatz 2 glaubhaft gemacht werden. Vor der Entscheidung über den Antrag sind der Schuldner und die Gläubiger zu hören. Gegen die Entscheidung steht dem Antragssteller und dem Schuldner die sofortige Beschwerde zu.

§ 303g Wirkung der Entschuldung

Wird die Entschuldung wirksam, wirkt sie gegen die Gläubiger, die in dem Verzeichnis nach § 303a Abs. 2 aufgeführt sind, hinsichtlich ihrer im Forderungsverzeichnis genannten Forderungen. § 301 Abs. 2 und 3 sowie § 302 gelten entsprechend. Die Feststellung, ob eine Forderung von der Entschuldung berührt wird, erfolgt außerhalb des Entschuldungsverfahrens.

§ 303h Widerruf der Entscheidung über die Entschuldung

(1) Auf Antrag eines von der Entschuldung betroffenen Gläubigers widerruft das Insolvenzgericht die Entscheidung nach § 303d Abs. 1, wenn sich nachträglich herausstellt, dass der Schuldner eine seiner Obliegenheiten vorsätzlich verletzt hat oder während der Dauer des Entschuldungsverfahrens wegen einer der in § 297 Abs. 1 genannten Straftaten rechtskräftig verurteilt wurde.

(2) Der Antrag des Gläubigers ist nur zulässig, wenn er innerhalb eines Jahres nach dem Wirksamwerden der Entschuldung gestellt wird und wenn glaubhaft gemacht wird, dass die Voraussetzungen des Absatzes 1 vorliegen und dass der Gläubiger während der Dauer des Entschuldungsverfahrens keine Kenntnis von ihnen hatte.
(3) Vor der Entscheidung ist der Schuldner zu hören. Gegen die Entscheidung steht dem Antragsteller und dem Schuldner die sofortige Beschwerde zu.

§ 303i Einstellung oder Unterbrechung von Zwangsvollstreckungsmaßnahmen

1. Alt.

Das Insolvenzgericht kann Maßnahmen der Zwangsvollstreckung wegen Geldforderungen gegen den Schuldner bis zu drei Monaten untersagen oder einstweilen einstellen, wenn der Schuldner glaubhaft macht, dass er in dieser Frist die Mittel zur Abdeckung der Kosten für die Eröffnung eines Insolvenzverfahrens aufbringen kann.

2. Alt.

Für die in dem Verzeichnis nach § 303a Abs. 1 Satz 2 aufgeführten Gläubiger ist die Zwangsvollstreckung nicht zulässig in

1. *Arbeitseinkommen des Schuldners,*
2. *diesem gleichstehende Bezüge,*
3. *Ansprüche auf laufende Geldleistungen, die der Sicherung des Lebensunterhalts zu dienen bestimmt sind,*
4. *ein Guthaben des Schuldners auf einem nur für ihn bei einem Kreditinstitut geführten Konto, auf das die unter Nummer 1 bis 3 aufgeführten Einkünfte überwiesen werden.*

3. Alt.

Auf Antrag des Schuldners kann das Insolvenzgericht Maßnahmen der Zwangsvollstreckung wegen Geldforderungen aufheben, untersagen oder einstweilen einstellen, wenn die Abgabe der eidesstattlichen Versicherung durch den Schuldner nach § 303b nicht länger als ein Jahr zurückliegt. Dies gilt nicht, wenn der Gläubiger glaubhaft macht, dass der Schuldner später Vermögen erworben hat.

4. Alt.

Das Insolvenzgericht kann Maßnahmen der Zwangsvollstreckung wegen Geldforderungen aufheben, untersagen oder einstweilen einstellen, wenn die Abgabe der eidesstattlichen Versicherung durch den Schuldner nach § 303b nicht länger als ein Jahr zurückliegt. Dies gilt nicht, wenn der Gläubiger glaubhaft macht, dass der Schuldner später Vermögen erworben hat.

5. Alt.

Artikel X

Änderung der Zivilprozessordnung

§ 807a Einstellung oder Unterbrechung der Zwangsvollstreckung

Auf Antrag des Schuldners kann das Vollstreckungsgericht Maßnahmen der Zwangsvollstreckung wegen Geldforderungen aufheben, untersagen oder einstweilen einstellen, wenn die Abgabe der eidesstattlichen Versicherung durch den Schuldner nicht länger als ein Jahr zurückliegt. Dies gilt nicht, wenn der Gläubiger glaubhaft macht, dass der Schuldner später Vermögen erworben hat.

§ 303j Überleitung in ein anderes Verfahren

(1) Wird während des Entschuldungsverfahrens ein Insolvenzverfahren über das Vermögen des Schuldners eröffnet, ist das Entschuldungsverfahren durch Beschluss des Insolvenzgerichts einzustellen. Die Verzeichnisse nach § 303a Abs. 1 Satz 2 sind für das Insolvenzverfahren zu ergänzen.
(2) Wird im Anschluss an das Insolvenzverfahren ein Verfahren nach den §§ 286 bis 303 durchgeführt, wird bei Verbindlichkeiten, die im Forderungsverzeichnis nach § 303a Abs. 2 aufgeführt sind, die während des Entschuldungsverfahrens verstrichene Zeit bei der Berechnung der Frist nach § 287 Abs. 1 Satz 2 angerechnet.

Geltendes Recht	Entwurf
Neunter Teil Verbraucherinsolvenzverfahren und sonstige Kleinverfahren	***Neunter Teil Verbraucherinsolvenzverfahren***
§ 304 Grundsatz	**§ 304 Grundsatz**
(1) Ist der Schuldner eine natürliche Person, die keine selbständige wirtschaftliche Tätigkeit ausübt oder ausgeübt hat, so gelten für das Verfahren die allgemeinen Vorschriften, soweit in diesem Teil nichts	*Ist der Schuldner eine natürliche Person, die keine selbständige wirtschaftliche Tätigkeit ausübt, gelten für das Verfahren die allgemeinen Vorschriften, soweit in diesem Teil nichts anderes bestimmt ist.*

anderes bestimmt ist. Hat der Schuldner eine selbständige wirtschaftliche Tätigkeit ausgeübt, so findet Satz 1 Anwendung, wenn seine Vermögensverhältnisse überschaubar sind und gegen ihn keine Forderungen aus Arbeitsverhältnissen bestehen.
(2) Überschaubar sind die Vermögensverhältnisse im Sinne von Absatz 1 Satz 2 nur, wenn der Schuldner zu dem Zeitpunkt, zu dem der Antrag auf Eröffnung des Insolvenzverfahrens gestellt wird, weniger als 20 Gläubiger hat.

Insolvenzordnung
Zweiter Abschnitt Schuldenbereinigungsplan

§ 305 Eröffnungsantrag des Schuldners

(1) Mit dem schriftlich einzureichenden Antrag auf Eröffnung des Insolvenzverfahrens (§ 311) oder unverzüglich nach diesem Antrag hat der Schuldner vorzulegen:

1. eine Bescheinigung, die von einer geeigneten Person oder Stelle ausgestellt ist und aus der sich ergibt, dass eine außergerichtliche Einigung mit den Gläubigern über die Schuldenbereinigung auf der Grundlage eines Plans innerhalb der letzten sechs Monate vor dem Eröffnungsantrag erfolglos versucht worden ist; der Plan ist beizufügen und die wesentlichen Gründe für sein Scheitern sind darzulegen; die Länder können bestimmen, welche Personen oder Stellen als geeignet anzusehen sind;
2. den Antrag auf Erteilung von Restschuldbefreiung (§ 287) oder die Erklärung, dass Restschuldbefreiung nicht beantragt werden soll;
3. ein Verzeichnis des vorhandenen Vermögens und des Einkommens (Vermögensverzeichnis), eine Zusammenfassung des wesentlichen Inhalts dieses Verzeichnisses (Vermögensübersicht), ein Verzeichnis der Gläubiger und ein Verzeichnis

– gestrichen –

§ 305 Eröffnungsantrag des Schuldners

(1) Mit dem schriftlich einzureichenden Antrag auf Eröffnung des Insolvenzverfahrens (§ 311) oder unverzüglich nach diesem Antrag hat der Schuldner vorzulegen:

1. *eine Bescheinigung, die von einer geeigneten Person oder Stelle ausgestellt ist und aus der sich ergibt, dass eine außergerichtliche Einigung mit den Gläubigern über die Schuldenbereinigung auf der Grundlage des Plans innerhalb der letzten sechs Monate vor dem Eröffnungsantrag erfolglos versucht worden ist oder offensichtlich aussichtslos war; offensichtlich aussichtslos ist eine Einigung, wenn die Gläubiger im Rahmen einer Schuldenbereinigung voraussichtlich nicht mehr als fünf vom Hundert ihrer Forderungen erhalten hätten oder der Schuldner mehr als 20 Gläubiger hat; die Länder können bestimmen, welche Personen oder Stellen als geeignet anzusehen sind;*
2. den Antrag auf Erteilung von Restschuldbefreiung (§ 287) oder die Erklärung, dass Restschuldbefreiung nicht beantragt werden soll;
3. ein Verzeichnis des vorhandenen Vermögens und des Einkommens (Vermögensverzeichnis), eine Zusammenfassung des wesentlichen Inhalts dieses Verzeichnisses (Ver-

der gegen ihn gerichteten Forderungen; den Verzeichnissen und der Vermögensübersicht ist die Erklärung beizufügen, dass die enthaltenen Angaben richtig und vollständig sind;

4. einen Schuldenbereinigungsplan; dieser kann alle Regelungen enthalten, die unter Berücksichtigung der Gläubigerinteressen sowie der Vermögens-, Einkommens- und Familienverhältnisse des Schuldners geeignet sind, zu einer angemessenen Schuldenbereinigung zu führen; in den Plan ist aufzunehmen, ob und inwieweit Bürgschaften, Pfandrechte und andere Sicherheiten der Gläubiger vom Plan berührt werden sollen.

(2) In dem Verzeichnis der Forderungen nach Absatz 1 Nr. 3 kann auch auf beigefügte Forderungsaufstellungen der Gläubiger Bezug genommen werden. Auf Aufforderung des Schuldners sind die Gläubiger verpflichtet, auf ihre Kosten dem Schuldner zur Vorbereitung des Forderungsverzeichnisses eine schriftliche Aufstellung ihrer gegen diesen gerichteten Forderungen zu erteilen; insbesondere haben sie ihm die Höhe ihrer Forderungen und deren Aufgliederung in Hauptforderung, Zinsen und Kosten anzugeben. Die Aufforderung des Schuldners muss einen Hinweis auf einen bereits bei Gericht eingereichten oder in naher Zukunft beabsichtigten Antrag auf Eröffnung eines Insolvenzverfahrens enthalten.

(3) Hat der Schuldner die in Absatz 1 genannten Erklärungen und Unterlagen nicht vollständig abgegeben, so fordert ihn das Insolvenzgericht auf, das Fehlende unverzüglich zu ergänzen. Kommt der Schuldner dieser Aufforderung nicht binnen eines Monats nach, so gilt sein Antrag auf Eröffnung des Insolvenzverfahrens als zurückgenommen. Im Falle des § 306 Abs. 3 Satz 3 beträgt die Frist drei Monate.

(4) Der Schuldner kann sich im Verfahren nach diesem Abschnitt vor dem Insolvenz-

mögensübersicht), ein Verzeichnis der Gläubiger und ein Verzeichnis der gegen ihn gerichteten Forderungen; den Verzeichnissen und der Vermögensübersicht ist die Erklärung beizufügen, dass die enthaltenen Angaben richtig und vollständig sind;

4. *den Schuldenbereinigungsplan oder eine Bescheinigung, dass eine Einigung offensichtlich aussichtslos ist;* dieser kann alle Regelungen enthalten, die unter Berücksichtigung der Gläubigerinteressen sowie der Vermögens-, Einkommens- und Familienverhältnisse des Schuldners geeignet sind, zu einer angemessenen Schuldenbereinigung zu führen; in den Plan ist aufzunehmen, ob und inwieweit Bürgschaften, Pfandrechte und andere Sicherheiten der Gläubiger vom Plan berührt werden sollen;
5. *den Antrag auf Zustimmungsersetzung (§ 305a) oder die Erklärung, dass Zustimmungsersetzung nicht beantragt werden soll.*

(2) In dem Verzeichnis der Forderungen nach Absatz 1 Nr. 3 kann auch auf beigefügte Forderungsaufstellungen der Gläubiger Bezug genommen werden. Auf Aufforderung des Schuldners sind die Gläubiger verpflichtet, auf ihre Kosten dem Schuldner zur Vorbereitung des Forderungsverzeichnisses eine schriftliche Aufstellung ihrer gegen diesen gerichteten Forderungen zu erteilen; insbesondere haben sie ihm die Höhe ihrer Forderungen und deren Aufgliederung in Hauptforderung, Zinsen und Kosten anzugeben. Die Aufforderung des Schuldners muss einen Hinweis auf einen bereits bei Gericht eingereichten oder in naher Zukunft beabsichtigten Antrag auf Eröffnung eines Insolvenzverfahrens enthalten.

(3) *Hat der Schuldner die amtlichen Vordrucke nach Absatz 5 nicht vollständig ausgefüllt abgegeben, fordert ihn das Insolvenzgericht auf, das Fehlende unverzüglich zu ergänzen. Kommt der Schuldner dieser Aufforderung nicht binnen eines*

gericht von einer geeigneten Person oder einem Angehörigen einer als geeignet anerkannten Stelle im Sinne des Absatzes 1 Nr. 1 vertreten lassen. § 157 Abs. 1 der Zivilprozessordnung findet keine Anwendung.
(5) Das Bundesministerium der Justiz wird ermächtigt, durch Rechtsverordnung mit Zustimmung des Bundesrates zur Vereinfachung des Verbraucherinsolvenzverfahrens für die Beteiligten Formulare für die nach Absatz 1 Nr. 1 bis 4 vorzulegenden Bescheinigungen, Anträge, Verzeichnisse und Pläne einzuführen. Soweit nach Satz 1 Formulare eingeführt sind, muss sich der Schuldner ihrer bedienen. Für Verfahren bei Gerichten, die die Verfahren maschinell bearbeiten und für Verfahren bei Gerichten, die die Verfahren nicht maschinell bearbeiten, können unterschiedliche Formulare eingeführt werden.

Monats, im Falle des § 306 Abs. 3 Satz 3 binnen drei Monaten, nach, ist sein Antrag als unzulässig zu verwerfen. Gegen diese Entscheidung steht dem Schuldner die sofortige Beschwerde zu.
(4) *Der Schuldner kann sich vor dem Insolvenzgericht von einer geeigneten Person oder einem Angehörigen einer als geeignet anerkannten Stelle im Sinne des Absatzes 1 Nr. 1 vertreten lassen.* § 157 Abs. 1 der Zivilprozessordnung findet keine Anwendung.
(5) Das Bundesministerium der Justiz wird ermächtigt, durch Rechtsverordnung mit Zustimmung des Bundesrates zur Vereinfachung des Verbraucherinsolvenzverfahrens für die Beteiligten Formulare für die *nach Absatz 1 Nr. 1 bis* 5 vorzulegenden Bescheinigungen, Anträge, Verzeichnisse und Pläne einzuführen. Soweit nach Satz 1 Formulare eingeführt sind, muss sich der Schuldner ihrer bedienen. Für Verfahren bei Gerichten, die die Verfahren maschinell bearbeiten und für Verfahren bei Gerichten, die die Verfahren nicht maschinell bearbeiten, können unterschiedliche Formulare eingeführt werden.

§ 305a Scheitern der außergerichtlichen Schuldenbereinigung

Der Versuch, eine außergerichtliche Einigung mit den Gläubigern über die Schuldenbereinigung herbeizuführen, gilt als gescheitert, wenn ein Gläubiger die Zwangsvollstreckung betreibt, nachdem die Verhandlungen über die außergerichtliche Schuldenbereinigung aufgenommen wurden.

§ 305a *Antrag auf Zustimmungsersetzung*

(1) Hat sich ein Gläubiger zu dem Schuldenbereinigungsplan nicht geäußert oder ihn abgelehnt, kann der Schuldner die Ersetzung der Zustimmung durch das Insolvenzgericht beantragen. Als Ablehnung des Schuldenbereinigungsplans gilt es auch, wenn ein Gläubiger die Zwangsvollstreckung betreibt, nachdem die Verhandlungen über die außergerichtliche Schuldenbereinigung aufgenommen wurden.
(2) Mit dem Antrag hat der Schuldner den Schuldenbereinigungsplan vorzulegen. Dieser kann alle Regelungen enthalten, die unter Berücksichtigung der Gläubigerinteressen sowie der Vermögens-, Einkommens- und Familienverhältnisse des Schuldners geeignet sind, zu einer angemessenen Schuldenbereinigung zu führen; in den Plan ist aufzunehmen, ob und inwieweit Bürgschaften, Pfandrechte und andere Sicherheiten der Gläubiger vom Plan berührt werden sollen.
(3) *Der Antrag auf Zustimmungsersetzung ist zulässig, wenn den Schuldenbereinigungsplan weniger als die Hälfte der benannten Gläubiger*

ausdrücklich abgelehnt hat und die Summe der Ansprüche der ablehnenden Gläubiger weniger als die Hälfte der Summe der Ansprüche der benannten Gläubiger beträgt. Dem Antrag sind die eingegangenen Stellungnahmen der Gläubiger sowie die Erklärung beizufügen, dass die Vermögensübersicht und der Schuldenbereinigungsplan allen darin genannten Gläubigern in der dem Gericht vorliegenden Fassung übersandt wurde.

§ 306 Ruhen des Verfahrens

(1) Das Verfahren über den Antrag auf Eröffnung des Insolvenzverfahrens ruht bis zur Entscheidung über den Schuldenbereinigungsplan. Dieser Zeitraum soll drei Monate nicht überschreiten. Das Gericht ordnet nach Anhörung des Schuldners die Fortsetzung des Verfahrens über den Eröffnungsantrag an, wenn nach seiner freien Überzeugung der Schuldenbereinigungsplan voraussichtlich nicht angenommen wird.
(2) Absatz 1 steht der Anordnung von Sicherungsmaßnahmen nicht entgegen. Ruht das Verfahren, so hat der Schuldner in der für die Zustellung erforderlichen Zahl Abschriften des Schuldenbereinigungsplans und der Vermögensübersicht innerhalb von zwei Wochen nach Aufforderung durch das Gericht nachzureichen. § 305 Abs. 3 Satz 2 gilt entsprechend.
(3) Beantragt ein Gläubiger die Eröffnung des Verfahrens, so hat das Insolvenzgericht vor der Entscheidung über die Eröffnung dem Schuldner Gelegenheit zu geben, ebenfalls einen Antrag zu stellen. Stellt der Schuldner einen Antrag, so gilt Absatz 1 auch für den Antrag des Gläubigers. In diesem Fall hat der Schuldner zunächst eine außergerichtliche Einigung nach § 305 Abs. 1 Nr. 1 zu versuchen.

§ 306 Ruhen des Verfahrens

(1) *Hat der Schuldner einen Antrag auf Zustimmungsersetzung gestellt, ruht das Verfahren über den Antrag auf Eröffnung des Insolvenzverfahrens bis zur rechtskräftigen Entscheidung über die Zustimmungsersetzung. Dieser Zeitraum soll drei Monate nicht überschreiten.*
(2) Absatz 1 steht der Anordnung von Sicherungsmaßnahmen nicht entgegen. Ruht das Verfahren, so hat der Schuldner in der für die Zustellung erforderlichen Zahl Abschriften des Schuldenbereinigungsplans und der Vermögensübersicht innerhalb von zwei Wochen nach Aufforderung durch das Gericht nachzureichen. § 305 Abs. 3 Satz 2 gilt entsprechend.
(3) Beantragt ein Gläubiger die Eröffnung des Verfahrens, so hat das Insolvenzgericht vor der Entscheidung über die Eröffnung dem Schuldner Gelegenheit zu geben, ebenfalls einen Antrag zu stellen. Stellt der Schuldner einen Antrag, so gilt Absatz 1 auch für den Antrag des Gläubigers. In diesem Fall hat der Schuldner zunächst eine außergerichtliche Einigung nach § 305 Abs. 1 Nr. 1 zu versuchen.

§ 307 Zustellung an die Gläubiger

(1) Das Insolvenzgericht stellt den vom Schuldner genannten Gläubigern den Schuldenbereinigungsplan sowie die Vermögensübersicht zu und fordert die Gläubiger zugleich auf, binnen einer Notfrist von einem Monat zu den in § 305 Abs. 1 Nr. 3

§ 307 Zustellung an die Gläubiger

Ist der Antrag auf Zustimmungsersetzung zulässig, stellt das Insolvenzgericht den Schuldenbereinigungsplan sowie die Vermögensübersicht den vom Schuldner genannten Gläubigern, die dem Schuldenbereinigungsplan nicht zugestimmt haben, zu und fordert diese auf, binnen einer genannten Verzeichnissen und zu dem Schuldenbereinigungsplan Stellung zu nehmen; die Gläubiger sind darauf hinzuweisen, dass die Verzeichnisse beim Insolvenzgericht zur Einsicht niedergelegt sind. Zugleich ist jedem Gläubiger mit ausdrücklichem Hinweis auf die Rechtsfolgen des § 308 Abs. 3 Satz 2 Gelegenheit zu geben, binnen der Frist nach Satz 1 die Angaben über seine Forderungen in dem beim Insolvenzgericht zur Einsicht niedergelegten Forderungsverzeichnis zu überprüfen und erforderlichenfalls zu ergänzen. Auf die Zustellung nach Satz 1 ist § 8 Abs. 1 Satz 2, 3, Abs. 2 und 3 nicht anzuwenden.

(2) Geht binnen der Frist nach Absatz 1 Satz 1 bei Gericht die Stellungnahme eines Gläubigers nicht ein, so gilt dies als Einverständnis mit dem Schuldenbereinigungsplan. Darauf ist in der Aufforderung hinzuweisen.

(3) Nach Ablauf der Frist nach Absatz 1 Satz 1 ist dem Schuldner Gelegenheit zu geben, den Schuldenbereinigungsplan binnen einer vom Gericht zu bestimmenden Frist zu ändern oder zu ergänzen, wenn dies auf Grund der Stellungnahme eines Gläubigers erforderlich oder zur Förderung einer einverständlichen Schuldenbereinigung sinnvoll erscheint. Die Änderungen oder Ergänzungen sind den Gläubigern zuzustellen, soweit dies erforderlich ist. Absatz 1 Satz 1, 3 und Absatz 2 gelten entsprechend.

Notfrist von einem Monat zu dem Schuldenbereinigungsplan und zu dem Antrag auf Zustimmungsersetzung Stellung zu nehmen; die Gläubiger sind darauf hinzuweisen, dass die Verzeichnisse beim Insolvenzgericht zur Einsicht niedergelegt sind. Zugleich ist ihnen mit ausdrücklichem Hinweis auf die Rechtsfolgen des § 308 Gelegenheit zu geben, binnen der Frist nach Satz 1 die Gründe, die nach § 309 Abs. 1 Satz 2 und Abs. 3 einer Zustimmungsersetzung entgegenstehen, glaubhaft zu machen.

§ 308 Annahme des Schuldenbereinigungsplans

(1) Hat kein Gläubiger Einwendungen gegen den Schuldenbereinigungsplan erhoben oder wird die Zustimmung nach § 309 ersetzt, so gilt der Schuldenbereinigungsplan als angenommen; das Insolvenzgericht stellt dies durch Beschluss fest. Der Schuldenbereinigungsplan hat die Wirkung eines Vergleichs im Sinne des § 794 Abs. 1 Nr. 1 der Zivilprozessordnung. Den Gläubigern und dem Schuldner ist eine Ausfertigung des Schuldenbereini-

§ 308 Annahme des Schuldenbereinigungsplans

(1) Geht binnen der Frist nach § 307 Abs. 1 Satz 1 bei Gericht die Stellungnahme eines in dem Schuldenbereinigungsplan aufgeführten Gläubigers nicht ein, gilt dies als Einverständnis mit dem Schuldenbereinigungsplan. Haben danach alle Gläubiger dem Schuldenbereinigungsplan zugestimmt oder werden die fehlenden Zustimmungen nach § 309 ersetzt, stellt das Insolvenzgericht die Annahme des Schuldenbereinigungsplans durch Beschluss fest. Andernfalls weist es den Antrag auf Zustimmungsersetzung zurück.

gungsplans und des Beschlusses nach Satz 1 zuzustellen.
(2) Die Anträge auf Eröffnung des Insolvenzverfahrens und auf Erteilung von Restschuldbefreiung gelten als zurückgenommen.
(3) Soweit Forderungen in dem Verzeichnis des Schuldners nicht enthalten sind und auch nicht nachträglich bei dem Zustandekommen des Schuldenbereinigungsplans berücksichtigt worden sind, können die Gläubiger von dem Schuldner Erfüllung verlangen. Dies gilt nicht, soweit ein Gläubiger die Angaben über seine Forderung in dem beim Insolvenzgericht zur Einsicht niedergelegten Forderungsverzeichnis nicht innerhalb der gesetzten Frist ergänzt hat, obwohl ihm der Schuldenbereinigungsplan übersandt wurde und die Forderung vor dem Ablauf der Frist entstanden war; insoweit erlischt die Forderung.

(2) Gegen den Beschluss steht dem Schuldner und dem Gläubiger, dessen Zustimmung ersetzt wird, die sofortige Beschwerde zu.
(3) Der Schuldenbereinigungsplan hat die Wirkung eines Vergleichs im Sinne des § 794 Abs. 1 Nr. 1 der Zivilprozessordnung. Soweit Forderungen in dem Verzeichnis des Schuldners nicht enthalten sind, können die Gläubiger von dem Schuldner Erfüllung verlangen. Dies gilt nicht, soweit ein Gläubiger den Angaben über seine Forderung in dem beim Insolvenzgericht zur Einsicht niedergelegten Forderungsverzeichnis nicht innerhalb der gesetzten Frist widersprochen hat, obwohl ihm der Schuldenbereinigungsplan übersandt wurde und die Forderung vor dem Ablauf der Frist entstanden war; insoweit erlischt die Forderung. Die Anträge auf Eröffnung des Insolvenzverfahrens und auf Erteilung von Restschuldbefreiung gelten als zurückgenommen.

§ 309 Ersetzung der Zustimmung

(1) Hat dem Schuldenbereinigungsplan mehr als die Hälfte der benannten Gläubiger zugestimmt und beträgt die Summe der Ansprüche der zustimmenden Gläubiger mehr als die Hälfte der Summe der Ansprüche der benannten Gläubiger, so ersetzt das Insolvenzgericht auf Antrag eines Gläubigers oder des Schuldners die Einwendungen eines Gläubigers gegen den Schuldenbereinigungsplan durch eine Zustimmung. Dies gilt nicht, wenn

1. der Gläubiger, der Einwendungen erhoben hat, im Verhältnis zu den übrigen Gläubigern nicht angemessen beteiligt wird oder
2. dieser Gläubiger durch den Schuldenbereinigungsplan voraussichtlich wirtschaftlich schlechter gestellt wird, als er bei Durchführung des Verfahrens über die Anträge auf Eröffnung des Insolvenzverfahrens und Erteilung von Restschuldbefreiung stünde; hierbei ist im Zweifel zugrunde zu legen, dass die Einkommens-, Vermögens- und

§ 309 Ersetzung der Zustimmung

(1) Hat dem Schuldenbereinigungsplan mehr als die Hälfte der benannten Gläubiger zugestimmt und beträgt die Summe der Ansprüche der zustimmenden Gläubiger mehr als die Hälfte der Summe der Ansprüche der benannten Gläubiger, ersetzt das Insolvenzgericht in dem Beschluss über die Feststellung der Annahme des Schuldenbereinigungsplans die Einwendungen eines Gläubigers gegen den Schuldenbereinigungsplan durch eine Zustimmung. Dies gilt nicht, wenn

1. der Gläubiger, der Einwendungen erhoben hat, im Verhältnis zu den übrigen Gläubigern nicht angemessen beteiligt wird oder
2. dieser Gläubiger durch den Schuldenbereinigungsplan voraussichtlich wirtschaftlich schlechter gestellt wird, als er bei Durchführung des Verfahrens über die Anträge auf Eröffnung des Insolvenzverfahrens und Erteilung von Restschuldbefreiung stünde; hierbei ist im Zweifel zugrunde zu legen, dass die Einkommens-, Vermögens- und Familienverhältnisse des Schuldners

Familienverhältnisse des Schuldners zum Zeitpunkt des Antrags nach Satz 1 während der gesamten Dauer des Verfahrens maßgeblich bleiben.

(2) Vor der Entscheidung ist der Gläubiger zu hören. Die Gründe, die gemäß Absatz 1 Satz 2 einer Ersetzung seiner Einwendungen durch eine Zustimmung entgegenstehen, hat er glaubhaft zu machen. Gegen den Beschluss steht dem Antragsteller und dem Gläubiger, dessen Zustimmung ersetzt wird, die sofortige Beschwerde zu. § 4a Abs. 2 gilt entsprechend.

(3) Macht ein Gläubiger Tatsachen glaubhaft, aus denen sich ernsthafte Zweifel ergeben, ob eine vom Schuldner angegebene Forderung besteht oder sich auf einen höheren oder niedrigeren Betrag richtet als angegeben, und hängt vom Ausgang des Streits ab, ob der Gläubiger im Verhältnis zu den übrigen Gläubigern angemessen beteiligt wird (Absatz 1 Satz 2 Nr. 1), so kann die Zustimmung dieses Gläubigers nicht ersetzt werden.

zum Zeitpunkt des Antrags nach Satz 1 während der gesamten Dauer des Verfahrens maßgeblich bleiben.

(2) Die Gründe, die nach Absatz 1 Satz 2 einer Zustimmungsersetzung entgegenstehen, sind glaubhaft zu machen.

(3) Macht ein Gläubiger Tatsachen glaubhaft, aus denen sich ernsthafte Zweifel ergeben, ob eine vom Schuldner angegebene Forderung besteht oder sich auf einen höheren oder niedrigeren Betrag richtet als angegeben, und hängt vom Ausgang des Streits ab, ob der Gläubiger im Verhältnis zu den übrigen Gläubigern angemessen beteiligt wird (Absatz 1 Satz 2 Nr. 1), kann die Zustimmung dieses Gläubigers nicht ersetzt werden.

Dritter Abschnitt
Vereinfachtes Insolvenzverfahren

– gestrichen –

§ 312 Allgemeine Verfahrensvereinfachungen

– gestrichen –

(1) Öffentliche Bekanntmachungen erfolgen auszugsweise; § 9 Abs. 2 ist nicht anzuwenden. Bei der Eröffnung des Insolvenzverfahrens wird abweichend von § 29 nur der Prüfungstermin bestimmt. Wird das Verfahren auf Antrag des Schuldners eröffnet, so beträgt die in § 88 genannte Frist drei Monate.

(2) Sind die Vermögensverhältnisse des Schuldners überschaubar und die Zahl der Gläubiger oder die Höhe der Verbindlichkeiten gering, so kann das Insolvenzgericht anordnen, dass das Verfahren oder einzelne seiner Teile schriftlich durchgeführt werden. Es kann diese Anordnung jederzeit aufheben oder abändern.

(3) Die Vorschriften über den Insolvenzplan (§§ 217 bis 269) und über die Eigenverwaltung (§§ 270 bis 285) sind nicht anzuwenden.

§ 313 **Treuhänder**

– gestrichen –

(1) Die Aufgaben des Insolvenzverwalters werden von dem Treuhänder (§ 292) wahrgenommen. Dieser wird abweichend von § 291 Abs. 2 bereits bei der Eröffnung des Insolvenzverfahrens bestimmt. Die §§ 56 bis 66 gelten entsprechend.
(2) Zur Anfechtung von Rechtshandlungen nach den §§ 129 bis 147 ist nicht der Treuhänder, sondern jeder Insolvenzgläubiger berechtigt. Aus dem Erlangten sind dem Gläubiger die ihm entstandenen Kosten vorweg zu erstatten. Die Gläubigerversammlung kann den Treuhänder oder einen Gläubiger mit der Anfechtung beauftragen. Hat die Gläubigerversammlung einen Gläubiger mit der Anfechtung beauftragt, so sind diesem die entstandenen Kosten, soweit sie nicht aus dem Erlangten gedeckt werden können, aus der Insolvenzmasse zu erstatten.
(3) Der Treuhänder ist nicht zur Verwertung von Gegenständen berechtigt, an denen Pfandrechte oder andere Absonderungsrechte bestehen. Das Verwertungsrecht steht dem Gläubiger zu. § 173 Abs. 2 gilt entsprechend.

§ 314 **Vereinfachte Verteilung**

– gestrichen –

(1) Auf Antrag des Treuhänders ordnet das Insolvenzgericht an, dass von einer Verwertung der Insolvenzmasse ganz oder teilweise abgesehen wird. In diesem Fall hat es dem Schuldner zusätzlich aufzugeben, binnen einer vom Gericht festgesetzten Frist an den Treuhänder einen Betrag zu zahlen, der dem Wert der Masse entspricht, die an die Insolvenzgläubiger zu verteilen wäre. Von der Anordnung soll abgesehen werden, wenn die Verwertung der Insolvenzmasse insbesondere im Interesse der Gläubiger geboten erscheint.
(2) Vor der Entscheidung sind die Insolvenzgläubiger zu hören.
(3) Die Entscheidung über einen Antrag des Schuldners auf Erteilung von Restschuldbefreiung (§§ 289 bis 291) ist erst nach Ablauf der nach Absatz 1 Satz 2 festgesetzten Frist zu treffen. Das Gericht ver-

sagt die Restschuldbefreiung auf Antrag eines Insolvenzgläubigers, wenn der nach Absatz 1 Satz 2 zu zahlende Betrag auch nach Ablauf einer weiteren Frist von zwei Wochen, die das Gericht unter Hinweis auf die Möglichkeit der Versagung der Restschuldbefreiung gesetzt hat, nicht gezahlt ist. Vor der Entscheidung ist der Schuldner zu hören.

§ 345 Öffentliche Bekanntmachung

(1) Sind die Voraussetzungen für die Anerkennung der Verfahrenseröffnung gegeben, so hat das Insolvenzgericht auf Antrag des ausländischen Insolvenzverwalters den wesentlichen Inhalt der Entscheidung über die Verfahrenseröffnung und der Entscheidung über die Bestellung des Insolvenzverwalters im Inland bekannt zu machen. § 9 Abs. 1 und 2 und § 30 Abs. 1 gelten entsprechend. Ist die Eröffnung des Insolvenzverfahrens bekannt gemacht worden, so ist die Beendigung in gleicher Weise bekannt zu machen.
(2) Hat der Schuldner im Inland eine Niederlassung, so erfolgt die öffentliche Bekanntmachung von Amts wegen. Der Insolvenzverwalter oder ein ständiger Vertreter nach § 13e Abs. 2 Satz 4 Nr. 3 des Handelsgesetzbuchs unterrichtet das nach § 348 Abs. 1 zuständige Insolvenzgericht.
(3) Der Antrag ist nur zulässig, wenn glaubhaft gemacht wird, dass die tatsächlichen Voraussetzungen für die Anerkennung der Verfahrenseröffnung vorliegen. Dem Verwalter ist eine Ausfertigung des Beschlusses, durch den die Bekanntmachung angeordnet wird, zu erteilen. Gegen die Entscheidung des Insolvenzgerichts, mit der die öffentliche Bekanntmachung abgelehnt wird, steht dem ausländischen Verwalter die sofortige Beschwerde zu.

§ 345 Öffentliche Bekanntmachung

(1) Sind die Voraussetzungen für die Anerkennung der Verfahrenseröffnung gegeben, so hat das Insolvenzgericht auf Antrag des ausländischen Insolvenzverwalters den wesentlichen Inhalt der Entscheidung über die Verfahrenseröffnung und der Entscheidung über die Bestellung des Insolvenzverwalters im Inland bekannt zu machen. § 9 Abs. 1 und 2 und *§ 30 Abs. 1 Satz 1* gelten entsprechend. Ist die Eröffnung des Insolvenzverfahrens bekannt gemacht worden, so ist die Beendigung in gleicher Weise bekannt zu machen.
(2) Hat der Schuldner im Inland eine Niederlassung, so erfolgt die öffentliche Bekanntmachung von Amts wegen. Der Insolvenzverwalter oder ein ständiger Vertreter nach § 13e Abs. 2 Satz 4 Nr. 3 des Handelsgesetzbuchs unterrichtet das nach § 348 Abs. 1 zuständige Insolvenzgericht.
(3) Der Antrag ist nur zulässig, wenn glaubhaft gemacht wird, dass die tatsächlichen Voraussetzungen für die Anerkennung der Verfahrenseröffnung vorliegen. Dem Verwalter ist eine Ausfertigung des Beschlusses, durch den die Bekanntmachung angeordnet wird, zu erteilen. Gegen die Entscheidung des Insolvenzgerichts, mit der die öffentliche Bekanntmachung abgelehnt wird, steht dem ausländischen Verwalter die sofortige Beschwerde zu.

II. Gesetzesentwürfe

Bundesrat

Drucksache 618/05
12.08.05
R - AS - FS - Fz

Gesetzentwurf

der Bundesregierung

Entwurf eines Gesetzes zum Pfändungsschutz der Altersvorsorge und zur Anpassung des Rechts der Insolvenzanfechtung

A. Problem und Ziel

Renten aus der gesetzlichen Rentenversicherung unterliegen einem Pfändungsschutz, der dazu dient, das Existenzminimum des Schuldners zu sichern und die Gemeinschaft von Sozialkosten zu entlasten. Ein Gläubiger muss diese Pfändungsgrenzen respektieren.

Ein solcher Pfändungsschutz besteht gegenüber den Einkünften selbstständig Tätiger nicht in der gleichen Weise. Vermögenswerte, die Selbstständige für ihre Altersvorsorge vorgesehen haben, sind ohne ausreichenden Pfändungsschutz dem Gläubigerzugriff ausgesetzt. Dies kann im Einzelfall dazu führen, dass diese Personen im Alter auf staatliche Transferleistungen angewiesen sind. Insofern sind Regelungen zu schaffen, die die Altersvorsorge Selbstständiger absichern, ohne die Zugriffsrechte der Gläubiger zu stark zu beschneiden.

Die Insolvenzanfechtung wurde durch die neuere Rechtsprechung des Bundesgerichtshofs für den Insolvenzverwalter deutlich erleichtert. Hierdurch sind insbesondere die öffentlich-rechtlichen Gläubiger benachteiligt. Bei den Sozialversicherungsträgern beispielsweise wird ein Beitragsausfall von bis zu 800 Mio. Euro jährlich befürchtet.

B. Lösung

Um Selbstständigen in einem gewissen Umfang die von ihnen geschaffene Altersvorsorge zu erhalten, wird in einem ersten Schritt die in Deutschland am weitesten verbreitete Form der Alterssicherung, die Lebensversicherung, vor einem schrankenlosen Pfändungszugriff geschützt.

Fristablauf: 23.09.05

Um einerseits dem Interesse der öffentlich-rechtlichen Gläubiger Rechnung zu tragen, andererseits nicht den Grundsatz der Gläubigergleichbehandlung zu verletzen, wird u. a. die Anfechtung wegen vorsätzlicher Benachteiligung mit einer allgemeinen Regelung auf Fälle unlauteren Verhaltens beschränkt.

C. Alternativen

Keine

D. Finanzielle Auswirkungen

1. Haushaltsausgaben ohne Vollzugsaufwand

Durch die Erweiterung des Pfändungsschutzes auf Ansprüche aus Altersrentenverträgen muss mit gewissen Vollstreckungsausfällen der öffentlichen Hand gerechnet werden. Andererseits werden die durch Insolvenzanfechtung entstehenden erheblichen finanziellen Ausfälle für die Haushalte der Sozialversicherungsträger und des Bundes in nicht bezifferbarer Höhe deutlich verringert.

2. Vollzugsaufwand

Die Feststellung der pfändungsfreien Altersrente und des pfändungsfreien Vorsorgekapitals kann bei den Vollstreckungsgerichten zu einem minimalen personellen Mehrbedarf führen, der im Rahmen der verfügbaren Mittel aufgefangen wird.

E. Sonstige Kosten

Durch die Einschränkung der Insolvenzanfechtung ist mit einer nicht quantifizierbaren Entlastung der beitragspflichtigen Unternehmen zu rechnen. Auch ist eine dauerhafte, wenn auch rechnerisch nicht bezifferbare Entlastung der Sozialhilfeträger zu erwarten. Die Rücknahme des Anfechtungsrechts wird insbesondere zu einer Konsolidierung der Träger der Sozialversicherung beitragen. Geringfügige, kostenreduzierte Einzelpreisänderungen lassen sich nicht ausschließen. Auswirkungen auf das Preisniveau, insbesondere Verbraucherpreisniveau, sind jedoch nicht zu erwarten.

Bundesrat **Drucksache 618/05**
12.08.05
R - AS - FS - Fz

Gesetzentwurf
der Bundesregierung

Entwurf eines Gesetzes zum Pfändungsschutz der Altersvorsorge und zur Anpassung des Rechts der Insolvenzanfechtung

Bundesrepublik Deutschland
Der Bundeskanzler

Berlin, den 12. August 2005

An den
Präsidenten des Bundesrates
Herrn Ministerpräsidenten
Matthias Platzeck

Sehr geehrter Herr Präsident,

hiermit übersende ich gemäß Artikel 76 Absatz 2 des Grundgesetzes den von der Bundesregierung beschlossenen

Entwurf eines Gesetzes zum Pfändungsschutz der Altersvorsorge und zur Anpassung des Rechts der Insolvenzanfechtung

mit Begründung und Vorblatt.

Federführend ist das Bundesministerium der Justiz.

Mit freundlichen Grüßen

Gerhard Schröder

Fristablauf: 23.09.05

Entwurf eines Gesetzes zum Pfändungsschutz der Altersvorsorge und zur Anpassung des Rechts der Insolvenzanfechtung

Vom ...

Der Bundestag hat das folgende Gesetz beschlossen:

Artikel 1
Änderung der Zivilprozessordnung

Die Zivilprozessordnung in der im Bundesgesetzblatt Teil III, Gliederungsnummer 310-4, veröffentlichten bereinigten Fassung, zuletzt geändert durch ... (BGBl. I S. ...), wird wie folgt geändert:

1. In der Inhaltsübersicht werden nach der Angabe zu § 851b folgende Angaben eingefügt:

   „§ 851c Pfändungsschutz bei Altersrenten
   § 851d Pfändungsschutz bei steuerlich gefördertem Altersvorsorgevermögen".

2. Nach § 851b werden folgende §§ 851c und 851d eingefügt:

„§ 851c
Pfändungsschutz bei Altersrenten

(1) Renten, die auf Grund von Verträgen gewährt werden, dürfen nur wie Arbeitseinkommen gepfändet werden, wenn
1. die lebenslange Rente nicht vor Vollendung des 60. Lebensjahres oder nur bei Eintritt der Berufsunfähigkeit gewährt wird,
2. über die Ansprüche aus dem Vertrag nicht verfügt werden darf,
3. die Bestimmung eines Dritten als Berechtigten ausgeschlossen ist und
4. die Zahlung einer Kapitalleistung, ausgenommen eine Zahlung für den Todesfall, nicht vereinbart wurde.

(2) Um dem Schuldner den Aufbau einer angemessenen Alterssicherung zu ermöglichen, kann er unter Berücksichtigung der Entwicklung auf dem Kapitalmarkt, des Sterblichkeitsrisikos und der Höhe der Pfändungsfreigrenze, nach seinem Lebensalter gestaffelt, jährlich einen bestimmten Betrag unpfändbar auf der Grundlage eines in Absatz 1 bezeichneten Vertrags bis zu einer Gesamtsumme von 194.000 Euro ansammeln. Der Schuldner darf vom 18. bis zum 29. Lebensjahr 2.000 Euro, vom 30. bis zum 39. Lebensjahr 3.000 Euro, vom 40. bis zum 47. Lebensjahr 4.000 Euro, vom 48. bis zum 53. Lebensjahr 5.000 Euro, vom 54. bis zum 59. Lebensjahr 6.000 Euro und vom 60. bis zum 65 Lebensjahr 7.000 Euro jährlich ansammeln. Übersteigt der Rückkaufwert der Alterssicherung den unpfändbaren Betrag, sind drei Zehntel des überschießenden Betrags unpfändbar. Satz 3 gilt nicht für den Teil des Rückkaufwerts, der den dreifachen Wert des in Satz 1 genannten Betrags übersteigt.

(3) § 850e Nr. 2 und 2a gilt entsprechend.

§ 851d
Pfändungsschutz bei steuerlich gefördertem Altersvorsorgevermögen

Monatliche Leistungen in Form einer lebenslangen Rente oder monatlicher Ratenzahlungen im Rahmen eines Auszahlungsplans nach § 1 Abs. 1 Satz 1 Nr. 4 des Altersvorsorgeverträge-Zertifizierungsgesetzes aus steuerlich gefördertem Altersvorsorgevermögen sind wie Arbeitseinkommen pfändbar.

Artikel 2
Änderung der Insolvenzordnung

Die Insolvenzordnung vom 5. Oktober 1994 (BGBl. I S. 2866), zuletzt geändert durch Artikel 9 des Gesetzes vom 22. März 2005 (BGBl. I S. 837), wird wie folgt geändert:

1. Dem § 14 Abs. 1 wird folgender Satz angefügt:

   „Der Antrag wird nicht allein dadurch unzulässig, dass der Schuldner nach Antragstellung die Forderung erfüllt."

2. In § 36 Abs. 1 Satz 2 wird nach der Angabe „850i" die Angabe „851c und 851d" eingefügt.

3. § 55 Abs. 2 wird wie folgt gefasst:

   „(2) Verbindlichkeiten, die von einem vorläufigen Insolvenzverwalter oder mit dessen Zustimmung begründet worden sind, gelten nach der Eröffnung des Verfahrens als Masseverbindlichkeiten. Gleiches gilt für Verbindlichkeiten aus einem Dauerschuldverhältnis, soweit für das Vermögen des Schuldners die Gegenleistung mit Zustimmung des Insolvenzverwalters in Anspruch genommen wurde."

4. Dem § 131 Abs. 1 wird folgender Satz angefügt:

   „Eine Rechtshandlung wird nicht allein dadurch zu einer solchen nach Satz 1, dass der Gläubiger die Sicherung oder Befriedigung durch Zwangsvollstreckung erlangt."

5. § 133 Abs. 1 Satz 2 wird durch folgende Sätze ersetzt:

   „Bei einer Rechtshandlung, die nicht eine nach § 130 Abs. 1 ist, wird diese Kenntnis vermutet, wenn der andere Teil wusste, dass die Zahlungsunfähigkeit des Schuldners drohte und dass diese Handlung die Gläubiger benachteiligte. Eine Rechtshandlung nach § 130 Abs. 1 kann nach Satz 1 nur angefochten werden, wenn ein unlauteres Verhalten des Schuldners vorliegt."

Artikel 3
Änderung des Einkommensteuergesetzes

Nach § 38 Abs. 3 Satz 1 des Einkommensteuergesetzes in der Fassung der Bekanntmachung vom 19. Oktober 2002 (BGBl. I S. 4210, 2003 I S. 179), das zuletzt durch Artikel ... des Gesetzes vom ... (BGBl. I S. ...) geändert worden ist, wird folgender Satz eingefügt:

„Die Zahlung der Lohnsteuer gilt als aus dem Vermögen des Arbeitnehmers erbracht".

Artikel 4
Änderung des Gesetzes über den Versicherungsvertrag

Das Gesetz über den Versicherungsvertrag in der im Bundesgesetzblatt Teil III, Gliederungsnummer 7692-1, veröffentlichten bereinigten Fassung, zuletzt geändert durch ..., wird wie folgt geändert:

1. § 165 Abs. 3 wird wie folgt gefasst:

   „(3) Die Absätze 1 und 2 sind nicht auf einen für die Altersvorsorge bestimmten Versicherungsvertrag anzuwenden, bei dem der Versicherungsnehmer mit dem Versicherer eine Verwertung vor dem Eintritt in den Ruhestand ausgeschlossen hat; der Wert der vom Ausschluss der Verwertbarkeit betroffenen Ansprüche darf die in § 12 Abs. 2 Nr. 3 des Zweiten Buches Sozialgesetzbuch bestimmten Beträge nicht übersteigen. Entsprechendes gilt, soweit die Ansprüche nach § 851c der Zivilprozessordnung nicht gepfändet werden dürfen."

2. Nach § 172 wird folgender § 173 eingefügt:

   „§ 173

   Der Versicherungsnehmer einer Lebensversicherung kann jederzeit für den Schluss der laufenden Versicherungsperiode die Umwandlung der Versicherung in eine Versicherung verlangen, die den Anforderungen des § 851c Abs. 1 der Zivilprozessordnung entspricht. Die Kosten der Umwandlung hat der Versicherungsnehmer zu tragen."

Artikel 5
Änderung des Vierten Buchs Sozialgesetzbuch

Nach § 28e Abs. 1 Satz 1 des Vierten Buchs Sozialgesetzbuch – Gemeinsame Vorschriften für die Sozialversicherung – (Artikel 1 des Gesetzes vom 23. Dezember 1976, BGBl. I S. 3845), das zuletzt durch ... geändert worden ist, wird folgender Satz eingefügt:

„Die Zahlung des vom Beschäftigten zu tragenden Anteils am Gesamtsozialversicherungsbeitrag gilt als aus dem Vermögen des Beschäftigten erbracht".

Artikel 6
Inkrafttreten

Das Gesetz tritt am Tag nach der Verkündung in Kraft.

Begründung:

A. Allgemeiner Teil

I. Pfändungsschutz der Altersvorsorge

Nach geltender Rechtslage sind Vermögenswerte, die der Sicherung der Altersvorsorge dienen, sowohl in der Einzelzwangsvollstreckung als auch in der Insolvenz des Schuldners häufig dem Gläubigerzugriff ausgesetzt. Damit kann sich für Selbstständige das Problem stellen, am Ende ihrer Verdienstfähigkeit auf von der Allgemeinheit über Steuern finanzierte Transferleistungen angewiesen zu sein, auch wenn sie für ihr Alter vorgesorgt hatten. Bei Selbstständigen ist das Altersvorsorgevermögen zwangsläufig dem Gläubigerzugriff in der Einzel- oder Gesamtvollstreckung ausgesetzt, weil diese Personengruppe regelmäßig auf pfändbare Finanzprodukte zurückgreift. Ohne das Ziel aus den Augen zu verlieren, möglichst vielen Vermögenswerten, die dem Aufbau einer Altersvorsorge dienen, einen Pfändungsschutz zu gewähren, verfolgen die Regelungen dieses Gesetzentwurfs zum Pfändungsschutz für Altersrenten den Zweck, in einem ersten Schritt insbesondere die am weitesten verbreiteten Formen der Alterssicherung Selbstständiger, die Lebensversicherung und die private Rentenversicherung, gegen einen schrankenlosen Vollstreckungszugriff abzusichern, ohne dabei die Zugriffsrechte der Gläubiger über das erforderliche Maß hinaus zu beschneiden.

1. Ziel der Erweiterung des Pfändungsschutzes auf Altersrenten

Der Schutz des Vorsorgevermögens von Personen, die am Ende ihrer Verdienstfähigkeit keine oder keine ausreichenden Renten aus der gesetzlichen Rentenversicherung erhalten, ist insbesondere bei Selbstständigen erforderlich und insofern auch aus verfassungsrechtlichen Gründen geboten. Zweck des Pfändungsschutzes von Alters- oder Berufsunfähigkeitsrenten ist der Erhalt existenzsichernder Einkünfte, da der Schuldner seinen Lebensunterhalt in aller Regel aus solchen Einkünften zu bestreiten hat. Ein an Artikel 1 Absatz 1 GG i.V.m. dem Sozialstaatsprinzip (Artikel 20 GG) ausgerichtetes Vollstreckungsrecht gebietet es, dem Schuldner zumindest so viel zu belassen, wie er zur Absicherung seines Existenzminimums benötigt. Dem Einzelnen soll eine selbstverantwortete Gestaltung seiner Lebensverhältnisse ermöglicht werden. Dies würde jedoch vereitelt, wenn er durch eine extensive Anwendung der Vollstreckungsgewalt von öffentlicher Fürsorge abhängig würde. Durch einen wirksamen Pfändungsschutz wird der Eintritt der Sozialhilfebedürftigkeit infolge Zwangsvollstreckung verhindert und dadurch der Staat dauerhaft von Sozialleistungen entlastet.

Auch unter dem Gesichtspunkt der Gleichbehandlung mit Empfängern öffentlichrechtlicher Rentenleistungen, deren Renten wie Arbeitseinkommen dem Pfändungszugriff der Gläubiger entzogen sind, empfiehlt sich eine Erweiterung des Pfändungsschutzes auf Altersrenten aus Kapitallebensversicherungen und privaten Rentenversicherungen. Der zum Zeitpunkt der Schaffung von Pfändungsschutzvorschriften genannte Grund für eine ungleiche Behandlung von Arbeitnehmern und Selbstständigen, dass dem Selbstständigen aufgrund seiner gehobenen sozialen Stellung eine höhere Verantwortlichkeit und Mündigkeit zukomme und er deshalb nicht in gleicher Weise schutzbedürftig sei wie die Angehörigen der sozialen Unterschichten, besitzt heute keine Überzeugungskraft mehr.

Die Einführung eines Pfändungsschutzes soll darüber hinaus einen Anreiz für eine private Altersvorsorge schaffen, da diese nicht nur für die Alterssicherung von Selbstständigen von existenzieller Bedeutung ist, sondern als „dritte Säule" der Altersvorsorge für Bezieher von gesetzlichen Renten zukünftig immer wichtiger wird. Auch in einer Zeit, in der vermehrt Menschen aus einer abhängigen Beschäftigung in die berufliche Selbstständigkeit wechseln, kann ein Pfändungsschutz für Altersvorsorgevermögen bessere Rahmenbedingungen für Existenzgründungen schaffen und die Kultur der Selbstständigkeit fördern.

2. Grundkonzeption des Pfändungsschutzes

Um die Ziele des Pfändungsschutzes für Altersrenten zu erreichen, muss dieser so ausgestaltet sein, dass dem Versicherungsnehmer im Versorgungsfall aus dem im Rahmen seiner Lebensversicherung oder privaten Rentenversicherung angesparten Kapital in etwa die gleiche Rente zufließt wie einem Bezieher einer Rente aus der gesetzlichen Rentenversicherung. Dies setzt einen zweifachen Pfändungsschutz voraus. Zum einen sind die nach Eintritt des Versicherungsfalles von dem Versicherungsgeber zu zahlenden Renten in gleicher Weise zu schützen wie Renten aus einer gesetzlichen Rentenversicherung. Leistungen aus der gesetzlichen Rentenversicherung können wie Arbeitseinkommen gepfändet werden (§ 54 Abs. 4 SGB I). Renten, die auf Grund von Verträgen gewährt werden, die der Altersvorsorge dienen, sollen daher künftig ebenfalls nur wie Arbeitseinkommen der Zwangsvollstreckung unterliegen.

Der Versicherungsnehmer muss, um eine Rente zu erhalten, anders als im Umlageverfahren der gesetzlichen Rentenversicherung das Vorsorgekapital ansparen, aus dem die Rentenleistungen zur Verfügung gestellt werden. Da ein Gläubiger nicht nur die im Versicherungsfall fälligen Renten, sondern vor dem Eintritt des Versicherungsfalles das Recht auf Rückvergütung des Vorsorgekapitals zusammen mit dem Recht auf Kündigung des Versicherungsvertrages pfänden kann, muss auch dieses Kündigungsrecht in dem Umfang unpfändbar sein, in dem eine Pfändung im Versicherungsfalle die Zahlung der unpfändbaren Rente vereiteln würde. Um überhaupt in den Genuss von Rentenzahlungen zu kommen, ist daher das angesparte Vorsorgevermögen auch zu schützen.

Bei der Ausgestaltung des Schutzes des Vorsorgekapitals ist darauf zu achten, dass der Pfändungsschutz nicht dazu genutzt werden kann, diese Vermögenswerte missbräuchlich dem Gläubigerzugriff zu entziehen. Somit ist sicherzustellen, dass der

Versicherungsnehmer das Vorsorgekapital nicht zu einem anderen Zweck als dem der Altersvorsorge nutzt. Ferner darf im berechtigten Interesse der Gläubiger das Vorsorgekapital nur in einer Höhe vor dem Gläubigerzugriff geschützt werden, die notwendig ist, um dem Versicherungsnehmer den für die Existenzsicherung im Alter notwendigen Bedarf zu garantieren. Die Regelungen müssen überdies praktikabel sein.

Um Missbrauch zu verhindern, muss der Pfändungsschutz auf solches Vorsorgekapital beschränkt werden, das von dem Berechtigten unwiderruflich seiner Altersvorsorge gewidmet ist. Insbesondere Kapitallebensversicherungen dienen nicht nur der Altersvorsorge, sondern allgemein dem Zweck der Vermögensbildung und stellen bei Kreditgeschäften ein wichtiges Sicherungsmittel dar. Wegen ihrer freien Verfügbarkeit können diese Versicherungen allerdings keinen Pfändungsschutz genießen. Weiter muss für das vor dem Gläubigerzugriff geschützte Vorsorgevermögen die Vorsorgefunktion unveränderlich feststehen. Diese Endgültigkeit der Vorsorgefunktion braucht aber erst zum Zeitpunkt der Pfändung zu bestehen. Daher ist dem Schuldner das Recht einzuräumen, von dem Versicherungsgeber jederzeit eine Umwandlung seiner Versicherung in eine pfändungsgeschützte Versicherung verlangen zu können.

Das Vorsorgekapital kann dann nicht missbräuchlich anderen Zwecken zugeführt werden, wenn gewährleistet ist, dass die Leistungen aus dem angesparten Kapital erst mit dem Eintritt des Rentenfalls, also nicht vor Vollendung des 60. Lebensjahres oder bei Eintritt der Berufsunfähigkeit, und ausschließlich als lebenslange Rente erbracht werden. Zwar gibt es zur Zeit keine Versicherungsprodukte, die die Zahlung einer lebenslangen Rente bei Eintritt der Berufsunfähigkeit vorsehen. Gleichwohl ist es das Ziel des Gesetzes, den Pfändungsschutz für Altersvorsorgevermögen nicht auf bestimmte, bestehende Versicherungsprodukte zu beschränken, sondern ihn für neue Formen der Altersvorsorge offen zu halten. Der Pfändungsschutz des § 850b Nr. 1 ZPO wird von dieser Regelung nicht berührt. Darüber hinaus hat der Versicherungsnehmer unwiderruflich darauf zu verzichten, über seine Ansprüche aus dem Versicherungsvertrag, z. B. durch Abtretung oder Kündigung, zu verfügen. Es darf kein Kapitalwahlrecht, außer für den Todesfall, vereinbart sein. Die Bestimmung eines Dritten als Berechtigten muss ausgeschlossen sein. Sind diese Voraussetzungen erfüllt, ist die Vorsorgefunktion des angesparten Vorsorgevermögens endgültig und die Beschränkung des Gläubigerzugriffs gerechtfertigt.

Im Hinblick auf die Zielsetzung des Pfändungsschutzes muss dieser auf den für die Existenzsicherung im Alter notwendigen Bedarf begrenzt sein. Unpfändbar kann daher nur das Vorsorgekapital sein, das notwendig ist, um im Versicherungsfall eine zur Existenzsicherung erforderliche Rente zu erlangen, d. h. eine Rente in Höhe der jeweiligen Pfändungsfreigrenze. Ein darüber hinaus schießender Betrag kann von den Gläubigern abgeschöpft werden. Das Vorsorge- oder Deckungskapital kann von den Versicherungsunternehmen ohne großen Aufwand ermittelt werden. In welcher Höhe das Deckungskapital unpfändbar ist, lässt sich versicherungsmathematisch ermitteln. Hierbei sind die im Zeitpunkt der Pfändung maßgebenden Pfändungsfreigrenzen für Arbeitseinkommen zugrunde zu legen, da die Festlegung von fiktiven Pfändungsgrenzen mit zu großen Unwägbarkeiten verbunden sind.

Grundsätzlich kann in den Pfändungsschutz keine Hinterbliebenenversorgung einbezogen werden, da dies eine weitere Beschränkung des Haftungszugriffs von Gläubigern wäre, der sich in Einzelfällen nicht rechtfertigen ließe. Der unterhaltsberechtigte Hinterbliebene kann diese Lücke durch eine eigene private Altersvorsorge ausgleichen.

Praktikabel ist nur eine Regelung, die es den Beteiligten, Schuldnern, Drittschuldnern und Gläubigern ermöglicht, einfach festzustellen, in welcher Höhe das Vorsorgevermögen geschützt ist. Da der Wert des unpfändbaren Vorsorgekapitals, das notwendig ist, um im Versicherungsfall eine zur Existenzsicherung erforderliche Rente zu erlangen, von veränderlichen Faktoren beeinflusst wird, z.B. der Kapitalmarktsituation, des Sterblichkeitsrisikos, der Höhe der Pfändungsfreigrenzen, ist es gerechtfertigt, das geschützte Vorsorgevermögen zu pauschalieren. Es handelt sich um Annäherungswerte, zu deren Ermittlung auf die entsprechenden Rückkaufswerte abgestellt wurde, wobei eine Kapitalverzinsung von 2,75 % zugrundegelegt wurde. Diese pauschalierten Werte bedürfen entsprechend der Regelung zu den Pfändungsfreigrenzen regelmäßig einer Anpassung durch den Gesetzgeber.

II. Anpassung der Insolvenzanfechtung

Eines der zentralen Anliegen der Bundesregierung auf sozial- und wirtschaftspolitischem Gebiet ist es, die langfristige finanzielle Stabilität der sozialen Sicherungssysteme zu gewährleisten. Nur wenn es gelingt, die Finanzierung von Renten-, Kranken- und Pflegeversicherung sowie der Arbeitsförderung auf eine solide finanzielle Grundlage zu stellen, kann das Vertrauen der Bevölkerung in den Sozialstaat auch in Zukunft bewahrt werden. Eine solche Akzeptanz ist eine wesentliche Vorbedingung für den sozialen Frieden und damit für stabile wirtschaftliche Rahmenbedingungen. Diesem wirtschafts- und sozialpolitisch notwendigen Bestreben läuft es zuwider, wenn den Sozialkassen jährlich mehrere 100 Mio. Euro an Beitragsaufkommen im Wege der Insolvenzanfechtung durch Insolvenzverwalter entzogen werden und dies, wie die Praxis zeigt, mit zunehmender Tendenz.

Insbesondere mit Blick auf die Sozialversicherungsträger ist es deshalb gerechtfertigt, das Anfechtungsrecht einzuschränken. Sie müssen jeden Schuldner akzeptieren, der Arbeitgeber sozialversicherungspflichtiger Beschäftigter ist. Eine Auswahl nach der Bonität oder etwa nach langjährigen Geschäftsbeziehungen ist für sie gesetzlich ausgeschlossen. Die Beitragsforderung der Sozialversicherungsträger entsteht nach § 22 Abs. 1 SGB IV unabhängig von jeder tatsächlichen Lohn- und Gehaltszahlung fortlaufend mit der Beschäftigung von pflichtversicherten Arbeitnehmern gegen Arbeitsentgelt. Sie haben keine Möglichkeit, das Sozialversicherungsverhältnis zu beenden, da dieses kraft Gesetzes entsteht und nur unter den gesetzlich fixierten Voraussetzungen beendet wird. Die Forderungen der Sozialversicherung fallen regelmäßig (monatlich) an, ohne dass der Träger eine Möglichkeit hätte, bei nicht voller Befriedigung das Verhältnis zu lösen. Schuldner und

Gläubiger sind damit ohne Rücksicht auf die finanzielle Situation des Schuldners und damit auf die Höhe der Rückstände bis zur Entlassung aller Beschäftigten untrennbar verbunden.

Selbst wenn die Sozialversicherungsträger keine Beiträge haben vereinnahmen können, bleiben sie gleichwohl gegenüber den Arbeitnehmern zur Leistung verpflichtet. Die Leistungspflicht beginnt, ehe überhaupt ein Beitrag gezahlt worden ist, da es keine Wartezeit wie in der Privatversicherung gibt. In diesem Zusammenhang ist auch daran zu erinnern, dass die Einzugsstellen eine Haftung für verspätet oder nicht geltend gemachte Forderungen (vgl. § 28r Abs. 1 SGB IV) gegen den Arbeitgeber trifft, da sie Kraft gesetzlichen Auftrags die Beitragsforderungen auch für die gesetzliche Rentenversicherung, die Pflegeversicherung und die Bundesagentur für Arbeit geltend machen müssen. Diese Ausführungen belegen, dass die Sozialversicherungsträger ein nachhaltiges Interesse daran haben, dass über zahlungsunfähige Arbeitgeber zügig ein Insolvenzverfahren eröffnet wird. Denn nur über die Verfahrenseröffnung können sie verhindern, dass weitere Forderungen, bei denen in der Regel keine Hoffnung auf Erfüllung besteht, und damit einhergehende Leistungspflichten entstehen. Kommen die Einzugsstellen dem nach und stellen im eigenen Interesse rechtzeitig einen Insolvenzantrag, wird auch die Gefahr einer Insolvenzanfechtung ihnen gegenüber reduziert.

Eine Regelung für die Sozialversicherungsträger und auch den Fiskus, die diese nahezu vollständig von einer Insolvenzanfechtung freistellen würde, hätte indessen einen erheblichen Eingriff in eine wesentliche Errungenschaft der Insolvenzrechtsreform, den Grundsatz der Gläubigergleichbehandlung, zur Folge. Der Gesetzentwurf sieht deshalb allgemeine Regelungen vor, die allen Insolvenzgläubigern zugute kommen. Durch aufeinander abgestimmte Änderungen der Insolvenzordnung wird ein vorsichtiges Zurückschneiden des Anfechtungsrechts angestrebt, wie es in der Rechtsprechung des Bundesgerichtshofs seinen Niederschlag gefunden hat. Eine solche behutsame Anpassung des Anfechtungsrechts erscheint im Zusammenwirken mit den im Einkommensteuerrecht und Sozialgesetzbuch vorgesehenen Ergänzungen ausreichend, zumal sich in der Rechtsprechung des Bundesgerichtshofs ein gewisser Wandel abzeichnet. So hat das Gericht mit Urteil vom 10.02.2005 (IX ZR 211/02) entschieden, dass Zwangsvollstreckungshandlungen eines Gläubigers ohne eine vorsätzliche Rechtshandlung oder eine ihr gleichstehende Unterlassung des Schuldners nicht nach § 133 Abs. 1 InsO anfechtbar sind.

Der Gesetzentwurf ist mit dem Recht der Europäischen Union vereinbar.

Eine Befristung der in dem Entwurf vorgeschlagenen Gesetze scheidet aus, weil die Regelungen als Dauerregelungen angelegt sind, bis der Gesetzgeber eine Änderung für angezeigt hält.

Der Entwurf hat keine erkennbaren gleichstellungspolitischen Auswirkungen. Grundsätzlich sind Frauen und Männer von den Vorschriften des Entwurfs in gleicher Weise betroffen.

III. Auswirkung des Gesetzentwurfs auf die Einnahmen und Ausgaben der öffentlichen Haushalte, Kosten für die Wirtschaftsunternehmen und Auswirkungen auf die Preise

Zusätzliche Belastungen für die öffentlichen Haushalte sind von dem Gesetzentwurf nicht zu erwarten. Zwar kann es durch die Regelungen, die den Pfändungsschutz auf Ansprüche aus Altersrentenverträgen erweitern, zu gewissen Vollstreckungsausfällen der öffentlichen Hand kommen, dies wird jedoch durch eine dauerhafte und deutliche, wenn auch rechnerisch nicht bezifferbare Entlastung der Sozialhilfeträger kompensiert. Durch Maßnahmen der Insolvenzanfechtung werden den Trägern der Sozialversicherung jährlich im dreistelligen Millionenbereich Beiträge entzogen. Durch die Einschränkung des Anfechtungsrechts ist insofern mit einer Entlastung zu rechnen, die zu einer Konsolidierung der sozialen Sicherungssysteme beitragen wird.

Kosten für die Wirtschaftsunternehmen werden durch den Entwurf nicht verursacht. Im Gegenteil ist damit zu rechnen, dass die beabsichtigte Entlastung der Sozialversicherungsträger zu einer weiteren Beitragsstabilität führen wird. Geringfügige, kostenreduzierte Einzelpreisänderungen lassen sich nicht ausschließen. Auswirkungen auf das Preisniveau, insbesondere Verbraucherpreisniveau, sind jedoch nicht zu erwarten. Die Maßnahme entfaltet be- und entlastende Wirkungen für die öffentlichen Haushalte, die aber per Saldo zu gering ausfallen, um mittelbare Preiswirkungen zu indizieren.

IV. Gesetzgebungskompetenz

Die Gesetzgebungskompetenz des Bundes folgt aus Artikel 74 Abs. 1 Nr. 1 des Grundgesetzes (das bürgerliche Recht, das gerichtliche Verfahren, die Rechtsanwaltschaft) sowie Artikel 74 Abs. 1 Nr. 11 des Grundgesetzes (Recht der Wirtschaft) und Artikel 74 Abs. 1 Nr. 12 des Grundgesetzes (Sozialversicherung einschließlich der Arbeitslosenversicherung). Der Bund kann diese Gesetzgebungskompetenz nach Artikel 72 Abs. 2 des Grundgesetzes in Anspruch nehmen, da für das Insolvenzverfahren bundeseinheitliche Regelungen bestehen müssen. Nur durch ein einheitliches Verfahrensrecht kann gewährleistet werden, dass das Vermögen des Schuldners im Interesse der Insolvenzgläubiger möglichst optimal verwertet oder Sanierungschancen für das schuldnerische Unternehmen genutzt werden können. Die Einheitlichkeit des Versicherungsvertragsrechts, das Teil des Schuldrechts ist, ist die Grundlage der rechtlichen Gestaltung des Wirtschaftslebens im Bereich des Versicherungswesens und daher für den Wirtschaftsstandort Deutschland unverzichtbar. Eine einheitliche Regelung dieser Rechtsmaterie durch den Bund ist deshalb zur Wahrung der Rechts- und Wirtschaftseinheit im gesamtstaatlichen Interesse zwingend erforderlich (Artikel 72 Abs. 2 GG).

B. Besonderer Teil

Zu Artikel 1 (Änderung der Zivilprozessordnung)

Zu Nummer 2

Zu § 851c

Absatz 1 regelt die Voraussetzungen, die ein Vertrag, der der finanziellen Absicherung des Schuldners im Alter dienen soll, erfüllen muss, damit die Leistungen aus diesem Vertrag vor einem unbeschränkten Gläubigerzugriff geschützt sind. Damit die Renten nur wie Arbeitseinkommen gemäß den §§ 850–850g ZPO gepfändet werden können, muss das Vertragsverhältnis so ausgestaltet sein, dass die Leistung aus dem angesammelten Deckungskapital erst mit dem Eintritt des Versicherungsfalles erfolgt. Falls eine Berufsunfähigkeit nicht vorliegt, darf die Rente nicht vor Vollendung des 60. Lebensjahres gewährt werden. Die Altersvorsorgefunktion ist weiterhin nur gewahrt, wenn über Ansprüche aus dem Vertrag nicht verfügt werden kann, die Bestimmung eines Dritten ausgeschlossen ist und außer für den Todesfall kein Kapitalwahlrecht vereinbart wurde. Diese Kriterien für die Zweckbindung des Vertrages an eine Altersvorsorge sind notwendig aber auch ausreichend, um einen Missbrauch des Pfändungsschutzes zu Lasten von Gläubigern zu verhindern. Eine Einschränkung der Gläubigerrechte, wie sie § 851c ZPO-E vorsieht, lässt sich nur mit der Altersvorsorgefunktion für den Schuldner legitimieren. Kann dieser Zweck etwa durch den vorzeitigen Tod des Schuldners nicht mehr erreicht werden, so ist es geboten, den Gläubigern den Zugriff auf das ursprünglich der Altersicherung dienende Kapital wieder zu ermöglichen. Da kein Bezugsberechtigter bestimmt werden darf, fällt die Kapitalleistung, soweit die Vererblichkeit nicht vertraglich ausgeschlossen wurde, in den Nachlass und damit den Erben zu, die auch für die Schulden des Erblassers einzustehen haben.

Der Pfändungsschutz des Vorsorgevermögens wird in Absatz 2 geregelt. Diese Regelung will das angesammelte Deckungskapital schützen, das erforderlich ist, um im Versicherungsfall eine in Höhe der Pfändungsfreigrenzen unpfändbare Rente zu erhalten. Die Höhe des pfändungsgeschützten Vorsorgekapitals ist progressiv ausgestaltet. Mit zunehmendem Alter erhöhen sich nicht nur der absolute Betrag, der unpfändbar ist, sondern auch die Annuitäten, die pfändungssicher akkumuliert werden können. Der Deckungsstock wird so abgesichert, dass im Falle einer regelmäßigen Beitragszahlung mit Vollendung des 65. Lebensjahres eine Rente erwirtschaftet werden kann, deren Höhe in etwa der Pfändungsfreigrenze entspricht. Die progressive Ausgestaltung des pfändungsgeschützten Vorsorgekapitals verhindert, dass z. B. bereits ein 20-jähriger durch eine hohe Einmalzahlung Vermögen vollständig dem Zugriff seiner Gläubiger entzieht. Ausschlaggebend ist dabei der Gedanke, dass bei einem wirtschaftlichen Scheitern in jungen Jahren der Schuldner noch ausreichend Zeit hat, eine ergänzende Altersvorsorge aufzubauen. Andererseits kann ein älterer Versicherungsnehmer, der einen Versicherungsvertrag später geschlossen hat, oder der die zur Abdeckung der Altersvorsorge notwendigen Prämien nicht geleistet hat oder leisten konnte, durch Einmalzahlungen das fehlende Deckungskapital ausgleichen.

Da eine langfristige Prognose über die Entwicklung von Kapitalmarktzinsen, Sterblichkeitsrisiko und Pfändungsfreigrenzen nicht möglich ist, sind der Berechnung des Deckungskapitals von 194.000 Euro, das zur Absicherung einer dem unpfändbaren Einkommen entsprechenden Altersrente erforderlich ist, die zum Zeitpunkt des Inkrafttretens des Gesetzes maßgeblichen Berechnungswerte (Garantiezins in Höhe von 2,75 %, die aktuelle Sterbetafel (DAV 94 R), die aktuelle Pfändungstabelle, die üblichen Abschluss-, Inkasso- und Verwaltungskosten) zugrundegelegt worden.

Das in Absatz 2 aufgeführte pfändungsfreie Deckungskapital ist, da die Berechnungswerte einer ständigen Veränderung unterliegen, regelmäßig zu überprüfen und anzupassen.

Entsprechend § 850c Abs. 2 Satz 1 ZPO wird auch ein über den Grundfreibetrag hinausgehender Anteil des Vorsorgekapitals vor einer Pfändung geschützt, um dem Versicherten einen Anreiz zu geben, für eine finanzielle Absicherung im Alter zu sorgen.

Zu § 851d

Renten aus steuerlich gefördertem Altersvorsorgevermögen unterfallen in der Regel nicht dem Pfändungsschutz aus § 851c, da die steuerliche Förderung an andere Voraussetzungen anknüpft. Für den überwiegenden Teil dieser steuerlich geförderten Verträge ergibt sich ein Pfändungsschutz aus § 850 Abs. 3b. Danach können Renten, die auf Grund von Versicherungsverträgen gewährt werden, die zur Versorgung des Versicherungsnehmers oder seiner unterhaltsberechtigten Angehörigen eingegangen sind, nur wie Arbeitseinkommen gepfändet werden. Diesen Pfändungsschutz können Selbstständige, Freiberufliche und Nichterwerbstätige nicht in Anspruch nehmen, da § 850 nur den abhängig Beschäftigten schützen will. § 851d will diese Lücke für freiberuflich Tätige oder überhaupt nicht berufstätige Personen schließen.

Laufende Leistungen aus steuerlich gefördertem Altersvorsorgevermögen (einschließlich eventueller Zulagen und seiner Erträge) dienen der finanziellen Absicherung des Schuldners im Alter. Dies gilt für Rentenzahlungen aus einer Basisrentenversicherung, die die Voraussetzungen des § 10 Abs. 1 Nr. 2 Buchstabe b EStG erfüllt, genauso wie für Leistungen soweit sie auf einem nach § 10a EStG und Abschnitt XI EStG geförderten Altersvorsorgevermögen beruhen. In diesen Fällen dient das Vorsorgekapital der Altersversorgung. Die Verwendung des Vorsorgekapitals für eine lebenslange Altersvorsorge wird durch die entsprechenden gesetzlichen Vorgaben im Einkommensteuerrecht und im Altersvorsorgeverträge-Zertifizierungsgesetz sichergestellt. Der Vermögensaufbau wird insoweit staatlich gefördert.

Der Pfändungsschutz von laufenden Leistungen, die auf einem nach § 10a EStG/Abschnitt XI EStG geförderten Altersvorsorgevermögen beruhen, gilt unabhängig davon, ob es sich um laufende Leistungen aus zertifizierten Rentenversicherungen, Bank- oder Fondssparplänen handelt. Entscheidend ist insoweit, dass die Leistungen auf steuerlich gefördertem Kapital beruhen.

Dem Pfändungsschutz unterliegen nur laufende Leistungen. Hierzu gehören auch monatliche Leistungen, wenn bis zwölf Monatsleistungen zu einer Auszahlung zusammengefasst werden. Nicht erfasst wird damit insbesondere eine in gewissem Umfang zu Beginn der Auszahlungsphase nach dem Altersvorsorgeverträge-Zertifizierungsgesetz mögliche Einmalkapitalauszahlung. Kein Pfändungsschutz besteht außerdem, wenn der Berechtigte von der steuerlich zulässigen Möglichkeit der Abfindung einer Kleinbetragsrente Gebrauch macht, da es sich insoweit nicht um laufende Leistungen handelt.

Das nach § 10a EStG/Abschnitt XI EStG geförderte Altersvorsorgevermögen einschließlich seiner Erträge, die geförderten laufenden Altersvorsorgebeiträge und der Anspruch auf die Zulage sind gemäß § 97 EStG nicht übertragbar und damit auch nicht pfändbar. Ein entsprechender Pfändungsschutz ist für das gemäß § 10 Abs. 1 Nr. 2 Buchstabe b EStG steuerlich geförderte Altersvorsorgevermögen (Rürup-Rente) selbst nicht vorgesehen. Im Verlauf des Gesetzgebungsverfahrens wird, insbesondere unter Beachtung der steuerlichen Aspekte geprüft werden, wie ein Pfändungsschutz auch auf dieses angesparte Altersvorsorgevermögen, soweit es nicht die Voraussetzungen des § 850c Abs. 1 erfüllt, erweitert werden kann.

Zu Artikel 2 (Änderung der Insolvenzordnung)

Zu Nummer 1

Die Regelung soll die Möglichkeit schaffen, die wirtschaftliche Tätigkeit insolventer Unternehmen einzuschränken und die Zahlungsfähigkeit des Schuldners möglichst frühzeitig abzuklären. Erfüllt der Schuldner vor der Anordnung von Verfügungsbeschränkungen oder mit Zustimmung des vorläufigen Insolvenzverwalters alle fälligen Forderungen einschließlich der Kosten und Zinsen, so ist der Gläubiger gezwungen, den Antrag zurückzunehmen oder für erledigt zu erklären. Dies gilt auch dann, wenn der Gläubiger zuverlässige Kenntnis über das Vorliegen eines Insolvenzgrundes besitzt. Wird die Zahlung angenommen, wozu etwa die Sozialversicherungsträger verpflichtet sind, so ist einerseits der Insolvenzantrag unzulässig, andererseits besteht die Gefahr der Insolvenzanfechtung seitens des Insolvenzverwalters nach Eröffnung des Insolvenzverfahrens.

Zwar wird eine Auswechslung der dem Antrag zugrunde liegenden Forderung für zulässig gehalten, wenn durch den Schuldner nicht alle Forderungen gegenüber dem Gläubiger beglichen wurden. Dies kommt insbesondere bei Forderungen aus einem Dauerschuldverhältnis in Frage. Ein solches Vorgehen hilft jedoch dann nicht weiter, wenn der Schuldner gegenüber dem Sozialversicherungsträger alle fälligen Verbindlichkeiten bezahlt, gleichwohl aber absehbar ist, dass künftige Beiträge nicht entrichtet werden. Um in diesem Fall den Sozialversicherungsträgern eine Möglichkeit zu eröffnen, das Entstehen neuer Verbindlichkeiten zu verhindern, soll ein Insolvenzantrag nach dem neuen § 14 Abs. 1 Satz 2 InsO-E nicht allein dadurch unzulässig werden, dass der Schuldner die dem Antrag zugrunde liegende Forderung begleicht. Diese Forderung, die vom Gläubiger glaubhaft zu machen ist, bildet zwar die wesentliche Grundlage seiner Antragsbefugnis. Das Initiativrecht wird dem Gläubiger jedoch nicht nur im eigenen Interesse, sondern auch im Interesse der Gesamtgläubigerschaft zugebilligt. Wird die Forderung des antragstellenden Gläubigers erfüllt, so bleibt immer noch sein Initiativrecht im Interesse der Gläubigergesamtheit. Allerdings sind in diesem Fall besonders strenge Anforderungen an das Rechtsschutzinteresse und die Glaubhaftmachung des Insolvenzgrundes zu stellen. Zahlt ein Schuldner die dem Antrag zugrunde liegende Forderung einschließlich der Zinsen und der Kosten, um die Eröffnung des Verfahrens abzuwenden, so entfällt grundsätzlich das Rechtsschutzinteresse des Gläubigers. Da damit eine Zulässigkeitsvoraussetzung für die Verfahrenseröffnung nicht mehr gegeben ist, müsste an sich der Eröffnungsantrag vom Insolvenzgericht als unzulässig zurückgewiesen werden. Eine andere Wertung kann jedoch insbesondere bei Sozialversicherungsträgern gerechtfertigt sein. Bei ihnen besteht aufgrund des gesetzlich vorgeschriebenen Dauerschuldverhältnis in der Sozialversicherung nicht die Möglichkeit, die Verbindung zum Schuldner einseitig zu beenden. Sie haben deshalb ein gravierendes Interesse daran, einen insolventen Arbeitgeber an einer weiteren wirtschaftlichen Tätigkeit zu hindern und Klarheit über seine Zahlungsfähigkeit zu erlangen. Nur so können sie erreichen, dass sie nicht Leistungen zugunsten der versicherten Arbeitnehmer des Schuldners erbringen müssen, ohne die geschuldeten Beiträge zu erhalten. Nur durch das Aufrechterhalten des Insolvenzantrags können sie verhindern, dass weitere Beitragsforderungen aufgrund des fortdauernden Schuldverhältnisses entstehen.

In einem solchen Fall wird das Insolvenzgericht besonders sorgfältig zu prüfen haben, ob trotz Erfüllung der Forderung der Insolvenzgrund noch glaubhaft gemacht ist. Dies hat auch dann zu gelten, wenn der Schuldner erst nach Zulassung des Insolvenzantrags zahlt. Zwar greift nach allgemeiner Auffassung nach diesem Zeitpunkt die Amtsermittlungspflicht des Insolvenzgerichts nach § 5 Abs. 1 InsO ein, doch besteht in diesem Fall die Pflicht des Gläubigers zur Glaubhaftmachung neben der Amtsermittlungspflicht fort. Wird die Glaubhaftmachung der Zahlungsunfähigkeit etwa im Wesentlichen auf die bereits erfüllte Forderung gestützt, so ist der antragstellende Gläubiger verpflichtet, das Vorliegen eines Insolvenzgrundes erneut glaubhaft zu machen. Angesichts dieser Schwierigkeiten dürften die Sozialversicherungsträger die einzige größere Gläubigergruppe sein, bei der trotz vollständiger Erfüllung der den Antrag stützenden Forderung ein rechtliches Interesse an der Eröffnung eines Insolvenzverfahrens gegeben sein kann.

Zu Nummer 2

Durch die Erweiterung des Pfändungsschutzes auf Renten, die auf Grund von Verträgen im Sinne von § 851c Abs. 1 und § 851d ZPO gewährt werden, und die Ausdehnung des Pfändungsschutzes in § 851c Abs. 2 ZPO auf das Vorsorgevermögen war § 36 Abs. 1 Satz 2 InsO entsprechend anzupassen. Damit soll klargestellt werden, dass die Vorschrift, die den Umfang der Pfändbarkeit einer Altersrente und des zur Erzielung der Altersrente angesparten Vorsorgekapitals bestimmt, im Insolvenzverfahren und in der Treuhandperiode Anwendung findet. Gleichzeitig wird damit auch klargestellt, dass für die hierfür erforderlichen Entscheidungen die Insolvenzgerichte zuständig sind.

Zu Nummer 3
In der Begründung des Regierungsentwurfs zu § 55 InsO (vgl. BT-Drs. 12/2443 S. 126) klingt die Erwartung an, dass Personen, die Geschäfte mit einem vorläufigen Insolvenzverwalter abschließen oder ihm gegenüber ein Dauerschuldverhältnis erfüllen, das sie mit dem Schuldner vereinbart hatten, besonders geschützt sind, also ihnen regelmäßig nach Verfahrenseröffnung eine Masseverbindlichkeit zusteht. Diese Erwartung wurde nicht erfüllt, da die Gerichte regelmäßig vorläufige Verwalter bestellen, auf die die Verfügungsbefugnis über das schuldnerische Vermögen nicht übergegangen ist (sogenannte schwache Verwalter). Dies führt dazu, dass die im Eröffnungsverfahren mit Zustimmung des Verwalters begründeten Verbindlichkeiten ganz überwiegend Insolvenzforderungen darstellen, obwohl insbesondere für die Umsatzsteuerforderung in der Gesetzesbegründung die gegenteilige Erwartung geäußert wurde. Eine Ausnahme ist nach der Rechtsprechung nur für die Forderungen vorgesehen, bei denen das Gericht dem schwachen vorläufigen Verwalter erlaubt, bei bestimmten Geschäften dem Gläubiger die vollständige Befriedigung zu versprechen. Nicht geklärt ist dabei jedoch, ob diese Ermächtigung an den Verwalter mit bestimmten Verfügungsverboten gegenüber dem Schuldner gekoppelt sein muss.

Für die Gläubiger ist diese Rechtslage nur schwer zu durchschauen. Sie werden regelmäßig nur Kenntnis davon haben, dass ein Insolvenzverfahren beantragt und ein vorläufiger Insolvenzverwalter bestellt wurde. Zumindest die Geschäftspartner des Schuldners werden diese Kenntnis unabhängig davon haben, ob eine öffentliche Bekanntmachung nach § 23 Abs. 1 InsO erfolgt ist. Soll das schuldnerische Unternehmen fortgeführt werden, so wäre es hilfreich, wenn die Möglichkeit eröffnet würde, in diesem Verfahrensstadium Masseverbindlichkeiten zu begründen. Für die Gläubiger ist es dabei sekundär, ob ein starker Insolvenzverwalter für den Schuldner handelt oder der Schuldner mit Zustimmung eines Insolvenzverwalters. Häufig wird sich gerade in Fällen, in denen nach dem Grundsatz der Verhältnismäßigkeit nicht zwingend die Anordnung von Verfügungsbeschränkungen für den Schuldner geboten ist, eine Sanierung des schuldnerischen Unternehmens anbieten. Der Gesetzentwurf sieht deshalb vor, dass unabhängig von jeglichen Verfügungsbeschränkungen der vorläufige Insolvenzverwalter der Begründung von Verbindlichkeiten zustimmen kann, die im eröffneten Verfahren dann zu Masseverbindlichkeiten aufgewertet werden. Hat ein Geschäftspartner insofern Zweifel, so kann er sich beim vorläufigen Verwalter rückversichern. Die Regelung über Dauerschuldverhältnisse in § 55 Abs. 2 Satz 2 InsO wird entsprechend angepasst.

Zu Nummer 4
Nach einer über 120 Jahre alten ständigen Rechtsprechung soll eine in der Krise durch Zwangsvollstreckung erlangte Sicherung oder Befriedigung inkongruent sein (vgl. RGZ 10, 33 ff.). Ob diese Auslegung tatsächlich auf die Entstehungsgeschichte der Konkursordnung gestützt werden kann, wie häufig behauptet wird, wird in jüngerer Zeit mit beachtlichen Argumenten in Zweifel gezogen. So wird etwa in den Materialien zur Konkursordnung darauf hingewiesen, dem wachsamen (also vollstreckenden) Gläubiger dürfe der Lohn für seine Sorgfalt nicht entrissen

werden (Hahn, Die gesamten Materialien zur Konkursordnung, 1881, S. 129). Für die Rechtslage unter der Preußischen Konkursordnung wird in diesem Zusammenhang angeführt, die Anfechtung einer Zwangsvollstreckung sei ausgeschlossen, da nicht eine Rechtshandlung des Gemeinschuldners, sondern nur eine Vollstreckungshandlung des Richters gegeben sei (Hahn a.a.O.). Insgesamt lassen sich den Materialien zur Konkursordnung gewichtige Anhaltspunkte entnehmen, dass der historische Gesetzgeber bei einer an sich kongruenten Leistung nicht danach differenzieren wollte, auf welchem Wege diese erbracht wurde, ob also der Schuldner freiwillig erfüllte oder unter dem Druck einer Zwangsvollstreckung.

Die herrschende Meinung in Rechtsprechung und Literatur sieht heute demgegenüber jede Zwangsvollstreckung als inkongruent an, weil der Gläubiger seine Leistung in einer Weise erhält, die er „nicht in der Art" zu beanspruchen hat. Der Gesetzentwurf will demgegenüber eine deutlichere Trennung zwischen kongruenter und inkongruenter Deckung fördern. Insofern soll bei der Bewertung der Inkongruenz wieder auf die gewährte Deckung und nicht auf die Art und Weise ihre Herbeiführung abgestellt werden. Eine zwangsweise Befriedigung durch Zwangsvollstreckung oder die Leistung unter dem Druck einer drohenden Zwangsvollstreckung soll künftig nicht mehr allein wegen der Art ihrer Erlangung als inkongruente Deckung gewertet werden können. Die Zwangsvollstreckung stellt nicht lediglich ein Erfüllungssurrogat dar, sondern ist echte Erfüllung. Zudem zeigt § 141 InsO, dass eine mittels Zwangsvollstreckung erlangte Befriedigung nicht zwingend auf eine inkongruente Deckung reduziert werden kann. Wie soll sich etwa der Gläubiger einer titulierten Forderung verhalten, der mit ansehen muss, wie der Schuldner die Forderungen anderer Gläubiger bedient, ihn aber unberücksichtigt lässt? Ob eine Leistung kongruent oder inkongruent ist, wird sich künftig allein danach zu bestimmen haben, ob der Gläubiger das erhält, auf was er nach dem der Leistung zugrunde liegenden Rechtsverhältnis einen Anspruch hat. In welcher Art die Leistungsbewirkung erreicht wird, ob durch Zwangsvollstreckung oder Drohung mit Zwangsvollstreckung oder etwa durch rüde Inkassomethoden, wird insofern irrelevant sein. Erhält der Gläubiger nur die geschuldete Leistung, so hat der Insolvenzverwalter im Rahmen einer Anfechtung die objektiven und subjektiven Voraussetzungen einer kongruenten Deckung nachzuweisen.

Zu Nummer 5

Ausgangspunkt der Änderung ist die rechtspolitische Überlegung, dass bei einem Anfechtungszeitraum von 10 Jahren, wie ihn § 133 InsO kennt, klar umrissene Anfechtungstatbestände gegeben sein müssen. Andernfalls besteht die Gefahr, dass zahlreiche Geschäftsbeziehungen durch kaum prognostizierbare Anfechtungsrisiken belastet werden. Sowohl für den Benachteiligungsvorsatz des Schuldners als auch für die Kenntnis des anderen Teils sollten eindeutig definierte Kriterien vorliegen. Von § 133 InsO werden alle Rechtshandlungen des Schuldners abgedeckt, wobei der Begriff der Rechtshandlung in dem weiten Sinn zu verstehen ist, wie ihn § 129 InsO vorgibt. Ein Teil dieser Rechtshandlungen wird dabei auch zu den kongruenten oder inkongruenten im Sinne der §§ 130, 131 InsO gehören, wobei für die Letzteren nach der Rechtsprechung des BGH im Anwendungsbereich des § 133

InsO gewisse Beweiserleichterungen gelten. Es ist deshalb ein weiteres Anliegen der vorgeschlagenen Änderungen, der weitgehenden Vermischung zwischen kongruenter und inkongruenter Deckung entgegenzuwirken. Während es bei einer inkongruenten Rechtshandlung durchaus gerechtfertigt ist, allein aus der Tatsache, dass der Schuldner eine Sicherung oder Befriedigung gewährt, auf die der Gläubiger keinen Anspruch hat, auf einen Benachteiligungsvorsatz zu schließen, ist bei einer kongruenten Deckung zu berücksichtigen, dass eine geschuldete Leistung erbracht und somit lediglich das vermögensrechtliche Gewollte realisiert wird. Die Vermutung des § 133 Abs. 1 Satz 2 InsO soll künftig nicht mehr bei einer Rechtshandlung des Schuldners eingreifen, die zu einer kongruenten Deckung – einer Rechtshandlung, die einem Insolvenzgläubiger eine Sicherung oder Befriedigung gewährt oder ermöglicht hat (§ 130 Abs. 1, 1. Halbsatz) – führt. Liegt eine solche Deckung vor, so wird nach dem Gesetzentwurf die genannte Beweiserleichterung zurückgenommen, so dass dem Insolvenzverwalter insofern die volle Beweislast obliegt. Er hat künftig ohne Erleichterungen den Beweis zu erbringen, dass der Schuldner mit Benachteiligungsvorsatz handelt und dies dem anderen Teil bekannt ist.

Grundvoraussetzung für eine vorsätzliche Benachteiligung ist zunächst, dass der Schuldner weiß oder es zumindest für möglich hält, dass sein Vermögen nicht ausreicht, um alle Gläubiger zu befriedigen. Die masseschädigende Wirkung seines Handelns muss er dabei bewusst in Kauf nehmen. Der Wille des Schuldners darf sich jedoch nicht darin erschöpfen, lediglich seine Verbindlichkeiten gegenüber dem Gläubiger erfüllen zu wollen, vielmehr muss die zusätzliche, darüber hinausgehende Motivation des Schuldners erkennbar sein, seine anderen Gläubiger zu benachteiligen. Bereits unter dem geltenden Recht geht die Rechtsprechung davon aus, dass außerhalb des Zeitraums der Krise weder einer Zwangsvollstreckung noch einer Zahlung zur Abwendung der Zwangsvollstreckung eine inkriminierende Bedeutung zukommt. Der Gläubiger bedient sich in beiden Fällen lediglich eines zulässigen Mittels, das ihm die Rechtsordnung gerade zur zwangsweisen Befriedigung seiner Forderung zur Verfügung stellt. Gewährt der Schuldner dem Gläubiger lediglich das, wozu er verpflichtet ist, so steht bei ihm der Wille im Vordergrund, diese Verbindlichkeit zu erfüllen. In einer Entscheidung aus dem Jahre 1991 hat der Bundesgerichtshof diesen Gedanken deutlich zum Ausdruck gebracht: Das Bewusstsein, infolge der Erfüllung dieser Verpflichtung nicht alle Gläubiger befriedigen zu können, reicht deshalb regelmäßig nicht aus, um die Annahme einer Benachteiligungsabsicht zu rechtfertigen. Dieses Merkmal erfordert ein unlauteres Handeln. Selbst der Gemeinschuldner, der die Überschuldung kennt, dem es aber mehr auf die Erfüllung seiner Vertragspflicht als die Schädigung der übrigen Gläubiger ankommt, erfüllt folglich die subjektiven Voraussetzungen der Norm ... nicht (ZIP 1991, 807, 809). Will man unter diesen Voraussetzungen eine Rechtshandlung, die dem Gläubiger lediglich das gewährt, worauf er einen Anspruch hat, als vorsätzliche Benachteiligung werten, so muss, um dieses Unwerturteil zu rechtfertigen, ein unlauteres Verhalten des Schuldners hinzutreten. Dies gilt in besonderem Maße bei öffentlich-rechtlichen Gläubigern, die lediglich ihrem gesetzlichen Auftrag nachkommen. Ein solches unlauteres Verhalten wird man regelmäßig nur dann annehmen können, wenn ein kollusives Zusammenwirken mit dem Schuldner feststellbar ist. Bei einer kongruenten Deckung wird ein unlauteres Verhalten etwa zu bejahen sein, wenn der spätere Gemeinschuldner bei der Erfüllung seiner Verbindlichkeiten in einer mit Treu und Glauben nicht vereinbaren, unlauteren Weise einen Gläubiger bevorzugt (BAG NJW 1967, 2425), wenn es dem Schuldner bei der Rechtshandlung *ausschließlich* darauf ankommt, andere Gläubiger zu benachteiligen, wenn der Schuldner die Befriedigung eines Gläubigers mit dem Ziel behindert, anderen Gläubigern zu einem Vorsprung zu verhelfen, wenn der Schuldner wissentlich seine Vermögensunzulänglichkeit verheimlicht, um einen bereits bevorstehenden oder vermuteten Zugriff anderer Gläubiger zu erschweren oder unmöglich zu machen. Umgekehrt liegt bei einer kongruenten Deckung *keine* vorsätzliche Benachteiligung vor, wenn die Möglichkeit besteht, der Schuldner habe sich von einer „sei es auch noch so schwach begründeten“ Sanierungserwartung leiten lassen (BGH ZIP 1984, 572, 580). Unlauter handelt auch nicht, wer sich durch Unterlassen der Zahlung dem Risiko aussetzen würde, wegen einer Straftat (z.B. § 266a StGB) verfolgt zu werden.

Zusammenfassend bleibt somit festzuhalten, dass bei einer kongruenten Deckung sich der Wille des Schuldners regelmäßig darin erschöpft, seine Verbindlichkeiten zu erfüllen. In Übereinstimmung mit der früheren Rechtsprechung reicht es für die Begründung eines Benachteiligungsvorsatzes nicht aus, wenn der Schuldner in dem Bewusstsein handelt, nicht alle Gläubiger befriedigen zu können. Mit dem neuen § 133 Abs. 1 Satz 3 InsO-E wird ausdrücklich klargestellt, dass bei einer kongruenten Deckung – einer Rechtshandlung, die einem Insolvenzgläubiger eine Sicherung oder Befriedigung gewährt oder ermöglicht hat (§ 130 Abs. 1, 1. Halbsatz) – stets ein unlauteres Handeln des Schuldners hinzukommen muss, um den Benachteiligungsvorsatz zu begründen. Beschränken sich beispielsweise der Fiskus und die Sozialkassen lediglich darauf, durch Zwangsvollstreckung oder durch Drohung mit einer Zwangsvollstreckung Steuerforderungen oder ausstehende Beiträge einzuziehen, so käme eine Insolvenzanfechtung nur dann infrage, wenn gravierende zusätzliche Umstände vorlägen, die es rechtfertigten, von einem Benachteiligungsvorsatz des Schuldners auszugehen.

Zu Artikel 3 (Änderung des Einkommensteuergesetzes)

Schuldner der Lohnsteuer ist nach geltendem Recht der Arbeitnehmer (§ 38 Abs. 2 Satz 1 EStG). § 38 Abs. 3 Satz 1 EStG regelt, dass der Arbeitgeber die Lohnsteuer bei jeder Lohnzahlung für Rechnung des Arbeitnehmers einzubehalten hat. Der neue Satz 2 stellt klar, dass mit der Einbehaltung der Lohnsteuer vom Arbeitslohn bereits eine Vermögensverschiebung bezüglich des Lohnsteuerbetrages aus der Vermögenssphäre des Arbeitgebers in die Vermögenssphäre des Arbeitnehmers stattfindet. Der Arbeitgeber ist anschließend verpflichtet, die einbehaltene Lohnsteuer an das Finanzamt abzuführen. Er tut dies aus dem Vermögen des Arbeitnehmers als dessen Zahlungsmittler. Insofern besteht hier eine seit Jahrzehnten gültige verwaltungseffiziente Regelung, denn es liegt nahe, die Lohnsteuer – wie auch die Sozialversicherungsbeiträge – direkt an der Quelle, also der zur Lohnzahlung verpflichteten

Stelle, dem Arbeitgeber, abziehen zu lassen. Da der Arbeitnehmer der Schuldner der Lohnsteuer ist, kann dieses Verfahren aber nur bedeuten, dass die Zahlung aus dem Vermögen des Arbeitnehmers erfolgt und der Arbeitgeber die Zahlung nur für den Arbeitnehmer vornimmt.

Die in § 38 Abs. 3 EStG mit dem neuen Satz 2 bezweckte Klarstellung entspricht dem für die Sozialversicherungsbeiträge neu aufgenommenen Satz 2 in § 28e Abs. 1 SGB IV. In beiden Rechtsgebieten ist die Rechtlage vergleichbar, die deshalb einheitlich geregelt werden soll. Die Klarstellung hat gem. § 51a Abs. 1 EStG, § 1 Abs. 2 SolZG auch für die Zuschlagsteuern (Kirchensteuer, Solidaritätszuschlag) Gültigkeit, d. h. die Abführung der vom Arbeitnehmer geschuldeten Zuschlagsteuern gilt ebenfalls als aus dem Vermögen des Arbeitnehmers erbracht.

Zu Artikel 4 (Änderung des Gesetzes über den Versicherungsvertrag)

Zu Nummer 1

§ 165 Abs. 1 VVG sieht für den Lebensversicherungsvertrag ein Kündigungsrecht des Versicherungsnehmers jederzeit für den Schluss der laufenden Versicherungsperiode vor. Grundsätzlich kann sich der Versicherer auf eine Vereinbarung, die zum Nachteil des Versicherungsnehmers von dem Kündigungsrecht abweicht, nicht berufen (§ 178 Abs. 1 Satz 1 VVG). § 165 Abs. 3 enthält eine dieser Regelung vorgehende Sonderregelung. Der Schutz des Versicherungsnehmers vor einer Bindung an überlange Verträge kann nicht in den Fällen gelten, in denen die langfristige Bindung eine zwingende Voraussetzung für die Gewährung von Vorteilen ist. Bestimmte Lebensversicherungsverträge, die der Altersvorsorge dienen, werden entweder steuerlich gefördert oder finden keine Anrechnung bei der Leistungsgewährung nach SGB II oder unterliegen einem Pfändungsschutz. Wegen der Gewährung dieser Vorteile soll der Versicherungsnehmer durch ein Verwertungs- oder Verfügungsverbot an den Vertrag gebunden werden. § 165 Abs. 3 VVG sieht daher vor, dass die Absätze 1 und 2 auf die der Altersvorsorge dienenden Versicherungsverträge keine Anwendung finden, soweit die vertraglichen Ansprüche nach § 12 Abs. 2 SGB II nicht verwertet oder nach § 851c ZPO nicht gepfändet werden dürfen. Der Wert der vom Ausschluss der Verwertbarkeit betroffenen Ansprüche ist hierbei zu beachten; maßgeblich sind dabei die Vorgaben in den genannten Regelungen.

Unberührt von diesem Ausschluss der ordentlichen Kündigung bleibt die in engen Grenzen auch für die Lebensversicherung bestehende Möglichkeit einer außerordentlichen Kündigung gemäß den § 313 Abs. 3, § 314 BGB oder ausnahmsweise infolge sonstiger Unzumutbarkeit. Eine Fortsetzung des Versicherungsvertrages könnte etwa für den Versicherungsnehmer unzumutbar sein, wenn eine Kündigung erforderlich ist, weil dem Versicherungsnehmer wegen der bestehenden geldwerten Ansprüche aus dem Vertrag Leistungen nach dem SGB II versagt werden.

Auch eine Umwandlung der Versicherung in eine prämienfreie Versicherung gemäß § 174 VVG bleibt möglich, sofern die Voraussetzungen des § 174 Abs. 1 VVG gegeben sind, also insbesondere die dafür vereinbarte Mindestversicherungssumme oder Mindestrente erreicht wird. Die Möglichkeit der Umwandlung berücksichtigt, dass sich die wirtschaftliche Situation eines Versicherungsnehmers deutlich verschlechtern kann. Diese Möglichkeit muss und kann beibehalten werden; es bleibt dabei, dass eine Altersvorsorge getroffen ist; die Rentenzahlungen fallen allerdings niedriger aus. Es bleibt auch bei der Anwendbarkeit von § 174 Abs. 1 Satz 2 VVG. Diese Regelung hat den Zweck, eine kostenintensive Verwaltung geringer Beträge zu vermeiden. Dieser Gesichtspunkt hat auch vor dem Hintergrund der vorgeschlagenen Regelung zum Pfändungsschutz Geltung. Es geht regelmäßig auch nur um geringe Beträge, die nach § 174 Abs. 1 Satz 2 VVG zur Auszahlung kommen könnten; dies kann hingenommen werden. Im Regelfall wird der Versicherungsvertrag wegen Erreichens dieser Beträge bestehen bleiben.

Zu Nummer 2

Viele bestehende Lebensversicherungen sind zum Zweck einer Altersvorsorge abgeschlossen. Sie erfüllen jedoch die Kriterien nicht, die erforderlich sind, um vor einem unbeschränkten Gläubigerzugriff geschützt zu sein, weil etwa ein Kapitalwahlrecht vereinbart, ein Dritter als Bezugsberechtigter eingesetzt worden oder der Eintritt des Versicherungsfalls anders geregelt ist. In zahlreichen Fällen wurden auf diese Versicherungsverhältnisse bereits mehrere Jahrzehnte Leistungen durch den Versicherungsnehmer erbracht. Sie stellen sein wesentliches Kapital zur Absicherung seines Alters dar. Die Regelung in § 173 VVG bietet daher dem Versicherungsnehmer die Möglichkeit, vom Versicherer eine Umwandlung dieser Versicherung in eine Altersrentenversicherung zu verlangen. Eine solche Umgestaltung des Vertragsverhältnisses kann für den Schluss der laufenden Versicherungsperiode verlangt werden, wenn Rechte Dritter nicht entgegenstehen, insbesondere wenn die Ansprüche aus dem Vertragsverhältnis nicht abgetreten oder gepfändet sind. Die durch diese Umwandlung entstehenden Kosten sind vom Versicherungsnehmer zu tragen, da sie ausschließlich in seinem Interesse erfolgt.

Zu Artikel 5 (Änderung des Vierten Buchs Sozialgesetzbuch)

Die gesetzliche Regelung stellt klar, dass der vom Beschäftigten zu tragende und vom Arbeitgeber einbehaltene Anteil am Gesamtsozialversicherungsbeitrag dem Vermögen des Beschäftigten zugehörig ist. Der Beschäftigte hat Anspruch auf das Bruttoentgelt; der Abzug und die Abführung von Lohn- und Gehaltsbestandteilen berühren nur die Frage, wie der Arbeitgeber seine Zahlungspflicht hinsichtlich des Gesamtsozialversicherungsbeitrags (§ 28e Abs. 1 SGB IV) gegenüber dem Arbeitnehmer erfüllt (vgl. BAG GrS 1/00 vom 7. März 2001 unter III. 1.b., 3 m.w.N.). Insoweit nimmt der Arbeitgeber eine Aufgabe der Sozialversicherungsträger (Einzug des Gesamtsozialversicherungsbeitrags) wahr. Seit Jahrzehnten ist eine verwaltungseffiziente und – ökonomische Regelung in Kraft, da es naheliegt, den Gesamtsozialversicherungsbeitrag – wie auch in anderen Bereichen – direkt an der Quelle, also bei der zur Lohn- und Gehaltzahlung verpflichteten Stelle, dem Arbeitgeber, abziehen zu lassen und nicht das Bruttoentgelt auszuzahlen und dann den Beschäftigten selbst zur Beitragszahlung zu verpflichten. Auf diesem Wege ist zugleich sichergestellt, dass der Beschäftigte Teile des Entgeltes in der sozialversicherungsrechtlich vorgeschriebenen Weise verwendet (BAG GrS a.a.O. unter III.2.b.). Die

Zahlungspflicht des Arbeitgebers mit entsprechenden Verrechnungsregelungen (§ 28e SGB IV) ist also aus sozialversicherungsrechtlichen und technischen Gründen zum Schutze des Versicherten statuiert und ändert nichts daran, dass der Anteil des Beschäftigten aus dessen Verdienst und damit Vermögen stammt und ihm allein zugute kommen soll (BAG GrS a.a.O. unter III.2.b., 3.a., c.).

Im Übrigen ist nach § 14 SGB IV unumstritten, dass das Arbeitsentgelt den Bruttobetrag umfasst (Ausnahme § 14 Abs. 2 SGB IV). Da der Arbeitgeber gegen den Beschäftigten einen grundsätzlich nur durch Abzug vom Arbeitsentgelt geltend zu machenden Anspruch auf den vom Beschäftigten zu tragenden Anteil am Gesamtsozialversicherungsbeitrag hat (§ 28e Abs. 1 Satz 1 in Verbindung mit § 28g SGB IV), schuldet der Arbeitgeber dem Beschäftigten auch diesen (also im Bruttolohn enthaltenen) Anteil. Diese Verfahrensregelung wäre ansonsten auch nicht verständlich, da ein Abzug vom Nettoentgelt nicht sinnvollerweise gewollt sein kann. Außerdem ist nach geltendem Recht derjenige Beitragsschuldner, der die Beiträge zu tragen hat (§ 173 Satz 1 SGB VI); hier also der Beschäftigte für seinen Beitragsanteil (vgl. § 168 Abs. 1 Nr. 1 SGB VI). Der Arbeitgeber ist nur der technisch zur Auszahlung des gesamten Beitrags Verpflichtete. Zu tragen haben der Arbeitgeber und der Beschäftigte den Beitrag je zur Hälfte (vgl. z. B. § 168 SGB VI). Wirtschaftlich trägt der Beschäftigte seinen Anteil aus seinem Bruttoentgelt. Der einbehaltene Beitragsanteil ist demnach ein dem Beschäftigten verschaffter Vermögenswert; denn die Entgeltzahlungspflicht des Arbeitgebers umfasst die Verpflichtung zur Verschaffung des in Geld verkörperten abstrakten Vermögenswertes und durch die Beiträge erwirbt der Beschäftigte Rechte in der Sozialversicherung (BAG GrS a.a.O. unter III.1.a., d., 2.b.). Dies bestätigt die Regelung zur Beitragserstattung. Wer den Beitrag getragen und damit aus eigenem Vermögen finanziert hat, erhält den Beitrag zurück (§ 210 SGB VI), also beim Sozialversicherungsbeitrag zur Hälfte der Beschäftigte.

Aus diesen Gründen ist in der Insolvenz des Arbeitgebers der von ihm gezahlte Gesamtsozialversicherungsbeitrag nach den §§ 129ff. InsO nicht anfechtbar, soweit es den Anteil des Beschäftigten betrifft. Ist ein Anfechtungsprozess noch anhängig, so ist nach allgemeinem Zivilprozessrecht für die Entscheidung die geänderte Rechtslage maßgebend.

Mit dieser Regelung wird auch das nicht widerspruchsfreie Ergebnis relativiert, dass sich einerseits ein Arbeitgeber nach § 266a StGB wegen Vorenthaltung von Beiträgen zur Sozialversicherung strafbar macht, andererseits nach Verfahrenseröffnung diese Beiträge aber im Wege der Insolvenzanfechtung zur Masse zurückgefordert werden und nicht der Versichertengemeinschaft zugute kommen.

Bundesrat **Drucksache 618/05 (Beschluss)**
23.09.05

Stellungnahme
des Bundesrates

Entwurf eines Gesetzes zum Pfändungsschutz der Altersvorsorge und zur Anpassung des Rechts der Insolvenzanfechtung

Der Bundesrat hat in seiner 814. Sitzung am 23. September 2005 beschlossen, zu dem Gesetzentwurf gemäß Artikel 76 Abs. 2 des Grundgesetzes wie folgt Stellung zu nehmen:

1. Zur Eingangsformel

In der Eingangsformel sind nach dem Wort „hat" die Wörter „mit Zustimmung des Bundesrates" einzufügen.

Begründung:
Das beabsichtigte Gesetz bedarf entgegen seiner Eingangsformel gemäß Artikel 105 Abs. 3 GG der Zustimmung des Bundesrates, da es in Artikel 3 eine Ergänzung von § 38 Abs. 3 EStG vorsieht.

2. Zu Artikel 1 Nr. 1a – neu – (§ 850k Abs. 1, 2 Satz 3 ZPO)

In Artikel 1 ist nach Nummer 1 folgende Nummer 1a einzufügen:
„1a. In § 850k Abs. 1 und 2 Satz 3 werden jeweils nach den Wörtern ‚bis 850b' die Wörter ‚oder § 851c' eingefügt."

Begründung:
Laufende private Altersrenten werden ebenso wie Arbeitseinkommen und soziale Geldleistungen üblicherweise auf ein Bankkonto des Schuldners überwiesen. Ansprüche des Schuldners aus dem Bankvertrag sind jedoch vor dem Zugriff der Gläubiger nicht geschützt. Zweckmäßig wäre die Einbeziehung von Einkünften aus privaten Altersrenten nach § 851c ZPO-E in die Regelung des § 850k ZPO durch Erweiterung der in 850k Abs. 1 und 2 Satz 3 ZPO aufgeführten Ansprüche.

3. Zu Artikel 1 Nr. 2 (§ 851c Abs. 2 Satz 5 – neu – ZPO)

In Artikel 1 Nr. 2 ist § 851c Abs. 2 folgender Satz anzufügen:
„Die Unpfändbarkeit der Staffelbeträge setzt voraus, dass der Schuldner die Beträge tatsächlich auf der Grundlage eines in Absatz 1 bezeichneten Vertrages eingezahlt hat."

Begründung:
Zur Klarstellung und aus Gründen der Rechtssicherheit sollte ausdrücklich darauf hingewiesen werden, dass sich die Unpfändbarkeit nur auf tatsächlich eingezahlte Beträge und nicht auf Bargeld, Sparguthaben etc. erstreckt, das nach dem Vortrag des Schuldners lediglich zur Einzahlung bestimmt war.

4. Zu Artikel 1 Nr. 2 (§ 851c Abs. 3, 4 – neu – ZPO)

In Artikel 1 Nr. 2 ist § 851c wie folgt zu ändern:

a) Absatz 3 ist wie folgt zu fassen:
„(3) Die §§ 850d und 850e Nr. 2 bis 3 gelten entsprechend.“

b) Folgender Absatz 4 ist anzufügen:
„(4) Das Vollstreckungsgericht kann die Auszahlung des Vorsorgekapitals an den Gläubiger mit Eintritt des Vorsorgefalls auf Antrag anordnen, wenn der Schuldner über andere gesicherte laufende Einkünfte verfügt, die mindestens die nach § 850c unpfändbaren Beträge erreichen.“

Begründung:
Zu Buchstabe a:
Die Belange der Gläubiger werden durch die in § 851c Abs. 3 ZPO-E vorgesehene Bezugnahme auf § 850e Nr. 2, 2a ZPO gewahrt. Um die vollstreckungsrechtliche Gleichstellung der privaten Altersvorsorge mit Rentenansprüchen abzurunden, sollte die Bezugnahme zur Vermeidung von Umgehungsmöglichkeiten, namentlich bei Selbstständigen, auch § 850e Nr. 3 ZPO umfassen (Berücksichtigung von Naturalleistungen).

Daneben sollte auch das Verhältnis zwischen § 851c Abs. 2 ZPO-E und § 850d ZPO durch Erweiterung der Bezugnahme klargestellt werden. Nach dem vorgeschlagenen Wortlaut würden die Unpfändbarkeitsgrenzen auch gegenüber der Vollstreckung von Unterhaltsforderungen gelten. Das hätte zur Folge, dass die Unterhaltsberechtigten ganz oder teilweise auf öffentliche Mittel zur Bestreitung ihres Lebensunterhalts angewiesen sind. Bei ihnen tritt also das ein, was beim Schuldner vermieden werden soll.

Zu Buchstabe b:
Des Weiteren ist eine Regelung zu treffen, wonach auch auf das bereits angesparte Kapital zurückgegriffen werden kann, wenn der Schuldner eine andere ausreichende und gesicherte Altersversorgung hat. Es wird dem Gläubiger nämlich generell verwehrt, das in § 851c Abs. 2 ZPO-E festgesetzte Vorsorgekapital vollumfänglich zu verwerten. Stattdessen wird der Gläubiger – auch sofern der Schuldner bei Eintritt des Versorgungsfalls der aus dem geschützten Vorsorgekapital zu zahlenden Versicherungsleistungen nicht bedarf – auf eine ratenweise Tilgung seiner Vollstreckungsforderung verwiesen, vgl. die Regelung gemäß § 851c Abs. 1 und 3 ZPO-E, statt die vollumfängliche Auszahlung des nach § 851c Abs. 2 ZPO-E geschützten Vorsorgekapitals an sich verlangen zu können.

Im Interesse der Gläubiger ist es geboten, hinsichtlich solcher Schuldner, die neben Altersrenten aus privaten Rentenversicherungen andere nach § 850c ZPO geschützte und der Höhe nach ausreichende Alterseinkünfte beziehen, eine Regelung zu schaffen, die mit Eintritt des Versicherungsfalls eine Auszahlung des Vorsorgekapitals an den Gläubiger ermöglicht.

5. Zu Artikel 1 Nr. 2 (§ 851c ZPO)

Der Bundesrat bittet, im weiteren Verlauf des Gesetzgebungsverfahrens zu prüfen, wie eine Benachteiligung der Gläubiger in den Fällen verhindert werden kann, in denen der Schuldner bereits über anderweitige ausreichende Anwartschaften für eine Altersvorsorge verfügt.

Begründung:
In dem Entwurf fehlt eine Regelung, die den Aufbau von Rentenanwartschaften in unangemessener Höhe zu Lasten der Gläubiger verhindern könnte. Dieser Fall könnte dann eintreten, wenn der Schuldner bereits über anderweitige Rentenanwartschaften in genügender Höhe verfügt, gleichwohl aber die gesetzlichen Pauschalen zum Aufbau einer weiteren Altersrente nutzt. Zwar könnte der Schuldner nach Erreichen der Altersgrenze nur noch die nach § 850c

ZPO pfändungsfreien Rentenbeträge beanspruchen. In der Zeit davor wären die Zugriffsmöglichkeiten des Gläubigers jedoch ohne sachlichen Grund erheblich eingeschränkt. Hier könnte zum Beispiel an eine Regelung gedacht werden, der zufolge das Vollstreckungsgericht auf Antrag des Gläubigers Einfluss auf die Höhe der unpfändbar anzulegenden Beiträge nehmen kann.

6. Zu Artikel 2 Nr. 1 (§ 14 Abs. 1 Satz 2 InsO)

Artikel 2 Nr. 1 ist zu streichen.

Begründung:
Durch die Änderung wird die Gefahr eines Missbrauchs des Insolvenzantrages ansteigen. Sie eröffnet die Möglichkeit, Insolvenzanträge zur Verfolgung anderer – auch rechtlich nicht geschützter – Interessen zu instrumentalisieren. Die Fortführung und Sanierung nur vorübergehend zahlungsschwacher Betriebe wird erheblich gefährdet. Die angestrebte Gesetzesänderung ist systemwidrig und vermag den vor allem auf Seiten der Sozialversicherungsträger in der geschilderten Konstellation aufgetretenen Missstand nicht praktikabel zu beseitigen.

Das Insolvenzverfahren setzt ebenso wie die Klage im Zivilprozessverfahren ein rechtliches Interesse des Klägers bzw. Antragstellers voraus. Dieses muss sich im Insolvenzverfahren dahin gehend verdichtet haben, dass der Antragsteller eine konkrete und fällige Forderung gegen den Gemeinschuldner hat, die er nach § 14 Abs. 1 InsO glaubhaft zu machen hat. Erst das Vorhandensein dieser Forderung legitimiert den Antragsteller als Gläubiger des Schuldners, eine gemeinschaftliche Befriedigung aller Gläubiger im Sinne des § 1 InsO zu verlangen. Ein Initiativrecht, welches sich allein aus einer bloßen Rechtsbeziehung zum Schuldner ohne eine konkret bestehende Forderung ergibt, kennt das Insolvenzrecht nicht. Eine Fortführung des Insolvenzverfahrens trotz Wegfalls der dem Antrag zu Grunde liegenden Forderung stellt mithin einen Fremdkörper in der bestehenden gesetzlichen Regelung dar, der sich mit dem Ziel der Insolvenzordnung in § 1 InsO, der gemeinschaftlichen Befriedigung aller Gläubiger, nicht in Einklang bringen lässt, da der Antragsteller bereits befriedigt ist. Die Neuregelung gibt den Gläubigern wiederkehrender Leistungen statt dessen noch mehr als bisher die Möglichkeit, unter Missachtung des Verfahrenszwecks (§ 1 InsO) den Eröffnungsantrag als Druckmittel gegen den Schuldner und damit als Fortsetzung der Einzelzwangsvollstreckung mit anderen Mitteln zu missbrauchen.

Zu berücksichtigen ist auch, dass die Weiterführung des Insolvenzeröffnungsverfahrens eine erhebliche Belastung und Gefährdung des Betriebes des Schuldners mit sich bringt. Das Gericht wird – ohne dass ein Insolvenzgrund endgültig feststehen muss – beim Vorhandensein von Vermögenswerten Sicherungsmaßnahmen anordnen müssen. Diese bedeuten immer einen erheblichen Eingriff in die Grundrechte des Schuldners und können durch ihre Veröffentlichung allein die möglicherweise gar nicht vorhandene Zahlungsunfähigkeit erst herbeiführen, da die Kreditgeber ihre Kredite kündigen werden.

Es ist zu befürchten, dass für die Schuldner eine Entschuldung insbesondere bei vorübergehender Illiquidität unnötig erschwert wird. Ein nicht unerheblicher Teil der Schuldner, der nach Antragstellung durch einen Sozialversicherungsträger die Rückstände ausgleicht, wird später beim Insolvenzgericht nicht wieder aktenkundig. Gerade bei solchen Schuldnern bestünde die Gefahr, dass sie durch die beabsichtigte Verfahrensweise wirtschaftlich ruiniert würden.

Zudem wird die Änderung zu einer erheblich größeren Arbeitsbelastung der Insolvenzgerichte führen.

Auf der anderen Seite sind die Sozialversicherungsträger und andere Gläubiger von Dauerschuldverhältnissen bei der derzeit geltenden Regelung ausreichend geschützt durch die Möglichkeit, neu entstandene Forderungen noch nachzuschieben.

7. Zu Artikel 2 Nr. 3 (§ 55 Abs. 1 Nr. 1, Abs. 2 InsO)

Artikel 2 Nr. 3 ist wie folgt zu fassen:
„3. In § 55 Abs. 1 Nr. 1 werden nach dem Wort ‚Insolvenzverwalters' die Wörter, ‚durch den Neuerwerb des Schuldners' eingefügt."

Begründung:
§ 55 Abs. 2 InsO in der Entwurfsfassung ist abzulehnen. Er würde die mit der Insolvenzordnung angestrebte Trendwende vom Zerschlagungsprinzip hin zur Sanierung von Unternehmen grundsätzlich in Frage stellen. Die durch die Gesetzesänderung zu erwartende starke Vermehrung von Masseverbindlichkeiten würde die Fortführung von Betrieben bis zur Verfahrenseröffnung akut gefährden. Erst die Möglichkeit, den Insolvenzgeldzeitraum zur Fortführung des Unternehmens oder zur Ausproduktion zu nutzen, gibt dem vorläufigen Verwalter derzeit in vielen Fällen die Möglichkeit, genügend Masse für die Eröffnung des Verfahrens zu erwirtschaften und den Betrieb letztlich ganz oder in Teilen zu erhalten. Müsste der Verwalter die Mehrwertsteuer, die Mieten der Betriebsimmobilie und die Löhne und Gehälter der Arbeitnehmer für die Zeit der vorläufigen Verwaltung voll in seine Berechnung einplanen, würde er sich in vielen Fällen gegen eine Fortführung des Betriebes entscheiden. Im Übrigen würde auch der so genannte schwache Verwalter künftig von der Haftung des Verwalters nach § 61 InsO getroffen. Trägt er das Risiko der Ausfallhaftung für Masseverbindlichkeiten, wird er sich schon aus Gründen des Selbstschutzes in vielen Fällen zu einer Betriebsfortführung nicht mehr bereit sehen. Gerade in der Anfangsphase des Insolvenzverfahrens, in der die Entscheidung über die vorläufige Betriebsfortführung fallen muss, ist der „schwache" Verwalter mit den regelmäßig unübersichtlichen Verhältnissen nicht hinreichend vertraut, um die mit einer Haftungsfolge nach § 61 InsO verbundenen Risiken abschätzen zu können.

Die Unterscheidung zwischen unterschiedlichen Verwaltertypen hat sich in der Praxis auch bewährt und ist mittlerweile etabliert. Durch die vorgeschlagene Neufassung des § 55 Abs. 2 InsO würde diese sachgerechte Differenzierungsmöglichkeit zwischen verschiedenen Verwaltertypen unterlaufen und entwertet. Eine Aufstufung von Verbindlichkeiten, an deren Entstehung der „schwache" Verwalter lediglich durch Zustimmung mitgewirkt hat, zu Masseverbindlichkeiten würde den Grundsatz der Gläubigergleichbehandlung gefährden und einen erheblichen Schritt in Richtung einer Gleichschaltung des Eröffnungsverfahrens mit dem eröffneten Insolvenzverfahren mit sich bringen. Die Unterscheidung zwischen verschiedenen Verwaltertypen ist im Rechtsverkehr auch bekannt. Die Gläubiger können auf die Einsetzung eines „schwachen" Verwalters insbesondere dadurch reagieren, dass sie erforderlichenfalls eine zusätzliche Garantieerklärung des „schwachen" vorläufigen Verwalters einholen. Den Bedürfnissen einzelner Gläubiger nach hinreichender Absicherung kann der „schwache" Verwalter auch durch Bargeschäfte, Treuhandverhältnisse oder Einzelermächtigungen durch das Insolvenzgericht entgegenkommen. Die gerichtliche Praxis hat bestätigt, dass auf diese Weise alle praktischen Bedürfnisse abgedeckt werden können.

Das dem Entwurf zu Grunde liegende Konzept zur Verbesserung der Rechtsstellung der Gläubiger von Steuer- und Sozialversicherungsforderungen ist bei einer Abwägung der Interessen nicht geeignet, weil die angestrebte Verbesserung die Rettung von Unternehmen oder wenigstens Unternehmensteilen in der Insolvenz massiv gefährden würde. Es sollte deshalb bei der bisherigen Rechtslage verbleiben.

Die vorgeschlagene Neufassung des Artikels 2 Nr. 3 begründet sich wie folgt:

Nach bisheriger Verwaltungsauffassung stellten die Steuern auf den Neuerwerb des Schuldners, der gemäß § 35 InsO zur Insolvenzmasse gehört, Masseverbindlichkeiten im Sinne des § 55 Abs. 1 Nr. 1 InsO dar, da sie „in anderer Weise durch die Verwaltung, Verwertung und Verteilung der Insolvenzmasse begründet" wurden.

Mittlerweile hat der Bundesfinanzhof in seinem Urteil vom 7. April 2005 – V R 5/04 – (ZIP 2005, 1376) entschieden, dass die Umsatzsteuer aus der Erwerbstätigkeit von Gemeinschuldnern, die durch ihre Arbeit und mit Hilfe von nach § 811 Nr. 5 ZPO unpfändbaren Gegenständen steuerpflichtige Leistungen erbringen, nicht zu den Masseverbindlichkeiten nach § 55

Abs. 1 Nr. 1 InsO zählt. Andererseits gehört die Umsatzsteuer, die auf Grund der Ertrag bringenden Nutzung von zur Insolvenzmasse gehörenden Vermögensgegenständen anfällt, zu den Masseverbindlichkeiten.

Da der Neuerwerb ungeschmälert der Insolvenzmasse zufließt, ist es gerechtfertigt, dass Verbindlichkeiten, die in unmittelbarem Zusammenhang mit dem Neuerwerb stehen, durch die Insolvenzmasse getilgt werden.

8. Zu Artikel 2 Nr. 5 (§ 133 Abs. 1 Satz 3 InsO)

In Artikel 2 Nr. 5 ist § 133 Abs. 1 Satz 3 zu streichen.

Begründung:
Die Beschränkung des Anfechtungsrechts auf unlauteres Verhalten des Schuldners ist zu weit gehend. Zum einen wird der in das Anfechtungsrecht neu eingeführte Begriff des „unlauteren Verhaltens“ neue Auslegungsprobleme aufwerfen. Unklar bleibt, in welchem Verhältnis das geforderte „unlautere Verhalten“ des Schuldners zu dem stets erforderlichen Benachteiligungsvorsatz stehen soll, insbesondere, ob es sich um einen besonders qualifizierten Benachteiligungsvorsatz handeln soll oder ob das Verhalten des Schuldners in einer anderen Richtung als unlauter einzustufen sein muss.

Die Beschränkung des Anfechtungsrechts führt außerdem zu einer systemwidrigen Bevorzugung der Sozialkassen. Die Insolvenzprivilegien wurden mit der Insolvenzordnung abgeschafft. Die gesetzliche Änderung würde die Tendenz von Sozialversicherungsträgern, nicht rechtzeitig von ihren Antragsrechten Gebrauch zu machen, weiter befördern und damit im Ergebnis die Rettung von Unternehmen in der Krise weiter erschweren.

9. Zu Artikel 3 (§ 38 Abs. 3 Satz 2 EStG), Artikel 5 (§ 28e Abs. 1 Satz 2 SGB IV)

Der Bundesrat bittet, im weiteren Verlauf des Gesetzgebungsverfahrens zu prüfen, ob den Interessen öffentlich-rechtlicher Gläubiger im Insolvenzverfahren in Anbetracht der grundsätzlichen Gleichbehandlung aller Gläubiger in schonenderer Weise Rechnung getragen werden kann.

Begründung:
Die Vorschläge zur Änderung des EStG und des SGB IV zielen darauf, einer Anfechtung in der Insolvenz des Arbeitgebers von vornherein den Boden zu entziehen, indem die betreffenden Zahlungen an öffentliche Gläubiger dem jeweiligen Arbeitnehmer zugerechnet werden sollen. Dies führt zu einer Privilegierung öffentlich-rechtlicher Gläubiger, die durch die Streichung aller Konkursvorrechte in der Insolvenzrechtsreform beseitigt worden ist. Der gewählte Ansatz ist im Übrigen im Hinblick auf die Zahlung des Gesamtsozialversicherungsbeitrags nach § 28e SGB IV unzutreffend. Während Abgabenschuldner der Lohnsteuer gemäß § 38 Abs. 2 Satz 1 EStG der Arbeitnehmer ist, ist alleiniger Schuldner des Gesamtsozialversicherungsbeitrags gemäß § 28e Abs. 1 SGB IV der Arbeitgeber. Die Rechtslage in EStG und SGB IV ist deshalb nicht vergleichbar, eine einheitliche Regelung nicht sachgerecht.

Gegenäußerung der Bundesregierung zur Stellungnahme des Bundesrates 23. September 2005 zum Entwurf eines Gesetzes zum Pfändungsschutz der Altersvorsorge und zur Anpassung des Rechts der Insolvenzanfechtung (BR-Drs. 618/05 – Beschluss)

Zu Nummer 1 (zur Eingangsformel)

Die Bundesregierung teilt die Auffassung des Bundesrates zur Zustimmungsbedürftigkeit des Gesetzes. Nachdem allerdings die vom Bundesrat unter Nr. 9 angeregte Prüfung ergeben hat, dass auf die Änderung in § 38 Abs. 3 EStG verzichtet werden kann, entfällt die Zustimmungsbedürftigkeit des Gesetzentwurfs.

Zu Nummer 2 (zu Artikel 1 Nr. 1a – neu – [§ 850k Abs. 1, 2 Satz 3 ZPO])

Die Bundesregierung stimmt dem Vorschlag zu. Zwar ist nach Auffassung der Bundesregierung die vom Bundesrat vorgeschlagene Ergänzung nicht zwingend erforderlich, gleichwohl ist sie geeignet, der Rechtsklarheit zu dienen.

Zu Nummer 3 (zu Artikel 1 Nr. 2 [§ 851c Abs. 2 Satz 5 – neu – ZPO])

Nach Auffassung der Bundesregierung ist die vom Bundesrat vorgeschlagene Klarstellung nicht erforderlich. Bereits der geltende Text der Vorschrift bringt nach Auffassung der Bundesregierung das Gewollte deutlich zum Ausdruck.

Zu Nummer 4 (zu Artikel 1 Nr. 2 [§ 851c Abs. 3, 4 – neu – ZPO])

Die Bundesregierung stimmt den Änderungsvorschlägen des Bundesrates zu.

Zu Nummer 5 (zu Artikel 1 Nr. 2 [§ 851c ZPO])

Nach Auffassung der Bundesregierung wird dem Anliegen des Bundesrates bereits durch die über § 851c Abs. 3 ZPO-E bewirkte entsprechende Anwendung von § 850e Nr. 2 und 2a ZPO Rechnung getragen. Durch eine entsprechende Anwendung der genannten Norm erstreckt sich die Anrechnung nicht nur auf laufende Rentenleistungen, sondern erfasst auch das anzusparende Kapital. Dies bedeutet, dass in das nach § 851c Abs. 2 ZPO-E progressiv ausgestaltete Vorsorgekapital auch sonstiges der Altersvorsorge gewidmetes Kapital eingerechnet werden muss, sofern dieses ebenfalls einen Pfändungsschutz genießt.

Zu Nummer 6 (zu Artikel 2 Nr. 1 [§ 14 Abs. 1 Satz 2 InsO])

Entgegen der Auffassung des Bundesrates sieht die Bundesregierung nicht die Gefahr, dass durch die im Regierungsentwurf vorgesehene Regelung der Eröffnungsantrag noch mehr als bisher als Druckmittel gegen den Schuldner eingesetzt wird. Bereits in der Gesetzesbegründung wird darauf hingewiesen, dass im Falle der Erfüllung der Forderung des Antrag stellenden Gläubigers besonders strenge Anforderungen an dessen Rechtsschutzinteresse und an die Glaubhaftmachung des Insolvenzgrundes zu stellen sind. In diesem Zusammenhang wird ebenfalls darauf hingewiesen, dass der Antrag stellende Gläubiger verpflichtet ist, das Vorliegen eines Insolvenzgrundes erneut glaubhaft zu machen, wenn die ursprüngliche Glaubhaftmachung der Zahlungsunfähigkeit im Wesentlichen auf die bereits erfüllte Forderung gestützt wurde.

Zu Nummer 7 (zu Artikel 2 Nr. 3 [§ 55 Abs. 1 Nr. 1, Abs. 2 InsO])

Die Bundesregierung stimmt dem Änderungsvorschlag des Bundesrates nicht zu. Sie wäre allerdings gegenüber einer Lösung aufgeschlossen, die anstelle der im Regierungsentwurf vorgesehenen Änderung von § 55 Abs. 2 InsO den § 251 AO um einen neuen Absatz 4 ergänzt und die neue Vorschrift auf Steuern und Abgaben begrenzt.

Die Bundesregierung teilt die Einschätzung des Bundesrates, dass unter dem geltenden Recht bei der Bestellung eines „schwachen" vorläufigen Insolvenzverwalters einzelne Gläubiger in der Lage sind, durch Bargeschäfte, Treuhandverhältnisse oder Einzelermächtigungen durch das Insolvenzgericht ihre Interessen hinreichend zu wahren. Dies gilt etwa für Lieferanten des schuldnerischen Unternehmens. Anderen Gläubigergruppen ist dieser Weg jedoch verschlossen. Dies betrifft nicht nur den Fiskus und die Sozialversicherungsträger, sondern etwa auch Vermieter, Verpächter oder Leasinggeber. Werden letztere von einer Kündigungssperre nach § 112 InsO betroffen, so wird ihnen einerseits die Möglichkeit genommen, durch eine Beendigung des Vertragsverhältnisses ihre Verluste zu begrenzen. Andererseits werden ihre Forderungen, sofern lediglich ein „schwacher" vorläufiger Insolvenzverwalter bestellt wurde, nach Verfahrenseröffnung als Insolvenzforderungen behandelt.

Obwohl sich somit gute Gründe für die im Regierungsentwurf enthaltene Änderung von § 55 Abs. 2 InsO anführen lassen, nimmt die Bundesregierung die Bedenken des Bundesrates ernst, die Aufwertung der im Eröffnungsverfahren begründeten Verbindlichkeiten aus Dauerschuldverhältnissen zu Masseverbindlichkeiten würde Sanierungschancen vereiteln und damit einem der wesentlichen Ziele der Insolvenzrechtsreform zuwiderlaufen. Entgegen der Stellungnahme des Bundesrates kann es jedoch nach Einschätzung der Bundesregierung nicht bei der gegenwärtigen Rechtslage bleiben. Nach jüngsten Schätzungen, die vom Bundesministerium der Finanzen in Zusammenarbeit mit den Finanzministerien der Länder unternommen wurden, sollen sich die Umsatzsteuerausfälle durch Insolvenzen auf über 177 Mio. Euro belaufen. Der Bundesrechnungshof stellte in seiner Prüfungsmitteilung vom 21. November 2005 sogar noch erheblich höhere Ausfälle fest. Angesichts dieser Größenordnung ist nach Auffassung sowohl des Bundesrechnungshofes als auch der Bundesregierung dringender Handlungsbedarf gegeben.

Die Bundesregierung wäre deshalb gegenüber einer Lösung aufgeschlossen, die durch eine Änderung von § 251 AO sicherstellt, dass die im Eröffnungsverfahren begründeten Steuer- und Abgabenforderungen nach Verfahrenseröffnung als Masseverbindlichkeiten behandelt werden, sofern die Begründung dieser Forderungen durch den vorläufigen Insolvenzverwalter oder mit seiner Zustimmung erfolgt ist. Nach Auffassung der Bundesregierung könnte eine solche Lösung etwa durch folgende Gesetzesänderung erreicht werden:

> Dem § 251 der Abgabenordnung in der Fassung der Neubekanntmachung vom 1. Oktober 2002 (BGBl. I S. 3866 I S. 61), zuletzt geändert durch …, wird folgender Absatz 4 angefügt:
>
> „Verbindlichkeiten des Schuldners aus Steuern und Abgaben, die von einem vorläufigen Insolvenzverwalter oder mit dessen Zustimmung begründet worden sind, gelten nach Eröffnung des Insolvenzverfahrens als Masseverbindlichkeit."

Dem Vorschlag des Bundesrates zur Änderung von § 55 Abs. 1 Nr. 1 wird widersprochen. Die Behandlung des Neuerwerbs und der aus einer selbstständigen Tätigkeit des Schuldners erwachsenden Verbindlichkeiten bedarf einer grundlegenden Überprüfung. In dem Referentenentwurf eines Gesetzes zur Änderung der Insolvenzordnung, des Kreditwesengesetzes und anderer Gesetze vom September 2004 wurde im Rahmen einer vorgeschlagenen Ergänzung von § 35 InsO bereits ein Regelungskonzept vorgestellt, das allerdings noch weiterer Durchdringung bedarf. Vor diesem Hintergrund sollte davon Abstand genommen werden, durch eine Teilregelung, die zudem mit gewissen rechtstechnischen Unstimmigkeiten behaftet ist, lediglich einen Aspekt herauszugreifen.

Zu Nummer 8 (zu Artikel 2 Nr. 5 [§ 133 Abs. 1 Satz 3 InsO])

Die Bundesregierung teilt nicht die Bedenken des Bundesrates hinsichtlich der Einführung des Begriffs des „unlauteren Verhaltens". Es handelt sich dabei zwar um einen unbestimmten Rechtsbegriff, dem aber in der früheren Rechtsprechung zum Anfechtungsrecht bereits hinreichende Konturen verliehen wurden. In der Begründung des Regierungsentwurfs werden eine Reihe von Beispielen angeführt, in denen ein unlauteres Verhalten gegeben ist.

Dem Anliegen des Bundesrates klarzustellen, auf was sich der Vorwurf des unlauteren Verhaltens beziehen muss, kann durch folgenden Änderungsvorschlag Rechnung getragen werden:

> § 133 Abs.1 wird wie folgt gefasst:
>
> „Anfechtbar ist eine Rechtshandlung, die der Schuldner in den letzten zehn Jahren vor dem Antrag auf Eröffnung des Insolvenzverfahrens oder nach diesem Antrag mit dem Vorsatz, seine Gläubiger auf unlautere Weise zu benachteiligen, vorgenommen hat, wenn der andere Teil zur Zeit der Handlung den Vorsatz des Schuldners kannte. Bei einer Handlung, die nicht eine nach § 130 Abs. 1 ist, wird diese Kenntnis vermutet, wenn der andere Teil wusste, dass die Zahlungsunfähigkeit drohte und dass diese Handlung die Gläubiger benachteiligte."

Die vorgeschlagene Gesetzesänderung enthält entgegen der Einschätzung des Bundesrates keine systemwidrige Bevorzugung der Sozialkassen. Vielmehr kommt die maßvolle, allgemein gefasste Einschränkung des Anfechtungsrechts allen potentiellen Anfechtungsgegnern zugute.

Zu Nummer 9 (zu Artikel 3 [§ 38 Abs. 3 Satz 2 EStG], Artikel 5 [§ 28e Abs. 1 Satz 2 SGB IV])

Die Prüfung der Bundesregierung zu Artikel 3 (§ 38 Abs. 3 Satz 2 EStG) hat ergeben, dass auf diese Klarstellung verzichtet werden kann, da es bereits heute eindeutig ist, dass der Arbeitgeber eine Schuld des Arbeitnehmers erfüllt, wenn er seiner gesetzlichen Verpflichtung gemäß die Lohnsteuer entrichtet.

Die Bundesregierung wird im weiteren Verlauf des Gesetzgebungsverfahrens prüfen, ob dem Anliegen des Bundesrates zu Artikel 5 (§ 28e Abs. 1 Satz 2 SGB IV) Rechnung getragen werden kann. Bereits jetzt weist sie allerdings darauf hin, dass nach ihrer Einschätzung die im Regierungsentwurf vorgesehene Änderung des SGB IV keine Verletzung des Grundsatzes der Gläubigergleichbehandlung darstellt, sondern lediglich bestimmte Beträge einer Anfechtung entzieht, bei denen es nicht gerechtfertigt ist, dass sie der Gesamtheit der Insolvenzgläubiger zugute kommen.

Herbstkonferenz der Justizministerinnen und Justizminister
am 17. November 2005 in Berlin

Beschluss

TOP I.5

Reformvorhaben des Bundes im Recht der Insolvenzanfechtung

Berichterstattung: Bayern, Nordrhein-Westfalen

1. Die Justizministerinnen und Justizminister sehen mit Besorgnis die zunehmenden Bestrebungen, bestimmten Gläubigergruppen in der Insolvenz Sondervorteile auf Kosten anderer Betroffener zu verschaffen. Sie appellieren an die Bundesministerin der Justiz, das für die Verteilungsgerechtigkeit im Insolvenzfall grundlegende Prinzip der Gleichbehandlung aller Gläubiger auch zukünftig mit dem gebotenen Nachdruck zur Geltung zu bringen.
2. In diesem Sinne bitten die Justizministerinnen und Justizminister die Bundesministerin der Justiz, die insolvenzrechtlichen Regelungen des in der letzten Legislaturperiode eingebrachten Entwurfs eines Gesetzes zum Pfändungsschutz der Altersvorsorge und zur Anpassung des Rechts der Insolvenzanfechtung erst dann weiter zu verfolgen, wenn der darin angesprochene Problembefund hinreichend geklärt ist und unter Beteiligung der betroffenen Ressorts des Bundes und der Länder hierzu sachgerechte und angemessene Lösungsvorschläge vorgelegt worden sind.

BRIGITTE ZYPRIES
BUNDESMINISTERIN DER JUSTIZ

MOHRENSTRASSE 37
10117 BERLIN
TELEFON 018 88-580-9000
TELEFAX 018 88-580-9043
E-MAIL: ministerin@bmj.bund.de

An den
Vorsitzenden des Verbandes
der Insolvenzverwalter Deutschlands e.V.
Herrn Dr. Siegfried Beck
Stahlstraße 17
90411 Nürnberg

7. März 2006

Sehr geehrter Herr Dr. Beck,

vielen Dank für Ihr Schreiben vom 19. Januar 2006 zum Entwurf eines Gesetzes zum Pfändungsschutz der Altersvorsorge und zur Anpassung des Rechts der Insolvenzanfechtung.

Ich darf Ihnen zunächst versichern, dass das Bundesministerium der Justiz die Kritik der Fachkreise und damit auch die Kritik des Verbandes der Insolvenzverwalter Deutschlands sehr ernst nimmt. Bei der Änderung des Anfechtungsrechts ist abzuwägen zwischen einer Beschränkung der Anfechtungsmöglichkeiten und damit möglicherweise einer Erschwerung von Sanierungen und dem eminent wichtigen sozial- und wirtschaftspolitischen Anliegen, für eine langfristige finanzielle Stabilität insbesondere der sozialen Sicherungssysteme zu sorgen. Im Rahmen dieser Abwägung habe ich mich dafür entschieden, das Anfechtungsrecht maßvoll zu begrenzen und einige Anfechtungstatbestände wieder auf ihre ursprüngliche Zielrichtung zurückzuführen. Eine nicht gerechtfertigte Besserstellung für die öffentlich-rechtlichen Gläubiger vermag ich darin nicht zu erkennen. Zwar ist es zutreffend, dass diese Gläubiger im Rahmen der Zwangsvollstreckung gewisse Vorteile genießen, doch ist es nicht Aufgabe des Anfechtungsrechts, diese im Interesse ihrer besonderen Aufgaben ihnen verliehenen Befugnisse über das Anfechtungsrecht wieder zu kompensieren. Ich habe mich daher nachdrücklich für eine allgemeine, alle betroffenen gleich behandelnde Regelung und gegen ein anfechtungsrechtliches Sonderregime für die öffentlich-rechtlichen Gläubiger eingesetzt.

Die Kritik der Fachkreise an dem vorgeschlagenen § 55 Abs. 2 InsO, die auch Sie sich nachdrücklich zu Eigen machen, nehme ich sehr ernst. Wir denken deshalb auch weiterhin über Lösungsmöglichkeiten nach, die die Sanierungschancen für erhaltenswerte Unternehmen möglichst wenig beeinträchtigen. In dem Entwurf der Gegenäußerung, der zurzeit innerhalb der Bundesressorts abgestimmt wird, ist deshalb nun eine Binnenlösung im Steuerrecht vorgesehen.

Ich bin zuversichtlich, dass eine solche Regelung den Interessen der Steuerverwaltung ausreichend Rechnung trägt, ohne die Reorganisation von Unternehmen unangemessen zu erschweren.

Einen Abdruck meiner Antwort habe ich dem Vorsitzenden des Bundestags-Rechtsausschusses, Herrn MdB Andreas Schmidt, zukommen lassen, an den Sie Ihr Schreiben ja auch gerichtet hatten.

Mit freundlichen Grüßen

Gesetzentwurf[1]

der Bundesregierung

Entwurf eines Gesetzes zur Entschuldung völlig mittelloser Personen und zur Änderung des Verbraucherinsolvenzverfahrens

A. Problem und Ziel

Mittlerweile besteht nahezu einhelliger Konsens, dass das Restschuldbefreiungsverfahren für völlig mittellose Personen zu aufwändig ist, da diesem Verfahren zwingend ein weitgehend sinnentleertes Insolvenzverfahren vorzuschalten ist. Die Durchführung einer Gesamtvollsteckung erschöpft sich dabei in einem reinen Formalismus, da in diesen Fällen mit überwiegender Wahrscheinlichkeit mit keiner Befriedigung für die Gläubiger zu rechnen ist. Im Interesse der überschuldeten Menschen, aber auch um die knappen Ressourcen der Justiz zu schonen, müssen einfachere Wege der Entschuldung gefunden werden.

Auch im Verbraucherinsolvenzverfahren sind weitere Anpassungen erforderlich, die das Verfahren flexibler, effektiver und weniger aufwändig gestalten sollen.

B. Lösung

Der Gesetzentwurf sieht ein besonderes Entschuldungsverfahren für völlig mittellose Schuldner vor, das nicht wie die Restschuldbefreiung nach den §§ 286 ff. Insolvenzordnung das Durchlaufen eines Insolvenzverfahrens voraussetzt. Für dieses deutlich weniger aufwändige Verfahren ist vorgesehen, dass keine Verfahrenskosten vom Schuldner erhoben werden. Sie wären ohnehin in der Regel uneinbringlich. Zum Schutz der Gläubigerinteressen ist das Entschuldungsverfahren nicht als Gesamtvollstreckungsverfahren ausgestaltet und weniger weit reichend als eine Restschuldbefreiung. Im Übrigen enthält der Gesetzentwurf noch Vorschriften, um das Verbraucherinsolvenz- und das Restschuldbefreiungsverfahren effektiver auszugestalten. Im Verbraucherinsolvenzverfahren wird vorgesehen, den außergerichtlichen und gerichtlichen Einigungsversuch zusammenzuführen, um die Einigungschancen zu erhöhen. Die Gläubigerrechte werden gestärkt, um die missbräuchliche Inanspruchnahme des Verfahrens zu verhindern. Die Versagung einer Restschuldbefreiung wird gegenüber dem „unredlichen Schuldner" erleichtert.

C. Alternativen

Beibehaltung der Verfahrenskostenstundung.

---

1 Stand: 02.03.2006

D. Finanzielle Auswirkungen auf die öffentlichen Haushalte

1. Bund

a) Haushaltsaufgaben ohne Vollzugsaufwand

Keine.

b) Vollzugsaufwand

Finanzielle Auswirkungen auf den Bundeshaushalt sind nicht zu erwarten.

2. Länder

a) Haushaltsaufgaben ohne Vollzugsaufwand

Keine.

b) Vollzugsaufwand

Durch die Einführung des Entschuldungsverfahrens kann ein gewisser Mehraufwand bei den Insolvenzgerichten entstehen, soweit diese Aufgaben wahrnehmen, die im masselosen Verbraucherinsolvenzverfahren der Treuhänder erledigt hat. Durch den Verzicht auf eine Stundung der Verfahrenskosten, aber auch durch die Verfahrenserleichterungen im Verbraucherinsolvenz- und im Restschuldbefreiungsverfahren, werden andererseits die Justizhaushalte der Länder deutlich entlastet, ohne dass sich dies quantifizieren ließe, da insbesondere die Rückflüsse nicht gesondert erfasst werden.

E. Sonstige Kosten

Durch die Neuausgestaltung des Restschuldbefreiungsverfahrens werden Anreize für den Schuldner gesetzt, erhebliche Anstrengungen zu einer Befriedigung der Gläubiger zu unternehmen. Es dürfte deshalb mit einer nicht quantifizierbaren Entlastung der Unternehmen zu rechnen sein.

Entwurf eines Gesetzes zur Entschuldung völlig mittelloser Personen und zur Änderung des Verbraucherinsolvenzverfahrens

vom ...

Der Bundestag hat folgendes Gesetz beschlossen:

Artikel 1
Änderung der Insolvenzordnung

Die Insolvenzordnung vom 5. Oktober 1994 (BGBl. I S. 2866), die zuletzt durch Artikel 9 des Gesetzes vom 22. März 2005 (BGBl. I S. 837) geändert worden ist, wird wie folgt geändert:

1. Die §§ 4a bis 4d werden aufgehoben.
2. In § 26 Abs. 1 Satz 2 werden die Wörter „oder die Kosten nach § 4a gestundet werden" gestrichen.
3. § 27 Abs. 1 Satz 2 wird wie folgt gefasst:
   „§ 270 bleibt unberührt."
4. Dem § 28 Abs. 1 wird folgender Satz angefügt:
   „Liegen die Voraussetzungen für ein Verfahren nach § 5 Abs. 2 Satz 1 vor, kann das Gericht im Eröffnungsbeschluss bestimmen, dass die Forderungen binnen einer Notfrist von drei Monaten anzumelden sind."
5. Dem § 29 Abs. 2 wird folgender Satz angefügt:
   „Liegen die Voraussetzungen für ein Verfahren nach § 5 Abs. 2 Satz 1 vor, kann das Gericht einen Prüfungstermin bestimmen."
6. § 63 wird wie folgt geändert:
   a) Die Absatzbezeichnung „(1)" wird gestrichen.
   b) Absatz 2 wird aufgehoben.
7. In § 73 Abs. 2 werden die Wörter „§ 63 Abs. 2 sowie die" durch das Wort „Die" ersetzt.
8. § 88 wird wie folgt geändert:
   a) Der bisherige Wortlaut wird Absatz 1.
   b) Folgender Absatz 2 wird angefügt.
   „(2) Wird, nachdem eine außergerichtliche Einigung mit den Gläubigern über die Schuldenbereinigung auf der Grundlage eines Plans erfolglos versucht worden ist, ein Verbraucherinsolvenzverfahren nach § 304 eröffnet, beträgt die in Satz 1 genannte Frist drei Monate."

9. In § 207 Abs. 1 Satz 2 werden die Wörter „oder die Kosten nach § 4a gestundet werden" gestrichen.

10. Die Überschrift vor § 286 wird folgt gefasst:

„Achter Teil
Restschuldbefreiung, Entschuldung
Erster Abschnitt
Restschuldbefreiung"

11. In § 289 Abs. 1 Satz 1und Abs. 2 Satz 1 werden jeweils die Wörter „im Schlusstermin" gestrichen.

12. § 290 wird wie folgt geändert:

a) Absatz 1 wird wie folgt geändert:

aa) Der Satzteil vor Nummer 1 wird wie folgt gefasst:

„In dem Beschluss ist die Restschuldbefreiung von Amts wegen oder auf einen spätestens im Schlusstermin gestellten Antrag eines Insolvenzgläubigers zu versagen, wenn".

bb) Nach Nummer 1 wird folgende Nummer 1a eingefügt:

„1a. der Schuldner wegen einer zum Nachteil des Antrag stellenden Insolvenzgläubigers begangenen Straftat rechtskräftig zu einer Freiheitsstrafe verurteilt worden ist, sofern der der Verurteilung zugrunde liegende Straftatbestand dem Eigentum oder dem Vermögen zu dienen bestimmt ist."

cc) Nummer 3 wird wie folgt gefasst:

„3. in den letzten zehn Jahren vor dem Antrag auf Eröffnung des Insolvenzverfahrens oder nach diesem Antrag dem Schuldner

a) Restschuldbefreiung erteilt oder nach §§ 290, 296, 297 oder § 297a versagt worden ist oder

b) dem Schuldner Entschuldung erteilt oder nach § 303a Abs. 2 Satz 2, § 303f Abs. 1 Satz 2 versagt worden ist,"

dd) In Nummer 5 werden die Wörter „während des Insolvenzverfahrens" gestrichen.

b) Folgender Absatz 3 wird angefügt:

„(3) Das Gericht kann ohne Antrag eines Insolvenzgläubigers die Restschuldbefreiung nur versagen, wenn ein Versagungsgrund offenkundig ist."

13. In § 291 Abs. 1 wird die Angabe „§ 297 oder § 298" durch die Wörter „den §§ 297, 297a oder § 298" ersetzt.

14. § 292 Abs. 1 wird wie folgt geändert:

a) In Satz 2 werden die Wörter „, sofern die nach § 4a gestundeten Verfahrenskosten abzüglich der Kosten für die Beiordnung eines Rechtsanwalts berichtigt sind" gestrichen.

b) Satz 5 wird aufgehoben.

15. § 293 Abs.2 wird wie folgt gefasst:

„(2) Die §§ 64 und 65 gelten entsprechend."

16. § 296 wird wie folgt geändert:

a) Absatz 1 wird wie folgt geändert:

aa) In Satz 1 werden nach dem Wort „Restschuldbefreiung" die Wörter „von Amts wegen oder" eingefügt.

bb) Folgender Satz wird angefügt:

„Für die Versagung von Amts wegen gelten Satz 2 und § 290 Abs. 3 entsprechend."

b) In Absatz 2 Satz 1 werden die Wörter „über den Antrag" gestrichen.

17. § 297 wird wie folgt gefasst:

„§ 297

Insolvenzstraftaten

(1) Das Insolvenzgericht versagt die Restschuldbefreiung von Amts wegen oder auf Antrag eines Insolvenzgläubigers, wenn der Schuldner in dem Zeitraum zwischen Schlusstermin und Aufhebung des Insolvenzverfahrens oder während der Laufzeit der Abtretungserklärung

a) wegen einer Straftat nach den §§ 283 bis 283c StGB rechtskräftig verurteilt wird oder

b) wegen einer zum Nachteil des Antrag stellenden Insolvenzgläubigers begangenen Straftat zu einer Freiheitsstrafe verurteilt wird, sofern der der Verurteilung zugrunde liegende Straftatbestand dem Eigentum oder dem Vermögen zu dienen bestimmt ist.

(2) § 296 Abs. 1 Satz 2 bis 4, Abs. 3 gilt entsprechend.

18. Nach § 297 wird folgender § 297a eingefügt:

„§ 297a

Nachträglich bekannt gewordene Versagungsgründe

(1) Auf Antrag eines Insolvenzgläubigers oder von Amts wegen versagt das Insolvenzgericht die Restschuldbefreiung, wenn sich während der Laufzeit der Abtretungserklärung herausstellt, dass ein Versagungsgrund nach § 290 Abs.1 Nr. 1 bis 3 und 6 vorgelegen hat. Der Antrag kann nur binnen sechs Monaten nach dem Zeitpunkt gestellt werden, in dem der Versagungsgrund dem Gläubiger bekannt geworden ist. Er ist nur zulässig, wenn die Voraussetzungen der Sätze 1 und 2 glaubhaft gemacht werden.

(2) Für die Versagung von Amts wegen gelten Satz 2 und § 290 Abs. 3 entsprechend."

19. § 298 wird wie folgt geändert:

a) Absatz 1 Satz 2 wird aufgehoben.

b) In Absatz 2 Satz 2 werden die Wörter „oder ihm dieser entsprechend § 4a gestundet wird" gestrichen.

20. In § 299 wird die Angabe „§ 296, 297 oder § 298“ durch die Wörter „den §§ 296, 297, 297a oder § 298“ ersetzt.

21. § 300 wird wie folgt geändert:

a) Dem Absatz 1 wird folgender Satz angefügt:

„Das Gericht hat über die Erteilung der Restschuldbefreiung vorzeitig zu entscheiden, wenn

1. zwei Jahre der Laufzeit der Abtretungserklärung verstrichen sind und die Insolvenzgläubiger während des Insolvenz- und Restschuldbefreiungsverfahrens mindestens 40 % ihrer im Schlussverzeichnis aufgenommenen Forderungen erhalten haben oder

2. vier Jahre der Laufzeit der Abtretungserklärung verstrichen sind und die Insolvenzgläubiger während des Insolvenz- und Restschuldbefreiungsverfahrens mindestens 20 % ihrer im Schlussverzeichnis aufgenommenen Forderungen erhalten haben.“

b) Absatz 2 wird wie folgt gefasst:

„(2) Das Insolvenzgericht versagt die Restschuldbefreiung von Amts wegen oder auf Antrag eines Insolvenzgläubigers, wenn die Voraussetzungen des § 296 Abs. 1 oder Abs. 2 Satz 3, des § 297 oder des § 297a vorliegen, oder auf Antrag des Treuhänders, wenn die Voraussetzungen des § 298 vorliegen.“

22. § 302 Nr. 1 wird wie folgt gefasst:

„1. Verbindlichkeiten des Schuldners aus einer vorsätzlich begangenen unerlaubten Handlung oder aus rückständigem Unterhalt, den der Schuldner vorsätzlich pflichtwidrig nicht gewährt hat, sofern der Gläubiger die entsprechende Forderung unter Angabe dieses Rechtsgrundes nach § 174 Abs. 2 angemeldet hatte;“

23. In § 303 Abs.1 werden vor dem Punkt am Ende die Wörter:

„oder während der Laufzeit der Abtretungserklärung wegen einer der in § 297 Abs. 1 genannten Straftaten rechtskräftig verurteilt worden ist“ eingefügt.

24. Nach § 303 wird folgender zweiter Abschnitt eingefügt:

„Zweiter Abschnitt

Entschuldungsverfahren

§ 303a

Antrag des Schuldners

(1) Ist der Schuldner eine natürliche Person, kann er ein Entschuldungsverfahren beantragen, wenn er zahlungsunfähig ist und sein Vermögen voraussichtlich nicht ausreichen wird, um die Kosten eines Insolvenzverfahrens zu decken. Von der Entschuldung werden nur Forderungen erfasst, die im Falle der Eröffnung eines Insolvenzverfahrens Insolvenzforderungen wären.

(2) Mit dem schriftlich einzureichenden Antrag hat der Schuldner Verzeichnisse und Erklärungen entsprechend § 305 Abs. 1 Nr. 3 vorzulegen; § 305 Abs. 2

Satz 1, Abs. 3 Satz 1 und 2, Abs. 4 und 5 gilt entsprechend. Der Schuldner hat dem Antrag eine Erklärung beizufügen, ob die tatsächlichen Voraussetzungen eines in § 290 Abs. 1 Nr. 1 und 3 genannten Versagungsgrundes vorliegen und ob ihm bereits einmal eine Entschuldung erteilt oder nach § 303f versagt worden ist. Liegen die tatsächlichen Voraussetzungen eines solchen Versagungsgrundes vor oder wurde ihm bereits einmal eine Entschuldung erteilt oder nach § 303f versagt, ist der Antrag zurückzuweisen.

(3) Mit dem Antrag hat der Schuldner die Bescheinigung einer geeigneten Person oder Stelle nach § 305 Abs. 1 Nr. 1 vorzulegen, dass eine Einigung mit den Gläubigern offensichtlich aussichtslos war.

§ 303b
Eidesstattliche Versicherung

(1) Der Schuldner hat gegenüber dem Insolvenzgericht zu Protokoll an Eides statt zu versichern, dass er die in den Verzeichnissen nach § 303a Abs. 2 Satz 1 und 2 enthaltenen Angaben nach bestem Wissen und Gewissen richtig und vollständig gemacht hat. Die §§ 478 bis 480, 483 der Zivilprozessordnung und § 296 Abs. 2 Satz 3 gelten entsprechend.

(2) Der Schuldner ist dabei auch über Bedeutung und Ablauf des Entschuldungsverfahrens sowie über seine Obliegenheiten nach § 303e zu belehren.

§ 303c
Beteiligung der Gläubiger

(1) Ist der Antrag zulässig, stellt das Gericht den vom Schuldner benannten Gläubigern den Antrag und die Vermögensübersicht mit der Belehrung zu, dass der Schuldner die Erfüllung der aufgeführten Forderungen spätestens nach Ablauf einer Frist von acht Jahren verweigern kann und fordert die Gläubiger auf, innerhalb einer Notfrist von einem Monat dem Gericht mitzuteilen, ob ein Versagungsantrag gestellt wird, weil Versagungsgründe entsprechend § 290 Abs. 1 vorliegen. Der Antrag ist nur zulässig, wenn ein Versagungsgrund glaubhaft gemacht wird.

(2) Die Gläubiger sind darauf hinzuweisen, dass die Verzeichnisse nach § 303a Abs. 1 Satz 2 beim Insolvenzgericht zur Einsicht niedergelegt sind.

§ 303d
Entscheidung über den Entschuldungsantrag

(1) Wird ein Versagungsantrag nach § 303c nicht gestellt oder wird ihm nicht stattgegeben, stellt das Gericht durch Beschluss fest, dass der Schuldner die Erfüllung der im Forderungsverzeichnis aufgeführten Forderungen spätestens nach Ablauf einer Frist von acht Jahren verweigern kann, wenn die Entschuldung nicht nach § 303f versagt wird. Der Lauf der Frist beginnt mit der Stellung des Antrags nach § 303a Abs. 1.

(2) Gegen den Beschluss steht dem Schuldner und jedem Gläubiger, der die Versagung der Entschuldung beantragt hat, die sofortige Beschwerde zu.

§ 303e
Obliegenheiten des Schuldners

Dem Schuldner obliegt es, während der Frist von acht Jahren

1. eine angemessene Erwerbstätigkeit auszuüben und, wenn er ohne Beschäftigung ist, sich um eine solche zu bemühen und keine zumutbare Tätigkeit abzulehnen;

2. unverzüglich die in dem Verzeichnis nach § 303a Abs. 1 Satz 2 aufgeführten Gläubiger schriftlich zu unterrichten oder die Eröffnung eines Insolvenzverfahrens zu beantragen, wenn er pfändbares Vermögen mit einem Wert von über 1 500 Euro erwirbt;

3. jeden Wechsel des Wohnsitzes oder der Beschäftigungsstelle unverzüglich den in dem Verzeichnis nach § 303a Abs. 1 Satz 2 aufgeführten Gläubigern mitzuteilen, auf Verlangen eines solchen Gläubigers Auskunft über seine Erwerbstätigkeit oder seine Bemühungen um eine solche und über seine Bezüge und sein Vermögen zu erteilen sowie ihm über alle das Verfahren betreffenden Verhältnisse Auskunft zu geben; § 97 Abs. 1 Satz 2 und 3 gilt entsprechend.

§ 303f
Versagung der Entschuldung

(1) Das Insolvenzgericht versagt die Entschuldung auf Antrag eines Gläubigers, wenn der Schuldner während der Frist von acht Jahren eine seiner Obliegenheiten verletzt; dies gilt nicht, wenn den Schuldner kein Verschulden trifft. Der Schuldner hat über die Erfüllung seiner Obliegenheiten Auskunft zu erteilen und, wenn es der Gläubiger beantragt, die Richtigkeit dieser Auskunft an Eides statt zu versichern. § 296 Abs. 2 Satz 3 gilt entsprechend.

(2) Das Gericht versagt die Entschuldung auf Antrag eines Gläubigers, wenn der Schuldner während der Frist von acht Jahren wegen einer der in § 297 Abs. 1 genannten Straftaten rechtskräftig verurteilt wird.

(3) Der Antrag kann nur binnen eines Jahres nach dem Zeitpunkt gestellt werden, in dem die Obliegenheitsverletzung oder die Straftat dem Gläubiger bekannt geworden ist. Er ist nur zulässig, wenn die Voraussetzungen von Absatz 1 Satz 1 und Absatz 2 glaubhaft gemacht werden. Vor der Entscheidung über den Antrag sind der Schuldner und die Gläubiger zu hören. Gegen die Entscheidung steht dem Antragsteller und dem Schuldner die sofortige Beschwerde zu.

§ 303g
Wirkung der Entschuldung

Wird die Entschuldung wirksam, wirkt sie gegen die Gläubiger, die in dem Verzeichnis nach § 303a Abs. 2 aufgeführt sind, hinsichtlich ihrer im Forderungsverzeichnis genannten Forderungen. § 301 Abs. 2 und 3 sowie § 302 gelten entsprechend. Die Feststellung, ob eine Forderung von der Entschuldung berührt wird, erfolgt außerhalb des Entschuldungsverfahrens.

§ 303h
Widerruf der Entscheidung über die Entschuldung

(1) Auf Antrag eines von der Entschuldung betroffenen Gläubigers widerruft das Insolvenzgericht die Entscheidung nach § 303d Abs. 1, wenn sich nachträglich herausstellt, dass der Schuldner eine seiner Obliegenheiten vorsätzlich verletzt hat oder während der Dauer des Entschuldungsverfahrens wegen einer der in § 297 Abs. 1 genannten Straftaten rechtskräftig verurteilt wurde.

(2) Der Antrag des Gläubigers ist nur zulässig, wenn er innerhalb eines Jahres nach dem Wirksamwerden der Entschuldung gestellt wird und wenn glaubhaft gemacht wird, dass die Voraussetzungen des Absatzes 1 vorliegen und dass der Gläubiger während der Dauer des Entschuldungsverfahrens keine Kenntnis von ihnen hatte.

(3) Vor der Entscheidung ist der Schuldner zu hören. Gegen die Entscheidung steht dem Antragsteller und dem Schuldner die sofortige Beschwerde zu.

§ 303i
Einstellung oder Unterbrechung von Zwangsvollstreckungsmaßnahmen[2]

1. Alt.

Das Insolvenzgericht kann Maßnahmen der Zwangsvollstreckung wegen Geldforderungen gegen den Schuldner bis zu drei Monaten untersagen oder einstweilen einstellen, wenn der Schuldner glaubhaft macht, dass er in dieser Frist die Mittel zur Abdeckung der Kosten für die Eröffnung eines Insolvenzverfahrens aufbringen kann.

2. Alt.

Für die in dem Verzeichnis nach § 303a Abs. 1 Satz 2 aufgeführten Gläubiger ist die Zwangsvollstreckung nicht zulässig in

1. Arbeitseinkommen des Schuldners,
2. diesem gleichstehende Bezüge,
3. Ansprüche auf laufende Geldleistungen, die der Sicherung des Lebensunterhalts zu dienen bestimmt sind,
4. ein Guthaben des Schuldners auf einem nur für ihn bei einem Kreditinstitut geführten Konto, auf das die unter Nummer 1 bis 3 aufgeführten Einkünfte überwiesen werden.

3. Alt.

Auf Antrag des Schuldners kann das Insolvenzgericht Maßnahmen der Zwangsvollsteckung wegen Geldforderungen aufheben, untersagen oder einstweilen einstellen, wenn die Abgabe der eidesstattlichen Versicherung durch den Schuldner nach § 303b nicht länger als ein Jahr zurückliegt. Dies gilt nicht, wenn der Gläubiger glaubhaft macht, dass der Schuldner später Vermögen erworben hat.

---

2 Der Arbeitsgruppe werden mehrere Alternativen zur Entscheidung angeboten.

4. Alt.

Das Insolvenzgericht kann Maßnahmen der Zwangsvollsteckung wegen Geldforderungen aufheben, untersagen oder einstweilen einstellen, wenn die Abgabe der eidesstattlichen Versicherung durch den Schuldner nach § 303b nicht länger als ein Jahr zurückliegt. Dies gilt nicht, wenn der Gläubiger glaubhaft macht, dass der Schuldner später Vermögen erworben hat.

5. Alt.

Artikel X
Änderung der Zivilprozessordnung

Nach § 807 der Zivilprozessordnung in der Fassung der Bekanntmachung vom 5. Dezember 2005 (BGBl. I S. 3202) wird folgender § 807a eingefügt:

„§ 807a
Einstellung oder Unterbrechung der Zwangsvollstreckung

Auf Antrag des Schuldners kann das Vollstreckungsgericht Maßnahmen der Zwangsvollsteckung wegen Geldforderungen aufheben, untersagen oder einstweilen einstellen, wenn die Abgabe der eidesstattlichen Versicherung durch den Schuldner nicht länger als ein Jahr zurückliegt. Dies gilt nicht, wenn der Gläubiger glaubhaft macht, dass der Schuldner später Vermögen erworben hat."

§ 303j
Überleitung in ein anderes Verfahren

(1) Wird während des Entschuldungsverfahrens ein Insolvenzverfahren über das Vermögen des Schuldners eröffnet, ist das Entschuldungsverfahren durch Beschluss des Insolvenzgerichts einzustellen. Die Verzeichnisse nach § 303a Abs. 1 Satz 2 sind für das Insolvenzverfahren zu ergänzen.

(2) Wird im Anschluss an das Insolvenzverfahren ein Verfahren nach den §§ 286 bis 303 durchgeführt, wird bei Verbindlichkeiten, die im Forderungsverzeichnis nach § 303a Abs. 2 aufgeführt sind, die während des Entschuldungsverfahrens verstrichene Zeit bei der Berechnung der Frist nach § 287 Abs. 1 Satz 2 angerechnet."

25. Die Überschrift vor § 304 wird wie folgt gefasst:
„Neunter Teil
Verbraucherinsolvenzverfahren"

26. § 304 wird wie folgt gefasst:

„§ 304
Grundsatz

Ist der Schuldner eine natürliche Person, die keine selbstständige wirtschaftliche Tätigkeit ausübt, gelten für das Verfahren die allgemeinen Vorschriften, soweit in diesem Teil nichts anderes bestimmt ist."

27. Die Überschrift vor § 305 wird gestrichen.

28. § 305 wird wie folgt geändert:

a) Absatz 1 wird wie folgt geändert:

aa) Nummer 1 wird wie folgt gefasst:

„1. eine Bescheinigung, die von einer geeigneten Person oder Stelle ausgestellt ist und aus der sich ergibt, dass eine außergerichtliche Einigung mit den Gläubigern über die Schuldenbereinigung auf der Grundlage eines Plans innerhalb der letzten sechs Monate vor dem Eröffnungsantrag erfolglos versucht worden ist oder offensichtlich aussichtslos war; offensichtlich aussichtslos ist eine Einigung, wenn die Gläubiger im Rahmen einer Schuldenbereinigung voraussichtlich nicht mehr als fünf vom Hundert ihrer Forderungen erhalten hätten oder der Schuldner mehr als 20 Gläubiger hat; die Länder können bestimmen, welche Personen oder Stellen als geeignet anzusehen sind;“

bb) In Nummer 4 werden die Wörter „einen Schuldenbereinigungsplan“ durch die Wörter „den Schuldenbereinigungsplan oder eine Bescheinigung, dass eine Einigung offensichtlich aussichtslos ist“ und der Punkt am Ende durch einen Strichpunkt ersetzt.

cc) Folgende Nummer 5 wird angefügt:

„5. den Antrag auf Zustimmungsersetzung (§ 305a) oder die Erklärung, dass Zustimmungsersetzung nicht beantragt werden soll.“

b) Absatz 3 wird wie folgt gefasst:

„(3) Hat der Schuldner die amtlichen Vordrucke nach Absatz 5 nicht vollständig ausgefüllt abgegeben, fordert ihn das Insolvenzgericht auf, das Fehlende unverzüglich zu ergänzen. Kommt der Schuldner dieser Aufforderung nicht binnen eines Monats, im Falle des § 306 Abs. 3 Satz 3 binnen drei Monaten, nach, ist sein Antrag als unzulässig zu verwerfen. Gegen diese Entscheidung steht dem Schuldner die sofortige Beschwerde zu.“

c) In Absatz 4 Satz 1 werden die Wörter „im Verfahren nach diesem Abschnitt“ gestrichen.

d) In Absatz 5 Satz 1 werden die Wörter „nach Absatz 1 Nr. 1 bis 4“ durch die Wörter „nach Absatz 1 Nr. 1 bis 5“ ersetzt.

29. § 305a wird wie folgt gefasst:

„§ 305a
Antrag auf Zustimmungsersetzung

(1) Hat sich ein Gläubiger zu dem Schuldenbereinigungsplan nicht geäußert oder ihn abgelehnt, kann der Schuldner die Ersetzung der Zustimmung durch das Insolvenzgericht beantragen. Als Ablehnung des Schuldenbereinigungsplans gilt es auch, wenn ein Gläubiger die Zwangsvollstreckung betreibt, nachdem die Verhandlungen über die außergerichtliche Schuldenbereinigung aufgenommen wurden.

(2) Mit dem Antrag hat der Schuldner den Schuldenbereinigungsplan vorzulegen. Dieser kann alle Regelungen enthalten, die unter Berücksichtigung der Gläubigerinteressen sowie der Vermögens, Einkommens und Familienverhältnisse des Schuldners geeignet sind, zu einer angemessenen Schuldenbereinigung zu führen; in den Plan ist aufzunehmen, ob und inwieweit Bürgschaften, Pfandrechte und andere Sicherheiten der Gläubiger vom Plan berührt werden sollen.

(3) Der Antrag auf Zustimmungsersetzung ist zulässig, wenn den Schuldenbereinigungsplan weniger als die Hälfte der benannten Gläubiger ausdrücklich abgelehnt hat und die Summe der Ansprüche der ablehnenden Gläubiger weniger als die Hälfte der Summe der Ansprüche der benannten Gläubiger beträgt. Dem Antrag sind die eingegangenen Stellungnahmen der Gläubiger sowie die Erklärung beizufügen, dass die Vermögensübersicht und der Schuldenbereinigungsplan allen darin genannten Gläubigern in der dem Gericht vorliegenden Fassung übersandt wurden."

30. § 306 Abs. 1 wird wie folgt gefasst:

„(1) Hat der Schuldner einen Antrag auf Zustimmungsersetzung gestellt, ruht das Verfahren über den Antrag auf Eröffnung des Insolvenzverfahrens bis zur rechtskräftigen Entscheidung über die Zustimmungsersetzung. Dieser Zeitraum soll drei Monate nicht überschreiten."

31. Die §§ 307 und 308 werden wie folgt gefasst:

„§ 307
Zustellung an die Gläubiger

Ist der Antrag auf Zustimmungsersetzung zulässig, stellt das Insolvenzgericht den Schuldenbereinigungsplan sowie die Vermögensübersicht den vom Schuldner genannten Gläubigern, die dem Schuldenbereinigungsplan nicht zugestimmt haben, zu und fordert diese auf, binnen einer Notfrist von einem Monat zu dem Schuldenbereinigungsplan und zu dem Antrag auf Zustimmungsersetzung Stellung zu nehmen; die Gläubiger sind darauf hinzuweisen, dass die Verzeichnisse beim Insolvenzgericht zur Einsicht niedergelegt sind. Zugleich ist ihnen mit ausdrücklichem Hinweis auf die Rechtsfolgen des § 308 Gelegenheit zu geben, binnen der Frist nach Satz 1 die Gründe, die nach § 309 Abs. 1 Satz 2 und Abs. 3 einer Zustimmungsersetzung entgegenstehen, glaubhaft zu machen.

§ 308
Annahme des Schuldenbereinigungsplans

(1) Geht binnen der Frist nach § 307 Abs. 1 Satz 1 bei Gericht die Stellungnahme eines in dem Schuldenbereinigungsplan aufgeführten Gläubigers nicht ein, gilt dies als Einverständnis mit dem Schuldenbereinigungsplan. Haben danach alle Gläubiger dem Schuldenbereinigungsplan zugestimmt oder werden die fehlenden Zustimmungen nach § 309 ersetzt, stellt das Insolvenzgericht die Annahme des Schuldenbereinigungsplans durch Beschluss fest. Andernfalls weist es den Antrag auf Zustimmungsersetzung zurück.

(2) Gegen den Beschluss steht dem Schuldner und dem Gläubiger, dessen Zustimmung ersetzt wird, die sofortige Beschwerde zu.

(3) Der Schuldenbereinigungsplan hat die Wirkung eines Vergleichs im Sinn des § 794 Abs. 1 Nr. 1 der Zivilprozessordnung. Soweit Forderungen in dem Verzeichnis des Schuldners nicht enthalten sind, können die Gläubiger von dem Schuldner Erfüllung verlangen. Dies gilt nicht, soweit ein Gläubiger den An-

gaben über seine Forderung in dem beim Insolvenzgericht zur Einsicht niedergelegten Forderungsverzeichnis nicht innerhalb der gesetzten Frist widersprochen hat, obwohl ihm der Schuldenbereinigungsplan übersandt wurde und die Forderung vor dem Ablauf der Frist entstanden war; insoweit erlischt die Forderung. Die Anträge auf Eröffnung des Insolvenzverfahrens und auf Erteilung von Restschuldbefreiung gelten als zurückgenommen."

32. § 309 wird wie folgt geändert:

a) Absatz 1 Satz 1 wird wie folgt gefasst:

„Hat dem Schuldenbereinigungsplan mehr als die Hälfte der benannten Gläubiger zugestimmt und beträgt die Summe der Ansprüche der zustimmenden Gläubiger mehr als die Hälfte der Summe der Ansprüche der benannten Gläubiger, ersetzt das Insolvenzgericht in dem Beschluss über die Feststellung der Annahme des Schuldenbereinigungsplans die Einwendungen eines Gläubigers gegen den Schuldenbereinigungsplan durch eine Zustimmung."

b) Die Absätze 2 und 3 werden wie folgt gefasst:

„(2) Die Gründe, die nach Absatz 1 Satz 2 einer Zustimmungsersetzung entgegenstehen, sind glaubhaft zu machen.

(3) Macht ein Gläubiger Tatsachen glaubhaft, aus denen sich ernsthafte Zweifel ergeben, ob eine vom Schuldner angegebene Forderung besteht oder sich auf einen höheren oder niedrigeren Betrag richtet als angegeben, und hängt vom Ausgang des Streits ab, ob der Gläubiger im Verhältnis zu den übrigen Gläubigern angemessen beteiligt wird (Absatz 1 Satz 2 Nr. 1), kann die Zustimmung dieses Gläubigers nicht ersetzt werden."

33. Die Überschrift vor § 311 wird gestrichen.

34. Die §§ 312 bis 314 werden aufgehoben.

Artikel 2
Änderung des Rechtspflegergesetzes

§ 18 Abs. 1 des Rechtspflegergesetzes vom 5. November 1969 (BGBl. I S. 2065), das zuletzt durch Artikel 2 Abs. 1 des Gesetzes vom 18. August 2005 (BGBl. I S. 2477) geändert worden ist, wird wie folgt geändert:

1. In Nummer 2 wird nach der Angabe „297" die Angabe „, 297a" eingefügt und der Punkt am Ende durch ein Komma ersetzt.

2. Folgende Nummer 3 wird eingefügt

   „3. bei einem Antrag des Schuldners auf Erteilung der Entschuldung die Versagung der Entschuldung auf Antrag eines Gläubigers nach § 303d Abs. 1 oder nach § 303f sowie deren Widerruf nach § 303h der Insolvenzordnung."

3. Die bisherige Nummer 3 wird Nummer 4.

Artikel 3
Änderung der Bundesrechtsanwaltsordnung

In § 48 Abs. 1 Nummer 1 der Bundesrechtsanwaltsordnung in der im Bundesgesetzblatt Teil III, Gliederungsnummer 303-8, veröffentlichten bereinigten Fassung, zuletzt geändert durch Artikel 4 des Gesetzes vom 21. Dezember 2004 (BGBl. I S. 3599) wird die Angabe „des § 4a Abs. 2 der Insolvenzordnung," gestrichen.

Artikel 4
Änderung der Insolvenzrechtlichen Vergütungsverordnung

Die Insolvenzrechtliche Vergütungsverordnung vom 5. Oktober 1994 (BGBl. I S. 2866), zuletzt geändert durch die Verordnung vom 4.Oktober 2004 (BGBl. I S. 2569), wird wie folgt geändert:

1. § 3 Abs. 2 wird wie folgt geändert:

   a) In Buchstabe c) wird das Wort „oder" nach dem Komma gestrichen.

   b) Der Punkt am Ende von Buchstabe d) wird durch ein Komma ersetzt und das Wort „oder" angefügt.

   c) Folgender neuer Buchstabe e) wird angefügt:

   „e) die Vermögensverhältnisse des Schuldners überschaubar und die Zahl der Gläubiger oder die Höhe der Verbindlichkeiten gering sind."

2. In § 9 wird Satz 3 aufgehoben.

3. § 13 wird wie folgt gefasst:

   „§ 13

   Vergütung des Insolvenzverwalters im Verbraucherinsolvenzverfahren

   Werden in einem Verfahren nach dem Neunten Teil die Unterlagen nach § 305 Abs. 1 Nummer von einer geeigneten Person oder Stelle erstellt, ermäßigt sich die Vergütung nach § 2 Abs. 2 Satz 1 auf 800 Euro."

4. In § 16 Abs. 2 wird Satz 3 aufgehoben.

Artikel 5[3]
Änderung der Verbraucherinsolvenzvordruckverordnung

Die Verbraucherinsolvenzvordruckverordnung vom 17. Februar 2002 (BGBl. I S. 703) wird wie folgt geändert:

1. § 1 Abs. 1 Nr. 2 wird wie folgt geändert:

   a) In Buchstabe b werden die Wörter „das Scheitern des außergerichtlichen Einigungsversuchs" durch die Wörter „den Einigungsversuch" ersetzt.

   b) Buchstabe d wird wie folgt gefasst:

---

3 Bei den Änderungen der Vordruckverordnung muss noch das Entschuldungsverfahren berücksichtigt werden.

„d) Antrag auf Zustimmungsersetzung nach § 305 Abs. 1 Nr. 5 der Insolvenzordnung,“

2. In § 2 Nr. 2 wird der Punkt am Ende durch einen Strichpunkt ersetzt und folgende Nummer 3 angefügt:

   „3. die Verwendung einer abweichenden Anlage 7 A.“

3. In der Anlage werden die Vordrucke nach § 1 Abs. 1 Nr. 1 und Nr. 2 Buchstabe b, d, e, f, und h sowie das Hinweisblatt nach § 1 Abs. 2 jeweils durch die Vordrucke ersetzt, die diesem Gesetz als Anlage beigefügt sind.

Artikel 6
Änderung des Gerichtskostengesetzes

Das Gerichtskostengesetz vom 5. Mai 2004 (BGBl. I S. 718), zuletzt geändert durch Artikel 2 Abs. 5 des Gesetzes vom 22. September 2005 (BGBl. I S. 2802), wird wie folgt geändert:

1. In der Inhaltsübersicht wird die Angabe zu § 23 wie folgt gefasst:

   „§ 23 Insolvenz- und Entschuldungsverfahren“

2. § 23 wird wie folgt geändert:

   a) Die Überschrift wird wie folgt gefasst:

   „§ 23
   Insolvenz- und Entschuldungsverfahren“

   b) In Absatz 2 werden nach den Wörtern „(§§ 296, 297, 297a, 300 und 303 der Insolvenzordnung)“ die Wörter „oder der Entschuldung (§§ 303f und 303h der Insolvenzordnung)“ eingefügt.

3. Die Anlage 1 (Kostenverzeichnis) wird wie folgt geändert:

   a) In der Gliederung wird die Angabe zu Teil 2 Hauptabschnitt 3 Abschnitt 5 wie folgt gefasst:

   „Abschnitt 5 Restschuldbefreiung und Entschuldung“

   b) In Teil 2 Hauptabschnitt 3 wird die Überschrift von Abschnitt 5 wie folgt gefasst:

   „Abschnitt 5 Restschuldbefreiung und Entschuldung“

   c) Nummer 2350 wird wie folgt gefasst:

Nr.	Gebührentatbestand	Gebühr oder Satz der Gebühr nach § 34 GKG
„2350	Entscheidung über den Antrag eines Gläubigers auf Versagung oder Widerruf der Restschuldbefreiung (§§ 296, 297, 297a, 300, 303 InsO) oder der Entschuldung (§§ 303f, 303h InsO)	30,00 EUR“

   d) Der Vorbemerkung 9 von Teil 9 wird folgender Absatz 3 angefügt:

   „(3) Auslagen, die im Entschuldungsverfahren nach der Insolvenzordnung entstanden sind, werden nicht erhoben, soweit sie dem Schuldner zur Last fallen.“

Artikel 7
Änderung der Justizbeitreibungsordnung

In § 1 Abs.1 Nummer 4a der Justizbeitreibungsordnung vom 11.März 1937 (RGBl. I S. 298), zuletzt geändert durch Artikel 4 Abs. 32 des Gesetzes vom 5. Mai 2004 (BGBl. I S. 718) werden die Wörter „oder nach § 4b der Insolvenzordnung“ gestrichen.

Artikel 8
Änderung des Rechtsanwaltsvergütungsgesetzes

Das Rechtsanwaltsvergütungsgesetz vom 5. Mai 2004 (BGBl. I S. 718, 788), zuletzt geändert durch Artikel 2 Abs. 6 des Gesetzes vom 22. September 2005 (BGBl. I S. 2802), wird wie folgt geändert:

1. In der Inhaltsübersicht wird die Angabe zu § 28 wie folgt gefasst:

   „§ 28 Gegenstandswert im Insolvenz- und Entschuldungsverfahren“

2. § 28 wird wie folgt geändert:

   a) Die Überschrift wird wie folgt gefasst:

   „§ 28
   Gegenstandswert im Insolvenz- und Entschuldungsverfahren“

   b) Absatz 1 Satz 1 wird wie folgt gefasst:

   „Die Gebühren

   1. der Nummer 3313,
   2. der Nummer 3317, soweit sie nicht im Entschuldungsverfahren entsteht, sowie
   3. im Fall der Beschwerde gegen den Beschluss über die Eröffnung des Insolvenzverfahrens der Nummern 3500 und 3513 des Vergütungsverzeichnisses

   werden, wenn der Auftrag vom Schuldner erteilt ist, nach dem Wert der Insolvenzmasse (§ 58 des Gerichtskostengesetzes) berechnet.“

   c) In Absatz 3 werden nach den Wörtern „im Insolvenzverfahren“ die Wörter „und im Entschuldungsverfahren“ eingefügt.

3. Die Anlage 1 (Vergütungsverzeichnis) wird wie folgt geändert:

   a) In der Gliederung wird die Angabe zu Teil 3 Abschnitt 3 Unterabschnitt 5 wie folgt gefasst:

   „Unterabschnitt 5 Insolvenz- und Entschuldungsverfahren, Verteilungsverfahren nach der Schifffahrtsrechtlichen Verteilungsordnung“

   b) In Teil 3 Abschnitt 3 wird die Überschrift von Unterabschnitt 5 wie folgt gefasst:

   „Unterabschnitt 5
   Insolvenz- und Entschuldungsverfahren, Verteilungsverfahren nach der Schifffahrtsrechtlichen Verteilungsordnung“

c) Nummer 3317 wird wie folgt gefasst:

Nr.	Gebührentatbestand	Gebühr oder Satz der Gebühr nach § 13 RVG
„3317	Verfahrensgebühr für das Insolvenzverfahren oder das Entschuldungsverfahren (1) Die Gebühr entsteht auch im Verteilungsverfahren nach der SVertO. (2) Die Gebühr für das Entschuldungsverfahren wird im Fall des § 303j InsO auf die Gebühr für ein nachfolgendes Insolvenzverfahren angerechnet.	1,0“

d) In Nummer 3321 werden im Gebührentatbestand nach dem Wort „Restschuldbefreiung“ die Wörter „oder der Entschuldung“ eingefügt.

Artikel 9
Änderung der Abgabenordnung

In § 251 Abs. 2 Satz 2 der Abgabenordnung in der Fassung der Bekanntmachung vom 1. Oktober 2002 (BGBl. I S. 3866; 2003 I S. 61), die zuletzt durch Artikel 4 Abs. 22 des Gesetzes vom 22. September 2005 (BGBl. I S. 2809) geändert worden ist, wird die Angabe „308 Abs. 1“ durch die Angabe „308 Abs. 3“ ersetzt.

Artikel 10
Änderung des Einführungsgesetzes zur Insolvenzordnung

Nach Artikel 103b des Einführungsgesetzes zur Insolvenzordnung vom 5. Oktober 1994 (BGBl. I S. 2911), das zuletzt durch Artikel 2 des Gesetzes vom 5. April 2004 (BGBl. I S. 502) geändert worden ist, wird folgender Artikel 103c eingefügt:

„Artikel 103c
Überleitungsvorschrift

Auf Insolvenzverfahren, die vor dem [Einsetzen: Datum des Inkrafttretens des Gesetzes nach Artikel 9] eröffnet worden sind, sind die bis dahin geltenden Vorschriften weiter anzuwenden.“

Artikel 11
Inkrafttreten

Dieses Gesetz tritt am ersten Tag des zweiten auf die Verkündung folgenden Kalendermonats in Kraft.

Begründung

A) Allgemeiner Teil

I. Neukonzeption eines Entschuldungsverfahrens

1. Ausgangsüberlegung

In Fachkreisen, aber auch im politischen Raum haben sich in jüngerer Zeit die kritischen Stimmen deutlich vermehrt, die in der gegenwärtigen Entschuldung völlig mittelloser Personen über ein Insolvenzverfahren mit anschließender Restschuldbefreiung lediglich einen aufwändigen Formalismus sehen, der erhebliches Personal sowohl in der Justiz als auch bei den Schuldnerberatungsstellen bindet, ohne dass in diesen Fällen das Verfahren ein nennenswertes Ergebnis zeigen würde. Nach dem geltenden Recht ist auch in den Fällen, in denen von vornherein feststeht, dass ein Gesamtvollstreckungsverfahren keinen Ertrag für die Gläubiger bringen wird, ein Insolvenzverfahren mit seinen zahlreichen öffentlichen Bekanntmachungen, Zustellungen und Terminen durchzuführen. Ist der Schuldner jedoch nicht einmal in der Lage, die Verfahrenskosten aufzubringen, so wird das eigentliche Ziel des Insolvenzverfahrens, eine bestmögliche Gläubigerbefriedigung zu realisieren, vollständig verfehlt. Dieser Befund hat die Justizministerinnen und Justizminister veranlasst, im November 2004 anlässlich ihrer Herbstkonferenz den hohen Aufwand dieser Verfahren bei den Insolvenzgerichten zu kritisieren, dem kein ausreichender Ertrag gegenüberstehe. Sie haben sich deshalb für die Entwicklung geeigneter Lösungsvorschläge ausgesprochen und die Bund-Länder-Arbeitsgruppe „Reform der Verbraucherentschuldung“ eingesetzt.

Hat der Schuldner nach den Vorgaben des § 304 InsO ein Verbraucherinsolvenzverfahren zu durchlaufen, so hat er nach geltendem Recht zwingend einen außergerichtlichen Einigungsversuch mit seinen Gläubigern zu unternehmen. Angesichts der Komplexität des Verfahrens suchen die Schuldner regelmäßig die Unterstützung einer Schuldnerberatungsstelle. Damit werden die knappen Ressourcen dieser Stellen für einen Aufwand gebunden, dem in den sog. „Nullplanverfahren“ kein nennenswerter Ertrag gegenübersteht. Dies ist besonders bedauerlich, da die öffentlichen Mittel zur Förderung der Schuldenberatungsstellen zunehmend zurückgefahren werden.

Selbst wenn es bei Verabschiedung der Insolvenzordnung im Jahre 1994 zur Steigerung der Akzeptanz des für das deutsche Recht völlig neuen Instituts der Restschuldbefreiung geboten gewesen sein sollte, zwingend das Durchlaufen eines Insolvenzverfahrens vorauszusetzen, so hat insofern ein breiter Bewusstseinswandel stattgefunden. An der Notwendigkeit, ein geeignetes Verfahren vorzusehen, um überschuldeten Personen einen wirtschaftlichen Neuanfang zu eröffnen, werden heute kaum noch Zweifel laut.

Verfügt ein Schuldner noch über Vermögenswerte, die allerdings nicht ausreichen, alle seine Verbindlichkeiten zu bedienen, so ist eine Restschuldbefreiung nur gerechtfertigt, wenn sein pfändbares Einkommen und sein Vermögen verwertet werden und der Erlös in einem geordneten Verfahren an die Gläubiger verteilt wird. Dies ist die typische Situation der Insolvenz, in der eine unzureichende Haftungsmasse unter Beachtung des Grundsatzes der Gläubigergleichbehandlung für die Gläubigerbefriedigung verwandt wird. Dieses Verfahren bietet die Gewähr dafür, dass das Vermögen des Schuldners sorgfältig ermittelt wird und eine Forderungsfeststellung erfolgt, die als Grundlage der gleichmäßigen, gemeinschaftlichen Gläubigerbefriedigung dienen kann. Der in dem anschließenden Restschuldbefreiungsverfahren vorgesehene Verzicht der Gläubiger, ihre Forderungen während und nach Aufhebung des Insolvenzverfahrens im Vollstreckungswege durchzusetzen, setzt quasi als Kompensation eine Redlichkeitsprüfung und das Bemühen des Schuldners voraus, bestimmte Obliegenheiten im Interesse einer bestmöglichen Gläubigerbefriedigung zu erfüllen.

Auch bei den Regelungen zur Restschuldbefreiung und zum Verbraucherinsolvenzverfahren sind aufgrund der steigenden Zahlen Anpassungen erforderlich, die eine Entlastung für die Gerichte und die Verfahrensbeteiligten schaffen. Nachdem in der Öffentlichkeit die Möglichkeit der Restschuldbefreiung als eine neue Chance für redliche Schuldner wahrgenommen wird, verstärkt sich auch die Diskussion, wie einem Missbrauch dieses Verfahrens besser vorgebeugt werden kann. Dies wurde zum Anlass genommen, die Regelungen zur Versagung der Restschuldbefreiung zu überprüfen und eine Versagung bei missbräuchlicher Inanspruchnahme des Verfahrens zu erleichtern.

2. Wesentliche Leitlinien des Entschuldungsverfahrens

Ist jedoch ein die Verfahrenskosten deckendes Vermögen des Schuldners nicht vorhanden und auch nicht zu erwarten, dass ein Insolvenzverwalter im Wege der Anfechtung neue Masse zu schaffen vermag, so ist der erhebliche Aufwand, den das Durchlaufen eines Insolvenzverfahrens erfordert, nicht gerechtfertigt, wenn auch ein alternatives, weniger aufwändiges Verfahren unter Wahrung der Interessen aller Beteiligten zu einer nachhaltigen Entschuldung führen kann. Dabei dürfen jedoch die Interessen der Gläubiger nicht der Verfahrensökonomie geopfert werden. Vielmehr ist eine Verfahrensgestaltung zu wählen, die auch den Erfordernissen der materiellen Gerechtigkeit genügt. Angesichts der Passivität, die manche Schuldner in dem gegenwärtigen Restschuldbefreiungsverfahren zeigen, sollte die wesentliche Verantwortung für den Fortgang des Entschuldungsverfahrens dem Schuldner überantwortet werden.

Obwohl dieses Verfahren nicht der Gläubigerbefriedigung dient, sollte es in der Insolvenzordnung geregelt werden, da ein flexibles Überwechseln vom Entschuldungs- in das Insolvenzverfahren mit anschließender Restschuldbefreiung möglich sein sollte. Daraus ergibt sich auch zwingend, dass ein Entschuldungsverfahren gegenüber einem Insolvenzverfahren mit anschließender Restschuldbefreiung subsidiär ist.

a) Angemessener Ausgleich der involvierten Interessen

Im Vordergrund haben die Interessen der Gläubiger zu stehen, da die Entschuldung massiv in ihre Rechte eingreift. Erfüllt ein Schuldner seine Verbindlichkeiten nicht, so hat der Staat, um die Eigeninitiative der Gläubiger zurückzudrängen, ein effektives Verfahren zur Haftungsrealisierung zur Verfügung zu stellen. Reicht das Vermögen nicht zur Befriedigung aller Gläubiger aus, so findet eine Gesamtvollstreckung statt. Ist der Schuldner jedoch nachweislich völlig mittellos, so bedarf es keines Insolvenzverfahrens. In dieser Situation wird den Interessen der Gläubiger bereits dann hinreichend Genüge getan, wenn eine sorgfältige Ermittlung der Vermögensverhältnisse des Schuldners erfolgt, die es den Gläubigern ermöglicht, die Werthaltigkeit ihrer Forderungen und die Aussichten auf eine künftige Befriedigung abschätzen zu können. Soll bei völlig vermögenslosen Schuldnern eine Entschuldung ohne Durchlaufen eines Insolvenzverfahrens gewährt werden, so muss den Gläubigern in etwa die gleiche Gewissheit über die Vermögensverhältnisse des Schuldners verschafft werden können wie in einem formalen Insolvenzverfahren.

Das Interesse des Schuldners ist darauf gerichtet, in einem möglichst unkomplizierten Verfahren eine Entschuldung von seinen Verbindlichkeiten zu erhalten, ohne dass seine Teilnahme am Wirtschaftsverkehr übermäßig eingeschränkt wird. Für ihn wäre es deshalb wünschenswert, wenn das Entschuldungsverfahren möglichst ohne die „Prangerwirkung" einer öffentlichen Bekanntmachung abgewickelt werden könnte.

Das Verfahren hat aber nicht nur einen Ausgleich zwischen den Interessen des Schuldners und seiner Gläubiger zu finden, sondern muss auch dem allgemeinen Interesse des Wirtschaftsverkehrs genügen, um etwa den Grundsatz pacta sunt servanda nicht vollständig zu entwerten. Dies wird gewährleistet, wenn zwei Gesichtspunkten angemessen Rechnung getragen wird. Zum einen darf – wie es bereits in § 1 Satz 2 InsO deutlich zum Ausdruck kommt – nur dem redlichen Schuldner die Rechtswohltat einer Entschuldung zuteil werden. Weiter ist dafür Sorge zu tragen, dass nur Personen Zugang zu dem Entschuldungsverfahren haben, die nicht einmal die Verfahrenskosten aufbringen können. Da in dem Verfahren kein Insolvenzverwalter rsp. Treuhänder die Vermögensverhältnisse des Schuldners ermittelt, müssen dem Gläubigern ausreichende Mittel an die Hand gegeben werden, um sich selbst ein Bild über die wirtschaftlichen Verhältnisse des Schuldners verschaffen zu können.

b) Verfassungsrechtliche Bedenken

Eine der grundlegenden Weichenstellungen der Bund-Länder-Arbeitsgruppe ist es, bei dem Entschuldungsverfahren einen gewissen Abstand zum Restschuldbefreiungsverfahren einzuhalten. Dies ist gerechtfertigt, da das Entschuldungsverfahren lediglich eine Auffangfunktion zu erfüllen hat, um den Schuldnern zu einem wirtschaftlichen Neuanfang zu verhelfen, die trotz geminderter Verfahrenskosten und der sonstigen Hilfen nicht in der Lage sind, die Eröffnung eines Insolvenzverfahrens zu erreichen. Gleichzeitig sollen über dieses Konzept die Anreize richtig gesetzt werden, so dass als Regelfall wie bisher der Schuldner vor einer Restschuldbefreiung ein Insolvenzverfahren zu durchlaufen hat.

Gegen das Konzept eines gesonderten Entschuldungsverfahrens werden insbesondere Bedenken aus Artikel 3 GG und Artikel 20 GG (Sozialstaatsprinzip) hergeleitet. Eine unterschiedliche Behandlung von solchen Schuldnern, die noch die Verfahrenskosten aufbringen können und solchen, die völlig mittellos sind, würde den Gleichheitsgrundsatz der Verfassung verletzen. Im Übrigen wären die negativen Wirkungen, die mit einem Entschuldungsverfahren verbunden sind, nicht mit dem Sozialstaatsprinzip vereinbar.

Es ist zwar zutreffend, dass nach der ständigen Rechtsprechung des Bundesverfassungsgerichts der allgemeine Gleichheitssatz in Verbindung mit dem Sozialstaatsprinzip gebietet, die prozessuale Stellung von Bemittelten und Unbemittelten weitgehend auszugleichen, so dass der unbemittelten Partei die Rechtsverfolgung und Rechtsverteidigung im Vergleich zur bemittelten nicht unverhältnismäßig erschwert werden darf (vgl. etwa BVerfGE 63, 380, 394f.). Andererseits hat das Bundesverfassungsgericht aber auch entschieden, dass daraus keine vollständige Gleichstellung Unbemittelter mit Bemittelten, sondern nur eine weitgehende Angleichung gefordert werden darf. Dies hat um so mehr zu gelten, als die Differenzierung zwischen den Schuldnern, die die Verfahrenskosten aufbringen können, und völlig Mittellosen nicht etwa darin begründet ist, dass der völlig Mittellose die Verfahrenskosten nicht aufbringen kann, sondern dass diese völlige Mittellosigkeit eine neue Zielrichtung des Verfahrens gebietet. Da in diesem Verfahren keinerlei Gläubigerbefriedigung zu erwarten ist, gilt es letztlich nur noch den wirtschaftlichen Neuanfang des Schuldners so auszugestalten, dass die Interessen der Gläubiger im Wesentlichen gewahrt werden. Die Vermögensverhältnisse des Schuldners müssen somit aufgeklärt werden und es muss dafür Sorge getragen werden, dass nur der redliche Schuldner in den Genuss der Rechtswohltat einer Entschuldung kommt. Auch das Insolvenzverfahren kennt eine völlige Neuausrichtung der Verfahrensausgestaltung und Verfahrensziele, wenn sich im eröffneten Verfahren Masseinsuffizienz herausstellt. Sind nicht einmal mehr die Verfahrenskosten gedeckt, so erfolgt unverzüglich die Einstellung des Verfahrens, wobei in Kauf genommen wird, dass dem Schuldner unverwertete Vermögensbestandteile zurückgegeben werden. Können zwar aus der Masse noch die Kosten des Verfahrens, nicht mehr jedoch die sonstigen Masseverbindlichkeiten gedeckt werden, so wird die Insolvenzmasse vor der Einstellung noch verwertet und der Erlös nach einem bestimmten Verteilungsschlüssel an die Massegläubiger ausgekehrt. Für die unterschiedliche Ausgestaltung von Restschuldbefreiungs- und Entschuldungsverfahren ist somit ein zwingender sachlicher Grund gegeben. Der Gleichheitsgrundsatz kann es nicht gebieten, ein aufwendiges Verfahren unter Einschaltung eines kostenträchtigen Treuhänders durchzuführen, wenn von vornherein feststeht, dass dieses Verfahren für die Personen, für die es an sich zu dienen bestimmt ist, nämlich die Gläubiger, nichts erbringen wird. Über die Stundung der Verfahrenskosten würden letztlich öffentliche Mittel für ein sinnentleertes Verfahren vergeudet.

Auch die um zwei Jahre längere Entschuldungszeit im Verhältnis zur Wohlverhaltensperiode ist nicht geeignet, einen Verstoß gegen den Gleichheitssatz zu begründen. Mit der längeren Verfahrenszeit wird dem Gesichtspunkt Rechnung getragen, dass das Entschuldungsverfahren von vornherein nicht auf eine Gläubigerbefriedigung angelegt ist. Im Interesse der Gläubiger ist der Gesetzgeber gehalten, das Verfahren so auszugestalten, dass es einerseits nur von den wirklich mittellosen Personen angestrebt wird, andererseits es für die Schuldner einen wirksamen Anreiz schafft, das Insolvenzverfahren frühzeitig anzustrengen und nicht noch weiter in die Vermögenslosigkeit zu verfallen. Auch das Sozialstaatsprinzip des Artikels 20 Abs. 1 GG ist nicht geeignet, die Verfassungswidrigkeit des Entschuldungsverfahrens zu begründen. Zunächst ist es bereits sehr fraglich, ob dem Sozialstaatsprinzip der legislatorische Auftrag entnommen werden kann, ein Restschuldbefreiungsverfahren rsp. ein Entschuldungsverfahren zu schaffen. Wenn sich der Gesetzgeber jedoch zur Institutionalisierung eines solchen Verfahrens entschließt, so ist ihm ein weitgehender Gestaltungsraum eröffnet, der durch das Sozialstaatsprinzip nicht eingeschränkt wird. Der diesem Prinzip zugrunde liegende Gestaltungsauftrag an den Gesetzgeber zielt primär auf den Abbau sozialer Ungleichheit, den Schutz der sozial und wirtschaftlich Schwächeren und auf die Schaffung der existenziellen Voraussetzungen für die Entfaltung von Freiheit ab. Ein konkretes Regelungsmodell für ein Entschuldungsverfahren kann ihm nicht entnommen werden. In welchen Formen und in welchem Umfang der Sozialstaat ausgeprägt wird, ist nach dem Kompetenzgefüge der Verfassung dem Gesetzgeber überantwortet (BVerfGE 8, 274, 329). Der insofern dem Gesetzgeber eingeräumte weite Gestaltungsraum wird durch das im Gesetzentwurf konzipierte Entschuldungsverfahren nicht verletzt.

c) Umsetzung der Leitlinien

Das dem Gesetzentwurf zugrunde liegende Verfahren, das auf den Beratungsergebnissen der Bund-Länder-Arbeitsgruppe „Neue Wege zu einer Restschuldbefreiung" beruht, versucht den skizzierten Interessen angemessen Rechnung zu tragen.

aa) Beschränkte Entschuldungswirkung

Da es sich bei dem Entschuldungsverfahren nicht um ein Gesamtvollstreckungsverfahren handelt, werden nicht alle gegen den Schuldner bestehende Forderungen einbezogen, sondern nur die vom Schuldner benannten. Wollte man, wie nach § 301 Abs. 1 Satz 2 InsO bei einem Restschuldbefreiungsverfahren, auch die nicht benannten Gläubiger in die Entschuldungswirkung einbinden, so wäre eine aufwändigere und damit kostenträchtigere Verfahrensausgestaltung geboten, als sie der Gesetzentwurf vorsieht. Zumindest müsste verfahrensmäßig sichergestellt werden, dass allen Gläubigern eine ausreichende Möglichkeit geboten wird, von dem Verfahren und der Option einer Teilnahme Kenntnis zu erhalten. Im Interesse eines möglichst „schlanken" Entschuldungsverfahrens hat sich deshalb die Bund-Länder-Arbeitsgruppe für eine limitierte Entschuldungswirkung ausgesprochen.

Gegen diesen Ansatz wird insbesondere von Seiten der Schuldnerberater eingewandt, viele Schuldner seien überfordert, die gegen sie bestehenden Forderungen erschöpfend aufzulisten.

Demgegenüber wertet es die Arbeitsgruppe angesichts der Passivität mancher Schuldner in den heutigen Verfahren als erwünschten Nebeneffekt eines solchen engeren Ansatzes, dass mit einer „Beibringungslast" die Schuldner zu einer aktiveren Mitwirkung angehalten werden. Sieht sich der Schuldner der Gefahr ausgesetzt, bei einem unzureichenden Forderungsverzeichnis nur von einem Teil seiner Verbindlichkeiten entlastet zu werden, so wird er sich wohl eher um eine umfassende Aufklärung seiner Vermögensverhältnisse bemühen. In diesem Zusammenhang wird von der Arbeitsgruppe die Frage gestellt, ob der Schuldner tatsächlich auch von solchen Verbindlichkeiten entlastet werden muss, die ihn in der Vergangenheit so wenig beeinträchtigt haben, dass er sich ihrer nicht einmal erinnert.

Aus dem zweiten Armuts- und Reichtumsbericht der Bundesregierung ergibt sich, dass bei einem durchschnittlichen Schuldner die „klassischen" Gläubiger, Kreditinstitute, Versandhäuser, Versicherungen, Telefongesellschaften und Vermieter mit Abstand den größten Anteil ausmachen. Die Schuldner können sich somit regelmäßig durch Abfrage bei diesen Gläubigern ein nahezu vollständiges Bild über ihre Verschuldungssituation verschaffen. Die einschlägigen Untersuchungen haben auch ergeben, dass bei dem Großteil der Schuldner die Gesamtzahl der Gläubiger nicht sehr hoch ist. Während 90 % der Schuldner nicht mehr als 15 Gläubiger haben, sind es bei 75 % nur 10 Gläubiger oder weniger.

In diesem Zusammenhang ist auch auf eine Untersuchung über die Zuverlässigkeit von Forderungs- und Vermögensverzeichnissen zu verweisen, die von Schuldnerberatungsstellen vorgelegt werden. In 320 untersuchten Insolvenzverfahren an 8 unterschiedlichen Insolvenzgerichten konnte kein Fall festgestellt werden, in dem das von der Schuldnerberatungsstelle eingereichte Vermögensverzeichnis hinter der im späteren Verfahren festgestellten Masse zurückgeblieben war. Trotz öffentlicher Bekanntmachung meldeten sich auch keine neuen oder unbekannten Gläubiger. Es spricht somit viel dafür, dass durch die Einbindung der Schuldnerberatungsstellen weitgehend alle Gläubiger erfasst werden können.

Die Bund-Länder-Arbeitsgruppe hat sich auch mit der Frage beschäftigt, ob dem Schuldner zwar aufgegeben werden kann, seine Gläubiger und deren Forderungen zu benennen, gleichzeitig jedoch die Gläubiger zu verpflichten, entsprechend § 305 Abs. 2 Satz 2 InsO den Schuldner insofern zu unterstützen, als sie auf ihre Kosten eine schriftliche Aufstellung ihrer Forderungen gegen den Schuldner zu erteilen haben. Dieser Ansatz fand jedoch keine Unterstützung. Ausschlaggebend dafür war die Überzeugung, dass die Gläubiger an der Mitwirkung an einem Entschuldungsverfahren noch weit weniger Interesse haben werden als an der Teilnahme an einem Verbraucherinsolvenzverfahren nach geltendem Recht. Eine solche Verpflichtung der Gläubiger würde auch den oben skizzierten Ansatz des Entschuldungsverfahrens verwässern, über eine Beibringungslast den Schuldner zu einer erheblichen Mitwirkung im Verfahren zu bewegen. Im Übrigen spricht auch das bereits erwähnte Abstandsgebot zum Restschuldbefreiungsverfahren gegen eine Verpflichtung der Gläubiger zur Auflistung ihrer Forderungen.

bb) Zulässigkeit der Zwangsvollstreckung

Bereits die ersten Reaktionen auf das Konzept der Bund-Länder-Arbeitsgruppe haben gezeigt, dass die Zulassung der Zwangsvollstreckung während des Entschuldungsverfahrens im Zentrum der Kritik steht. Nur über einen Vollstreckungsstopp könne eine wirtschaftliche und soziale Reintegration des Schuldners erreicht werden. Zur Begründung dieser Kritik wird weiter ausgeführt, bei einem noch weitgehend sozial integrierten Schuldner würden Vollstreckungsmaßnahmen den Arbeitsplatz gefährden. In diesem Zusammenhang wird etwa auf den Aufwand für die Lohnbuchhaltung des Arbeitgebers hingewiesen. Ein arbeitsloser Schuldner, bei dem nach Einstellung sofort Vollstreckungsmaßnahmen drohen, würde die Probezeit kaum erfolgreich durchlaufen können. Darüber hinaus würden Vollstreckungsmaßnahmen auch die Teilnahme des Schuldners am bargeldlosen Zahlungsverkehr gefährden. Insofern wird darauf hingewiesen, in der Vergangenheit hätten zahlreiche Kreditinstitute eine Kontopfändung zum Anlass genommen, die Bankverbindung mit dem Schuldner zu beenden. Ein Schuldner, der sich jedoch bei seinem neuen Arbeitgeber mit dem Hinweis einführen muss, er verfüge leider über keine Bankverbindung, dürfte auf dem heutigen Arbeitsmarkt kaum Chancen haben.

Zu dieser Kritik ist zunächst anzumerken, dass sich ihre Hauptstoßrichtung nicht gegen die Zulassung von Vollstreckungsmaßnahmen während des Entschuldungsverfahrens richtet, sondern letztlich die Zwangsvollstreckung insgesamt in Frage stellt. Wenn dies so ist, so müssen diese Defizite jedoch nicht bei der Konzeption des Entschuldungsverfahrens, sondern bei den einzelnen Maßnahmen der Zwangsvollstreckung behoben werden. Führt etwa eine Kontopfändung zum Verlust des Girokontos des Schuldners, so muss generell die derzeitige Ausgestaltung der Kontopfändung überprüft werden. Der im Entschuldungsverfahren befindliche Schuldner wird, wenn die einzelne Vollstreckungsmaßnahme tatsächlich diese nachteiligen Wirkungen zeigt, nicht schlechter gestellt als jeder andere Schuldner, der der Zwangsvollstreckung unterworfen ist. Im Unterschied zu den Personen, die sich noch nicht in einem Entschuldungsverfahren befinden, hat er jedoch die Perspektive auf Schuldenfreiheit nach Ablauf der Wohlverhaltensperiode.

Insgesamt wird bei dieser Kritik nicht hinreichend berücksichtigt, dass das Vollstreckungsrecht in weiten Bereichen von dem Gedanken des Schuldnerschutzes beherrscht wird. Erwähnt sei in diesem Zusammenhang etwa die Regelungen der unpfändbaren Sachen (§ 811 ZPO), der unpfändbaren oder der teilweisen pfändbaren Forderungen (§§ 850ff. ZPO), der Schutz bei Räumung von Wohnraum (§§ 721, 794a ZPO) oder Sondervorschriften über die Kontopfändung (§ 850k ZPO). Sollte es trotz dieser Schutzvorschriften noch zu untragbaren, dem allgemeinen Gerechtigkeitsgedanken widersprechenden Härten durch Zwangsvollstreckungsmaßnahmen beim Schuldner kommen, so ist ergänzend an die allgemeine Härteklausel des § 765a ZPO zu denken. Ein genereller Ausschluss der Zwangsvollstreckung wird hierdurch jedoch nicht geboten. Selbst wenn – wie in der Situation des Entschuldungsverfahrens – ein Insolvenzgrund beim Schuldner gegeben sein sollte, ist dies keine ausreichende Begründung, um Maßnahmen der Individualvollstreckung zu untersagen. Nur die Eröffnung eines Insolvenzverfahrens mit seiner umfassenden Beschlagwirkung und der regelmäßigen Bestellung eines Insolvenzverwalters ist geeignet, die Individualvollstreckung zu ersetzen und die Gläubiger auf die Teilnahme am Gesamtverfahren zu verweisen.

Im Übrigen sei daran erinnert, dass es eine wichtige staatliche Aufgabe ist, den Bürgern ein effektives Instrument zur Durchsetzung ihrer Forderungen zur Verfügung zu stellen. Die Rechtsdurchsetzung mit rechtsstaatlichen Mitteln hat hervorragende Bedeutung für den Rechtsfrieden und ist damit ein zentrales Fundament des Rechtsstaates. Die Beanspruchung des Gewaltmonopols im Bereich der Forderungsrealisierung durch den Staat, die einhergeht mit der rechtlichen Einbindung der Gläubigeraktivitäten, ist nur dann legitimiert, wenn das vom Staat zur Verfügung gestellte Vollstreckungsverfahren zumindest im Regelfall für die Gläubiger befriedigende Ergebnisse zu liefern vermag. Durch eine zu starke Zurückdrängung der Gläubigerinteressen besteht die Gefahr, dass einzelne Gläubiger versuchen werden, ihre Forderungen unter Einschaltung dubioser Institutionen zu realisieren.

Weiter wird gegen die Zulassung der Zwangsvollstreckung während des Entschuldungsverfahrens eingewandt, sie würde letztlich zu einem höheren Aufwand für die Justiz führen als die Anordnung eines allgemeinen Vollstreckungsstopps. Bei dieser Argumentation, die lediglich die personellen und materiellen Belastungen des Staates in den Blick nimmt, bleibt jedoch ausgeblendet, dass ein effektives Vollstreckungsverfahren zunächst einmal den Gläubigern zu dienen bestimmt ist und insofern eine Rechtsfrieden stiftende Funktion entfaltet.

Ungeachtet dessen ist bei dem Versuch einer Quantifizierung der Justizbelastung zunächst die Ausgangssituation zu berücksichtigen, dass bei Einleitung des Entschuldungsverfahrens die Vermögenslosigkeit des Schuldners in einem gerichtlichen Verfahren festgestellt wurde. Zumindest einzelne Gläubiger werden in der Vergangenheit bereits versucht haben, im Wege der Zwangsvollstreckung eine Befriedigung zu erlangen. Damit wird zumindest ein Teil der Gläubiger angesichts dieser vergeblichen Vollstreckungsversuche davon Abstand nehmen, nochmals die Kosten einer Zwangsvollstreckung aufzuwenden.

Es mag allerdings andere Gläubiger geben, die in einer solchen Situation verstärkt Vollstreckungsmaßnahmen einleiten, um Druck auf den Schuldner auszuüben, Zahlungen aus dem eigentlich pfändungsfreien Vermögen und/oder Einkommen zu erbringen. Andererseits werden andere Gläubiger, sobald sie von der Einleitung eines Entschuldungsverfahrens Kenntnis erhalten, ihre Forderung schlicht ausbuchen oder jedenfalls keine verstärkten Anstrengungen zur Eintreibung mehr entfalten. Dagegen wird jedoch eingewandt, die Ausbuchung einer uneinbringbaren Forderung sei formal von mehrfachen Vollstreckungsversuchen abhängig. Werde die Forderungseintreibung professionell betrieben, so sei ein Verzicht auf Vollstreckungsversuche schon aus Geschäftsgründen unmöglich, da der Auftraggeber entsprechende Aktivitäten erwarten würde.

Insofern liegt jedoch keine neue Situation vor, so dass an sich Rückschlüsse möglich sein müssten, wie sich die Entwicklung der Zivil- und Vollstreckungsverfahren seit Einführung der Verbraucherinsolvenzverfahren entwickelt haben, insbesondere ob die Verfahrenszahlen signifikant rückläufig waren. Sollte dies der Fall sein, dann wäre bei einer Wiederzulassung der Einzelzwangsvollstreckung mit einem gegenteiligen Effekt zu rechnen. Dabei gilt es jedoch zu bedenken, dass das Entschuldungsverfahren nur von einem geringen Teil der überschuldeten Personen in Anspruch genommen werden wird und der Großteil weiter dem Restschuldbefreiungsverfahren unterfällt. Gewichtiger ist jedoch, dass angesichts der relativ geringen Verfahrenszahlen im Verbraucherinsolvenzbereich, die gegenüber der Gesamtzahl an Zivil- und Vollstreckungsverfahren nicht ins Gewicht fallen, und der Vielzahl möglicher anderer Ursachen für eine Veränderung dieser Zahlen (z. B. Erhöhung der Pfändungsfreigrenzen, allgemeine wirtschaftliche Entwicklung) sich aussagekräftige Rückschlüsse kaum werden ziehen lassen. So hat sich etwa der Geschäftsanfall in Vollstreckungssachen bei den Vollstreckungsgerichten von 3.176.136 im Jahr 1999 auf 3.501.055 im Jahr 2004 erhöht, wobei die Zahlen für Schleswig-Holstein lediglich hochgerechnet wurden. Einen eindeutigen Trend lassen diese Zahlen nicht erkennen.

Gegen das Argument, ein erheblicher Teil der Schuldner werde davon Abstand nehmen, die Kosten für fruchtlose Zwangsvollstreckungsmaßnahmen aufzubringen, wird eingewandt, dann brauche die Einzelzwangsvollstreckung überhaupt nicht zugelassen werden, da sie sinnentleert und ein purer Formalismus wäre. Diese Polemik geht von der unzutreffenden Prämisse aus, die Zulassung der Zwangsvollstreckung bedürfe der Begründung. Demgegenüber ist nachdrücklich darauf hinzuweisen, dass die Gläubiger einen Anspruch haben, ihre Forderungen in einem effektiven Vollstreckungsverfahren durchsetzen zu können. Somit bedürfen Einschränkungen der Zwangsvollstreckung grundsätzlich einer Legitimierung und nicht umgekehrt deren Zulassung.

Angesichts der Kritik, auf die die Zwangsvollstreckung während des Entschuldungsverfahrens gestoßen ist, hat die Arbeitsgruppe geprüft, ob durch weniger einschneidende Maßnahmen dem Aufklärungsbedürfnis der Gläubiger in gleicher Weise Rechnung getragen werden könnte. So wurde erörtert, ob bei grundsätzlicher Zulassung der Zwangsvollstreckung Vollstreckungsmaßnahmen gegenüber Drittschuldnern, also insbesondere gegenüber Arbeitgebern oder Kreditinstituten, untersagt werden sollen. Die Arbeitsgruppe hat diesem Ansatz jedoch eine eindeutige Absage erteilt. Würden Vollstreckungsmaßnahmen gegenüber Drittschuldnern untersagt, so kann von einem effektiven Verfahren zur Forderungsdurchsetzung nicht mehr die Rede sein. Ebenso wurde dem Vorschlag eine Absage erteilt, dem Aufklärungsbedürfnis der Gläubiger durch eine Pflicht des Schuldners zu genügen, einmal jährlich die eidesstattliche Versicherung abzulegen. Insofern wurde erneut an das Alternativverhältnis zwischen Individual- und Gesamtvollstreckung erinnert, nach dem nur ein formalisiertes Gesamtvollstreckungsverfahren geeignet ist, die Individualvollstreckung zurückzudrängen.

cc) Notwendigkeit eines Treuhänders

Vor dem Hintergrund der sehr eingeschränkten Funktion, die das Entschuldungsverfahren zu erfüllen hat, ist ein Treuhänder nicht erforderlich. Da die Vergütung für den Treuhänder den größten Kostenblock im Verfahren ausmacht, hätte die zwingende Bestellung eines Treuhänders einer überzeugenden Begründung bedürft. Eine solche ist aber nicht erkennbar, da der Schuldner absehbar nichts erwirtschaften wird, was durch den Treuhänder verwaltet und an die Gläubiger verteilt werden könnte. Wird die Notwendigkeit eines Treuhänders jedoch mit der Überlegung begründet, der Schuldner brauche auch in einem Entschuldungsverfahren die flankierende Begleitung durch eine die ihn unterstützende Person, so würde die Funktion des Treuhänders grundlegend verkannt.

Teilweise wird vorgeschlagen, einen Treuhänder zu bestellen und den Schuldner an den Kosten zu beteiligen. Eine solche Pflicht zur Kostenübernahme würde bedeuten, den Schuldner gesetzlich zu verpflichten, aus seiner unpfändbaren Habe zumindest ein Teil der Treuhänderkosten zu übernehmen. Dies soll jedoch nicht für Schuldner gelten, die über nicht mehr als das sozialhilferechtliche Existenzminimum verfügen. Will man gleichwohl auch diesen Schuldnern die Durchführung eines Entschuldungsverfahrens ermöglichen, so müsste erneut der Staat insgesamt für die Treuhänderkosten aufkommen. Ein Ergebnis, das mit dem vorliegenden Gesetzentwurf gerade vermieden werden soll.

Ein treuhänderloses Entschuldungsverfahren dürfte auch der Mehrzahl der Insolvenzverwalter entgegenkommen, die die bisherigen Stundungsverfahren mehr als Last empfunden haben. Auch nach der Erhöhung wird die Vergütung in diesem Verfahren von einem Großteil der Verwalter als völlig unangemessen angesehen. Vor diesem Hintergrund wird die Einführung eines verwalterlosen Verfahrens zu einer gewissen Entlastung beitragen.

Die Bund-Länder-Arbeitsgruppe hat auch die von Fachkreisen angeregte flexible Verfahrensausgestaltung geprüft, nach der ein Verwalter immer nur dann bestellt werden soll, wenn im Laufe des Verfahrens Vermögenswerte des Schuldners bekannt werden. Aber auch diese Lösung ist letztlich nicht weiterführend und mit der Struktur des Entschuldungsverfahrens nicht zu vereinbaren. Erlangt der Schuldner während des Entschuldungsverfahrens neues Vermögen, so wird entweder auf Antrag eines Gläubigers oder des Schuldners ein Insolvenzverfahren eröffnet, sofern die Verfahrenskosten gedeckt werden können.

Zwar soll das Entschuldungsverfahren möglichst „schlank“ ausgestaltet und auf den notwendigen Aufwand reduziert werden, doch kann es auch in diesem Verfahren geboten sein, einen Sachverständigen zu bestellen. Eine solche Notwendigkeit kann sich etwa ergeben, wenn das Gericht die komplexen Vermögensverhältnisse eines ehemals unternehmerisch tätigen Schuldners aufklären muss.

dd) Laufzeit des Verfahrens

Die Laufzeit des Entschuldungsverfahrens soll 8 Jahre betragen. Maßgebend für diese im Vergleich zur Wohlverhaltensperiode des Restschuldbefreiungsverfahrens deutlich längere Laufzeit ist die Überzeugung, dass die bisherige Ausgestaltung des Restschuldbefreiungsverfahrens zu wenig Anreize für die Schuldner bietet, verstärkte Anstrengungen zur Befriedigung der Gläubiger zu unternehmen. Unabhängig von der Höhe der Befriedigungsquote, die der Schuldner während der Wohlverhaltensperiode erbringt, beträgt die Laufzeit nach geltendem Recht stets 6 Jahre. Der erhöhte Selbstbehalt nach 4 und 5 Jahren gemäß § 292 Abs. 1 InsO bietet dem Schuldner keine ausreichende Motivation, zusätzliche Anstrengungen zu unternehmen. Demgegenüber kann eine nach Befriedigungsquoten gestaffelte Laufzeit Anreize setzen, damit der Schuldner alle verfügbaren finanziellen Quellen zur Gläubigerbefriedigung erschließt. Der Gesetzentwurf sieht deshalb vor, in zeitlicher Hinsicht nicht nur zwischen Restschuldbefreiungs- und Entschuldungsverfahren zu differenzieren, sondern auch in Restschuldbefreiungsverfahren selbst bereits eine Abstufung vorzusehen.

Darüber hinaus bilden die unterschiedlichen Laufzeiten der Verfahren eine wesentliche Motivation für den Schuldner, die Verfahrenskosten aufzubringen. Werden hier die Anreize falsch gesetzt, so würden auch Schuldner, bei denen die Voraussetzungen eines Entschuldungsverfahrens nicht gegeben sind, versuchen, ein solches Verfahren anzustreben. Über eine Abstufung von 8 und 6 Jahren dürfte gewährleistet sein, dass nur die tatsächlich völlig mittellosen Schuldner über das Entschuldungsverfahren einen wirtschaftlichen Neuanfang anstreben werden.

ee) Persönlicher Anwendungsbereich

Das Entschuldungsverfahren soll nicht nur aus sozialen Gründen überschuldeten Personen eine Perspektive für ein künftiges schuldenfreies Leben eröffnen, ihm kommt auch eine gewichtige wirtschaftspolitische Bedeutung zu. Insofern soll es bei einem wirtschaftlichen Scheitern dem Betroffenen die Möglichkeit eröffnen, sich aus einer quasi lebenslänglichen Schuldverstrickung zu lösen und nach einer überschaubaren Zeit einen wirtschaftlichen Neuanfang anzustreben. Insofern soll auch das Entschuldungsverfahren die Angst vor einem wirtschaftlichen Scheitern reduzieren und Mut zum Aufbruch in die Selbstständigkeit machen. Diese Zielrichtung allein gebietet es schon, das Verfahren für alle natürlichen Personen zu öffnen. Allerdings wird es nur in seltenen Ausnahmefällen gelingen, ein werbendes Unternehmen durch ein Entschuldungsverfahren zu steuern.

ff) Redlichkeitsprüfung

Da das erfolgreiche Durchlaufen eines Entschuldungsverfahrens die gleichen Rechtswirkungen wie eine Restschuldbefreiung entfaltet (vgl. § 301 InsO) soll nur redlichen Personen der Zugang eröffnet werden. Von der breiten Öffentlichkeit, aber insbesondere von den betroffenen Gläubigern, wird ein solches Verfahren nur akzeptiert, wenn Vorkehrungen getroffen werden, dass unredlichen Schuldnern das Verfahren verschlossen bleibt. Deshalb müssen die Versagungsgründe des § 290 InsO auch im Entschuldungsverfahren Anwendung finden.

Bei bestimmten Versagungsgründen, die für das Gericht leicht nachweisbar sind, sieht der Gesetzentwurf eine amtswegige Prüfung vor. Dies gilt für die Begehung von Insolvenzstraftaten nach den §§ 283 bis 283c StGB (§ 290 Abs. 1 Nr. 1 InsO) oder für eine bereits erteilte, versagte oder widerrufene Restschuldbefreiung oder Entschuldung (§ 290 Abs. 1 Nr. 3 InsO). Die Prüfung soll dem Gericht durch die Verpflichtung des Schuldners erleichtert werden, an Eides statt zu versichern, dass er die Verzeichnisse über sein Vermögen und über die gegen ihn bestehenden Forderungen richtig und vollständig gemacht hat und die tatsächlichen Voraussetzungen eines Versagungsgrundes nach § 290 Abs. 1 Nr. 1 und 3 InsO nicht vorliegen. Daneben haben die Insolvenzgläubiger die Möglichkeit, einen Versagungsantrag zu stellen, wenn einer der in § 290 Abs. 1 InsO genannten Versagungsgründe vorliegt. Der Antrag ist nur zulässig, wenn der Versagungsgrund glaubhaft gemacht wird. Von besonderer Bedeutung dürfte bei dem Entschuldungsverfahren § 290 Abs. 1 Nr. 5 InsO sein, nach dem die Entschuldung versagt werden kann, wenn der Schuldner während des Entschuldungsverfahrens Auskunfts- oder Mitwirkungspflichten vorsätzlich oder grob fahrlässig verletzt.

gg) Obliegenheiten des Schuldners

Da der Schuldner am Ende des Verfahrens in gleicher Weise wie nach Durchlaufen eines Restschuldbefreiungsverfahrens von seinen Verbindlichkeiten befreit wird (vgl. § 301 InsO), müssen ihm – von der Kostentragungspflicht einmal abgesehen – die gleichen Obliegenheiten auferlegt werden wie in dem zuerst genannten Verfahren. Insofern ist es geboten, die Obliegenheiten nach § 295 InsO auf das Entschuldungsverfahren zu übertragen.

Eine besondere Bedeutung kommt dabei der Erwerbsobliegenheit nach § 295 Abs. 1 Nr. 1 InsO zu. Gegen eine Erwerbsobliegenheit wird zum Teil eingewandt, eine solche habe in dem Verfahren keinen Sinn, da eine Gläubigerbefriedigung überhaupt nicht angestrebt werde, oder eine Obliegenheit müsse zwangsläufig leer laufen, solange die Zwangsvollstreckung uneingeschränkt zulässig ist. Weiter wird argumentiert, der Schuldner würde verpflichtet, Masse zu erwirtschaften und damit letztlich auf den Abbruch des Entschuldungsverfahrens hinzuarbeiten. Diese Argumente verkennen jedoch grundsätzlich die Struktur eines Entschuldungsverfahrens. Eine nahezu vollständige Entschuldung ist nur dann gerechtfertigt, wenn die begünstigte Person während der Laufzeit des Verfahrens quasi als Kompensation sich um die bestmögliche Gläubigerbefriedigung bemüht. Ohne eine Erwerbsobliegenheit verliert die gesamte Wohlverhaltensperiode weitgehend ihren Sinn, da sie sich dann lediglich in einem Hinauszögern der Entschuldung erschöpfen würde. Dem Schuldner würde die Rechtswohltat einer Entschuldung gewährt, obwohl er lediglich tatenlos eine bestimmte Zeit verstreichen lässt. Dies würde im Widerspruch zu dem allgemeinen Grundsatz des Zivilrecht stehen, dass der Schuldner erhebliche Anstrengung zu unternehmen hat, seine Verbindlichkeiten zu erfüllen. Eine Erwerbsobliegenheit würde auch, sofern der Schuldner Arbeitslosengeld II erhält, mit den „Eigenbemühungen“ nach § 119 SGB III korrespondieren, jede zumutbare Arbeit anzunehmen.

hh) Forderungsprüfung und Titelschaffung

Das Verfahren ist weder bestimmt, einen Rechtsrahmen für die Forderungsprüfung zu bieten, noch ist es geeignet, den Gläubigern durch die Teilnahme einen Titel zu verschaffen. Da Grundvoraussetzung für den Zugang zum Verfahren die völlige Mittellosigkeit des Schuldners ist, kann zunächst auf alles verzichtet werden, was auf eine irgend geartete Gläubigerbefriedigung abzielt. Die Prüfung und Feststellung der Forderungen würde lediglich unnötige Kosten verursachen, ohne für die Gläubiger den geringsten Nutzen zu bringen. Die Ausgestaltung des Verfahrens kann darauf beschränkt werden, zu verhindern, dass Vermögenswerte verheimlicht oder unredliche Schuldner in den Genuss der Rechtswohltat kommen. Soll darüber hinaus dem Verfahren eine titelschaffende Funktion zukommen, so wäre der Aufwand, der in ihm betrieben werden müsste, kaum geringer als in einem heutigen vereinfachten Insolvenzverfahren. Dieser Aufwand wäre jedoch weitgehend sinnentleert, da auf den so geschaffenen Titel regelmäßig wohl keine Leistungen erbracht würden. Ein solch unnötiger Verfahrensballast muss jedoch vermieden werden.

Aber auch ohne eine Forderungsprüfung muss angesichts der Parallelität von Restschuldbefreiungs- und Entschuldungsverfahren in entsprechender Anwendung von § 302 InsO dafür Sorge getragen werden, dass insbesondere Forderungen aus unerlaubter Handlung von der Entschuldungswirkung ausgenommen bleiben. Ohne eine Forderungsprüfung ist jedoch der Weg verbaut, in entsprechender Anwendung von § 174 Abs. 2 InsO einen Gläubiger zu verpflichten, bei der Anmeldung auch die Tatsachen anzugeben, aus denen sich nach seiner Auffassung die vorsätzlich begangene unerlaubte Handlung ergibt. In Übereinstimmung mit der bis zum 1. Dezember 2001 geltenden Rechtslage muss somit die Prüfung, ob eine Forderung nach § 302 InsO von der Entschuldungswirkung ausgeschlossen ist, im Vollstreckungsverfahren erfolgen.

ii) Notwendigkeit einer Mindestquote

Nach dem von der Arbeits- und Sozialministerkonferenz im November 2005 gebilligten Alternativmodell soll ein Insolvenzverfahren nur eröffnet werden, wenn über eine die Verfahrenskosten deckende Masse hinaus eine Gläubigerbefriedigung in Höhe von 5 % am Ende der Wohlverhaltensperiode erreichbar erscheint. Umgekehrt formuliert darf nach diesem Konzept immer dann kein Insolvenzverfahren eröffnet werden, wenn eine 5 %ige Befriedigungsquote für die Gläubiger nicht wahrscheinlich ist. Damit wird einerseits eine erhebliche Unsicherheit in die Verfahren hineingetragen, unter welchen Voraussetzungen überhaupt ein Insolvenzverfahren eröffnet werden kann. Andererseits dürfte die justizentlastende Wirkung lediglich gering sein. Nimmt man als Beispiel einen Schuldner mit Verbindlichkeiten in Höhe von 10.000 €, so müsste zum Zeitpunkt, zu dem eine Verfahrenseröffnung erwogen wird, prognostiziert werden können, dass er in den nächsten 5 rsp. 6 Jahren nicht in der Lage sein wird, 500 € zu erwirtschaften. Zumindest bei jüngeren Schuldnern wird eine solche Einschätzung wohl nur in seltenen Ausnahmefällen gerechtfertigt sein. Eine erwähnenswerte Entlastungsfunktion könnte einer solchen Mindestquote nicht zugemessen werden.

Die Einführung einer Mindestquote würde jedoch ein ganz wesentliches Anliegen der Insolvenzrechtsreform entwerten. Im Rahmen der Gesetzgebungsarbeiten zur Insolvenzordnung wurde betont, es sei aus wirtschaftlichen, sozialen und rechtstaatlichen Gründen ein bedeutsames Reformziel, im Verhältnis zur Konkursordnung in einem weit größeren Teil der Insolvenzen die Eröffnung eines Insolvenzverfahrens zu ermöglichen (BT-Drs. 12/2443 S. 80). Nur in einem solchen Verfahren sei die rechtstaatlich korrekte gleichmäßige Gläubigerbefriedigung und der Einfluss der Gläubigergemeinschaft auf die Insolvenzabwicklung gesichert. Vermögensverschiebungen konnten rückgängig gemacht und Manipulationen aufgedeckt werden. Um dieses bedeutsame Ziel einer effektiven Insolvenzabwicklung zu erreichen, wurde unter anderem vorgesehen, dass ein Insolvenzverfahren bereits dann eröffnet werden kann, wenn eine die Kosten deckende Masse vorhanden ist. Gegenüber dem alten Recht wurden diese Kosten legal definiert, so dass nur die Gebühren und Auslagen des gerichtlichen Verfahrens und die Vergütung und die Auslagen eines Insolvenzverwalters gedeckt sein müssen. Darüber hinaus war im Regierungsentwurf als weitere Erleichterung noch vorgesehen, dass eine Kostendeckung nur bis zum Berichtstermin sichergestellt sein muss. Dieser Ansatz wurde allerdings im weiteren Gesetzgebungsverfahren nicht übernommen. Eine Mindestquote würde demgegenüber bei natürlichen Personen eine zusätzliche Hürde für die Verfahrenseröffnung schaffen.

Das häufig angeführte Argument, ein Insolvenzverfahren ohne eine nennenswerte Befriedigungsquote für die Gläubiger sei ein sinnentleerter Formalismus, der nur unnötig Kosten verursache, lässt sich zumindest nicht auf Wortlaut und Geist der Insolvenzordnung stützen. Bereits im Gesetzgebungsverfahren bestand Klarheit, eine Zunahme eröffneter Verfahren können nicht verhindern, dass es in zahlreichen Fällen zur Masseunzulänglichkeit kommt. (vgl. BT-Drs. 12/2443 S. 85). Tritt ein solcher Fall der Insolvenz in der Insolvenz ein, so führt dies zu einem wesentlichen Funktionswandel des Verfahrens. Das eröffnete Verfahren dient dann nicht mehr vorrangig dem Interesse der Insolvenzgläubiger, sondern der geordneten Befriedigung der Massegläubiger. Die behaupteten Legitimitätsdefizite eines Verfahrens, das zu keiner Gläubigerbefriedigung führt, müssen vor dem Hintergrund der Ordnungsfunktion des Insolvenzverfahrens anders gewichtet werden.

Nur wenn das Insolvenzverfahren eröffnet wird, kann festgestellt werden, ob die Massearmut auf eine Schädigung der Gläubiger durch den Schuldner im Vorfeld der Insolvenz beruht. Bleibt demgegenüber die Verfahrenseröffnung die Ausnahme, so läuft auch das verschärfte Anfechtungsrecht leer. Umgekehrt kann somit eine

Verfahrenseröffnung in einem gewissen Umfang eine generalpräventive Wirkung entfalten. Können betrügerische Schuldner nicht mehr darauf vertrauen, eine Abweisung mangels Masse zu erreichen, kann sich dies positiv auf die Wirtschaftsmoral auswirken. Gerade bei ehemals unternehmerisch tätigen Schuldnern ist die generalpräventive Wirkung der Verfahrenseröffnung dringend geboten. Eine Mindestbefriedigungsquote, die die Hürde für die Verfahrenseröffnung noch höher legt, ist vor diesem Hintergrund kontraproduktiv. In Übereinstimmung mit dem Votum der Bund-Länder-Arbeitsgruppe sieht deshalb der Gesetzentwurf keine Mindestbefriedigungsquote vor. Ist der Schuldner in der Lage, die Verfahrenskosten aufzubringen, so soll ihm auch der umfassende Schutz des Insolvenzverfahrens zugute kommen.

jj) Übergang vom Entschuldungs- zum Insolvenzverfahren

Nach der Konzeption des Gesetzentwurfs ist das Entschuldungsverfahren lediglich als Ultima ratio konzipiert, um auch den Schuldnern zu einem wirtschaftlichen Neuanfang zu verhelfen, die nicht einmal die Verfahrenskosten aufbringen können. Insofern ist das Entschuldungsverfahren ein Aliud zu einem Insolvenzverfahren, in dem weder eine Anfechtung vorgesehen ist, noch eine Feststellung der Forderungen erfolgt. Aus der lediglich auf die Entschuldung abzielenden Funktion des Verfahrens ergibt sich zwingend, dass es sowohl dem Schuldner als auch seinen Gläubigern unbenommen sein muss, bei einer die Verfahrenskosten deckenden Masse die Eröffnung eines Insolvenzverfahrens zu beantragen. Für den Schuldner kann ein solcher Antrag sinnvoll sein, um schneller zu einer Entschuldung zu gelangen. Da das Entschuldungsverfahren von seiner Zielrichtung nicht auf eine Gläubigerbefriedigung angelegt ist, bleiben Individual- oder Kollektivvollstreckung grundsätzlich von der Eröffnung eines Entschuldungsverfahrens unberührt. Angesichts der sehr rudimentären Funktion des Entschuldungsverfahrens besteht jedoch zum Insolvenzverfahren ein Ausschließlichkeitsverhältnis, so dass bei Eröffnung eines Insolvenzverfahrens das Entschuldungsverfahren zwingend einzustellen ist.

Das Entschuldungsverfahren ist so auszugestalten, dass für den Schuldner Anreize gesetzt werden, sich um die bestmögliche Gläubigerbefriedigung zu bemühen. Deshalb sollte alles vermieden werden, was den Schuldner etwa davon abhalten könnte, eine neue Erwerbstätigkeit anzustreben. Dieses Ziel lässt sich nur dann realisieren, wenn sichergestellt ist, dass es dem Schuldner nicht zum Nachteil gereicht, wenn er neues Vermögen erlangt. Ein Übergang vom Entschuldungs- zum Insolvenzverfahren muss deshalb so ausgestaltet werden, dass der Zeitraum bis zur Erteilung der Restschuldbefreiung nicht länger ist, als wenn das Entschuldungsverfahren weitergelaufen wäre. Zumindest für die vom Schuldner benannten Forderungen darf deshalb die Gesamtzeit bis zur Erteilung der Restschuldbefreiung 8 Jahre nicht übersteigen.

Wird der Grundsatz einer weitgehenden Anrechnung der im Entschuldungsverfahren bereits verstrichenen Zeit anhand von konkreten Fallgruppen überprüft, so treten zum Teil erhebliche Schwierigkeiten auf. Dies gilt zunächst für die Frage, welche Forderungen von einem an ein Entschuldungsverfahren sich anschließenden Restschuldbefreiungsverfahren erfasst sein sollen. Sind etwa bereits 7 Jahre der Entschuldungszeit verstrichen, und erlangt der Schuldner nun neues Vermögen, das die Verfahrenskosten abdeckt, so müsste, wenn der Schuldner oder ein Gläubiger die Eröffnung eines Insolvenzverfahrens beantragt, bei einer strikten Anrechnung innerhalb eines Jahres nach Eröffnung des Insolvenzverfahrens die Restschuldbefreiung erteilt werden. Es ist evident, dass dies zu Ungerechtigkeiten bei den Gläubigern führen würde, die vom Schuldner bisher nicht benannt wurden. Schwierigkeiten bereiten auch die Forderungen, die vom Schuldner während der Laufzeit des Entschuldungsverfahrens neu begründet wurden. Hat der Schuldner beispielsweise kurz vor Eröffnung des Insolvenzverfahrens noch eine Verbindlichkeit begründet, so würde diese bei strikter Umsetzung der Anrechnungsvorschrift innerhalb eines Jahres von einer Restschuldbefreiung erfasst. Damit würde jedoch die Wohlverhaltensperiode die Chance, zumindest eine quotale Befriedigung zu erhalten, unzumutbar verkürzen. Für den Schuldner hätte andererseits die Anrechnung den Vorteil, eine Entschuldung auch für Forderungen zu erhalten, die in einen Zeitraum fallen, für den an sich ein erneutes Restschuldbefreiungs- rsp. Entschuldungsverfahren ausgeschlossen gewesen wäre.

Die Bund-Länder-Arbeitsgruppe hat sich eingehend mit diesen Fragen befasst. Konsens bestand dabei, dass der im Entschuldungsverfahren sich befindende Schuldner die Gläubiger zu informieren hat, wenn er zu neuem Vermögen gelangt, das die Kosten eines Insolvenzverfahrens abdeckt. Statt die Gläubiger zu informieren, kann der Schuldner selbst einen Eröffnungsantrag stellen. Um den Schuldner nicht mit der Ungewissheit zu belasten, wie hoch das neu erworbene Vermögen sein muss, um die Verfahrenskosten abzudecken, sieht der Gesetzentwurf einen Betrag von 1.500 Euro vor, ab dem die Informationspflicht ausgelöst wird.

In der Arbeitsgruppe wurden drei Modelle diskutiert, wie der Übergang vom Entschuldungs- zum Insolvenzverfahren angemessen bewältigt werden kann.

Angesichts der unterschiedlichen Zielrichtung von Entschuldungs- und Insolvenzverfahren wurde eine konsequente Trennung beider Verfahren erwogen. Mit der Eröffnung des Insolvenzverfahrens sei das Entschuldungsverfahren einzustellen, wobei eine Anrechnung der im Entschuldungsverfahren bereits abgelaufenen Zeit nicht erfolgt. Zur Begründung ließe sich anführen, die Eröffnung eines Insolvenzverfahrens stelle eine so einschneidende Zäsur dar, dass das Entschuldungsverfahren vollständig obsolet werde.

Ein so rigider Ansatz könnte allerdings zu erheblichen Härten für den Schuldner führen. So sind Fälle vorstellbar, in denen der Schuldner kurz vor Ablauf der 8jährigen Entschuldungszeit durch den Insolvenzantrag eines Gläubigers in das Insolvenzverfahren „gezwungen“ wird, womit seine jahrelangen Bemühungen in der Entschuldungsphase zunichte gemacht werden. Im Extremfall könnte eine Restschuldbefreiung somit erst nach 14 Jahren erfolgen. Eine solche Benachteiligung für völlig mittellose Schuldner wäre nicht zu begründen.

Als weiteres Modell wurde erwogen, dem Schuldner ein Wahlrecht einzuräumen, ob er nach Abschluss des Insolvenzverfahrens ein Restschuldbefreiungsverfahren oder das noch anhängige Entschuldungsverfahren durchlaufen wolle. Sollte sich der Schuldner für das Entschuldungsverfahren entscheiden, so würde er nur von den benannten Forderungen nach 8 Jahren entschuldet werden. Da in diesem Fall nach Aufhebung des Insolvenzverfahrens ein Restschuldbefreiungsverfahren ausgeschlossen wäre, könnten die Gläubiger der nicht benannten Forderungen gemäß § 201 Abs. 1 InsO unbeschränkt gegen den Schuldner vorgehen. Auch dieses Modell fand in der Arbeitsgruppe keine mehrheitliche Billigung, da nach Durchlaufen eines Insolvenzverfahrens grundsätzlich eine Restschuldbefreiung für alle Insolvenzforderungen möglich sein sollte. Zudem würde bei diesem Lösungsansatz kein ausreichender Anreiz für den Schuldner bestehen, neues Vermögen zu erwirtschaften, um über ein Insolvenzverfahren mit anschließender Restschuldbefreiung eine schnellere Entschuldung zu erreichen.

Die stärkste Unterstützung in der Arbeitsgruppe fand das sog. „Anrechnungsmodell", das ebenfalls auf dem Vorrang des Insolvenzverfahrens beruht. Wird während eines Entschuldungsverfahrens ein Insolvenzverfahren eröffnet, so ist das Entschuldungsverfahren einzustellen. Im Anschluss an dieses Insolvenzverfahren kann der Schuldner ein Restschuldbefreiungsverfahren durchlaufen. Ein solches Anrechnungsmodell bietet einen hinreichend flexiblen Rahmen, um die Interessen des Schuldners und die seiner Gläubiger angemessen zu berücksichtigen. Intensiv diskutiert wurde, wie die einzelnen Forderungen in dem Verfahren behandelt werden sollen. Keine Schwierigkeiten bestehen insofern bei den Forderungen, die vom Schuldner bereits bei Einleitung des Entschuldungsverfahrens benannte wurden. Bei ihnen wird die im Entschuldungsverfahren verstrichene Zeit bei der Wohlverhaltensperiode des Restschuldbefreiungsverfahrens berücksichtigt. Gegen die Abkürzung der Wohlverhaltensperiode bei diesen benannten Altforderungen wurde eingewandt, damit sei eine nicht zu rechtfertigende Ungleichbehandlung gegenüber den Gläubigern nicht benannter Forderungen verbunden, da sie während der Wohlverhaltensperiode nur noch einen kürzeren Zeitraum von dem an den Treuhänder abgetretenen Gehalt profitieren könnten. Gegen dieses Argument spricht jedoch überzeugend, dass eine solche Ungleichbehandlung sich bereits aus der Einbeziehung der benannten Forderungen in die Entschuldungswirkung ergibt. Nur über dieses Anrechnungsmodell wird für den Schuldner ein ausreichender Anreiz geboten, Anstrengungen zu unternehmen, damit ein Insolvenzverfahren mit anschließender Restschuldbefreiung eröffnet werden kann.

Bei den unbenannten Altforderungen, also Forderungen, die der Schuldner bei Einleitung des Entschuldungsverfahrens hätte benennen müssen, bestehen keine grundlegenden Bedenken, sie in das Restschuldbefreiungsverfahren einzubeziehen. Eine Abkürzung der Wohlverhaltensperiode soll bei ihnen jedoch ausgeschlossen sein, da dem Schuldner einerseits eine Pflichtverletzung vorgeworfen werden kann, andererseits die betroffenen Gläubiger bisher keine Kenntnis hatten, dass ihre Forderungen künftig nicht mehr durchsetzbar sein sollen.

Besonders heftig umstritten war die Behandlung der während des Entschuldungsverfahrens durch den Schuldner begründeten Forderungen. Denkbar wäre, diese Forderungen auch aus dem an das Entschuldungsverfahren anschließenden Restschuldbefreiungsverfahren auszuklammern, so dass diese Gläubiger nicht von der Wirkung nach § 301 InsO betroffen wären. Diese Gläubiger könnten somit auch nach Abschluss des Restschuldbefreiungsverfahrens im Vollstreckungswege gegen den Schuldner vorgehen. Für den Schuldner hätte dies die nachteilige Konsequenz, dass ihm eine vollständige Restschuldbefreiung versagt bliebe, obwohl er ein Insolvenzverfahren mit anschließender Restschuldbefreiung durchlaufen hat und die während des Entschuldungsverfahrens begründeten Forderungen in diesem Verfahren normale Insolvenzforderungen darstellen. Neben den in § 302 InsO aufgeführten Forderungen gäbe es dann in den übergeleiteten Verfahren eine neue Kategorie von Forderungen, die von der Restschuldbefreiung ausgeschlossenen sind. Aber auch für die betroffenen Gläubiger könnte eine solche Lösung mit erheblichen Nachteilen verbunden sein. Ihnen wäre während der gesamten Dauer der Wohlverhaltensperiode der Zugriff auf den wesentlichen Teil des schuldnerischen Neuerwerbs, den pfändbaren Teil seines Einkommens, verschlossen. Die gewisse Inkonsistenz, die darin begründet ist, dass der Schuldner für einen längeren Zeitraum eine Entschuldung erhält, als wenn er nur ein Insolvenzverfahren mit anschließender Restschuldbefreiung durchlaufen hätte, ist angesichts der geschilderten Interessenlage hinzunehmen.

Zusammenfassend bleibt somit festzuhalten, dass bei Überleitung eines Entschuldungsverfahrens in ein Insolvenzverfahren alle Insolvenzforderungen, also alle Forderungen, die zum Zeitpunkt der Eröffnung des sich an das Entschuldungsverfahren anschließenden Insolvenzverfahrens begründet waren, von der Restschuldbefreiung erfasst werden. Für die Forderungen, die vom Schuldner bei Einleitung des Entschuldungsverfahrens benannt wurden, wird die während des Entschuldungsverfahrens verstrichene Zeit bei der Berechnung der Wohlverhaltensperiode des Restschuldbefreiungsverfahrens angerechnet. Der Nachteil eines so differenzierten Ansatzes ist allerdings, dass der Schuldner in einem zeitlich gestaffelten Verfahren von seinen Verbindlichkeiten befreit wird.

kk) Wirkung der Entschuldung

Die vom Schuldner im Forderungsverzeichnis benannten Forderungen können nicht mehr gegen ihn durchgesetzt werden. Zu diesen Forderungen zählen alle Vermögensansprüche der benannten Gläubiger, also alle Ansprüche, die auch an einem Insolvenzverfahren teilnehmen könnten, wobei wie beim Restschuldbefreiungsverfahren eine Ausnahme für die in § 302 InsO genannten Forderungen besteht. Wie im Insolvenzverfahren erfasst somit die schuldbefreiende Wirkung lediglich Ansprüche, die auf Geld gerichtet sind oder zumindest in einen Geldanspruch umgewandelt werden können. Hat der Schuldner es unterlassen, einzelne Forderungen in dem Verzeichnis aufzuführen, so geht das zu seinen Lasten, da sie nicht von der Entschuldungswirkung erfasst werden. Da die Entschuldung die gleiche Wirkung wie eine Restschuldbefreiung entfaltet, werden von ihr auch Aussonderungsrechte oder Rechte, die im Insolvenzverfahren zur abgesonderten Befriedigung berechtigen, nicht berührt (vgl. § 301 Abs. 2 InsO). Versucht ein von der Verschuldungswirkung betroffener Gläubiger dennoch gegen den Schuldner zu vollstrecken, so kann sich dieser wie im Rahmen des § 301 InsO gegen die Vollstreckungsmaßnahme wehren.

ll) Abtretung der laufenden Bezüge

Es sind Fälle denkbar, in denen der Schuldner den pfändbaren Teil seiner Bezüge an einen Gläubiger abgetreten hat und nun nicht mehr in der Lage ist, die Verfahrenskosten aufzubringen. Dies führt zu der unbefriedigenden Situation, dass der Schuldner ein Gehalt bezieht, das es ihm an sich ermöglichen würde, die Verfahrenskosten und zumindest eine gewisse Quote für die Gläubigergesamtheit aufzubringen und dennoch nicht die Eröffnung eines Insolvenzverfahrens erreicht. Würde diese Gehaltsabtretung unbeeinflusst durch die Einleitung des Entschuldungsverfahrens weiterlaufen, so hätte dies die unbefriedigende Konsequenz, dass der Schuldner in dem für ihn weniger vorteilhaften Entschuldungsverfahren gehalten wird, die Gläubigergesamtheit nicht an dem Einkommen partizipiert und ein einzelner Gläubiger das gesamte pfändbare Einkommen vereinnahmt.

Für die Einführung von § 114 InsO war für den Gesetzgeber von entscheidender Bedeutung, die Durchführung eines Restschuldbefreiungsverfahrens zu ermöglichen. Eine solche Restschuldbefreiung setze voraus, dass die laufenden Bezüge des Schuldners während einer längeren Zeit nach der Beendigung des Verfahrens für die Verteilung an die Insolvenzgläubiger zur Verfügung stehen. Vorausabtretungen, Verpfändungen und Pfändungen der Bezüge zugunsten einzelner Gläubiger müssten in ihrer Wirksamkeit beschränkt werden. Ohne eine solche Einschränkung der Vorausverfügungen über Bezüge aus einem Dienstverhältnis könne eine Restschuldbefreiung häufig nicht erreicht werden. Vielmehr müsste der Schuldner den pfändbaren Teil seines Einkommens an den gesicherten Gläubiger fließen lassen, ohne insoweit in den Genuss einer Restschuldbefreiung zu gelangen. Damit würde die Restschuldbefreiung jedoch insgesamt entwertet (vgl. BT-Drs. 12/2443 S. 150 f.). Diese Gedanken können auch für das Entschuldungsverfahren fruchtbar gemacht werden. Die Beschränkung der Wirksamkeit von Gehaltsabtretungen soll hier das der Restschuldbefreiung vorgelagerte Ziel erreichen helfen, die Kosten für ein Insolvenzverfahren aufzubringen. Ist die Kostendeckung erreicht, erhält der Schuldner mit Eröffnung des Insolvenzverfahrens einen umfassenden Schutz (Vollstreckungsstopp, Rückschlagsperre etc.). Vor diesem Hintergrund ist es geboten, § 114 Abs. 1, 2 InsO auch für das Entschuldungsverfahren für entsprechend anwendbar zu erklären. Da in zahlreichen Kreditverträgen Abtretungsklauseln für Lohn oder Sozialleistungen enthalten sind, hat die Einschränkung dieser Vorausabtretungen für die Entschuldung essenzielle Bedeutung, da in der Verbraucherinsolvenz das pfändbare Einkommen regelmäßig den einzig verwertbaren Vermögensbestandteil darstellt.

Durch § 114 Abs. 3 InsO wird die Wirksamkeit einer Gehaltspfändung stärker eingeschränkt als bei einer Abtretung. Zur Begründung wird darauf hingewiesen, es gehe hier nicht um Kreditsicherheiten, sondern um den mehr zufälligen Vorsprung eines Gläubigers. Bei der Eröffnung eines Insolvenzverfahrens ist diese Argumentation überzeugend, da einerseits das umfassende Vollstreckungsverbot gilt, andererseits nun die Rückschlagsperre des § 88 InsO eingreift. Im Rahmen eines Entschuldungsverfahrens ist demgegenüber eine differenzierte Betrachtungsweise geboten. Grundsätzlich sind auch während des Verfahrens Maßnahmen der Zwangsvollstreckung zulässig, andererseits ist das Interesse des Schuldners anzuerkennen, die Eröffnung eines Insolvenzverfahrens zu erreichen. Um beiden Gesichtspunkten angemessen Rechnung zu tragen, behält die Pfändung so lange ihre Wirksamkeit, wie auch eine Gehaltsabtretung Wirkungen entfaltet. Eine Rückschlagsperre kann in dem Verfahren keine Gültigkeit beanspruchen.

mm) Zuständigkeit

Für die Durchführung des Insolvenzverfahrens soll das Insolvenzgericht zuständig sein, in dessen Bezirk der Schuldner seinen allgemeinen Gerichtsstand (§ 3 Abs. 1 Satz 1 InsO) hat oder wo sich der Mittelpunkt einer selbständigen wirtschaftlichen Tätigkeit befindet (§ 3 Abs. 1 Satz 2 InsO). Die sachliche Zuständigkeit sollte beim Insolvenzgericht liegen, da Voraussetzung für die Eröffnung des Verfahrens die Zahlungsunfähigkeit des Schuldners ist und das Verfahren subsidiär zum Restschuldbefreiungsverfahren ausgestaltet wurde. Im Übrigen muss auch ein flexibles Überwechseln zum Insolvenzverfahren ermöglicht werden, wenn der Schuldner neues Vermögen erlangt.

Wie das Insolvenzverfahren sollte auch das Entschuldungsverfahren dem Rechtspfleger übertragen werden. Da das Verfahren in der Insolvenzordnung geregelt wird, bedarf es auch keiner Ergänzung des Rechtspflegergesetzes (vgl. § 3 Nr. 2 lit. e RPflG). Angesichts der beschränkten Zielsetzung des Verfahrens ist ein Richtervorbehalt nicht erforderlich.

Allerdings sollte wie im Restschuldbefreiungsverfahren nach den §§ 289, 296 oder 303 InsO dem Richter die Entscheidung über einen Versagungsantrag vorbehalten werden, da eine solche Entscheidung der rechtsprechenden Tätigkeit im Sinne von Artikel 92 GG sehr nahe kommt.

nn) Kosten

Für das Verfahren sollen keine gesonderten Gebührentatbestände geschaffen werden, da es wenig verfahrensökonomisch wäre, zunächst bei einem erwiesenermaßen völlig mittellosen Schuldner Gebühren anzusetzen, um diese dann entweder zu stunden oder niederzuschlagen. Im Verfahren anfallende Auslagen sollen ebenfalls unerhoben bleiben.

oo) Öffentliche Bekanntmachung

Da von einem Entschuldungsverfahren nur die vom Schuldner benannten Gläubiger betroffen sind, und das Verfahren ansonsten keine Wirkungen entfaltet, ist eine öffentliche Bekanntmachung nicht geboten. Die benannten Gläubiger werden individuell über das Verfahren unterrichtet, so dass eine öffentliche Bekanntmachung als Ersatz einer Einzelzustellung nicht erforderlich ist.

Allerdings ist es zur Warnung des Geschäftsverkehrs notwendig, wie bei der Abweisung mangels Masse den Beginn des Laufs der Entschuldungszeit in das Schuldnerverzeichnis einzutragen. Die Löschungsfrist für diese Eintragung sollte der Entschuldungszeit entsprechen.

II. Wesentliche Änderungen im Restschuldbefreiungs- und Verbraucher insolvenzverfahren

1. Restschuldbefreiungsverfahren

Die Änderungen im Restschulbefreiungsverfahren verfolgen im Wesentlichen zwei Anliegen. Zum einen soll das Verfahren für die Gerichte und die Verfahrensbeteiligten weniger aufwändig ausgestaltet werden. Zum anderen soll der Gesetzentwurf die missbräuchliche Inanspruchnahme der Restschuldbefreiung erschweren und die Rechte der Gläubiger stärken. Dies soll etwa durch eine Versagung der Restschuldbefreiung von Amts wegen bei einfach feststellbaren Fällen erreicht werden, in denen ein Versagungsgrund offensichtlich vorliegt. Die Versagung wegen einer vom Schuldner begangenen Straftat soll auch auf Straftaten von erheblichem Gewicht ausgedehnt werden, die gegenüber dem Antrag stellenden Gläubiger verübt und durch die in Eigentum oder Vermögen eingegriffen wurde. Die Verletzung von Mitwirkungspflichten soll in weiterem Umfang als bisher zu einer Versagung der Restschuldbefreiung führen können. Im Übrigen sollen bestimmte, in einem früheren Verfahrensstadium begangene Versagungsgründe, die erst nach Ankündigung der Restschuldbefreiung bekannt werden, ebenfalls zum Verlust der Restschuldbefreiung führen können.

2. Umgestaltung des Einigungsversuchs

Mit dem Gesetz vom 26.10.2001 (BGBl. I S. 2710) wurde das obligatorische Schuldenbereinigungsplanverfahren in das – allerdings stark gebundene – Ermessen des Gerichts gestellt, so dass nach § 306 Abs. 1 Satz 3 InsO dieser Verfahrensabschnitt nicht durchgeführt zu werden braucht, wenn ein Schuldenbereinigungsplan voraussichtlich nicht angenommen wird. Diese fakultative Ausgestaltung des Verfahrens hat dazu geführt, dass ein gerichtlicher Einigungsversuch kaum noch unternommen wird. Die justizentlastende Wirkung des Verfahrens und die Chance für den Schuldner, zügig zu einer Restschuldbefreiung zu gelangen, können dadurch nicht genutzt werden. Andererseits belegen Untersuchungen, dass zumindest in einigen Bundesländern bei dem außergerichtlichen Einigungsversuch hohe Erfolgsquoten zu verzeichnen waren. In der Literatur wurde von einer bundesdurchschnittlichen Einigungsquote von über 30 %, in einem Bundesland sogar von 50 % berichtet. Der Gesetzentwurf zieht aus diesem Befund die Konsequenz, einerseits rechtlich nachzuvollziehen, was sich in der Praxis bereits ereignet hat, nämlich die Abschaffung des gerichtlichen Schuldenbereinigungsplanverfahrens; andererseits jedoch die positiven Ansätze, die bei dem außergerichtlichen Verfahren zu verzeichnen sind, noch zu intensivieren.

Der Bedeutungsverlust, den das gerichtliche Einigungsverfahren erlitten hat, dürfte auch auf der Erfahrung der Praxis beruhen, dass ein relativ aufwändiges Verfahren mit zahlreichen Kopien, Zustellungen etc. betrieben werden muss, ohne dass nennenswerte Erfolge zu verzeichnen wären. Werden die Gerichte von diesem weitgehend bedeutungslos gewordenen Verfahren entlastet, so können freiwerdende Ressourcen zur flankierenden Unterstützung des außergerichtlichen Verfahrens fruchtbar gemacht und so durch eine teilweise Verschmelzung des gerichtlichen und des außergerichtlichen Verfahrens synergetische Effekte erzielt werden. Der Gesetzentwurf schlägt deshalb eine Stärkung des außergerichtlichen Verfahrens vor, da in diesem Verfahrensabschnitt den Schuldnern durch die Schuldnerberatungsstellen eine umfassende Hilfestellung angeboten werden kann, sie in informeller Atmosphäre eher zu einer Kooperation mit den Gläubigern finden und dabei – wie bereits ausgeführt – zumindest in der Vergangenheit relativ hohe Einigungsquoten erzielt wurden.

Künftig soll dieser Verfahrensabschnitt insbesondere dadurch gestärkt werden, dass die Zustimmung ablehnender Gläubiger zum (nun vorgerichtlichen) Schuldenbereinigungsplan ersetzt werden kann. Abweichend vom geltenden Schuldenbereinigungsplanverfahren wird die Abwicklung des Verfahrens nicht in die Hand des Richters gelegt, vielmehr wird das Verfahren vom Schuldner und der ihn unterstützenden Schuldnerberatungsstelle betrieben. Der Richter wird lediglich flankierend tätig, um punktuell die Zustimmung einzelner Gläubiger zu ersetzen. Die Aufgaben des Gerichts werden somit deutlich zurückgeschnitten. Insofern besteht auch keine Verpflichtung des Gerichts, auf eine Nachbesserung des Plans oder auf Ergänzungen hinzuwirken.

Um die Verfahren auf die Fälle zu konzentrieren, in denen realistische Einigungschancen bestehen, muss ein solcher Versuch nicht unternommen werden, wenn er offensichtlich aussichtslos ist. Nach der Legaldefinition in § 305 Abs. 1 Nr. 1 InsO ist dies nur gegeben, wenn die Gläubiger nur eine Befriedigungsquote von 5 % oder darunter zu erwarten haben oder der Schuldner mehr als 20 Gläubiger hat.

Die Grundkonzeption des Verbraucherinsolvenzverfahrens wird von der Neuregelung allerdings nicht berührt. Wie im geltenden Recht hat der Schuldner die in § 305 Abs. 1 InsO aufgeführten Unterlagen einzureichen und die Bescheinigung der geeigneten Person oder Stelle über den Einigungsversuch vorzulegen. Dieser Nachweis ist wie bisher Zulässigkeitsvoraussetzung für den Insolvenzantrag. Zusätzlich hat der Schuldner künftig entweder einen Antrag zu stellen, das Gericht möge die Zustimmung ablehnender Gläubiger ersetzen, oder die Erklärung, auf ein solches Vorgehen werde verzichtet. Im letzteren Fall ist dann, soweit die sonstigen Voraussetzungen vorliegen, das vereinfachte Insolvenzverfahren zu eröffnen. Wie im bisherigen außergerichtlichen Einigungsversuch hat der Schuldner den Plan grundsätzlich allen Insolvenzgläubigern zu übersenden. Will er die Zustimmung ablehnender Gläubiger durch das Gericht ersetzen lassen, so hat er dem Gericht gegenüber zu erklären, dass der Plan und die Vermögensübersicht allen im Plan genannten Gläubigern übersandt wurden. Es versteht sich dabei von selbst, dass der dem Gericht unterbreitete Schuldenbereinigungsplan mit demjenigen identisch sein muss, der den Gläubigern übermittelt wurde. Gibt ein Gläubiger zu dem übersandten Plan vorgerichtlich keine Erklärung ab, so muss zum Zustandekommen des Planes das Zustimmungsersetzungsverfahren durchgeführt werden. Der Schuldner und die ihn unterstützende Schuldnerberatungsstelle haben künftig eine größere Verantwortung für das Verfahren zu übernehmen, da der außergerichtliche Plan der einzige Plan im Verfahren sein wird.

Als besondere Zulässigkeitsvoraussetzung für den Zustimmungsersetzungsantrag wird gefordert, dass eine Zustimmungsersetzung von den Quoren her, wie sie sich im Zeitpunkt der Antragstellung darstellen, nicht ausgeschlossen sein darf. Nach dieser Voraussetzung wäre ein Antrag unzulässig, wenn sich bereits eine Mehrheit der Gläubiger nach Köpfen oder Summen ausdrücklich gegen den Schuldenbereinigungsplan ausgesprochen hat. Ist der Ersetzungsantrag zulässig, so ruht das Verfahren über den Eröffnungsantrag, bis über den erstgenannten Antrag rechtskräftig entschieden ist. Wie in dem bisherigen Schuldenbereinigungsplanverfahren kann das Gericht zur Absicherung dieses Verfahrensabschnittes Sicherungsmaßnahmen im Sinne von § 21 InsO anordnen.

Im Rahmen des Verfahrens über die Zustimmungsersetzung werden die Gläubiger, die den Plan abgelehnt oder sich zu ihm nicht geäußert haben, einzeln aufgefordert, sich zu dem Plan und zu dem Antrag auf Zustimmungsersetzung zu äußern. Schweigt ein Gläubiger auf diese Aufforderung, so wird dies als Zustimmung zu dem Plan gewertet. Eine ursprünglich geäußerte Ablehnung ist nach Erlass des feststellenden Beschlusses hinfällig. Die frühere Ablehnung ist nur insofern von Belang, als sie möglicherweise zur Unzulässigkeit des Ersetzungsantrags führt. Einwendungen gegen die Zustimmungsersetzung sind nur beachtlich, wenn der Gläubiger gleichzeitig glaubhaft macht, im Verhältnis zu den anderen Gläubigern nicht angemessen beteiligt oder durch den Plan schlechter gestellt zu werden, als er bei Durchführung des Insolvenzverfahrens stände. Die Voraussetzungen einer Zustimmungsersetzung sind somit wie im geltenden Recht ausgestaltet. Nach der Konzeption des Gesetzentwurfs hat der Gläubiger sich somit innerhalb von einem Monat zu äußern und die Gründe, die einer Zustimmungsersetzung entgegenstehen, glaubhaft zu machen. Da diese Frist als Notfrist ausgestaltet ist, kann dem Gläubiger Wiedereinsetzung in den vorigen Stand gewährt werden.

Der vom Gericht bestätigte Schuldenbereinigungsplan hat wie bisher die Wirkungen eines Vergleichs nach § 794 Abs. 1 Nr. 1 ZPO. Ein besonderes Rechtsmittel gegen die Zustimmungsersetzung sieht der Gesetzentwurf nicht vor. Als Teil der Entscheidung, mit der die Annahme des Schuldenbereinigungsplans festgestellt wird, kann sie inzident bei einer Anfechtung des Feststellungsbeschlusses mit überprüft werden.

3. Sonstige Änderungen

Die bisherige Unterscheidung zwischen Verbraucherinsolvenzverfahren und sonstigen Insolvenzverfahren über das Vermögen natürlicher Personen nimmt eine Grenzziehung vor, die den Bedürfnissen der Praxis nur bedingt gerecht wird. Der Gesetzentwurf will als Ausgangspunkt alle Verfahren natürlicher Personen gleich behandeln und für sie vom Grundsatz her einen Einigungsversuch mit den Gläubigern vorsehen. Scheitert dieser, so ist ein vereinfachtes Insolvenzverfahren zu eröffnen. Dieses Konzept ist jedoch ungeeignet bei Personen, die im Zeitpunkt der Antragstellung noch unternehmerisch tätig sind. In diesen Fällen kann nicht erwartet werden, dass der Schuldner zunächst einen umfänglichen Antragsvordruck ausfüllt und Einigungsverhandlungen mit den Gläubigern führt. Vielmehr ist es regelmäßig geboten, dass das Gericht zügig Sicherungsmaßnahmen ergreift, um das Restvermögen zu bewahren und die Grundlage für eine mögliche Sanierung zu schaffen

Um die teilweise überzogenen Anforderungen, die von einzelnen Gerichten an einen Schuldnerantrag im Verbraucherinsolvenzverfahren gestellt werden, wieder auf ein mit der InsO übereinstimmendes Maß zurückzuschneiden, sieht der Entwurf vor, dass die vom Schuldner vorzulegenden Erklärungen und Unterlagen präzisiert werden. Ob die Gerichte sich an diese Vorgabe halten, soll künftig mit einem Rechtsmittel überprüft werden können.

III. Auswirkung des Gesetzentwurfs auf die Einnahmen und Ausgaben der öffentlichen Haushalte, Kosten für die Wirtschaftsunternehmen und Auswirkungen auf das Preisniveau

Durch den Wegfall der Gebühren und Auslagen entstehen Kosten für die Justizhaushalte der Länder, die aber bei weitem durch den Wegfall der Stundung kompensiert werden. Auch die Verfahrensvereinfachungen im Verbraucherinsolvenzverfahren werden die Justizhaushalte entlasten.

Kosten für die Wirtschaftsunternehmen werden durch den Entwurf nicht verursacht.

IV. Gesetzgebungskompetenz, Sonstiges

Die Gesetzgebungskompetenz des Bundes folgt aus Artikel 74 Abs. 1 Nr. 1 des Grundgesetzes (das bürgerliche Recht, das gerichtliche Verfahren, die Rechtsanwaltschaft). Der Bund kann diese Gesetzgebungskompetenz nach Artikel 72 Abs. 2 des Grundgesetzes in Anspruch nehmen, da für das Insolvenzverfahren bundeseinheitliche Regelungen bestehen müssen.

Der Gesetzentwurf ist mit dem Recht der Europäischen Union vereinbar.

Eine Befristung der in dem Entwurf vorgeschlagenen Gesetze scheidet aus, weil die Regelungen als Dauerregelungen angelegt sind, bis der Gesetzgeber eine Änderung für angezeigt hält.

Der Entwurf hat keine erkennbaren gleichstellungspolitischen Auswirkungen. Grundsätzlich sind Frauen und Männer von den Vorschriften des Entwurfs in gleicher Weise betroffen.

B) Besonderer Teil

Zu Artikel 1 (Änderung der Insolvenzordnung)

Zu Nummer 1

Mit Einführung eines Entschuldungsverfahrens steht auch völlig mittellosen Personen, die nicht einmal die Verfahrenskosten eines Insolvenzverfahrens aufbringen können, eine Möglichkeit offen, über eine Entschuldung die Chance für einen wirtschaftlichen Neuanfang zu erlangen.

Zu Nummer 2

Folgeänderung zur Aufhebung der Verfahrenskostenstundung.

Zu Nummer 3

Folgeänderung zur Aufhebung von § 313 InsO.

Zu Nummer 4

In Verfahren, in denen die Vermögensverhältnisse überschaubar und die Zahl der Gläubiger oder die Höhe der Verbindlichkeiten gering sind, können Verfahrensvereinfachungen dazu beitragen, diese Verfahren zügig und ohne übermäßige Belastung der Gerichte durchzuführen. Wiederholt wurde deshalb von der Praxis die Forderung erhoben, in solchen Verfahren die Möglichkeit der nachträglichen Forderungsanmeldung nach § 177 InsO auszuschließen. Eine solche nachträgliche Anmeldung verlängere nur das Insolvenzverfahren, ohne dass für den betreffenden Gläubiger hierdurch wesentliche Vorteile erreicht werden könnten. Gerade in Verbraucherinsolvenzverfahren, aber auch sonstigen Kleinverfahren, sollte eine Verfahrensgestaltung gewählt werden, die eine möglichst zügige und unbürokratische Abwicklung verspricht und damit die Ressourcen des Insolvenzgerichts schont. Der Gesetzentwurf sieht deshalb vor, dass in einem Verfahren, in dem die Vermögensverhältnisse des Schuldners überschaubar und die Zahl der Gläubiger oder die Höhe der Verbindlichkeiten gering ist, das Gericht bestimmen kann, dass die Anmeldung in einer Notfrist von 3 Monaten zu erfolgen hat. Wie auch in den sonstigen Verfahren beginnt die Frist mit der öffentlichen Bekanntmachung des Eröffnungsbeschlusses nach § 30 InsO, die als bewirkt gilt, sobald nach dem Tag der Veröffentlichung zwei weitere Tage verstrichen sind (§ 9 Abs. 1 Satz 3 InsO). Da die Anmeldefrist als Notfrist (vgl. § 224 Abs. 1 Satz 2 ZPO) ausgestaltet ist, wird dem Gläubiger bei einer unverschuldeten Versäumung Wiedereinsetzung in den vorigen Stand nach § 233 ZPO gewährt. Die Interessen der Insolvenzgläubiger sind damit ausreichend gewahrt. Die Einführung einer Notfrist für alle Verfahren, wie sie teilweise von der Praxis gefordert wird, ist dagegen nicht zweckmäßig. Obgleich eine

Notfrist in Kleinverfahren durchaus eine verfahrensbeschleunigende Wirkung haben kann, kann sie, wie die Erfahrung mit § 14 GesO zeigt, in Verfahren mit vielen Gläubigern zu einer Mehrbelastung führen, da der Verwalter die verspätete Anmeldung dem Gericht zur Entscheidung darüber, ob gem. § 233 ZPO ein Wiedereinsetzungsgrund vorgelegen hat, vorlegen muss.

Zu Nummer 5

Auch der Verzicht auf den Berichtstermin soll zu einer zügigen Insolvenzbereinigung und zu einer Entlastung der Gerichte in den Verfahren beitragen, in dem dieser keine besondere Funktion hat. Dieser Termin dient dazu, Gläubigern die Wahl zwischen Liquidation und Reorganisation eines insolventen Unternehmens zu geben (§§ 156, 157). Bei Verbraucherinsolvenzverfahren kommt aber nach dem Scheitern des Schuldenbereinigungsplans eine „Sanierung" des Schuldners im Insolvenzverfahren nicht in Betracht. Das Vermögen des Schuldners ist in jedem Fall zu liquidieren. Gleiches kann auch für die so genannten Kleinverfahren gelten, in denen die Vermögensverhältnisse überschaubar und die Zahl der Gläubiger oder die Höhe der Verbindlichkeiten gering sind.

Zu Nummer 6

Folgeänderung zur Aufhebung der Verfahrenskostenstundung.

Zu Nummer 7

Folgeänderung zur Aufhebung der Verfahrenskostenstundung.

Zu Nummer 8

Nach der geltenden Fassung von § 88 InsO werden Sicherheiten, die ein Gläubiger nicht früher als einen Monat vor Antrag auf Eröffnung des Insolvenzverfahrens erworben hat, mit der Verfahrenseröffnung unwirksam. Satz 2 erweitert die Monatsfrist für das Verbraucherinsolvenzverfahren, dem ein erfolgloser außergerichtlicher Einigungsversuch mit den Gläubigern vorausgegangen war, auf drei Monate. Die Ausdehnung der Rückschlagsperre auf einen Zeitraum von 3 Monaten vor einem Antrag nach § 305 InsO, die bislang in § 312 Abs.1 Satz 3 geregelt war, will Störungen des außergerichtlichen Einigungsversuchs durch den Vollstreckungszugriff einzelner Gläubiger unterbinden. Die Dreimonatsfrist orientiert sich an § 131 Abs. 1 Nr. 2, 3 InsO, der für eine inkongruente Deckung darauf abstellt, ob die inkriminierte Rechtshandlung innerhalb des zweiten oder dritten Monats vor dem Eröffnungsantrag vorgenommen wurde. Eine Anpassung der Rückschlagsperre an diese Frist erscheint gerechtfertigt, da sowohl § 88 als auch die §§ 129 ff. InsO die Gläubigergesamtheit schützen und dem Grundsatz der Gleichbehandlung bereits in der Zeit der Krise vor Verfahrenseröffnung Rechnung tragen sollen. Gegenüber der Anfechtung hat die erweiterte Rückschlagsperre zudem den Vorteil, dass ein möglicherweise langwieriger Rechtsstreit vermieden wird.

Zu Nummer 9

Folgeänderung zur Aufhebung der Verfahrenskostenstundung

Zu Nummer 11

Nach der geltenden Fassung von § 289 InsO sind die Insolvenzgläubiger im Schlusstermin zu dem Restschuldbefreiungsantrag des Schuldners zu hören. Erst in diesem Termin können sie nach § 290 Abs. 1 InsO die Versagung der Restschuldbefreiung beantragen. Dieser späte Zeitpunkt für eine Anhörung der Insolvenzgläubiger und des Insolvenzverwalters wurde gewählt, um für die gesamte Verfahrensdauer überprüfen zu können, ob der Schuldner seinen Auskunfts- und Mitwirkungspflichten nachgekommen ist (vgl. BT-Drs. 12/2443 S. 189). Findet kein schriftliches Verfahren statt (vgl. § 5 Abs. 2 InsO), so hat dies häufig zur Folge, dass die Gläubiger von ihrem Recht auf rechtliches Gehör keinen Gebrauch machen, da sie den Aufwand scheuen, die Gläubigerversammlung zu besuchen. Damit werden dem Gericht ohne Not Erkenntnismöglichkeiten verschlossen, die für die Erteilung der Restschuldbefreiung von Belang sein können. Durch die vorgeschlagene Streichung der Worte „im Schlusstermin" soll auch eine schriftliche Anhörung ermöglicht werden.

Zu Nummer 12

Wie bereits unter Nummer 11 erläutert, scheuen viele Insolvenzgläubiger den Aufwand, persönlich im Schlusstermin zu erscheinen, um die Versagung der Restschuldbefreiung zu beantragen. Damit unterbleiben solche Anträge selbst in den Fällen, in denen eine erhebliche Wahrscheinlichkeit besteht, dass die Voraussetzungen für einen Versagungsgrund vorliegen. Dies führt zu der unbefriedigenden Situation, dass die Restschuldbefreiung auch in Verfahren angekündigt werden muss, in denen das Insolvenzgericht vom Vorliegen eines Versagungsgrundes überzeugt ist. Durch die Einfügung des Wortes „spätestens" in § 290 Abs. 1 InsO soll erreicht werden, dass zwar wie bisher ein Versagungsantrag im Schlusstermin gestellt werden kann, die Insolvenzgläubiger jedoch berechtigt sind, bereits vor dem Termin einen wirksamen Antrag schriftlich zu stellen. Bisher wird ein solcher nur schriftlich gestellter Antrag überwiegend als unzulässig verworfen. Dass dies im Interesse eines effektiven Verfahrens kontraproduktiv ist, zeigen die Erfahrungen im schriftlichen Verfahren nach § 312 Abs. 2 InsO in der geltenden Fassung (künftig § 5 Abs. 2 InsO), in dem der Fristablauf an die Stelle des Schlusstermins tritt, und wo deutlich mehr Versagungsanträge als im normalen Verfahren gestellt werden.

Von der Praxis wird kritisiert, die Restschuldbefreiung müsse auch dann erteilt werden, wenn dem Insolvenzgericht sichere Erkenntnisse über einen Versagungsgrund vorliegen. Dies wird als unbefriedigend empfunden, da das Gericht sehenden Auges eine Entscheidung zu treffen hat, die der wesentlichen Zielrichtung des Restschuldbefreiungsverfahrens, nur dem redlichen Schuldner diese Rechtswohltat zuteil werden zu lassen, widerspricht. Die Begründung des Regierungsentwurfs zur Insolvenzordnung führt hierzu aus, allein die Gläubiger sollten darüber entscheiden, ob Versagungsgründe zu überprüfen sind, da es um den Verlust ihrer Forderungen gehe (BT-Drs. 12/2443 S. 190). Dem lag die Vorstellung zugrunde, die Gläubiger würden in Wahrnehmung ihrer Interessen kontrollieren, ob Versagungsgründe vorliegen, und im Schlusstermin die Versagung geltend machen. Damals konnte noch nicht berücksichtigt werden, dass nach Gewährung der Verfahrenskostenstundung zahllose massearme Insolvenzverfahren eröffnet werden, bei denen von vornherein feststeht, dass die Gläubiger weitgehend leer ausgehen werden. Ihr Interesse, sich in diese Verfahren einzubringen, ist äußerst gering, so dass der Aufwand einer Teilnahme an der Gläubigerversammlung regelmäßig gescheut wird. Um dem grundlegenden Gedanken des Restschuldbefreiungsverfahrens, nur den redlichen Gläubiger von seinen Verbindlichkeiten zu entlasten, wieder stärker zur Geltung zu verhelfen, ist deshalb in § 290 InsO auch die Versagung von Amts wegen vorgesehen. Diese Versagung von Amts wegen darf jedoch nicht zu einer Amtsermittlungspflicht des Gerichts werden. Aus diesem Grund bestimmt der neu eingefügte Absatz 3, dass das Gericht ohne Antrag eines Insolvenzgläubigers die Restschuldbefreiung nur versagen darf, wenn ein Versagungsgrund offenkundig ist. Offenkundig im Sinne des § 291 ZPO sind allgemeinkundige und gerichtskundige Tatsachen. Allgemeinkundig sind Tatsachen, die in einem größeren oder kleineren Bezirk einer beliebig großen Menge von Personen bekannt sind oder wahrnehmbar waren und über die man sich aus zuverlässigen Quellen ohne besondere Fachkunde unterrichten kann. Gerichtskundig sind solche Tatsachen, die das Gericht aus seiner jetzigen oder früheren Tätigkeit, auch in anderen Aufgabenbereichen in dienstlicher Eigenschaft kennt (z.B die Existenz eines Strafregistereintrags, eine frühere Versagung der Restschuldbefreiung). Es genügt nicht, wenn der Richter die Tatsache selbst positiv nie gekannt hat, sondern nur weiß, dass es dazu gerichtliche Akten in seiner Behörde gibt, durch deren Einsicht er sich Kenntnis verschaffen kann. Privates Wissen des Richters scheidet aus, weil „gerichtskundig" nur eine aus amtlicher Tätigkeit bekannte Tatsache sein kann.

Die Wohltat einer Restschuldbefreiung soll nur der der redliche Schuldner erhalten, der sich seinen Gläubigern gegenüber nichts hat zuschulden kommen lassen, (BT-Drucks. 12/2443 S.190). Aus Gründen der Rechtssicherheit wurde jedoch davon abgesehen, die Versagung der Restschuldbefreiung durch eine Generalklausel zu regeln. Durch einen abschließenden Katalog von Fallgruppen, wird konkretisiert, was unter dem Begriff „redlicher Schuldner" zu verstehen ist. Eine solche abschließende Aufzählung von Versagungsgründen kann allerdings nicht alle Fallkonstellationen, die im Interesse einer Missbrauchsverfolgung eine Versagung der Restschuldbefreiung rechtfertigen, erfassen. Die heute verfügbaren Erfahrungen zeigen, dass die Beschränkung der Versagungsgründe in Absatz 1 Nummer 1 auf rechtskräftige Verurteilungen wegen einer Insolvenzstraftat (§§ 283 bis 283c StGB) den Zweck, unredliche Schuldner von einer Restschuldbefreiung auszuschließen, nicht umfassend verwirklicht. Unredlich kann auch ein Schuldner sein, der durch eine Straftat, die wirtschaftlichen Interessen oder das Vermögen eines späteren Insolvenzgläubigers beeinträchtigt, obwohl dadurch die Insolvenzmasse nicht geschmälert wird. Ein Betrug (§ 263 StGB) gegenüber einem Insolvenzgläubiger kann beispielsweise einen höheren Unrechtsgehalt aufweisen als die Verwirklichung einer Insolvenzstraftat. Aus diesem Grund wird durch die Einfügung der Nummer 1a in Absatz 1 der Katalog der Straftaten erweitert, um möglichst wirksam zu gewährleisten, dass nur redliche Schuldner in den Genuss der Restschuldbefreiung kommen. Als unredlich ist künftig auch ein Schuldner anzusehen, der wegen einer Straftat verurteilt wird, deren der Verurteilung zugrunde liegende Straftatbestand dem Schutz von Eigentum und Vermögen zu dienen bestimmt sind. Um das Insolvenzgericht nicht mit der Aufgabe zu belasten, selbst die objektiven und subjektiven Voraussetzungen einer solchen Straftat feststellen zu müssen, stellt die Regelung wie in Absatz 1 Nummer 1 darauf ab, ob eine rechtskräftige Verurteilung erfolgt ist. Anders bei der Verurteilung wegen einer Insolvenzstraftat gemäß den §§ 283 bis 283c StGB, bei der es nicht erforderlich ist, dass die Straftat in einem konkreten Zusammenhang mit dem Insolvenzverfahren steht, stellt hier nur eine gegenüber dem Antrag stellenden Insolvenzgläubiger begangene Straftat einen Versagungsgrund dar. Da nicht jedes Bagatelldelikt sondern nur gravierende Straftaten gegenüber dem Antrag stellenden Insolvenzgläubiger erfasst werden sollen, muss eine Verurteilung zu einer Freiheitsstrafe vorliegen.

Mit dem Versagungsgrund aus § 290 Abs. 1 Nr. 3 wird eine Sperre gegenüber einem missbräuchlich wiederholten Restschuldbefreiungsverfahren geschaffen. Die Sperrfrist von zehn Jahren wird durch die Erteilung der Restschuldbefreiung, durch eine Versagung wegen Verletzung von Obliegenheiten während der Laufzeit der Abtretungserklärung (§ 296) oder wegen einer Verurteilung wegen einer Insolvenzstraftat in der Laufzeit der Abtretungserklärung (§ 297) in Gang gesetzt. Eine Versagung der Restschuldbefreiung nach § 290 löst dagegen keine Sperrfrist aus. Dies wurde damit begründet, dass in allen Fällen des § 290 das eigentliche Restschuldbefreiungsverfahren noch nicht in Gang gesetzt worden sei, so dass hier der Gesichtspunkt einer Vermeidung von Gerichtsbelastung durch wiederholte Restschuldbefreiungsanträge weniger Gewicht habe. Dieses Argument verliert an Bedeutung, wenn, wie vorgesehen, künftig auch nach der Ankündigung der Restschuldbefreiung gemäß § 297a nachträglich die Restschuldbefreiung versagt werden kann. Um einem Missbrauch der Restschuldbefreiung vorzubeugen wurden neben den §§ 295 und 296 die Versagungsgründe des § 290 in das Restschuldbefreiungsverfahren aufgenommen. Zweck der Regelung des § 290 ist damit die missbräuchliche Inanspruchnahme der Restschuldbefreiung. Es ist daher nicht einsichtig, dass eine Versagung wegen einer Obliegenheitsverletzung nach § 295 eine Sperrfrist auslöst, nicht aber ein Versagung nach § 290, die auf einer schwerwiegenderen Pflichtverletzung beruhen kann. § 290 ist daher in die Sperrfrist des § 290 Abs. 1 Nr. 3 einzubeziehen. Dagegen soll Versagung nach 298 wegen fehlender Deckung der Mindestvergütung des Treuhänders keine Sperrfrist in Lauf setzen, da hier eine Vorwerfbarkeit für die Versagung fehlt.

Nach der geltenden Fassung von § 290 Abs. 1 Nr. 5 InsO wird nur die vorsätzliche oder grob fahrlässige Verletzung von Auskunfts- oder Mitwirkungspflichten während des Insolvenzverfahrens erfasst. Zwar wird von der h. M. in Rechtsprechung und Literatur bereits jetzt diese Formulierung dahingehend verstanden, dass sämtliche Auskunfts- und Mitwirkungspflichten während des gesamten Insolvenzverfahrens bis zum Schlusstermin, also auch die in dem gerichtlichen Verfahren über den Schuldenbereinigungsplan und die im Eröffnungsverfahren, erfasst werden. Durch die vorgesehene Streichung der Worte „während des Insolvenzverfahrens" soll dies jedoch noch einmal ausdrücklich klargestellt werden.

Zu Nummer 13

Folgeänderung zu Nummer 18.

Zu Nummer 14

Folgeänderung zur Aufhebung der Verfahrenskostenstundung.

Zu Nummer 15

Folgeänderung zur Aufhebung der Verfahrenskostenstundung.

Zu Nummer 16

Wie bereits unter Nummer 11 erläutert, scheuen viele Insolvenzgläubiger den Aufwand, persönlich im Schlusstermin zu erscheinen, um die Versagung der Restschuldbefreiung zu beantragen. Damit unterbleiben solche Anträge selbst in den Fällen, in denen eine erhebliche Wahrscheinlichkeit besteht, dass die Voraussetzungen für einen Versagungsgrund vorliegen. Dies führt zu der unbefriedigenden Situation, dass die Restschuldbefreiung auch in Verfahren angekündigt werden muss, in denen das Insolvenzgericht vom Vorliegen eines Versagungsgrundes überzeugt ist. Durch die Möglichkeit, auf eine offenkundige Obliegenheitsverletzung von Amts wegen zu reagieren, wird das mangelnde Interesse der Gläubiger kompensiert. Die gegenwärtige Situation ist nicht nur für die Gerichte und die Treuhänder unbefriedigend, sondern auch geeignet, das Restschuldbefreiungsverfahren insgesamt zu diskreditieren. Im Übrigen untergräbt es die Wirtschaftsmoral, wenn Schuldner von Ihren Verbindlichkeiten befreit werden können, ohne dem nachzukommen, was der Gesetzgeber als Mindestanforderung für das Bemühen festgeschrieben hat, nach Kräften für eine Befriedigung der Gläubigerforderungen zu sorgen.

Zu Nummer 17

Völlig unbefriedigend ist es, wenn eine Restschuldbefreiung mangels Gläubigerantrag auch Personen erteilt werden muss, die rechtskräftig wegen einer gegenüber dem Antrag stellenden Insolvenzgläubiger begangenen Straftat zur Freiheitsstrafe oder einer Insolvenzstraftat verurteilt wurden. Die nachteiligen Auswirkungen auf die Wirtschaftsmoral sind hier besonders augenscheinlich. Im Übrigen wird auf die Ausführungen zu Nummer 12 und 16 verwiesen.

Zu Nummer 18

Ausgelöst durch mehrere gerichtliche Entscheidungen, in denen eine Versagung der Restschuldbefreiung nicht ausgesprochen werden konnte, weil der Versagungsgrund bis zur rechtskräftigen Ankündigung der Restschuldbefreiung den Gläubigern unbekannt geblieben war, kam aus der Praxis die Anregung, eine nachträgliche Versagung zu ermöglichen. So ist es z.B. nicht hinnehmbar, dass einem Schuldner, obwohl er Vermögen verheimlicht, die Restschuldbefreiung erteilt muss, weil dies erst nach der rechtskräftigen Ankündigung der Restschuldbefreiung bekannt geworden ist. Auch wenn das nachträglich bekannt gewordene Vermögen im Wege einer Nachtragsverteilung den Gläubigern zugute kommt, kann das Verhalten des

Schuldners nicht als „redlich“ angesehen werden und die Erteilung der Restschuldbefreiung rechtfertigen. Der neu eingefügte § 297a ermöglicht eine Versagung, wenn Versagungsgründe nachträglich bekannt geworden sind. Erfasst werden hierbei nur die in § 290 Abs. 1 Nummer 1 bis 3 und Nummer 6 umschriebenen Versagungsgründe, die auf leicht nachweisbaren Sachverhalten beruhen. Nummer 4 und 5 sind aus Gründen der Rechtssicherheit von einer nachträglichen Versagung ausgenommen, da die Frage, ob ein bestimmtes Verhalten einen Versagungsgrund darstellt, einer wertenden Beurteilung unterliegt. Der Versagungsgrund darf erst nach der Ankündigung der Restschuldbefreiung dem Antrag stellenden Gläubiger oder dem Gericht bekannt geworden sein. Im Interesse einer alsbaldigen Klärung kann der Versagungsantrag nur binnen sechs Monaten nach dem Zeitpunkt gestellt, zu dem der Versagungsgrund dem Antrag stellenden Gläubiger bekannt geworden ist. Den Versagungsgrund und den Zeitpunkt der Kenntnisnahme hat der Gläubiger glaubhaft zu machen. Erhält das Gericht aufgrund offenkundiger Tatsachen nachträglich Kenntnis von einem Versagungsgrund, so ist über eine Versagung von Amts wegen binnen sechs Monaten nach Kenntnisnahme zu entscheiden.

Zu Nummer 19

Folgeänderung zur Aufhebung der Verfahrenskostenstundung

Zu Nummer 20

Folgeänderung zu Nummer 18

Zu Nummer 21

Zu Buchstabe a

Dem Schuldner sollte ein deutlicher Anreiz geboten werden, auch erhebliche Anstrengungen zu unternehmen, um seinen Gläubigern eine möglichst hohe Befriedigungsquote verschaffen zu können. Das geltende Recht trägt diesem Gedanken nur unzureichend Rechnung. Der erhöhte Selbstbehalt nach vier oder fünf Jahren Wohlverhaltensperiode (§ 292 Abs. 1 InsO) kann diesem Anspruch nicht gerecht werden. Der wohl effektivste Motivator in einem Restschuldbefreiungsverfahren, um den Schuldner auch zu überobligationsmäßigen Anstrengungen zu bewegen, besteht in einer wirklich fühlbaren Abkürzung der Wohlverhaltensperiode. Dies wird auch Verwandte des Schuldners, die grundsätzlich zur Hilfe bereit sind, überzeugen, den Schuldner zu unterstützen, damit er seinen Gläubigern ein attraktives Angebot unterbreiten kann. Eine Befriedigungsquote von 40 % wird wohl nur in Ausnahmefällen zu realisieren sein, dafür rückt jedoch mit einer Wohlverhaltensperiode von nur zwei Jahren die Entschuldung in greifbare Nähe. Allerdings wird in der Praxis bei einer solch kurzen Frist besonders sorgfältig auf einen Missbrauch zu achten sein. Eine Quote von 20 % dürfte im Restschuldbefreiungsverfahren deutlich leichter zu realisieren sein, so dass insofern künftig zahlreiche Schuldner von dieser Fristverkürzung profitieren werden.

Zu Buchstabe b

Auf die Ausführungen zu Nummer 12 und 16 wird verwiesen.

Zu Nummer 22

In der Literatur wird ganz verbreitet angenommen, zu den von einer Restschuldbefreiung ausgenommenen unerlaubten Handlungen würde auch eine vorsätzliche Unterhaltspflichtverletzung zählen. Dies sei auch von erheblichem Gewicht, da § 170 StGB aus insolvenzrechtlicher Sicht eines der bedeutendsten Schutzgesetze im Sinne des § 823 Abs. 2 BGB darstelle. Bei dieser Wertung bleibt jedoch unerörtert, ob es tatsächlich gerechtfertigt ist, die vorsätzliche Verletzung einer Unterhaltspflicht in Übereinstimmung mit dem Tatbestand des § 170 Abs. 1 StGB nur dann von einer Restschuldbefreiung auszuschließen, wenn der Unterhaltsberechtigte durch die Pflichtverletzung in seinem Lebensbedarf gefährdet ist oder ohne die Hilfe anderer gefährdet wäre. Angesichts der besonderen Schutzbedürftigkeit der Unterhaltsberechtigten stellt der Gesetzentwurf klar, dass es für einen Ausschluss nach § 302 InsO ausreicht, wenn der Schuldner pflichtwidrig seinen Unterhaltsverpflichtungen nicht nachkommt. Durch den Begriff pflichtwidrig wird klargestellt, dass die vorsätzliche Nichtleistung des Unterhalts bereits dann einer unerlaubten Handlung gleichgestellt wird, wenn die wesentlichen Voraussetzungen für eine gesetzliche Unterhaltspflicht, also die Bedürftigkeit des Unterhaltsberechtigten und die Leistungsfähigkeit des Unterhaltsschuldners, gegeben sind. Wie auch bei den sonstigen unerlaubten Handlungen werden Unterhaltsansprüche nur dann von der Restschuldbefreiung ausgenommen, wenn der Gläubiger die Forderung unter Angabe dieses Rechtsgrundes angemeldet hat.

Zu Nummer 23

Die Restschuldbefreiung soll nicht nur widerrufen werden können, wenn der Schuldner seine Obliegenheiten vorsätzlich verletzt. Ein Widerruf soll auf Antrag eines Insolvenzgläubigers auch möglich sein, wenn die Verurteilung wegen einer in § 297 InsO genannten Straftat bei Erteilung der Restschuldbefreiung verborgen geblieben war.

Zu Buchstabe 24

Zu § 303a (Antrag des Schuldners)

Das im neuen Zweiten Abschnitt des Achten Teils der Insolvenzordnung geregelte Entschuldungsverfahren soll den Personen einen wirtschaftlichen Neuanfang ermöglichen, die nicht einmal die Verfahrenskosten für ein Insolvenzverfahren aufbringen können. Seine Zielrichtung entspricht somit im Wesentlichen der des Restschuldbefreiungsverfahrens, so dass die Voraussetzungen für die Verfahrenseröffnung weitgehend den §§ 286ff. InsO angenähert werden können. Wie das zuletzt genannte Verfahren steht auch das Entschuldungsverfahren nur natürlichen Personen offen. Bei juristischen Personen und Gesellschaften erfolgt regelmäßig deren Auflösung. Eröffnungsgrund ist lediglich die Zahlungsunfähigkeit und nicht auch die drohende Zahlungsunfähigkeit. Letzterer kann in diesem Zusammenhang keine Bedeutung zukommen, da es ihr wesentliches Ziel ist, im Interesse sanierungswürdiger Unternehmen eine möglichst frühzeitige Verfahrenseröffnung zu ermöglichen. Deshalb werden im Rahmen einer Prognoseentscheidung auch noch nicht fällige Verbindlichkeiten in die Bewertung miteinbezogen. Demgegenüber sollen über ein Entschuldungsverfahren völlig mittellose Personen, deren Restvermögen nicht einmal ausreicht, die Verfahrenskosten zu decken, die Chance für einen wirtschaftlichen Neuanfang erhalten.

Von der Entschuldungswirkung werden nur Forderungen erfasst, die bei Eröffnung eines Insolvenzverfahrens Insolvenzforderungen darstellen würden (vgl. § 38 InsO). Forderungen, die in einem Insolvenzverfahren zur Aussonderung oder zur abgesonderten Befriedigung berechtigen, werden somit von der Entschuldungswirkung nicht berührt.

Nach der Konzeption des Verfahrens hat der Schuldner wesentlich zum Verfahrensfortgang beizutragen. Durch die Verweisung auf § 305 Abs. 1 Nr. 3 InsO wird festgelegt, dass der Schuldner ein Vermögensverzeichnis, eine Vermögensübersicht sowie ein Gläubiger- und ein Forderungsverzeichnis seinem schriftlich einzureichenden Antrag beizufügen hat. Hinsichtlich des Forderungsverzeichnisses kann er auf eine durch die Gläubiger erstellte Forderungsaufstellung Bezug nehmen, sofern diese mit dem Antrag vorgelegt wird. Im Gegensatz zum Verbraucherinsolvenzverfahren sind die Gläubiger im Rahmen des Entschuldungsverfahrens nicht verpflichtet, dem Schuldner eine Aufstellung ihrer Forderungen zu erteilen. Da die Entschuldungswirkung nur die im Forderungsverzeichnis aufgeführten Forderungen erfasst, geht es somit zu Lasten des Schuldners, wenn nicht alle Forderungen benannt werden. Über diese Beibringungslast soll der Schuldner zu einem aktiveren Verhalten im Verfahren angehalten werden.

Wie im Verbraucherinsolvenzverfahren kann sich der Schuldner im Entschuldungsverfahren durch den Vertreter einer als geeignet anerkannten Stelle oder von einer geeigneten Person vertreten lassen. [Durch die Verweisung auf § 305 Abs. 4 Satz 2 InsO wird sichergestellt, dass der in § 157 ZPO geregelte Ausschluss von Nicht-Anwälten von der Verfahrensführung dem nicht entgegen steht].[4] Eine Änderung von Artikel 1 § 3 Nr. 9 RBerG ist nicht erforderlich, da die geltende Formulierung auch das Tätigwerden der geeigneten Stellen in einem Entschuldungsverfahren abdeckt.

Mit der Verweisung auf § 305 Abs. 5 InsO wird das Bundesministerium der Justiz ermächtigt, durch eine Rechtsverordnung mit Zustimmung des Bundesrates Vordrucke für das Entschuldungsverfahren einzuführen.

Da die Gläubiger keinen Vorteil von einem Entschuldungsverfahren haben, ist davon auszugehen, dass lediglich einzelne Gläubiger an diesem Verfahren aktiv teilnehmen werden. Um zu verhindern, dass auch in den Fällen, in denen ein Versagungsgrund evident vorliegt, das Gericht sehenden Auges eine Entschuldung erteilen muss, sieht der Gesetzentwurf vor, dass der Schuldner sich darüber zu erklären hat, ob er in der Vergangenheit wegen einer Insolvenzstraftat rechtskräftig verurteilt wurde oder ob ihm bereits einmal eine Restschuldbefreiung oder eine

4 Wird möglicherweise im Rahmen der Reform des Rechtsdienstleistungsgesetzes überflüssig.

Entschuldung erteilt oder versagt worden ist. Liegt ein Versagungsgrund entsprechend § 290 Abs. 1 Nr. 1 oder 3 InsO vor oder wurde dem Schuldner bereits einmal eine Entschuldung erteilt, so ist der Antrag vom Insolvenzgericht zurückzuweisen.

Während der Schuldner ein Restschuldbefreiungsverfahren nach 10 Jahren erneut durchlaufen kann, soll er eine Entschuldung nur einmal in Anspruch nehmen können. Der Grund für diese unterschiedliche Ausgestaltung der Verfahren ist darin begründet, dass dem Schuldner die Rechtswohltat einer weitgehenden Freistellung von allen Verbindlichkeiten ohne Einsatz eigener finanzieller Mittel nur einmal zugute kommen soll. Hat er bereits einmal ein Entschuldungsverfahren durchlaufen, so kann er einen weiteren wirtschaftlichen Neuanfang nur über ein Restschuldbefreiungsverfahren erlangen, wobei ebenfalls die 10-Jahresfrist eingehalten werden muss.

Wie bei einem Verbraucherinsolvenzverfahren ist es auch in einem Entschuldungsverfahren sinnvoll, wenn die geeigneten Personen oder Stellen nach § 305 Abs. 1 Nr. 1 InsO eingebunden werden. Dabei steht die Feststellung im Vordergrund, eine Einigung mit den Gläubigern über die Schuldenbereinigung sei offensichtlich aussichtslos. Eine solche Erklärung setzt zunächst voraus, dass die bescheinigende Person oder Stelle sich mit den Vermögensverhältnissen des Schuldners vertraut macht, da anderenfalls keine Aussage über etwaige Einigungschancen gemacht werden könnte. Wie im Verbraucherinsolvenzverfahren so bietet es sich auch im Entschuldungsverfahren an, dass die geeignete Person oder Stelle gemeinsam mit dem Schuldner die Antragsvordrucke ausfüllt. Sollte die Ermittlung der Vermögensverhältnisse die Selbsteinschätzung des Schuldners bestätigen, dass er zahlungsunfähig ist und sein Vermögen nicht einmal ausreicht, die Verfahrenskosten abzudecken, so wird regelmäßig allein aufgrund dieses Befundes die Einschätzung gerechtfertigt sein, dass eine Einigung mit den Gläubigern offensichtlich aussichtslos ist. Die Erfahrungen mit den sog. „Null-Plänen" im Rahmen des Verbraucherinsolvenzverfahrens haben gezeigt, dass die Gläubiger nur in seltenen Fällen bereit sind, ohne jede Gegenleistung einen Schuldenbereinigungsplan zu akzeptieren. Sofern keine besonderen Anhaltspunkte vorliegen, wie etwa eine entsprechende Erklärung des Hauptgläubigers, brauchen keine Anstrengungen unternommen zu werden, um eine Einigung zu erreichen.

Zu § 303b (Eidesstattliche Versicherung)

Den Gläubigern ist ein Eingriff in ihre Forderungsrechte nur zuzumuten, wenn die Vermögensverhältnisse des Schuldners sorgfältig untersucht wurden. In etwa muss den Gläubigern die gleiche Gewissheit über die Vermögenslage des Schuldners vermittelt werden können wie in einem eröffneten Insolvenzverfahren. Um dieses Ziel zu erreichen, wird in den nach § 303a Abs. 2 Satz 1 2. Halbsatz InsO-E i.V.m. § 305 Abs. 5 InsO zu fertigenden Vordrucken die Vermögenslage des Schuldners noch umfassender erhoben, als dies bei einer Offenbarungsversicherung nach § 807 InsO der Fall wäre. Um den Schuldner anzuhalten, gewissenhaft Auskunft zu geben und nötigenfalls selbst Recherchen über seine Vermögenslage anzustellen, sieht deshalb § 303a InsO-E in Anlehnung an § 98 Abs. 1 InsO vor, dass der Schuldner an

Eides statt zu versichern hat, dass er seine Angaben in den Formularen nach besten Wissen und Gewissen gemacht hat. Während allerdings nach § 98 InsO die Versicherung an Eides statt nur abzulegen ist, wenn dies dem Gericht zu einer wahrheitsgemäßen Aussage erforderlich erscheint, sieht § 303b Abs. 1 InsO-E dies zwingend vor. Die obligatorische Abgabe der eidesstattlichen Versicherung ist auch geboten, da sie insoweit einen Ausgleich für die fehlende Aufklärung der Vermögenslage durch einen Insolvenzverwalter darstellt. Um dem Schuldner zu verdeutlichen, welche Bedeutung seinen Erklärungen zukommt, hat er persönlich beim Insolvenzgericht zu erscheinen, um dort die eidesstattliche Versicherung zu Protokoll zu erklären. Wie in § 98 Abs. 1 Satz 2 InsO gelten die einschlägigen Vorschriften der ZPO über die Abnahme von Eiden.

Kommt der Schuldner seiner Verpflichtung nicht innerhalb der vorgesehenen Frist nach oder erscheint er nicht oder ohne ausreichende Entschuldigung zum Termin, so wird über die Verweisung auf § 296 Abs. 2 Satz 3 InsO erreicht, dass die Entschuldung zu versagen ist. Daneben ist auch an die Strafsanktion nach § 156 StGB zu denken.

Nach § 303b Abs. 1 Satz 2 InsO-E i.V.m. § 480 ZPO ist der Schuldner über die eidesstattliche Versicherung zu belehren. Durch § 303b Abs. 2 InsO-E wird die Belehrung auch auf Bedeutung und Ablauf des Entschuldungsverfahrens einschließlich der vom Schuldner zu beachtenden Obliegenheiten ausgedehnt.

Zwar kann das Gericht nach § 5 Abs. 1 Satz 2 InsO einen Sachverständigen bestellen, doch wird dies in einem Entschuldungsverfahren nur in ganz seltenen Ausnahmefällen erforderlich sein. Zu denken wäre in diesem Zusammenhang etwa an einen ehemals unternehmerisch tätigen Schuldner, bei dem nun eine äußerst komplexe Vermögenssituation gegeben ist. Demgegenüber wird es wenig Sinn machen, wenn das Gericht durch einen Sachverständigen ermitteln lässt, ob der Schuldner tatsächlich so vermögenslos ist, dass nicht einmal die Kosten für ein Insolvenzverfahren gedeckt werden können. Insofern ist die Vermutung gerechtfertigt, durch den Abstand zwischen Restschuldbefreiungs- und Entschuldungsverfahren werde bereits ausreichend sichergestellt, dass der Schuldner in aller Regel ein Insolvenzverfahren anstreben wird.

Zu § 303c (Beteiligung der Gläubiger)

Wie die Restschuldbefreiung so soll auch die Entschuldung nur dem redlichen Schuldner zugute kommen. Auch im Entschuldungsverfahren ist es im Wesentlichen den Gläubigern überantwortet, ob der Schuldner die Rechtswohltat nicht erhält, weil Versagungsgründe vorliegen. Damit die Gläubiger über den Stand des Verfahrens in Kenntnis gesetzt werden, hat das Gericht nach Prüfung der Zulässigkeitsvoraussetzungen den Entschuldungsantrag und die Vermögensübersicht den benannten Gläubigern zuzustellen. Dabei sind die Gläubiger über die Wirkungen einer Entschuldung zu belehren. Gleichzeitig werden die Gläubiger aufgefordert, dem Gericht mitzuteilen, ob ein Versagungsantrag gestellt wird, weil Versagungsgründe entsprechend § 290 InsO vorliegen. Eine Ausnahme von dem Grundsatz, dass Versagungsgründe nur auf Antrag eines Gläubigers berücksichtigt werden, wird lediglich nach § 303a Abs. 2 Satz 3 InsO-E gemacht. Die dort angesprochenen Versagungsgründe sind einerseits von erheblichem Gewicht, andererseits können sie vom Gericht leicht festgestellt werden.

Um den Fortgang des Entschuldungsverfahrens nicht zu verzögern, können die Gläubiger ihren Versagungsantrag nur innerhalb einer Notfrist (vgl. § 224 Abs. 1 ZPO) von einem Monat geltend machen. Angesichts der weitgehend gleichen Zielrichtung von Restschuldbefreiungs- und Entschuldungsverfahren ist es geboten, die Versagungsgründe des § 290 Abs. 1 InsO auch auf das Entschuldungsverfahren anzuwenden. Die reichhaltige Rechtsprechung und Literatur zu diesen Versagungsgründen können somit auch auf das Entschuldungsverfahren übertragen werden. Für den Versagungsgrund des § 290 Abs. 1 Nr. 5 InsO bedeutet die entsprechende Anwendung, dass die Verletzung von Auskunfts- oder Mitwirkungspflichten im Entschuldungsverfahren zu einer Versagung der Entschuldung führen können.

Um zu verhindern, dass einzelne Gläubiger etwa aus Verärgerung völlig unsubstantiierte Versagungsanträge stellen, wird durch Absatz 1 Satz 2 festgelegt, dass ein Versagungsantrag nur zulässig ist, wenn er auch glaubhaft gemacht wird. Dies gilt allerdings nicht für die Versagungsanträge nach § 290 Abs. 1 Nr. 1 und 3 InsO, da diese auch von Amts wegen zu berücksichtigen sind.

Da den Gläubigern lediglich der Antrag und die Vermögensübersicht ohne die Verzeichnisse zuzustellen sind, können sie sich über die Verschuldungssituation des Schuldners nur dann ein zutreffendes Bild machen, wenn sie in die Verzeichnisse Einblick nehmen. Nach Absatz 2 sind sie deshalb darauf hinzuweisen, dass die Verzeichnisse beim Insolvenzgericht niedergelegt sind.

Zu § 303d (Entscheidung über den Entschuldungsantrag)

In § 303d werden Voraussetzungen und Inhalt der grundlegenden Entscheidung über den Entschuldungsantrag geregelt. Die Vorschrift ist von ihrer Struktur her an § 291 InsO angelehnt. Im Unterschied zum Restschuldbefreiungsverfahren, das neben der Ankündigung die anschließende Entscheidung über die Restschuldbefreiung nach § 300 InsO kennt, sieht das Entschuldungsverfahren grundsätzlich nur eine Entscheidung vor. Eine zweite Entscheidung des Insolvenzgerichts ist lediglich dann erforderlich, wenn nach § 303f InsO-E von einem Gläubiger eine Versagung der Entschuldung beantragt wird. Nach der besonderen Struktur des Entschuldungsverfahrens können nach Ablauf der achtjährigen Wohlverhaltensperiode nur die Forderungen nicht mehr durchgesetzt werden, die im Forderungsverzeichnis genannt sind. Abweichend von der Konzeption des § 291 Abs. 1 Satz 1 InsO wird in § 303d Abs. 1 Satz 1 InsO-E nicht auf die Voraussetzungen für die Versagung der Restschuldbefreiung abgestellt, sondern darauf, ob das Insolvenzgericht die Entschuldung tatsächlich versagt hat. Der Beschluss über die Ankündigung der Entschuldung soll wie der Beschluss nach § 291 InsO die Feststellung enthalten, dass der Schuldner die Entschuldung erlangt, wenn er den Obliegenheiten nach § 300e InsO-E nachkommt und keine sonstigen Versagungsgründe (§ 303f Abs. 2, 3 InsO-E) vorliegen. Es bietet sich daher an, dass das Gericht in dem Ankündigungsbeschluss den Schuldner auch über diese Versagungsgründe informiert. Über die Formulierung „spätestens“ wird dem Umstand Rechnung getragen, dass Forderungen bereits vor Ablauf der achtjährigen Entschuldungszeit nicht mehr zwangsweise durchgesetzt werden können. Dies gilt insbesondere für nicht titulierte Forderungen. Um eindeutig den Fristbeginn der Wohlverhaltensperiode zu markieren, wird in Absatz 1 Satz 2 klargestellt, dass die Stellung des Entschuldungsantrags maßgebend ist.

Wegen der Bedeutung der Entschuldungsentscheidung sowohl für den Schuldner als auch für seine Gläubiger wird ein Rechtsmittel eröffnet. Beschwerdebefugt sind allerdings nur die Gläubiger, die die Versagung der Entschuldung erfolglos beantragt haben.

Zu § 303e (Obliegenheiten des Schuldners)

Ein zentrales Anliegen des Entschuldungsverfahrens ist es, den Schuldner anzuhalten, in dem Zeitraum von acht Jahren alles nach seinen Kräften Mögliche zu unternehmen, um seine Gläubiger zu befriedigen. Auch wenn er keine pfändbaren Einkünfte und kein pfändbares Vermögen besitzt, hat sich der Schuldner, wie im Restschuldbefreiungsverfahren, um die bestmögliche Gläubigerbefriedigung zu bemühen und die in Anlehnung an § 295 InsO konzipierten Obliegenheiten des § 303e InsO-E zu erfüllen. So hat er im Interesse der Befriedigung der Gläubiger in der Entschuldungszeit eine angemessene Erwerbstätigkeit auszuüben oder sich um eine solche zu bemühen (Nr. 1), über einen Vermögenserwerb die von ihm benannten Gläubiger zu unterrichten (Nr. 2) und einen Wechsel des Wohnsitzes oder der Beschäftigungsstelle den Gläubigern mitzuteilen sowie umfassende Auskünfte zu erteilen (Nr. 3). Die Obliegenheiten treffen den Schuldner während der gesamten Laufzeit des Entschuldungsverfahrens, also acht Jahre lang.

Die Erwerbsobliegenheit in Nummer 1 ist hierbei von besonderer Bedeutung. Danach muss der Schuldner eine angemessene Erwerbstätigkeit ausüben und, wenn er beschäftigungslos ist, sich um eine solche bemühen und darf keine zumutbaren Tätigkeiten ablehnen. Da diese Regelung der Erwerbsobliegenheit gemäß § 295 Abs. 1 Nr. 1 InsO im Restschuldbefreiungsverfahren entspricht, kann insbesondere hinsichtlich der Auslegung der Begriffe „angemessen“ und „zumutbar“ auf die Rechtsprechung zu § 295 Abs. 1 Nr. 1 InsO verwiesen werden. Nummer 2 betrifft die Verpflichtung des Schuldners, einen Vermögenserwerb den von ihm benannten Gläubigern unverzüglich mitzuteilen. Eine entsprechende Regelung findet sich in § 295 InsO nicht, da im Restschuldbefreiungsverfahren der Schuldner seine pfändbaren Forderungen auf Bezüge aus einem Dienstverhältnis an einen Treuhänder abgetreten hat bzw., soweit er selbstständig tätig ist, die Insolvenzgläubiger durch Zahlungen an den Treuhänder so zu stellen hat, wie wenn er ein angemessenes Dienstverhältnis eingegangen wäre. Auch wenn das Entschuldungsverfahren keine Abtretung pfändbarer Einkünfte kennt, dienen nicht nur die während des Verfahrens erlangten Einkünfte sondern auch, anders als im Restschuldbefreiungsverfahren, das neu erlangte pfändbare Vermögen der Gläubigerbefriedigung. Da der Verteilungsaufwand bei geringfügigem Vermögenserwerb in keinem Verhältnis zu der damit zu erzielenden Gläubigerbefriedigung steht, besteht die Obliegenheit, den Gläubigern einen pfändbaren Vermögenswert mitzuteilen, nur dann wenn er einen Betrag von 1.500 € übersteigt. Ein solcher Betrag deckt regelmäßig auch die Kosten eines Insolvenzverfahrens eines sonst mittellosen Schuldners. Die Information der Gläubiger soll unverzüglich und damit, so weit es möglich ist, gleichzeitig erfolgen. Sie ermöglicht es den Gläubigern, entweder auf das pfändbare Vermögen des Schuldners im Wege der Zwangsvollstreckung zuzugreifen oder, weil nunmehr das Vermögen des Schuldners die Verfahrenskosten deckt, die Eröffnung eines Insolvenzverfahrens zu beantragen. Das im Wege einer Einzelzwangsvollstreckung Erlangte kann jedoch, falls ein Antrag auf Eröffnung des Insolvenzverfahrens gestellt wird, durch die Rückschlagsperre des § 88 InsO der Insolvenzmasse zugute kommen. In der Regel wird der Erwerb pfändbaren Vermögens während der Dauer des Entschuldungsverfahrens dazu führen, dass der Schuldner selbst ein Insolvenzverfahren beantragt, um schneller eine Restschuldbefreiung mit einer umfassenden Entschuldungswirkung zu erlangen. Sollte der Schuldner das erworbene Vermögen, über das er Auskunft zu geben hat, für sich vereinnahmen und verbrauchen, so rechtfertigt dies eine Versagung der Entschuldung nach § 303f InsO-E.

Nummer 3 nennt Obliegenheiten, deren Erfüllung es den Insolvenzgläubigern ermöglichen soll, das Verhalten des Schuldners ohne eigenen Untersuchungsaufwand zu überwachen und gegebenenfalls zu überprüfen. Der Wechsel des Wohnsitzes oder der Beschäftigungsstelle ist unverzüglich, d. h. ohne schuldhaftes Zögern, den Gläubigern anzuzeigen. Bei Zweifelsfragen hinsichtlich der Unverzüglichkeit kann auf die Auslegung des § 121 Abs. 1 Satz 2 BGB zurückgegriffen werden. Aus dem Gebot, die Gläubiger unverzüglich zu informieren, folgt, dass alle Gläubiger, so es möglich ist, gleichzeitig zu unterrichten sind. Die Obliegenheit, den Wohnortwechsel unverzüglich anzuzeigen, soll sicherstellen, dass der Schuldner jederzeit erreichbar ist. Die Anzeige des Wechsels der Beschäftigungsstelle soll den Gläubiger davon in Kenntnis setzen, wo Entgelte oder Bezüge verdient werden.

Auf Verlangen eines Gläubiger hat der Schuldner diesem nicht nur Auskunft über seine Erwerbstätigkeit oder seine Bemühungen um eine solche sowie über seine Bezüge und sein Vermögen zu erteilen, sondern umfassend über alle das Verfahren betreffenden Verhältnisse. Durch den Verweis auf § 97 Abs. 1 Satz 2, 3 InsO wird klargestellt, dass der Schuldner auch solche Tatsachen zu offenbaren hat, die geeignet sind, eine Verfolgung wegen einer Straftat oder einer Ordnungswidrigkeit herbeizuführen. Die am Verfahren beteiligten Gläubiger, die auf ihre berechtigten Forderungen oder einen Teil davon verzichten müssen, haben ein Interesse an der möglichst vollständigen Feststellung des Schuldnervermögens. Da ein Insolvenzverfahren über das Vermögen des Schuldners nicht eröffnet worden ist, bestehen die umfassenden Auskunftspflichten gemäß § 97 InsO, die ein Schuldner im eröffneten Insolvenzverfahren gegenüber dem Insolvenzgericht, dem Insolvenzverwalter oder dem Gläubigerausschuss hat, im Entschuldungsverfahren gegenüber den an der Entschuldung beteiligten Gläubigern. Mit dieser unbeschränkten Auskunftspflicht korrespondiert das Verwendungsverbot in § 97 Abs. 1 Satz 3 InsO, wonach eine Auskunft, die der Schuldner aufgrund der in Nummer 3 normierten umfassenden Auskunftspflicht erteilt hat, in einem Strafverfahren oder in einem Verfahren nach dem

Gesetz über Ordnungswidrigkeiten gegen ihn oder einen in § 52 Abs. 1 der Strafprozessordnung bezeichneten Angehörigen nur mit seiner Zustimmung verwendet werden darf.

Zu § 303f (Versagung der Entschuldung)

Verstößt der Schuldner schuldhaft gegen eine der in § 303e InsO-E genannten Obliegenheiten, so kann jeder der vom Schuldner benannten Gläubiger schon vor Ablauf der achtjährigen Frist bis zur Wirksamwerden der Entschuldung deren gerichtliche Versagung erreichen. Die Vorschrift ist an § 296 InsO angelehnt. Eine Versagung der Entschuldung kommt jedoch nicht in Betracht, wenn der Schuldner die Obliegenheit nicht schuldhaft verletzt hat. Zu vertreten ist Vorsatz und Fahrlässigkeit. Eine Beschränkung auf ein qualifiziertes Verschulden, wie sie § 290 Abs. 1 InsO und § 303 Abs. 1 InsO kennen, enthält § 303f InsO-E nicht. Dass den Schuldner Vorsatz oder Fahrlässigkeit trifft, muss nicht feststehen. Wie in § 296 Abs. 1 InsO reicht es nach der Beweislastregel „dies gilt nicht, wenn" für eine Versagung aus, dass offen bleibt, ob die Obliegenheitsverletzung schuldhaft geschehen ist. Dadurch wird dem Schuldner die Möglichkeit genommen, missbräuchlich die Schwierigkeiten des Verschuldensnachweises auszunutzen.

Begeht der Schuldner wegen der Dauer der Wohlverhaltensperiode eine Straftat nach § 297 Abs. 1 InsO, so ist wie bei § 297 InsO die Entschuldung nach Absatz 2 zu versagen. Der entsprechende Antrag ist nach Absatz 3 Satz 1 aus Gründen der Rechtssicherheit innerhalb eines Jahres nach dem Bekanntwerden der Obliegenheitsverletzung rsp. der Straftat zu stellen. Antragsberechtigt sind nur die von dem Schuldner benannten Gläubiger. Anderen Gläubigern fehlt ein Rechtsschutzinteresse. Der Antrag ist glaubhaft zu machen. Geschieht dies nicht, so ist er ohne weitere Prüfung als unzulässig zurückzuweisen. Glaubhaft zu machen sind die Obliegenheitsverletzung und der Zeitpunkt der Kenntnisnahme von der Obliegenheitsverletzung. Die Umstände, aus denen sich das Verschulden des Schuldners ergibt, brauchen wegen der Beweislastverteilung nicht glaubhaft gemacht werden.

Die vorgeschriebene Anhörung des Schuldners und der übrigen Gläubiger kann schriftlich oder in mündlicher Verhandlung erfolgen. Ein mündlicher Termin kann dann sinnvoll sein, wenn in Anwesenheit des Schuldners dieser auf Fragen der Gläubiger zur Erfüllung seiner Obliegenheiten Auskünfte erteilen kann. Der Gläubiger, der den Versagungsantrag gestellt hat, kann beantragen, dass der Schuldner die Richtigkeit seiner Angaben – mündlich oder schriftlich – eidesstattlich versichert. Die Auskunftspflicht nach § 303f Abs. 1 Satz 2 InsO-E geht als besondere Vorschrift für Obliegenheiten der allgemeinen Auskunftspflicht nach § 303e Nr. 3 InsO-E vor.

Mit der Rechtskraft des Versagungsbeschlusses endet die Entschuldungszeit. Die Versagung der Restschuldbefreiung begründet eine Sperre für ein weiteres Entschuldungsverfahren (§ 303a Abs. 2), da dem Schuldner die Rechtswohltat einer weitgehenden Freistellung von allen Verbindlichkeiten ohne Einsatz eigener finanzieller Mittel nur einmal zugute kommen soll.

Zu § 303g (Wirkung der Entschuldung)

§ 303g ist die grundlegende Vorschrift über die materiellen Wirkungen der vom Gericht ausgesprochenen Entschuldung, die in ihrer grundlegenden Aussage entsprechend § 301 InsO ausgestaltet ist. Restschuldbefreiung und Entschuldung zeigen somit im Hinblick auf die von ihnen betroffenen Gläubiger die gleichen Rechtswirkungen. Sie führen dazu, dass die Forderungen dieser Gläubiger gegenüber dem Schuldner nicht mehr durchgesetzt werden können. Ein gravierender Unterschied des Restschuldbefreiungsverfahrens zum Entschuldungsverfahren besteht jedoch darin, dass nicht alle Vermögensansprüche der Gläubiger der Entschuldungswirkung unterfallen, sondern nur die, die in dem Forderungsverzeichnis aufgeführt sind. Damit wird dem Umstand Rechnung getragen, dass zwischen Entschuldungs- und Restschuldbefreiungsverfahren ein gewisser Abstand bestehen und außerdem der Schuldner zu einer aktiveren Rolle im Verfahren angehalten werden soll. Durch die Verweisung auf § 301 Abs. 2 und 3 wird erreicht, dass die Rechte der Gläubiger gegenüber mithaftenden Personen bestehen bleiben und dass ein Gläubiger eine Leistung behalten darf, die der Schuldner nach Erteilung der Restschuldbefreiung erbringt.

Da im Entschuldungsverfahren die Forderungen nicht angemeldet werden, besteht auch keine Möglichkeit, die in § 174 Abs. 2 InsO vorgesehene Warnfunktion, nach der ein Insolvenzgläubiger die Tatsachen zu benennen hat, aus denen sich nach seiner Einschätzung eine vorsätzlich begangene unerlaubte Handlung des Schuldners ergibt, auf das Entschuldungsverfahren zu übertragen. Die Feststellung, ob einer Forderung eine unerlaubte Handlung zugrunde liegt und sie deswegen von der Entschuldung nicht erfasst wird, hat entweder im Rahmen eines gesonderten Feststellungsstreits oder in der Zwangsvollstreckung zu erfolgen.

Zu § 303h (Widerruf der Entscheidung über die Entschuldung)

Das Verfahren des Widerrufs der Entschuldung wegen nachträglich bekannt gewordener Obliegenheitsverletzungen ist ähnlich dem Verfahren des Widerrufs der Restschuldbefreiung nach § 303 ausgestaltet.

Absatz 1 regelt die Voraussetzungen eines Widerrufs der Entscheidung über die Entschuldung. Hat der Schuldner seine in § 303e InsO-E normierten Obliegenheiten vorsätzlich verletzt oder ist er wegen einer einschlägigen Straftat (§§ 283 bis 283c oder Eigentums- oder Vermögensdelikt) rechtskräftig verurteilt worden, und ist dies bis zum Wirksamwerden der Entschuldung verborgen geblieben, so kann die Entschuldung auf Antrag eines von der Entscheidung betroffenen Gläubigers widerrufen und somit die Rechtskraft des Beschlusses durchbrochen werden. Anders als im Falle des § 303f Abs. 1 genügt ein fahrlässiger Verstoß nicht. Auch eine Beweislastumkehr, wie sie in § 303f Abs. 1 Satz 1 Halbsatz normiert ist, ist bei einem Widerruf der Entschuldung nicht vorgesehen. Aus Gründen der Rechtssicherheit ist der Antrag nur zulässig, wenn er innerhalb eines Jahres nach dem Wirksamwerden der Entschuldung gestellt wird. Der Antrag stellende Gläubiger hat nicht nur die Obliegenheitsverletzung während der Dauer des Entschuldungsverfahrens und seine Kenntnisnahme davon nach dem Wirksamwerden der Entschuldung glaubhaft zu machen, sondern auch den Vorsatz des Schuldners. Die hohe Hürde für einen nachträglichen Widerruf soll dem Vertrauen des Schuldners in die Beständigkeit der erteilten Entschuldung Rechnung tragen. Ein Fahrlässigkeitsvorwurf hat demgegenüber zurückzutreten.

In Absatz 3 werden die Anhörung des Schuldners und das Rechtsmittel geregelt. Mit der Anhörung wird rechtliches Gehör im Sinne von Art. 103 Abs. 1 GG gewährt. Abweichend von § 303f Abs. 3 Satz 3 InsO-E müssen die anderen Gläubiger nicht gehört werden. Hat der Antrag Erfolg, so spricht das Gericht lediglich aus, dass die Ankündigung der Entschuldung widerrufen wird. Damit ist hinreichend zum Ausdruck gebracht, dass das Entschuldungsverfahren insgesamt gescheitert ist. Der Widerruf wirkt nicht nur für den Antrag stellenden Gläubiger, sondern für alle Gläubiger.

Zu § 303i (Einstellung oder Unterbrechung von Zwangsvollstreckungsmaßnahmen)

Die Zulassung der Zwangsvollstreckung während der Laufzeit des Entschuldungsverfahrens ist der umstrittenste Punkt bei der Neukonzeption der Entschuldung mittelloser Personen. Insbesondere wird befürchtet, eine berufliche und soziale Reintegration des Schuldners werde durch fortlaufende Vollstreckungsmaßnahmen vereitelt, so dass das eigentliche Ziel des Verfahrens nicht erreicht werden könne. Um diese Argumente, die auch im politischen Raum auf ein gewisses Verständnis gestoßen sind, zu entkräften, könnte erwogen werden, bei grundsätzlicher Zulässigkeit der Zwangsvollstreckung unter gewissen Umständen Einschränkungen während der Laufzeit des Entschuldungsverfahrens vorzusehen. Es werden fünf Alternativen angeboten, um diesem Anliegen Rechnung zu tragen.

Erste Alternative:

Die Vollstreckungsmaßnahmen werden bis zu 3 Monaten untersagt oder eingestellt, um dem Schuldner die Möglichkeit zu eröffnen, die Kosten für ein Insolvenzverfahren aufzubringen. Die Maßnahme dient nur dazu, die Eröffnung eines Insolvenzverfahrens mit seinem umfassenden Vollstreckungsstopp vorzubereiten. Der Schuldner hat in diesem Fall etwa glaubhaft zu machen, dass ihm die Mittel zur Abdeckung der Verfahrenskosten von Verwandten oder einer gemeinnützigen Stiftung zur Verfügung gestellt werden.

Der Vorteil einer solchen Regelung wäre, dass die Zwangsvollstreckung nur für einen überschaubaren Zeitraum und für einen eindeutig definierten Zweck eingeschränkt würde. Dem Schuldner würde lediglich eine Atempause verschafft, um sich die Mittel für ein Insolvenzverfahren zu besorgen.

Zweite Alternative:

Über diesen Lösungsansatz werden die Vermögenssphären des Schuldners einem Vollstreckungszugriff entzogen, die gerade nach Auffassung der Schuldnerberater besonders schutzbedürftig sind, um eine Reintegration des Schuldners zu ermöglichen. Dies gilt insbesondere für die Gehaltspfändung, die das Arbeitsverhältnis des Schuldners gefährden kann. Ein weiteres dringendes Schutzbedürfnis wird bei dem Girokonto angenommen, da häufig Kreditinstitute eine Kontopfändung zum Anlass nehmen, ihre Geschäftsbeziehungen zum Schuldner zu beenden.

Dritte Alternative:
Von Schuldnerseite wird vorgetragen, Gläubiger würden Vollstreckungsmaßnahmen häufig nur ergreifen, um den Schuldner zu schikanieren oder um ihn unter Druck zu setzen, Leistungen aus seiner unpfändbaren Habe zu veranlassen. Hat der Schuldner erst vor kurzer Zeit die eidesstattliche Versicherung abgelegt, so ist seine Vermögenslosigkeit hinreichend dokumentiert, und für weitere Vollstreckungsmaßnahmen fehlt dem vollstreckenden Gläubiger das Rechtschutzinteresse. Im Übrigen wäre es auch unverhältnismäßig, den staatlichen Vollstreckungsapparat in Anspruch zu nehmen, obwohl bereits vor Durchführung der Vollstreckungsmaßnahme feststeht, dass der Schuldner so vermögenslos ist, dass er nicht einmal die Kosten für ein Insolvenzverfahren aufbringen kann. Etwas anderes hat dann zu gelten, wenn dem Gläubiger die Glaubhaftmachung gelingt, dass der Schuldner nach Abgabe der eidesstattlichen Versicherung neues Vermögen erlangt hat.

Obwohl dieser Alternative ein Rechtsgedanke zugrunde liegt, der allgemein im Zwangsvollstreckungsverfahren Geltung beansprucht, könnte – quasi als erster Schritt – eine Sonderregelung für das Entschuldungsverfahren geschaffen werden.

Vierte Alternative:
Da davon auszugehen ist, dass der Schuldner regelmäßig Vollstreckungsschutz beantragt, sofern ihm diese Möglichkeit eröffnet wird, könnte erwogen werden, dem Gericht die Befugnis einzuräumen, Schutzmaßnahmen von Amts wegen anzuordnen.

Fünfte Alternative:
Für diese Alternative gelten die Erwägungen zu der dritten Alternative entsprechend. Allerdings wird hier die Konsequenz gezogen, dass ein Rechtschutzbedürfnis auch bei Vollstreckungsmaßnahmen außerhalb des Entschuldungsverfahrens vorliegen muss, so dass bei dieser Variante der Schritt zu einer allgemeinen vollstreckungsrechtlichen Regelung getan wird. Als Konsequenz ist dann nicht mehr das Insolvenz-, sondern das Vollstreckungsgericht zur Entscheidung berufen.

Zu § 303j (Überleitung in ein anderes Verfahren)
Weder der Schuldner noch seine Gläubiger sind in ihrem Antragsrecht durch das anhängige Entschuldungsverfahren eingeschränkt. Maßgebend ist allein, ob der Schuldner über Vermögenswerte verfügt, die die Verfahrenskosten abdecken oder ob ein Gläubiger bereit ist, einen Verfahrenskostenvorschuss zu leisten. Nach § 303e Nr. 2 InsO-E obliegt es dem Schuldner, die Gläubiger zu unterrichten, wenn er pfändbares Vermögen von einem Wert von über 1500 € erwirbt. Dieser Obliegenheit genügt er auch dann, wenn er die Eröffnung eines Insolvenzverfahrens selbst beantragt. Im Interesse der Verfahrensökonomie muss es deshalb möglich sein, von einem Entschuldungs- in ein Insolvenzverfahren überzuleiten, wenn die Voraussetzungen für die Eröffnung des letztgenannten Verfahrens vorliegen. Wird ein

Insolvenzverfahren eröffnet, so ist das Entschuldungsverfahren zwingend einzustellen, da Letzteres lediglich ein Verfahren darstellt, das aus dem wesentlich breiteren Aufgabenspektrum eines Insolvenzverfahrens eine Aufgabe, die Ermöglichung eines wirtschaftlichen Neuanfangs für den Schuldner, herausgreift.

Demgegenüber ist es nicht geboten, auch die Möglichkeit vorzusehen, von einem eröffneten Insolvenzverfahren in ein Entschuldungsverfahren überzuleiten. Können in einem Insolvenzverfahren die sonstigen Masseverbindlichkeiten nicht mehr gedeckt werden, so hat der Verwalter nach § 208 InsO die Masseunzulänglichkeit anzuzeigen und das Verfahren ist nach Verteilung der Masse nach § 211 InsO einzustellen. Ein solches Verfahren ist nach § 289 Abs. 3 InsO geeignete Grundlage für eine Restschuldbefreiung. Die Situation, dass nach Eröffnung eines Insolvenzverfahrens sich herausstellt, dass nicht einmal die Verfahrenskosten gedeckt sind und somit eine Einstellung nach § 207 InsO zu erfolgen hat, dürfte in den hier relevanten Fällen äußerst selten sein. Es kann sich nämlich nur um Verfahren handeln, die unmittelbar an der Grenze zu den Entschuldungsverfahren angesiedelt sind, und bei denen sich bei der Beurteilung der Kostendeckung kaum Einschätzungsfehler einschleichen dürften. Im Übrigen sind die für den Schuldner damit einhergehenden Nachteile nicht sehr gravierend, da regelmäßig sich die fehlende Kostendeckung bereits nach kurzer Zeit herausstellen dürfte. Nach der Einstellung gemäß § 207 InsO kann der Schuldner dann ein Entschuldungsverfahren beantragen. Noch seltener wird die Situation sein, dass nach Überleitung eines Entschuldungsverfahrens in ein Insolvenzverfahren nach § 303j Abs. 1 InsO-E sich herausstellt, dass die Verfahrenskosten dennoch nicht gedeckt sind. Gerade bei einer Überleitung aus einem bereits anhängigen Verfahren wird besonders sorgfältig zu prüfen sein, ob die Voraussetzungen für die Eröffnung des neuen Verfahrens gegeben sind.

Im Interesse der Verfahrensökonomie sollen bei einer Überleitung die Unterlagen des Entschuldungsverfahrens weitgehend auch für das Insolvenzverfahren Verwendung finden können. Ist das neue Vermögen des Schuldners so werthaltig, dass er seinen Gläubigern einen Erfolg versprechenden Einigungsvorschlag unterbreiten kann, so ist vor Eröffnung des Insolvenzverfahrens auch ein Einigungsversuch zu unternehmen. Die für das Verbraucherinsolvenzverfahren vorzulegenden Unterlagen sind auf einen aktuellen Stand zu bringen, also etwa um neu hinzugekommene Gläubiger, neu eingegangene Verbindlichkeiten und neu erworbenes Vermögen zu ergänzen.

In Absatz 2 wird festgelegt, in welcher Form die in dem Entschuldungsverfahren bereits verstrichene Zeit bei einer Überleitung zu berücksichtigen ist (vgl. zu den grundlegenden Überlegungen allgemeine Begründung II Nr. 3 j). Da für das an das Entschuldungsverfahren sich anschließende Insolvenzverfahren keine Besonderheiten gelten, werden alle Insolvenzforderungen in dieses Verfahren einbezogen. Eine Anrechung der im Entschuldungsverfahren bereits verstrichenen Zeit wird nur für die Forderungen vorgesehen, die im Forderungsverzeichnis des Entschuldungsverfahrens aufgelistet waren. Dies bedeutet, dass der Schuldner in den Überleitungsfällen eine gestaffelte Restschuldbefreiung erhält. Der Nachteil einer solchen etwas komplizierteren Lösung ist jedoch im Interesse der materiellen Gerechtigkeit hinzunehmen, um dem Gläubiger auch einen Anreiz zu bieten, möglichst neues Vermögen zu erwerben.

Zu Nummer 25 und 27

Ursprünglich unterlagen den §§ 304 bis 314 alle natürlichen Personen, die unselbstständig tätig sind oder keine Beschäftigung haben sowie alle Selbstständigen, die nur eine geringfügige wirtschaftliche Tätigkeit ausübten. Durch das Gesetz vom 26.10.2001 wurden die Selbstständigen aus dem Anwendungsbereich der §§ 304 bis 314 herausgenommen. Künftig sollen diesen Regelungen nur noch natürliche Personen, die keine selbstständige wirtschaftliche Tätigkeit ausüben, unterfallen. Damit beschränkt sich der Anwendungsbereich ausschließlich auf Verbraucher. Die Bezeichnung „und sonstige Kleinverfahren“ kann gestrichen werden.

Zu Nummer 26

Das Verbraucherinsolvenzverfahren war von Anfang an von dem Bemühen getragen, einerseits für die überschuldeten Personen zügig einen wirtschaftlichen Neuanfang zu ermöglichen, anderseits jedoch die Gerichte soweit als möglich zu entlasten. Neben den eigentlichen Verbrauchern wurden auch Personen in den Anwendungsbereich mit einbezogen, die eine geringfügige selbstständige wirtschaftliche Tätigkeit ausüben. Dabei ließ sich der Gesetzgeber von der Überzeugung leiten, bei einer solchen Tätigkeit lägen überschaubare Vermögensverhältnisse vor, deren Abwicklung keine besonderen Probleme verursachten. Nach Inkrafttreten der Insolvenzordnung zeigte sich sehr bald, dass diese Annahme in vielen Fällen nicht zutreffend war. Bei einem Teil der Kleinunternehmer war die Gläubigerzahl so hoch, dass eine gütliche Einigung von vornherein aussichtslos war. Es musste somit ein aufwändiges Verfahren durchgeführt werden, bei dem feststand, dass das angestrebte Ergebnis nicht realisiert werden konnte. Sicherungsmaßnahmen konnten nicht ergriffen werden und eine zügige Verfahrenseröffnung war nicht möglich. Das Gesetz zur Änderung der Insolvenzordnung und anderer Gesetze vom 26.10.2001 (BGBl. I S. 2710) zog daraus die Konsequenz, aktive Kleinunternehmer und den Großteil ehemaliger Kleinunternehmer aus dem Anwendungsbereich des Verbraucherinsolvenzverfahrens auszuschließen. Eine Ausnahme wurde lediglich für die ehemals Selbstständigen gemacht, gegen die keine Forderungen aus Arbeitsverhältnissen bestanden und die weniger als 20 Gläubiger hatten. Durch diese Abgrenzungskriterien sollten die Kleinunternehmer in das Verbraucherinsolvenzverfahren einbezogen werden, von denen angenommen wurde, bei ihnen könnten die Vorteile des Verfahrens genutzt werden. Die Zahl der Gläubiger wurde deshalb in § 304 InsO als entscheidendes Abgrenzungskriterium zwischen Regel- und Verbraucherinsolvenzverfahren festgeschrieben.

In der Praxis zeigte sich jedoch, dass diese Abschichtung nicht den tatsächlichen Anforderungen entsprach. Wesentlich für die Zuweisung zu dem jeweiligen Verfahrenstyp sind vielmehr die Anforderungen, die die jeweils involvierten Vermögensmassen stellen. Ein werbendes Unternehmen ist somit stets – wie bereits im geltenden Recht festgeschrieben – dem Regelinsolvenzverfahren zuzuweisen. Nur in dieser Verfahrensart können zügig Sicherungsmaßnahmen ergriffen und mögliche Sanierungschancen ausgelotet werden. Demgegenüber ist es nicht zwingend geboten, Insolvenzen mit über 20 Gläubigern stets dem Regelinsolvenzverfahren zu unterwerfen. Denn inwiefern sollte es sinnvoll sein, bei einem unter Umständen schon seit Jahren liquidierten Unternehmen im Rahmen eines Berichtstermins zu erörtern, ob das Unternehmen des Schuldners im Ganzen oder in Teilen erhalten werden kann. In zahlreichen Fällen bietet es sich vielmehr an, zwar die Erleichterungen des vereinfachten Verfahrens zu nutzen, ohne jedoch dem Zwang einer vorgeschalteten Einigung mit den Gläubigern zu unterliegen. Der Gesetzentwurf zieht hieraus die Konsequenz, die Trennlinie zwischen Regel- und Verbraucherinsolvenzverfahren in § 304 InsO danach zu treffen, ob zum schuldnerischen Vermögen noch ein werbendes Unternehmen gehört oder nicht. Diese klare, durch die Sachnotwendigkeiten vorgegebene Trennlinie soll nicht wie bisher durch bestimmte Ausnahmen – z. B. für ehemals Selbstständige mit zahlreichen Gläubigern – aufgeweicht werden. Alle ehemals Selbstständigen unterfallen damit dem Verbraucherinsolvenzverfahren und haben den für dieses Verfahren entwickelten Vordruck auszufüllen. Damit wird einer Forderung der gerichtlichen Praxis entsprochen, die nachdrücklich darauf hingewiesen hat, ehemals Selbstständige würden die Eröffnung eines Insolvenzverfahrens mit dem Ziel der Restschuldbefreiung beantragen, ohne auch nur in etwa geordnete Unterlagen vorlegen zu können. Künftig wird über den Formularzwang bei der Antragstellung gewährleistet, dass bereits bei Einleitung des Verfahrens strukturierte Unterlagen vorliegen. Auch den Verwaltern ist es nicht zuzumuten, die Vermögensverhältnisse des Schuldners ab ovo aufzubereiten, ohne durch den Schuldner eine tatkräftige Unterstützung zu erfahren. Auch insofern wird der das Restschuldbefreiungsverfahren durchziehende Grundsatz betont, nur der Schuldner habe einen wirtschaftlichen Neuanfang verdient, der durch tätige Mitwirkung das Verfahren nachdrücklich fördert. In § 305 Abs. 1 Nr. 1 InsO-E werden nun die Fälle abschließend benannt, bei denen im Wege einer gesetzlichen Vermutung davon ausgegangen wird, ein Einigungsversuch mit den Gläubigern sei offensichtlich aussichtslos. Durch diese enumerative Aufzählung der Ausschlusskriterien soll verhindert werden, dass ähnlich wie bei dem heutigen außergerichtlichen Einigungsversuch solche Bemühungen erst gar nicht mehr unternommen werden.

Zu Nummer 28

Zu Buchstabe a

Nach der Neukonzeption des Insolvenzverfahrens über das Vermögen natürlicher Personen soll der außergerichtliche Einigungsversuch gestärkt werden. Außergerichtliche Einigungen sind nicht nur der bessere Weg einer Entschuldung, weil sie die Insolvenzgerichte entlasten und so zu erheblichen Einspareffekten bei den Justizhaushalten der Länder führen. Außergerichtliche Einigungen ermöglichen auch eine einfachere, schnellere, kostensparende und einzelfallangemessene Bewältigung des Entschuldungsverfahrens. So können beispielsweise in einem außergerichtlichen Schuldenbereinigungsplan Mittel von dritter Seite (Zuschüsse aus kommunalen Stiftungen, Umschuldungsdarlehen von Resozialisierungsfonds für Straffällige, Unterstützung durch Angehörige, vorweggenommener Erbausgleich) einbezogen, mehrere überschuldete Personen (Ehegatten, Partner, Familienangehörige) in einen Schuldenbereinigungsplan eingebunden, die Plan-Laufzeit variiert und spezielle Verwertungsvereinbarungen (z.B. bei schwer veräußerbaren Immobilien) getroffen werden.

Der Zwang zu einem außergerichtlichen Einigungsversuch wird daher grundsätzlich beibehalten. Die Chancen für den außergerichtlichen Einigungsversuch sollen jedoch durch zwei wesentliche Neuregelungen erhöht werden. Zum einen wird dem Schuldner ermöglicht, die Zustimmung ablehnender Gläubiger zum vorgerichtlichen Schuldenbereinigungsplan ersetzen zu lassen, zum anderen wird in den Fällen, in denen eine außergerichtliche Einigung offensichtlich aussichtslos ist, ein Einigungsversuch als Zulässigkeitsvoraussetzung für den Antrag auf Eröffnung des Insolvenzverfahrens nicht mehr zwingend verlangt.

Damit entfällt die bisherige Trennung zwischen einem außergerichtlichen und einem gerichtlichen Plan. Der Schuldner hat mit dem Antrag auf Eröffnung des Insolvenzverfahrens keinen eigenständigen Schuldenbereinigungsplan für das gerichtliche Verfahren mehr vorzulegen. Vielmehr kann der außergerichtlich begonnene Einigungsversuch, dessen Grundlage der Schuldenbereinigungsplan bildet, auf Antrag des Schuldners in einem gerichtlichen Zustimmungsersetzungsverfahren fortgesetzt werden. Aus diesem Grund wird in § 305 Abs. 1 Nr. 1 und Abs. 4 InsO-E der Begriff des Schuldenbereinigungsplans einheitlich verwendet. Vorzulegen ist mit dem Antrag auf Eröffnung des Insolvenzverfahrens nur noch dieser Schuldenbereinigungsplan, der die Grundlage für das gerichtliche Zustimmungsersetzungsverfahren bildet.

Die Entscheidung, ob ein Zustimmungsersetzungsantrag gestellt wird, liegt allein beim Schuldner. Das Gericht entscheidet über die Zulässigkeit und Begründetheit des Zustimmungsersetzungsantrags, ohne dass ihm wie bisher ein Ermessen hinsichtlich der Durchführung des gerichtlichen Schuldenbereinigungsplanverfahrens zusteht. Aus diesem Grund entfällt die Pflicht des Schuldners zur Darlegung der wesentlichen Gründe für die Nichtannahme des Schuldenbereinigungsplans. Erklärt der Schuldner, dass er einen Antrag auf Zustimmungsersetzung nicht stellt, so prüft das Gericht lediglich, ob er mit dem Insolvenzantrag eine Bescheinigung vorlegt, die den Vorgaben der amtlichen Vordrucke entspricht.

Ein außergerichtlicher Einigungsversuch ist aber nur dann zwingend durchzuführen, wenn dieser Einigungsversuch nicht von vorneherein aussichtslos erscheint. In aussichtslosen Fällen Verhandlungen über eine außergerichtliche Einigung zu verlangen, bindet nicht nur die ohnehin begrenzten Ressourcen von Schuldner- und Insolvenzberatungsstellen, sondern verursacht dem Fiskus durch die Gewährung von Beratungshilfe bei der Inanspruchnahme eines Rechtsanwalts für die außergerichtlichen Verhandlungen auch unnötige Kosten. Im Übrigen kann der durch solche Verfahren bei dem Gläubiger entstehende Arbeitsaufwand, dem kein Ertrag gegenübersteht, zu einer allgemeinen Verweigerungshaltung gegenüber allen Schuldenbereinigungsplänen führen. Der Einigungszwang soll daher in den Fällen wegfallen, in denen eine Übereinkunft mit den Gläubigern offensichtlich nicht zu erwarten oder wegen der Komplexität nicht durchführbar ist. Meist aussichtslos wird eine außergerichtliche Einigung in den Verfahren sein, in denen der Schuldner zur Zeit der Planerstellung ohne Vermögen und pfändbares Einkommen ist und auch keine konkreten Erwartungen bestehen, dass er in Zukunft wieder Einkommen in pfändbarer Höhe erzielen wird. Als offensichtlich aussichtslos sieht die Neuregelung daher eine Einigung an, wenn die Gläubiger nach freier Schätzung des Gerichts im Rahmen einer Schuldenbereinigung nicht mehr als 5 % ihrer Forderungen erhalten hätten. Die vom Schuldner vorgetragene und von der geeigneten Person oder Stelle bescheinigte Aussichtlosigkeit eines außergerichtlichen Einigungsversuchs kann vom Gericht überprüft werden.

Die Grundkonzeption des Insolvenzverfahrens über das Vermögen natürlicher Personen wird von der Neuregelung nicht berührt. Wie im geltenden Recht hat der Schuldner die in § 305 Abs. 1 InsO aufgeführten Unterlagen einzureichen und grundsätzlich dabei durch die Bescheinigung einer geeigneten Person oder Stelle nachzuweisen, dass er einen Einigungsversuch auf der Grundlage eines Plans mit den Gläubigern unternommen hat oder dass eine solche Einigung offensichtlich nicht erreicht werden konnte. Dieser Nachweis ist wie bisher Zulässigkeitsvoraussetzung für den Insolvenzantrag.

Die vom Schuldner vorgetragene und von der geeigneten Person oder Stelle bescheinigte Aussichtlosigkeit eines außergerichtlichen Einigungsversuchs kann vom Gericht überprüft werden. Ein weiterer Fall der Aussichtslosigkeit einer außergerichtlichen Einigung liegt bei einer nicht mehr überschaubaren Gläubigerzahl vor. Daher wird bei mehr als zwanzig Gläubigern angenommen, dass wegen der Vielzahl der Gläubiger die Chancen für eine außergerichtliche Einigung in keinem Verhältnis zu dem dafür erforderlichen Aufwand stehen und daher in diesen Fällen kaum mit dem Zustandekommen einer außergerichtlichen Einigung zu rechnen ist.

In den vom Gericht angenommenen Fällen der Aussichtslosigkeit bleibt es dem Schuldner unbenommen, einen außergerichtlichen Einigungsversuch zu unternehmen.

Da nicht mehr in allen Fällen ein außergerichtlicher Einigungsversuch zwingend vorgeschrieben ist, entfällt auch die in § 305 Abs. 1 Nr. 4 enthaltene Verpflichtung, mit dem Antrag auf Eröffnung einen Schuldenbereinigungsplan vorzulegen. Dieser Plan ist künftig nur mit dem Antrag auf Zustimmungsersetzung gemäß § 305a vorzulegen.

Zu Buchstabe b

Vereinzelt wurde aus der Praxis berichtet, Insolvenzgerichte hätten zu einem auf dem amtlichen Vordruck gestellten Insolvenzantrag so umfangreiche Auflagenverfügungen erlassen, dass es dem Schuldner oder der ihn unterstützenden Stelle nahezu unmöglich gewesen sei, die geforderten Angaben dem Gericht zu unterbreiten. Zumindest für einen Teil der vom Gericht geforderten Angaben hätte sich weder im Wortlaut der Insolvenzordnung noch in den amtlichen Vordrucken eine Grundlage gefunden. Erlässt ein Gericht eine völlig überzogene Auflagenverfügung

– teilweise sollen bis zu zehn zusätzliche Angaben gefordert worden sein –, so wird nicht nur dem Schuldner die Erlangung der Restschuldbefreiung deutlich erschwert, vielmehr kann in Extremfällen ein solches missbräuchliches Vorgehen auch als Rechtsschutzverweigerung gewertet werden. Sieht sich der Schuldner nicht in der Lage, den Auflagen zu entsprechen, so tritt nach Auffassung des Gerichts die Rücknahmefiktion des § 305 Abs. 3 Satz 2 InsO ein. Sollte sich das Gericht hiervon eine gewisse Entlastung versprechen, so tritt diese allenfalls vorübergehend ein, da der Schuldner nicht gehindert ist, erneut einen Insolvenzantrag zu stellen.

Nach der Verbraucherinsolvenzvordruckverordnung vom 17.02.2002 (BGBl. I S. 703) sollen die amtlichen Vordrucke zu einer Verfahrenserleichterung sowohl für die Schuldner als auch für die Insolvenzgerichte führen und „die vom Schuldner geforderten Angaben auf das unumgängliche Maß" reduzieren. Die Strukturierung der Vordrucke soll auch rechtlich unbeholfenen Schuldnern das Ausfüllen erleichtern und eine geführte Bearbeitung ermöglichen. Der Schuldner soll nur mit den Unterlagen konfrontiert werden, die in seinem Fall tatsächlich maßgebend sind (vgl. BR-Drs. 1105/01). Dieses Anliegen der Verordnung würde jedoch konterkariert, wenn das Gericht ohne hinreichende Anhaltspunkte im Wortlaut der Insolvenzordnung zusätzliche Angaben vom Schuldner fordern könnte.

Zur Vermeidung unnötiger Verzögerungen für den Schuldner und um die Gerichte zu einem ergebnisorientierten Arbeiten anzuhalten, sieht der Gesetzentwurf vor, dass bei einem Insolvenzantrag nach § 305 InsO vom Schuldner nur die Angaben gefordert werden können, die in den amtlichen Vordrucken ausdrücklich angesprochen sind. Kommt der Schuldner dieser Aufforderung nicht nach, dann hat das Gericht den Insolvenzantrag nach Ablauf der Frist als unzulässig zurückzuweisen. Diese Entscheidung ist mit der sofortigen Beschwerde anfechtbar.

Zu Buchstabe c

Bislang konnte sich der Schuldner im gerichtlichen Schuldenbereinigungsverfahren von einer geeigneten Person oder einer als geeignet anerkannten Stelle im Sinne des § 305 Abs. 1 Nr. 1 InsO vertreten lassen. Die Vertretungsbefugnis erfasste jedoch nicht die gerichtliche Vertretung des Schuldners im Vereinfachten Insolvenzverfahren und in der Wohlverhaltensperiode (BGH, Beschl. v. 29.04.2004 – IX ZB 30/04). Die Änderung in Absatz 4 soll einem praktischen Bedürfnis folgend den Wirkungskreis der geeigneten Personen oder der Angehörigen einer als geeignet anerkannten Stelle erweitern und ihnen die gerichtliche Vertretung im gesamten Insolvenzverfahren erlauben. Mit dieser Erlaubnis ist aber keine Verpflichtung der geeigneten Stellen oder Person zur Vertretung im gerichtlichen Verfahren verbunden.

Zu Buchstabe d

Folgeänderung zur Aufhebung der Verfahrenskostenstundung

Zu Nummer 29

Außerhalb des gerichtlichen Verfahrens kann der Schuldenbereinigungsplan nur angenommen werden, wenn ihm alle beteiligten Gläubiger ausdrücklich zustimmen. Äußert sich ein Gläubiger innerhalb einer vom Schuldner gesetzten Stellungnahmefrist nicht zu dem Plan oder widerspricht er der vorgeschlagenen Einigung, so kann der Schuldner unter den Voraussetzungen des § 305a Abs. 3 InsO-E die Ersetzung der Zustimmung durch das Insolvenzgericht beantragen. Im Fall des Widerspruchs einzelner Gläubiger steht es ihm zunächst frei, den Plan anzupassen und den Gläubigern zur Vermeidung eines gerichtlichen Verfahrens einen geänderten Schuldenbereinigungsplan vorzulegen. Eine Anpassung des Schuldenbereinigungsplans während des gerichtlichen Zustimmungsersetzungsverfahrens ist nicht mehr vorgesehen. Der Schuldenbereinigungsplan ist mit dem Antrag auf Zustimmungsersetzung dem Insolvenzgericht vorzulegen.

Der Zustimmungsersetzungsantrag soll nur zulässig sein, wenn nicht bereits die Mehrheit der Gläubiger erklärt hat, dass sie den Plan ablehnt, weil in diesen Fällen absehbar ist, dass eine gerichtliche Zustimmungsersetzung nicht in Betracht kommt. Damit das Gericht diese Zulässigkeitsvoraussetzung prüfen kann, wird der Schuldner in Absatz 3 Satz 2 verpflichtet, alle zu dem Schuldenbereinigungsplan eingegangenen Stellungnahmen der Gläubiger einzureichen.

Voraussetzung für die Durchführung des Zustimmungsersetzungsverfahrens ist es, dass den Gläubigern der Schuldenbereinigungsplan und die für ihre Entscheidung über die Annahme oder Ablehnung des Plans notwendigen Informationen zur Vermögenslage des Schuldners übersandt wurden. Aus diesem Grund hat der Schuldner, der einen Zustimmungsersetzungsantrag stellen will, im Zuge des Einigungsversuchs allen Gläubigern jedenfalls den Schuldenbereinigungsplan und die Vermögensübersicht zu übersenden. Fordert ein Gläubiger vorgerichtlich weitere Unterlagen vom Schuldner an, so wird es im Interesse des Schuldners geboten sein, dem Gläubiger diese weiteren Unterlagen – etwa das vollständige Vermögensverzeichnis – zur Verfügung zu stellen. Gegenüber dem Gericht hat der Schuldner zu versichern, dass er den Schuldenbereinigungsplan und die Vermögensübersicht in der Fassung, in der er sie dem Gericht mit dem Insolvenzantrag vorgelegt hat, übersandt hat, wobei die Übereinstimmung der den Gläubigern übersandten Unterlagen mit der dem Gericht vorliegenden Fassung unbedingt zu beachten ist.

Zu Nummer 30

Die Änderung in § 306 Absatz 1 stellt klar, dass das Insolvenzantragsverfahren nur ruht, wenn ein Antrag auf Zustimmungsersetzung gestellt ist. Das Ruhen endet wie bisher mit der rechtskräftigen Entscheidung über den Zustimmungsersetzungsantrag.

Abweichend vom Diskussionsentwurf soll die in § 306 Abs. 2 Satz 2 enthaltene Verpflichtung des Schuldners, Abschriften der maßgebenden Unterlagen bei Gericht einzureichen, bestehen bleiben. Obwohl diese Unterlagen den Gläubigern vom Schuldner übersandt wurden, ist es gerechtfertigt, zumindest in bestimmten Fällen die Gläubiger, deren Zustimmung ersetzt werden soll, noch einmal zu informieren, da im Rahmen der Zustimmungsersetzung schwerwiegend in ihre Rechte eingegriffen werden kann. Da das Gericht zur Einreichung der Unterlagen auffordert, kann es entscheiden, wann eine zusätzliche Unterrichtung der betroffenen Gläubiger entbehrlich ist.

Zu Nummer 31

Die Neufassung des § 307 InsO regelt die Beteiligung der Gläubiger am gerichtlichen Zustimmungsersetzungsverfahren. Gläubiger, die dem Schuldenbereinigungsplan bereits vorgerichtlich zugestimmt haben, bleiben an ihre Zustimmung gebunden und sind am weiteren Verfahren bis zur Entscheidung über den Antrag auf Zustimmungsersetzung nicht unmittelbar beteiligt. Die vom Schuldner genannten Gläubiger, die sich zu dem Schuldenbereinigungsplan vorgerichtlich nicht geäußert oder ihn abgelehnt haben, werden aufgefordert, zu dem Plan Stellung zu nehmen. Diese Aufforderung ist ihnen mit dem Schuldenbereinigungsplan und der Vermögensübersicht besonders zuzustellen. Wie nach derzeit geltendem Recht (§ 307 Abs. 2 InsO) sind sie ausdrücklich darauf hinzuweisen, dass ihr Schweigen auf die Aufforderung ungeachtet ihrer bisherigen Stellungnahme als Einverständnis mit dem Plan gilt (§ 308 Abs. 1 Satz 1 InsO-E). Da sich das Verfahren zum Zeitpunkt der gerichtlichen Aufforderung bereits im Stadium der Zustimmungsersetzung befindet, sieht die Neuregelung vor, dass die Gläubiger sich innerhalb der durch die Aufforderung in Gang gesetzten Notfrist auch zu dem Zustimmungsersetzungsantrag äußern und die Gründe glaubhaft machen können, die einer Zustimmungsersetzung entgegenstehen. Die Frist zur Glaubhaftmachung bezieht sich dabei nicht nur auf die in § 309 Abs. 1 Satz 2 InsO genannten Gründe, sondern auch auf die Tatsachen, die nach § 309 Abs. 3 InsO eine Zustimmungsersetzung ausschließen. Die durch diese Straffung des Zustimmungsersetzungsverfahrens bewirkte Verkürzung der Stellungnahme- und Glaubhaftmachungsfristen ist den Gläubigern zuzumuten, weil sie bereits zuvor Gelegenheit hatten, den ihnen übersandten Schuldenbereinigungsplan und die Vermögensübersicht zu prüfen und eine Stellungnahme hierzu abzugeben. Zusätzlich ist die Monatsfrist des § 307 Abs. 1 InsO ausreichend, um erforderlichenfalls die bei Gericht ausliegenden Verzeichnisse einzusehen und auszuwerten.

Die Neufassung des § 308 regelt in Absatz 1 die Voraussetzungen, unter denen das Gericht die Annahme des Schuldenbereinigungsplans feststellt. Dabei enthält Satz 1 die derzeit in § 307 Abs. 2 InsO geregelte unwiderlegliche Vermutung, dass das Schweigen eines Gläubigers im gerichtlichen Schuldenbereinigungsverfahren ungeachtet seiner vorgerichtlichen Stellungnahme als Zustimmung zu dem Plan gilt. Satz 2 entspricht inhaltlich dem geltenden § 308 Abs. 1 Satz 1 InsO, während Satz 3 lediglich klarstellt, dass der Zustimmungsersetzungsantrag als unbegründet zurückzuweisen ist, wenn die Voraussetzungen für die Feststellung der Annahme nicht vorliegen.

Die in Absatz 2 neu geregelte sofortige Beschwerde gegen den Beschluss nach Absatz 1 ersetzt einerseits die derzeitige Vorschrift über die Beschwerde gegen den Zustimmungsersetzungsbeschluss nach § 309 Abs. 2 Satz 3 InsO.

Der Entwurf sieht vor, dass die Annahme des Schuldenbereinigungsplans nicht mehr zeitlich nach der Entscheidung über die Zustimmungsersetzung in einem gesonderten Beschluss erfolgt. Vielmehr entscheidet das Gericht, nachdem es erforderlichenfalls im Wege der Beweisaufnahme geklärt hat, ob die Voraussetzungen für eine Zustimmungsersetzung nach § 309 InsO vorliegen, über die Ersetzung der Zustimmung und stellt in diesem Fall zugleich die Annahme des Schuldenbereinigungsplans fest. Die Änderung im Verfahrensablauf bedingt es, dass die bisher in § 309 InsO geregelte Beschwerde nunmehr gegen den Beschluss nach § 308 Abs. 1 InsO-E eröffnet ist. Mit der sofortigen Beschwerde kann ein Gläubiger, dessen Zustimmung ersetzt worden ist, oder der Schuldner die Rechtmäßigkeit der Entscheidung über den Ersetzungsantrag überprüfen lassen.

Absatz 3 regelt die Wirkungen des rechtskräftig angenommenen Schuldenbereinigungsplans. Gläubiger, deren Forderungen nicht in den Plan aufgenommen worden sind und denen der Plan daher auch nicht zugestellt worden ist, werden von den Wirkungen des Plans nicht betroffen. Wenn ein Gläubiger allerdings einem unvollständigem Forderungsverzeichnis nicht innerhalb der gesetzten Frist widersprochen hat, obwohl ihm der Schuldenbereinigungsplan übersandt wurde und die Forderung vor dem Ablauf der Frist entstanden war, erlöschen die nicht berücksichtigten Forderungen oder Teilforderungen.

Mit der rechtskräftigen Annahme des Schuldenbereinigungsplan gelten auch die Anträge auf Eröffnung des Insolvenzverfahrens und auf Erteilung der Restschuldbefreiung als zurückgenommen.

Zu Nummer 32

Zu Buchstabe a

Die Änderung in § 309 Absatz 1 Satz 1 stellt klar, dass die Ersetzung der Zustimmung nicht mehr zeitlich vor dem Annahmebeschluss in einem eigenständigen Beschluss erfolgt, sondern zusammen mit dem Beschluss über die Feststellung der Annahme des Schuldenbereinigungsplans ausgesprochen wird. Diese Änderung soll eine weitere Straffung des gerichtlichen Verfahrens bewirken.

Als Folge der Neukonzeption des Schuldenbereinigungsplanverfahrens hat der Schuldner den Antrag auf Zustimmungsersetzung bereits mit dem Insolvenzantrag zu stellen; die Durchführung des gerichtlichen Zustimmungsersetzungsverfahrens liegt allein in seinem Ermessen. Daraus folgt, dass die derzeit nach § 309 Abs. 1 InsO antragsberechtigten Gläubiger künftig keinen Antrag auf Zustimmungsersetzung mehr stellen können.

Zu Buchstabe b

Die derzeit in § 309 Abs. 2 InsO vorgesehene Anhörung der Gläubiger, deren Zustimmung ersetzt werden soll, findet auf Grund des neu geregelten Verfahrensablaufs nunmehr bereits mit der Aufforderung nach § 307 InsO-E statt (vgl. Begr. zu Nummer 14). Die Beschwerdevorschrift findet sich nunmehr in § 308 Abs. 2 InsO-E.

Zu Nummer 34

Die §§ 312 bis 314 sollten im Falle eines Verbraucher- oder Kleininsolvenzverfahrens das Verfahren vereinfachen und die Gerichte entlasten. Aufgrund der praktischen Erfahrungen mit dem Verbraucherinsolvenzverfahren sind jedoch auch hier grundlegende Anpassungen erforderlich. Zum einen hat es sich herausgestellt, dass Verfahrensvereinfachungen, wie die Möglichkeit des schriftlichen Verfahrens, die

Bestimmung nur eines Prüfungstermins und die Einführung einer Notfrist für die Forderungsanmeldungen nicht nur in Verfahren sinnvoll sind, in denen der Schuldner eine natürliche Person ist. Nicht die Qualifikation als Verbraucher oder juristische Person kann maßgebend sein, Verfahrensvereinfachungen zuzulassen. Entscheidendes Kriterium für Verfahrenserleichterungen ist vielmehr, dass die Vermögensverhältnisse überschaubar und die Zahl der Gläubiger oder die Höhe der Verbindlichkeiten gering sind. Aus diesem Grund ist die Möglichkeit, das Verfahren oder einzelne seiner Teile schriftlich durchzuführen, nunmehr in § 5 Abs. 2 InsO-E geregelt. Die Möglichkeit, die nachträgliche Forderungsanmeldung in einfachen Verfahren auszuschließen, findet sich in § 28 Abs. 1 InsO-E. Die Regelung, wonach in einfachen Verfahren der Berichtstermin wegfallen kann, ist in § 29 Abs. 2 InsO-E eingefügt worden. Anders als in § 312, in dem diese Verfahrensvereinfachungen für die in den Anwendungsbereich des § 304 fallenden Verfahren zwingend vorgeschrieben waren, kann nunmehr das Gericht entscheiden, ob es im konkreten Fall, wenn die Voraussetzungen des § 5 Abs. 2 vorliegen, von den Verfahrensvereinfachungen Gebrauch machen will. Damit wird der Forderung der Gerichte nach flexibleren Handlungsmöglichkeiten Rechnung getragen.

Während die vorgenannten allgemeinen Verfahrensvereinfachungen künftig einem erweiterten Anwendungsbereich unterliegen, haben andere Regelungen nicht die in sie gesetzten Erwartungen erfüllt. Die Bestellung eines Treuhänders im bisherigen vereinfachten Insolvenzverfahren hatte den Zweck, im Vorgriff auf die Restschuldbefreiung zu gewährleisten, dass nur eine Person für die Verwalter- und Treuhänderaufgaben bestellt wird (vgl. Beschl.-Empfehlung des Rechtsausschusses, BT-Drucks. 12/7302 S. 193). Der Treuhänder sollte nur einen beschränkten Teil der Aufgaben des Insolvenzverwalters wahrnehmen. Wichtige Aufgaben, wie die Anfechtung von Rechtshandlungen nach den §§ 139 bis 147 (§ 313 Abs. 2) und die Verwertung von Gegenständen, an denen Pfandrechte oder andere Absonderungsrechte bestehen (§ 313 Abs.3), waren den Gläubigern übertragen. Die Verlagerung des Anfechtungsrechts auf die Insolvenzgläubiger konnte jedoch nicht funktionieren, da ein Gläubiger praktisch kaum einen Anreiz hat, den mit einem Anfechtungsrecht verbundenen Aufwand auf sich zu nehmen, und zwar auch dann nicht, wenn er von der Gläubigerversammlung damit beauftragt worden ist und mit der Erstattung seiner Kosten rechnen kann. Auch die mit dem Gesetz vom 27.10.2001 geschaffene Möglichkeit, den Treuhänder mit der Anfechtung zu betrauen, konnte den Funktionsverlust der Anfechtung im Verbraucherinsolvenzverfahren nicht verhindern. Nachdem der Anwendungsbereich des Verbraucherinsolvenzverfahrens auch auf alle ehemals Selbstständigen ausgedehnt wird, vergrößert sich auch die Zahl von Anfechtungssachverhalten. Der Forderung der Praxis, dem Treuhänder ein originäres Anfechtungsrecht zu geben, soll daher mit der Streichung von § 313 Abs. 2 Rechnung getragen werden. Gleiches gilt für die Regelung, wonach die Verwertung von Gegenständen, an denen Absonderungsrechte bestehen, den absonderungsberechtigten Gläubigern zustehen soll. Diese Aufgabenverlagerung auf die Gläubiger hat sich nicht bewährt. Auch § 314 sollte der Verfahrensvereinfachung dienen. Diese Vorschrift hat sich nicht bewährt und war deshalb aufzuheben. Die praktischen Erfahrungen mit dieser Regelung zeigen, dass die vereinfachte Verteilung häufig zu einem erheblichen Aufwand führt. Häufiges Beispiel ist der Verzicht auf die Verwertung eines Pkw, der lediglich einen Restwert von wenigen 100 € hat. Der Aufwand, einen entsprechenden Antrag zu stellen, die Gläubiger zu hören und eine Entscheidung des Gerichts abzuwarten, entspricht nicht dem Regelungszweck. Viel einfacher ist es, eine Vereinbarung mit dem Schuldner zu treffen, dass ihm der Gegenstand gegen Zahlung des Restwertes überlassen wird. Diesen Betrag kann der Schuldner aus dem pfändungsfreien Einkommen ansparen bzw. von einer dritten Person zur Verfügung gestellt bekommen. Diese Norm schafft auch erhebliche Risiken für den Schuldner, da bei einem Ausbleiben oder einer Verzögerung der Zahlung die Versagung der Restschuldbefreiung droht. Falls eine Zahlungsanordnung beantragt wird, deren Betrag vom Schuldner nicht aufzubringen wäre, würden trotz aller bisherigen Bemühungen des Schuldners seine Aussichten auf eine Restschuldbefreiung ohne sein Verschulden scheitern.

Wenn jedoch künftig der Treuhänder selbst anfechten und verwerten kann und keine vereinfachte Verteilung durchzuführen hat, so gibt es praktisch keine Unterschiede mehr zu den Aufgaben des Insolvenzverwalters. Die Unterschiede manifestieren sich nur noch am geringeren Aufwand, den die Durchführung eines Verbraucherinsolvenzverfahrens verursacht, weil die Unterlagen über die Vermögenssituation bereits durch das außergerichtliche Verfahren gesichtet und geordnet, die Vermögensverhältnisse überschaubar sind und in der Regel die Zahl der Gläubiger oder die Höhe der Verbindlichkeiten gering ist. Der geringere Aufwand allein rechtfertigt keine Differenzierung mehr zwischen Treuhänder und Insolvenzverwalter in der Insolvenzordnung. Dem ist allein bei der Vergütung Rechnung zu tragen. Künftig werden daher die Aufgaben des Insolvenzverwalters im Verbraucherinsolvenzverfahren von diesem auch wahrgenommen. § 313 kann daher aufgehoben werden.

Da die Erweiterung der Rückschlagsperre nach einem außergerichtlichen Einigungsversuch mit den Gläubigern über die Schuldenbereinigung (§ 312 Abs. 1 Satz 2) nunmehr in § 88 geregelt ist und die Vorschriften über den Insolvenzplan und die Eigenverwaltung im Verbraucherinsolvenzverfahren nicht mehr ausgeschlossen werden, konnten die §§ 312 bis 314 vollständig aufgehoben werden.

Zu Artikel 2 (Änderung des Rechtspflegergesetzes)

Das Rechtspflegergesetz sieht vor, dass das Verfahren nach der Insolvenzordnung grundsätzlich dem Rechtspfleger übertragen ist, einzelne Geschäfte jedoch, die in § 18 Rechtspflegergesetz aufgeführt sind, dem Richter vorbehalten bleiben. So sind im geltenden Recht dem Richter die Entscheidungen vorbehalten, die zu treffen sind, wenn ein Gläubiger Versagungsgründe geltend macht oder den Widerruf der rechtskräftig erteilten Restschuldbefreiung beantragt. Gleiches muss im Entschuldungsverfahren für die Versagung der Entschuldung nach § 303c Abs. 1 oder InsO-E nach § 303g InsO-E sowie deren Widerruf nach § 303h InsO-E der Insolvenzordnung gelten. Diese Entscheidungen kommen der rechtsprechenden Tätigkeit im Sinne von Art. 92 GG sehr nahe, da sie in einem kontradiktorischen Verfahren nach

Anhörung der Beteiligten ergehen, regelmäßig schwierige Abwägungen und Bewertungen erfordern und tief in die rechtliche Stellung des Schuldners oder des Gläubigers eingreifen.

Zu Artikel 3 (Änderung der Bundesrechtsanwaltsordnung)

Folgeänderung der Aufhebung der Verfahrenskostenstundung

Zu Artikel 4 (Änderung der Insolvenzrechtlichen Vergütungsverordnung)

Zu Nummer 1

Für Kleinverfahren, wie sie in § 5 Abs. 2 InsO legal definiert sind, sieht der Entwurf eine Reihe von Erleichterungen für die Verfahrensabwicklung vor. Diesen geringeren Anforderungen für den Verwalter soll durch einen Abschlag bei der Vergütung Rechnung getragen werden können.

Zu Nummer 2

Folgeänderung der Aufhebung der Verfahrenskostenstundung.

Zu Nummer 3

Das Zurückbleiben der Vergütung im vereinfachten Insolvenzverfahren im Vergleich zum Regelverfahren beruhte nicht nur auf dem geringeren Aufgabenspektrum, das der Insolvenzverwalter in den Kleinverfahren abzudecken hatte, sondern auch darauf, dass in diesen Verfahren regelmäßig eine geeignete Person oder Stelle die Unterlagen vorbereitete. In diesem Fall ist es gerechtfertigt, die Mindestregelvergütung von 1000 Euro auf 800 Euro zu reduzieren.

Zu Artikel 5 (Änderung der Verbraucherinsolvenzvordruckverordnung)

Zu Nummer 1

Folgeänderung zu Artikel 1 Nummer 28

Nummer 2

Die in § 305 Abs. 1 Nr. 4 InsO zum Ausdruck kommende Planfreiheit des Schuldners kann und soll durch die amtlichen Vordrucke nicht eingeschränkt werden. Die vorgeschlagene Änderung stellt daher lediglich klar, dass neben den beiden in dem amtlichen Vordrucksatz für den Besonderen Teil des Schuldenbereinigungsplans vorgesehenen Planalternativen, die bereits jetzt ausdrücklich als Musterpläne ausgewiesen sind, eine von diesen Musterplänen abweichende Anlage 7A verwendet werden kann, in deren formaler und inhaltlicher Gestaltung der Schuldner völlig frei ist.

Zu Nummer 3

Die Änderungen zu Artikel 1 Nummer 25 bis 32 bedingen einige Anpassungen der amtlichen Vordrucke.

Zu Artikel 6 (Änderung des Gerichtskostengesetzes)

Das Entschuldungsverfahren soll für den gänzlich vermögenslosen Schuldner keine Gebühren auslösen. Solche Gebühren wären ohnehin in der Regel uneinbringlich. Im Verfahren anfallende Auslagen sollen ebenfalls unerhoben bleiben.

Lediglich die Entscheidung über den Antrag eines Gläubigers auf Versagung oder Widerruf der Entschuldung (§§ 303f, 303h InsO-E) soll, wie die Entscheidung in den Fällen der §§ 296, 297, 300 und 303 der Insolvenzordnung, eine Festgebühr in Höhe von 30,00 Euro auslösen. Für die Gebühr und die insoweit entstandenen Auslagen soll eine Haftung des Gläubigers vorgesehen werden, der den Antrag gestellt hat.

Zu Artikel 7 (Änderung der Justizbeitreibungsordnung)

Folgeänderung der Aufhebung der Verfahrenskostenstundung.

Zu Artikel 8 (Änderung des Rechtsanwaltsvergütungsgesetzes)

Ein Rechtsanwalt, der den Schuldner oder einen Gläubiger im Entschuldungsverfahren oder im Verfahren über den Antrag auf Versagung oder Widerruf der Entschuldung vertritt, soll für seine Tätigkeit eine Vergütung nach den Nummern 3317 und 3321 VV RVG erhalten. Ist der Auftrag vom Schuldner erteilt, soll sich der Gegenstandswert nach Ermessen bestimmen (§ 28 Abs. 3 RVG i.V.m. § 23 Abs. 3 Satz 2 RVG). Für die Vertretung des Gläubigers ist im Entschuldungsverfahren § 28 Abs. 2 RVG, im Verfahren über den Antrag auf Versagung oder Widerruf der Entschuldung § 28 Abs. 3 RVG einschlägig.

Durch Absatz 2 der Anmerkung zu Nummer 3317 VV RVG soll klargestellt werden, dass im Fall der Überleitung des Entschuldungs- in ein Insolvenzverfahren (§ 303j InsO-E) die Verfahrensgebühr für das Entschuldungsverfahren auf die entsprechende Gebühr für das nachfolgende Insolvenzverfahren anzurechnen ist.

Zu Artikel 9 (Änderung der Abgabenordnung)

Redaktionelle Anpassung des § 251 Abs. 2 AO an die Änderung des § 308 InsO.

Gesetzentwurf
der Bundesregierung

Entwurf eines Gesetzes zur Vereinfachung des Insolvenzverfahrens*

A. Problem und Ziel

Mit der am 1. Januar 1999 in Kraft getretenen Insolvenzordnung wurde das Insolvenzverfahren umfassend neu geregelt. Dabei wurden teilweise Verfahren eingeführt, die für das deutsche Recht völlig neu waren. Bei einer solchen Neukodifizierung war abzusehen, dass nach einer gewissen Erfahrungszeit mit dem neuen Recht ein Anpassungsbedarf auftreten wird. Mit dem Gesetz zur Änderung der Insolvenzordnung und anderer Gesetze vom 26. Oktober 2001 (BGBl. I S. 2710) wurde versucht, diesem Anpassungsbedarf für das Verbraucherinsolvenzverfahren Rechnung zu tragen. Die Verfahrensbegradigungen für das Regelinsolvenzverfahren blieben bei diesen Überlegungen weitgehend ausgeklammert, da in diesem Bereich ein nicht so dringender Handlungsbedarf bestand. Gleichwohl sind in der Praxis gewisse Defizite aufgetreten, die nun behoben werden sollen. Dies gilt etwa für die Auswahl des Insolvenzverwalters, für die Veräußerung von Unternehmen vor dem Berichtstermin oder für die öffentliche Bekanntmachung über das Internet.

B. Lösung

Mit dem Gesetzentwurf werden Regelungen vorgeschlagen, die insbesondere dazu beitragen sollen, die festgestellten Defizite im Unternehmensinsolvenzverfahren zu beheben. Bei der Auswahl des Insolvenzverwalters wird klargestellt, dass eine Verwendung geschlossener Listen durch die Insolvenzgerichte nicht zulässig ist. Übertragende Sanierungen werden unter engen Voraussetzungen im eröffneten Verfahren bereits vor dem Berichtstermin zugelassen, um außergewöhnlich günstige Verwertungschancen bereits in diesem frühen Verfahrensstadium nutzen zu können. Für den Insolvenzverwalter wird ferner die Möglichkeit vorgesehen, einzelne Gegenstände aus der Masse freizugeben. Der Gesetzentwurf sieht zudem vor, künftig öffentliche Bekanntmachungen in Insolvenzsachen nur noch über das Internet vorzunehmen.

C. Alternativen

Keine.

---

* Stand: 8.2.2006

D. Finanzielle Auswirkungen auf die öffentlichen Haushalte

Die Beschränkung auf eine öffentliche Bekanntmachung im Internet wird in den Fällen, in denen dem Schuldner die Verfahrenskosten gestundet wurden, zu einer erheblichen Entlastung der Justizhaushalte der Länder führen. Ein Einsparpotenzial wird hier insbesondere bei den Auslagen, also vor allem bei den Kosten der Veröffentlichung gesehen.

E. Sonstige Kosten

Zudem wird die Konzentration auf eine Internetveröffentlichung zu einer gewissen Entlastung der Insolvenzmassen führen, so dass die Gläubiger mit einer etwas höheren Quote rechnen können.

Auswirkungen auf das Preisniveau, insbesondere auf das Verbraucherpreisniveau, sind nicht zu erwarten.

Entwurf eines Gesetzes zur Änderung der Insolvenzordnung

Der Bundestag hat das folgende Gesetz beschlossen:

Artikel 1
Änderung der Insolvenzordnung

Die Insolvenzordnung vom 5. Oktober 1994 (BGBl. I S. 2866), zuletzt geändert durch ..., wird wie folgt geändert:

1. § 5 wird wie folgt geändert:

   a) Nach Absatz 1 wird folgender Absatz 2 eingefügt:

   „(2) Sind die Vermögensverhältnisse des Schuldners überschaubar und die Zahl der Gläubiger oder die Höhe der Verbindlichkeiten gering, so kann das Insolvenzgericht anordnen, dass das Verfahren oder einzelne seiner Teile schriftlich durchgeführt werden. Es kann diese Anordnung jederzeit aufheben oder abändern. *Die Anordnung, ihre Aufhebung oder Abänderung sind öffentlich bekannt zu machen.*“

   b) Die bisherigen Absätze 2 und 3 werden Absätze 3 und 4.

2. In § 7 werden nach dem Wort „statt“ ein Komma und die Wörter „wenn das Beschwerdegericht sie in dem Beschluss zugelassen hat“ angefügt.

3. § 8 wird wie folgt geändert:

   a) Absatz 1 wird wie folgt gefasst:

   „(1) Die Zustellungen erfolgen von Amts wegen, ohne dass es einer Beglaubigung des zuzustellenden Schriftstücks bedarf. Sie können dadurch bewirkt werden, dass das Schriftstück unter der Anschrift des Zustellungsempfängers zur Post gegeben wird; § 184 Abs. 2 Satz 1, 2 und 4 der Zivilprozessordnung gilt entsprechend. Soll die Zustellung im Inland bewirkt werden, so gilt das Schriftstück drei *Werk*tage nach Aufgabe zur Post als zugestellt.“

   b) Absatz 3 wird wie folgt gefasst:

   „(3) Das Insolvenzgericht kann den Insolvenzverwalter beauftragen, die Zustellungen nach Absatz 1 durchzuführen. Zur Durchführung der Zustellung und zu deren Beurkundung kann er sich Dritter, insbesondere auch eigenen Personals, bedienen. *Der Insolvenzverwalter hat die von ihm nach § 184 Abs. 2 Satz 2 der Zivilprozessordnung angefertigten Vermerke nach Abschluss des Insolvenzverfahrens zu den Gerichtsakten zu reichen.*“

4. § 9 wird wie folgt geändert:

   a) Absatz 1 Satz 1 wird wie folgt gefasst:

   „Die öffentliche Bekanntmachung erfolgt durch Veröffentlichung in einem länderübergreifenden, zentralen elektronischen Informations- und Kommunikationssystem; diese kann auszugsweise geschehen.“[1]

---

1 Alternativformulierung: „Die öffentliche Bekanntmachung erfolgt durch eine zentrale und länderübergreifende Veröffentlichung im Internet; diese kann auszugsweise geschehen.“

b) Absatz 2 Satz 1 und 2 wird wie folgt gefasst:

„Das Insolvenzgericht kann weitere Veröffentlichungen veranlassen, soweit dies landesrechtlich bestimmt ist. Das Bundesministerium der Justiz wird ermächtigt, durch Rechtsverordnung mit Zustimmung des Bundesrates die Einzelheiten der Veröffentlichung in einem länderübergreifenden, zentralen elektronischen Informations- und Kommunikationssystem zu regeln."

5. § 12 wird wie folgt geändert:

   – gestrichen –

6. In § 13 Abs. 1 wird in Satz 1 vor dem Wort „Antrag" das Wort „schriftlichen" eingefügt.

7. *§ 20 wird wie folgt geändert:*

   a) Die Überschrift wird wie folgt neu gefasst:

   „Auskunfts- und Mitwirkungspflicht im Eröffnungsverfahren. Hinweis auf Restschuldbefreiung"

   b) In Absatz 1 wird nach Satz 1 folgender neuer Satz 2 eingefügt:

   „Der Schuldner hat den vorläufigen Insolvenzverwalter bei der Erfüllung von dessen Aufgaben zu unterstützen."

8. In § 21 Abs. 2 Nr. 4 wird der Punkt durch einen Strichpunkt ersetzt und folgende Nummer 5 angefügt:

   „5. anordnen, dass Gegenstände, die im Falle der Eröffnung des Verfahrens von § 166 erfasst würden oder deren Aussonderung verlangt werden könnte, vom Gläubiger nicht verwertet oder eingezogen werden dürfen und dass solche Gegenstände zur Fortführung des Unternehmens des Schuldners eingesetzt werden können, soweit sie hierfür von erheblicher Bedeutung sind; *§ 169 Satz 2 und 3 gilt entsprechend; ein durch die Nutzung eingetretener Wertverlust ist durch laufende Zahlungen an den Gläubiger auszugleichen.* Zieht der vorläufige Insolvenzverwalter eine zur Sicherung eines Anspruchs abgetretene Forderung anstelle des Gläubigers ein, so gelten §§ 170, 171 entsprechend."

9. *In § 22 Abs. 3 Satz 3 werden nach dem Wort „erteilen" die Wörter „und ihn bei der Erfüllung seiner Aufgaben zu unterstützen" eingefügt.*

10. Dem § 26 Abs. 1 wird folgender Satz angefügt:

    „Der Beschluss ist öffentlich bekannt zu machen."

11. § 27 Abs. 2 wird wie folgt geändert:

    a) In Nummer 1 werden nach dem Wort „Vornamen", die Wörter „Geburtsdatum *und Geburtsort, Handelsregisterbezeichnung und Registergericht*" eingefügt.

    b) In Nummer 3 wird der Punkt durch einen Strichpunkt ersetzt, und es wird folgende Nummer 4 angefügt:

    „4. einen Hinweis, ob der Schuldner einen Antrag auf Restschuldbefreiung gestellt hat."

12. § 30 Abs. 1 Satz 2 wird wie folgt gefasst:

    „Hat der Schuldner einen Antrag nach § 287 gestellt, ist dies ebenfalls öffentlich bekannt zu machen, sofern kein Hinweis nach § 27 Abs. 2 Nr. 4 erfolgt ist."

13. In § 34 Abs. 3 wird die Angabe „und 3" gestrichen.

14. § 35 wird wie folgt geändert:

    a) Der bisherige Wortlaut wird Absatz 1.

    b) Nach Absatz 1 werden folgende Absätze 2 und 3 angefügt:

    „(2) Übt der Schuldner eine selbstständige Tätigkeit aus oder beabsichtigt er, demnächst eine solche Tätigkeit auszuüben, so kann der Insolvenzverwalter *mit Zustimmung des Gläubigerausschusses oder, wenn dieser nicht bestellt ist, der Gläubigerversammlung erklären*, dass Vermögen aus der selbstständigen Tätigkeit nicht zur Insolvenzmasse gehört und Ansprüche aus dieser Tätigkeit nicht im Insolvenzverfahren geltend gemacht werden können. *§ 295 Abs. 2 gilt entsprechend.*

    (3) *Die Erklärung des Insolvenzverwalters ist dem Gericht gegenüber anzuzeigen.* Das Gericht hat die Erklärung öffentlich bekannt zu machen."

15. In § 39 Abs. 1 Nr. 1 wird hinter dem Wort „Zinsen" das Wort „der" gestrichen und werden die Wörter „und Säumniszuschläge auf" eingefügt.

16. In § 56 Abs. 1 wird der Punkt durch ein Komma ersetzt und folgender Wortlaut angefügt:

    „die aus dem Kreis aller zur Übernahme von Insolvenzverwaltungen bereiten Personen auszuwählen ist. Die Bereitschaft zur Übernahme von Insolvenzverwaltungen kann auf bestimmte Verfahren beschränkt werden."

17. *In § 98 Abs. 3 Satz 1 wird die Angabe „§§ 904 bis 910" durch die Angabe „§§ 904 bis 906, 909, 910" ersetzt.*

18. In § 99 Abs. 1 Satz 1 wird der letzte Teilsatz wie folgt gefasst:

    „dass die in dem Beschluss bezeichneten Unternehmen bestimmte oder alle Postsendungen für den Schuldner dem Verwalter zuzuleiten haben."

19. § 108 wird wie folgt geändert:

    a) In der Überschrift werden die Wörter „von Dauerschuldverhältnissen" durch die Wörter „bestimmter Schuldverhältnisse" ersetzt.

    b) Nach Absatz 1 wird folgender Absatz 2 eingefügt:

    „(2) Ein vom Schuldner *als Darlehensgeber* eingegangenes Darlehensverhältnis besteht mit Wirkung für die Masse fort, soweit dem Darlehensnehmer der geschuldete Gegenstand zur Verfügung gestellt wurde."

    c) Der bisherige Absatz 2 wird Absatz 3.

20. § 109 Abs. 1 Satz 1 wird wie folgt gefasst:

    „Ein Miet- oder Pachtverhältnis über einen unbeweglichen Gegenstand oder über Räume, das der Schuldner als Mieter oder Pächter eingegangen war, kann der Insolvenzverwalter ohne Rücksicht auf die vereinbarte Vertragsdauer oder einen vereinbarten Ausschluss des Rechts zur ordentlichen Kündigung kündigen; die Kündigungsfrist beträgt drei Monate zum Monatsende, wenn nicht eine kürzere Frist maßgeblich ist."

21. § 138 Abs. 1 wird wie folgt geändert:

    a) In Nummer 3 werden nach dem Wort „haben" die Wörter „sowie Personen, die auf Grund einer dienstvertraglichen Verbindung zum Schuldner die Möglichkeit haben, sich über dessen wirtschaftliche Verhältnisse zu unterrichten" eingefügt und der Punkt durch einen Strichpunkt ersetzt.

    b) Folgende Nummer 4 wird angefügt:

    „4. eine juristische Person oder eine Gesellschaft ohne Rechtspersönlichkeit, sofern der Schuldner oder eine der in den Nummern 1 bis 3 genannten Personen Mitglied des Vertretungs- oder Aufsichtsorgans, persönlich haftender Gesellschafter oder zu mehr als einem Viertel an deren Kapital beteiligt ist oder auf Grund einer vergleichbaren gesellschaftsrechtlichen oder dienstvertraglichen Verbindung die Möglichkeit hat, sich über die wirtschaftliche Verhältnisse des Schuldners zu unterrichten."

22. § 149 wird wie folgt geändert:

    a) Absatz 2 wird aufgehoben.

    b) Der bisherige Absatz 3 wird Absatz 2.

23. § 158 wird wie folgt geändert:

    a) In Absatz 1 werden nach dem Wort „stillegen" die Wörter „oder veräußern" eingefügt.

    b) In Absatz 2 werden nach dem Wort „Stillegung" jeweils die Wörter „oder Veräußerung" eingefügt.

24. *Dem § 160 Abs. 1 wird folgender Satz angefügt:*

    „Ist die einberufene Gläubigerversammlung beschlussunfähig, gilt die Zustimmung als erteilt; auf diese Folgen sind die Gläubiger bei der Einladung zur Gläubigerversammlung hinzuweisen."

25. *§ 184 wird wie folgt geändert:*

    a) Der bisherige Wortlaut wird Absatz 1.

    b) Es wird folgender Absatz 2 angefügt:

    „(2) Liegt für eine solche Forderung ein vollstreckbarer Schuldtitel oder ein Endurteil vor, so obliegt es dem Schuldner binnen einer Frist von einem Monat, die mit dem Prüfungstermin oder im schriftlichen Verfahren mit dem Bestreiten der Forderung beginnt, den Widerspruch zu verfolgen. Nach fruchtlosem Ablauf dieser Frist gilt ein Widerspruch als nicht erhoben."

26. *§ 188 Satz 3 wird wie folgt gefasst:*

    „Der Verwalter zeigt dem Gericht die Summe der Forderungen und den für die Verteilung verfügbaren Betrag aus der Insolvenzmasse an; das Gericht hat die angezeigte Summe der Forderungen und den für die Verteilung verfügbaren Betrag öffentlich bekannt zu machen."

27. § 200 Abs. 2 Satz 2 wird aufgehoben.

28. In § 215 Abs. 1 Satz 3 und in § 258 Abs. 3 Satz 3 wird jeweils die Angabe „und 3" gestrichen.

29. In § 345 Abs. 1 Satz 2 wird die Angabe „§ 30 Abs. 1" durch die Angabe „§ 30 Abs. 1 Satz 1" ersetzt.

Artikel 2
Änderung der Verordnung zu öffentlichen Bekanntmachungen in Insolvenzverfahren im Internet

Die Verordnung zu öffentlichen Bekanntmachungen in Insolvenzverfahren im Internet vom 12. Februar 2002 (BGBl. I S. 677) wird wie folgt geändert:

1. § 1 wird wie folgt gefasst:

„§ 1
Grundsatz

Öffentliche Bekanntmachungen in Insolvenzverfahren in einem elektronischen Informations- und Kommunikationssystem haben den Anforderungen dieser Verordnung zu entsprechen. Die Veröffentlichung darf nur die personenbezogenen Daten enthalten, die nach der Insolvenzordnung oder nach anderen Gesetzen, die eine öffentliche Bekanntmachung in Insolvenzverfahren vorsehen, bekannt zu machen sind."

2. § 2 Abs. 1 Satz 1 wird wie folgt gefasst:

„Durch geeignete technische und organisatorische Maßnahmen ist sicherzustellen, dass die Daten

1. bei der elektronischen Übermittlung von dem Insolvenzgericht oder dem Insolvenzverwalter an die für die Veröffentlichung zuständige Stelle elektronisch signiert werden,

2. während der Veröffentlichung unversehrt, vollständig und aktuell bleiben,

3. spätestens nach dem Ablauf von zwei Wochen nach dem ersten Tag der Veröffentlichung nur noch abgerufen werden können, wenn die Abfrage den Sitz des Insolvenzgerichts und mindestens eine der folgenden Angaben enthält:

a) den Familiennamen,

b) die Firma,

c) den Sitz oder Wohnsitz des Schuldners oder

d) das Aktenzeichen des Insolvenzgerichts."

3. § 4 wird wie folgt gefasst:

„§ 4
Einsichtsrecht

Die Insolvenzgerichte haben sicherzustellen, dass jedermann von den öffentlichen Bekanntmachungen in angemessenem Umfang unentgeltlich Kenntnis nehmen kann."

Artikel 3
Änderung des Einführungsgesetzes zur Insolvenzordnung

Das Einführungsgesetz zur Insolvenzordnung vom 5. Oktober 1994 (BGBl. I S. 2911), zuletzt geändert durch ..., wird wie folgt geändert:

1. In Artikel 102 § 5 Abs. 1 Satz 3 wird die Angabe „§ 30 Abs. 1“ durch die Angabe „§ 30 Abs. 1 Satz 1“ ersetzt.

2. Nach Artikel 103b wird folgender Artikel 103c eingefügt.

   „Artikel 103c
   Überleitungsvorschrift

   Auf Insolvenzverfahren, die vor dem [Einsetzen: Datum des Inkrafttretens des Gesetzes nach Artikel 5] eröffnet worden sind, sind mit Ausnahme der Bestimmungen über die öffentliche Bekanntmachung die bis dahin geltenden gesetzlichen Vorschriften weiter anzuwenden.“

3. Artikel 107 wird aufgehoben.

Artikel 4
Rückkehr zum einheitlichen Verordnungsrang

Die auf Artikel 2 beruhenden Teile der dort geänderten Rechtsverordnung können auf Grund der jeweils einschlägigen Ermächtigungen durch Rechtsverordnung geändert werden.

Artikel 5
Inkrafttreten

Das Gesetz tritt am ersten Tag des dritten auf die Verkündung folgenden Kalendermonats in Kraft.

Begründung

A. Allgemeiner Teil

I. Ausgangslage im Insolvenzrecht

Die Insolvenzordnung, die zum 1. Januar 1999 in Kraft getreten ist, hat das Insolvenzverfahren umfassend neu kodifiziert. Dabei wurden teilweise Wege beschritten, die für das deutsche Recht bis dahin unbekannt waren. Dies gilt etwa für das Verbraucherinsolvenzverfahren, die Restschuldbefreiung oder das Insolvenzplanverfahren. Es entspricht der Erfahrung aus der Gesetzgebungspraxis, dass bei einer so erschöpfenden Neugestaltung eines Rechtsgebiets nach einer gewissen Zeit Anpassungen erforderlich sind. Ein erheblicher Anpassungsdruck trat bereits kurze Zeit nach dem Inkrafttreten im Bereich des Verbraucherinsolvenzverfahrens auf. Mit dem Gesetz vom 26. Oktober 2001 (BGBl. I S. 2710) wurde diesem Anpassungsbedarf bei den Insolvenzverfahren natürlicher Personen Rechnung getragen. Diese Änderungen gingen im Wesentlichen auf eine von der Konferenz der Justizministerinnen und Justizminister im Juni 1999 eingesetzten Bund-Länder-Arbeitsgruppe „Insolvenzrecht" zurück, die die Aufgabe hatte, Probleme der praktischen Anwendung und Schwachstellen des neuen Insolvenzrechts, insbesondere des Verbraucherinsolvenzverfahrens, zu analysieren und Änderungsmöglichkeiten aufzuzeigen. Im Mai 2000 haben die Justizministerinnen und Justizminister die Bund-Länder-Arbeitsgruppe „Insolvenzrecht" beauftragt, in einem zweiten Schritt das Regelinsolvenzverfahren zu untersuchen. Diesem Auftrag ist die Arbeitsgruppe nachgegangen und hat im Juni 2002 der 73. Justizministerkonferenz einen Abschlussbericht vorgelegt, der sich mit einer Reihe von Problemen des Regelinsolvenzverfahrens beschäftigte und Lösungsvorschläge unterbreitete. Im April 2003 veröffentlichte das Bundesministerium der Justiz einen Diskussionsentwurf, der im Wesentlichen diese Vorschläge aufgriff. Dieser Entwurf fand bei den angehörten Kreisen und in der insolvenzrechtlichen Fachliteratur erhebliche Beachtung. Nach einer umfassenden Überarbeitung wurde im September 2004 der Referentenentwurf eines Gesetzes zur Änderung der Insolvenzordnung, des Kreditwesengesetzes und anderer Gesetze vorgelegt. Dieser wurde den Ressorts, den Ländern und den interessierten Kreisen zugeleitet. Während die Änderungen des Kreditwesengesetzes in dem Gesetz zur Neuorganisation der Bundesfinanzverwaltung und zur Schaffung eines Refinanzierungsregisters vom 22. September 2005 (BGBl. I S. 2809) erfolgten, werden die zentralen Anliegen des Abschlussberichts der Arbeitsgruppe, aber auch die zu dem Referentenentwurf eingegangenen Anregungen aus der Praxis in dem vorliegenden Gesetzentwurf aufgegriffen.

II. Wesentlicher Inhalt des Gesetzentwurfs

Der Gesetzesentwurf verfolgt das Ziel, die von der Bund-Länder-Arbeitsgruppe „Insolvenzrecht", den angehörten Kreisen und der insolvenzrechtlichen Fachliteratur aufgezeigten Defizite im Regelinsolvenzverfahren zu beheben. Der Abschlussbericht der Bund-Länder-Arbeitsgruppe „Insolvenzrecht" untersucht eine Fülle von

Problemen, die jedoch nach Einschätzung der Arbeitsgruppe nicht alle einen gesetzgeberischen Handlungsbedarf bedingen. Gesetzgeberisches Tätigwerden empfiehlt der Bericht etwa bei den Verwertungshandlungen vor dem Berichtstermin, bei der öffentlichen Bekanntmachung über das Internet oder bei der Postsperre. Den eindeutigen Schwerpunkt des Berichts bildet jedoch die Auswahl des Insolvenzverwalters.

1. Auswahl des Insolvenzverwalters

Die gesetzlichen Vorgaben für die Auswahl des Insolvenzverwalters beschränken sich in § 56 InsO darauf, das Gericht habe eine für den jeweiligen Einzelfall geeignete, insbesondere geschäftskundige und sowohl von den Gläubigern als auch vom Schuldner unabhängige Person zu bestellen. Ganz überwiegend werden von den Gerichten hierzu Rechtsanwälte herangezogen. Nicht geklärt ist, ob die von den Gerichten geübte Praxis, für die Auswahl des konkreten Verwalters eine beim jeweiligen Gericht oder beim Richter geführte Liste heranzuziehen, zulässig ist. Zwei Grundtypen von Listen sind dabei anzutreffen. Einmal die geschlossenen Listen, in die neue Bewerber nur aufgenommen werden, wenn eine Person ausscheidet, und die von den Gerichten strikt bei der Vergabe herangezogen werden. Überwiegend sind aber wohl die offenen Listen anzutreffen, in die zum Teil jeder Bewerber um ein Verwalteramt aufgenommen wird. Welche Kriterien ansonsten für die Aufnahme in die Liste zu Grunde gelegt werden, ist nicht eindeutig. Im Vordergrund dürfte die fachliche Qualifikation des jeweiligen Bewerbers stehen. Gegen die Verwendung geschlossener Listen hat die Bund-Länder-Arbeitsgruppe „Insolvenzrecht" verfassungsrechtliche Bedenken geäußert und insofern eine gesetzliche Klarstellung angeregt. Anders hat die Arbeitsgruppe jedoch hinsichtlich der offenen Listen votiert. Nach ihrer Auffassung besteht ein erhebliches Bedürfnis bei den Gerichten, bei der unter erheblichem Zeitdruck stehenden Auswahl eines Insolvenzverwalters sich dieses Hilfsmittels bedienen zu können. Einen Rechtsschutz übergangener Bewerber gegen die Auswahlentscheidung, wie er von manchen Stimmen in der Literatur angemahnt wurde, hat die Arbeitsgruppe nicht für erforderlich gehalten. Der insofern herangezogene Artikel 19 Abs. 4 GG erfordere lediglich einen Rechtsschutz gegen die „öffentliche Gewalt", zu der die Judikative jedoch nicht zu zählen sei. Da es sich bei der Bestellung des Insolvenzverwalters nicht um ein Justizverwaltungsakt im Sinne von § 23 EGGVG handele, sei ein Rechtsschutz gegen die Bestellung des Insolvenzverwalters verfassungsrechtlich nicht geboten.

Im Rahmen eines rechtsvergleichenden Überblicks prüfte die Arbeitsgruppe, ob gesetzliche Zulassungsvoraussetzungen für den Zugang zur Insolvenzverwaltertätigkeit geschaffen werden sollen. Als Vorbild wurde insofern das französische Recht herangezogen, das eine mehrjährige Vorbereitungszeit und eine anschließende Prüfung kennt. Unter Hinweis auf die andersartige deutsche Rechtstradition und im Hinblick auf die Vielzahl von kleinen und mittleren Insolvenzverfahren, die keinen hochspezialisierten Verwalter erfordern, wurde einer solchen Einschränkung des richterlichen Ermessens jedoch eine Absage erteilt. Im Übrigen würde ein solches Zulassungsverfahren einen erheblichen regelungstechnischen Aufwand bedingen, da ein spezielles Verwaltungsverfahren mit einer detaillierten Ausgestaltung der Zulassungsprüfung erforderlich wäre. Ebenso wird von der Arbeitsgruppe eine strikte Bindung an eine Liste verworfen, also ein System, nach dem der Richter ohne Abweichungsmöglichkeit die Insolvenzverwalter in der in der Liste festgelegten Reihenfolge zu bestellen hätte. Gegen ein solches Vorgehen spreche insbesondere, dass im deutschem Recht der Gedanke der Gläubigerautonomie im Vordergrund stehe (vgl. § 57 InsO), und dass mit einem solchen schematischen Vorgehen der im deutschen Recht zentralen Anforderung an die individuelle Eignung des Verwalters für das konkrete Verfahren nicht Rechnung getragen werden könnte.

Am ehesten mit dem deutschen Recht zu vereinbaren wäre deshalb eine Verwalterliste nach österreichischem Vorbild. In Österreich wird eine von den Selbstverwaltungsorganen der Rechtsanwälte getragene Liste geführt, die über das Internet abrufbar ist. In diese Liste können sich Interessenten selbst eintragen. Sie haben dabei etwa Angaben zu ihrer Ausbildung, ihrer beruflichen Laufbahn und zu besonderen Fachkenntnissen zu machen. Da eine solche Liste jedoch nur der Selbstdarstellung der Bewerber dient und den Gerichten lediglich als Entscheidungshilfe angeboten wird, ist es nach Auffassung der Arbeitsgruppe nicht erforderlich, eine entsprechende Plattform gesetzlich zu verankern. Vielmehr wird es als ausreichend angesehen, wenn eine solche Liste als Insolvenzverwalter-Informationssystem privatwirtschaftlich initiiert und von geeigneten Betreibern im Internet präsentiert wird.

Als Schlussfolgerung ihrer umfassenden Erläuterung zur Verwalterbestellung empfiehlt die Arbeitsgruppe, gesetzlich klarzustellen, dass die Verwendung geschlossener Listen durch die Gerichte unzulässig ist. Insofern sollte in § 56 InsO festgelegt werden, dass die Auswahl des Insolvenzverwalters aus dem Kreis aller zur Übernahme von Insolvenzverwaltungen bereiten Personen zu erfolgen hat. Demgegenüber soll das Auswahlverfahren an sich keinen weiteren Einschränkungen unterworfen werden. Diese Anregung greift der Gesetzentwurf auf.

Damit wird der Entwurf auch den Vorgaben des Bundesverfassungsgerichts in seinem Beschluss vom 3. August 2004 (1 BvR 135/00) gerecht, in dem das Gericht ausführt, auch wenn der Richter bei der Insolvenzverwalterbestellung ein weites Auswahlermessen habe, könne die Auswahl angesichts der weitreichenden Entscheidung für oder gegen bestimmte Berufsangehörige nicht ohne jede Bindung an Art. 3 Abs. 1 GG erfolgen. Eine Chance auf eine Einbeziehung in ein konkret anstehendes Auswahlverfahren und damit auf Ausübung des Berufs habe ein potentieller Insolvenzverwalter nur bei willkürfreier Einbeziehung in das Vorauswahlverfahren. Ob ein über die vorgesehene Änderung von § 56 InsO hinausgehender Handlungsbedarf besteht, kann im weiteren Verlauf des Gesetzgebungsverfahrens geprüft werden.

2. Öffentliche Bekanntmachungen nur noch über das Internet

Mit dem Gesetz zur Änderung der Insolvenzordnung und anderer Gesetze vom 26. Oktober 2001 (BGBl. I S. 2710) wurde durch eine Änderung von § 9 InsO erreicht, dass öffentliche Bekanntmachungen auch über das Internet erfolgen können. Ausgenommen wurden damals lediglich die Veröffentlichungen, die nach der InsO zwingend im Bundesanzeiger bekannt zu machen sind. Nachdem der Verbreitungsgrad des Internets weiter stark angestiegen ist und vor allem nachdem die technischen Voraussetzungen geschaffen wurden, auf einer bundeseinheitlichen Internetplattform das Insolvenzgeschehen lückenlos zu dokumentieren, bestehen keine Hinderungsgründe mehr, von Printveröffentlichungen in Insolvenzsachen Abschied zu nehmen und als Regelfall nur noch eine elektronische Bekanntmachungsform vorzusehen. Auch die Bund-Länder-Arbeitsgruppe „Insolvenzrecht" hatte in ihrem Abschlussbericht die Notwendigkeit betont, alle insolvenzrechtlichen Veröffentlichungen auf einer bundeseinheitlichen Plattform im Internet vorzunehmen (vgl. Abschlussbericht S. 163). Angesichts der stark angestiegenen Zahl von Fällen, in denen die Verfahrenskosten gestundet werden und damit zumindest für eine bestimmte Zeit von der Staatskasse auch die Auslagen zu tragen sind, müssen zwingend alle Möglichkeiten ergriffen werden, die zu einer Reduktion der Auslagen beitragen können. Unter diesem Blickwinkel bieten sich die Veröffentlichungskosten im besonderen Maße an. Ist künftig nur noch eine elektronische Veröffentlichung erforderlich und wird auf weitere und wiederholte Veröffentlichungen vollständig verzichtet, so lassen sich die Bekanntmachungskosten ganz wesentlich reduzieren.

Dabei muss aber sichergestellt sein, dass auch die Länder an einer Internetveröffentlichung teilnehmen können, die noch nicht über eine flächendeckende EDV-Ausstattung ihrer Insolvenzgerichte verfügen. Durch geeignete technische Einrichtungen konnte diese Grundvoraussetzung von den Dienstleistungsanbietern mittlerweile realisiert werden.

3. Masseverwertung und übertragende Sanierung vor dem Berichtstermin

Nach § 22 Abs. 1 Satz 2 Nr. 2 InsO hat ein vorläufiger Insolvenzverwalter, auf den die Verwaltungs- und Verfügungsbefugnis über das schuldnerische Vermögen übergegangen ist (sog. starker vorläufiger Insolvenzverwalter) das Unternehmen des Schuldners fortzuführen. Verwertungshandlungen werden von dieser Fortführungspflicht zwar nicht abgedeckt, allerdings sieht das Gesetz vor, dass mit Zustimmung des Gerichts das Unternehmen stillgelegt werden kann, um erhebliche Wertminderungen zu vermeiden. Nach übereinstimmender Auffassung wird dem starken vorläufigen Insolvenzverwalter damit jedoch nicht jede Veräußerung von Bestandteilen des schuldnerischen Unternehmens verwehrt, vielmehr wird ihm die Befugnis zuerkannt, im Rahmen seiner Verwaltungsbefugnis etwa auch Notverwertungen vorzunehmen, also Verwertungshandlungen, um erhebliche Wertminderungen von Massengegenständen zu verhindern. Nicht abgedeckt wird von dieser Befugnis jedoch die Veräußerung von wesentlichen Teilen des Anlagevermögens oder des gesamten schuldnerischen Betriebes. Von Insolvenzverwaltern wird berichtet, vor Verfahrenseröffnung würden häufiger günstige Angebote für eine Betriebsübernahme unterbreitet, die im Interesse einer optimalen Masseverwertung genutzt werden könnten. Obwohl davon auszugehen ist, dass sich im Eröffnungsverfahren gelegentlich günstige Möglichkeiten für eine Gesamtveräußerung des Betriebes bieten, sieht der Gesetzentwurf davon ab, dem vorläufigen Insolvenzverwalter eine solche Verwertungsoption zu eröffnen. In diesem Verfahrensstadium steht noch nicht einmal mit Sicherheit fest, dass überhaupt ein Insolvenzgrund vorliegt. Dem Schuldner würde somit sein Unternehmen zu einem Zeitpunkt entzogen, zu dem keine Berechtigung für einen derart schwerwiegenden Eingriff in das Eigentum existiert. Selbst wenn man ein solches Verwertungsrecht dem vorläufigen Insolvenzverwalter nur mit Billigung des Schuldners einräumen würde, so könnte doch die Prüfung durch das Gericht, ob ausnahmsweise eine übertragende Sanierung im Eröffnungsverfahren gestattet werden soll, zu einer Verzögerung und damit zu einer späteren Verfahrenseröffnung führen. Ein wesentliches Anliegen der Insolvenzordnung ist es jedoch, eine möglichst zügige Verfahrenseröffnung sicherzustellen. Wird dieses Ziel erreicht, so kann der Betrieb unmittelbar nach Eröffnung übertragen werden, da zu diesem Zeitpunkt häufig bereits eine „due dilligence“ vorliegen wird. Im Übrigen ist eine Veräußerung im Eröffnungsverfahren für den Erwerber wenig attraktiv, da eine Haftung nach § 613a BGB und nach § 75 AO eingreifen könnte.

Nach der Konzeption der Insolvenzordnung werden die Inhaber dinglicher Sicherungsrechte mit in das Verfahren einbezogen, um ein Auseinanderreißen der im schuldnerischen Unternehmen gebundenen Betriebsmittel zur Unzeit zu verhindern. Im Eröffnungsverfahren besteht allerdings zurzeit noch ein gewisser Klärungsbedarf, in welchem Umfang die gesicherten Gläubiger bereits in diesem frühen Verfahrensstadium Einschränkungen ihrer Sicherungsrechte hinnehmen müssen. So erschwert die Verwertung von mit Sicherungsrechten belasteten Gegenständen unmittelbar vor Verfahrenseröffnung nicht nur eine Betriebsfortführung, sondern sie verhindert auch, dass durch einen Kostenbeitrag des gesicherten Gläubigers eine Anreicherung der Masse realisiert werden kann. Der Gesetzentwurf schlägt deshalb vor, im Wege gerichtlich angeordneter Sicherungsmaßnahmen ein Verwertungs- und Einziehungsverbot gegenüber Aussonderungsberechtigten und Sicherungsgläubigern zu verhängen, um insbesondere die Nutzung von solchen sicherungsübereigneten Betriebsmitteln zu ermöglichen, die für eine Fortführung des Betriebes von wesentlicher Bedeutung sind. Den Interessen der absonderungsberechtigten Gläubiger sowie der Aussonderungsberechtigten wird durch die Anordnung einer Zinszahlungspflicht nach § 169 Satz 2 und Satz 3 InsO sowie einer Entschädigungsregelung für den durch die Nutzung eingetretenen Wertverlust Rechnung getragen.

4. Anpassungen bei der Postsperre

Die Postsperre nach § 99 InsO soll dem Insolvenzverwalter die Aufgabe erleichtern, sich einen lückenlosen Überblick über das Vermögen des Schuldners zu verschaffen und seiner Pflicht zur Massesicherung nachzukommen. Die früher relativ unproblematische Durchführung der Postsperre ist seit der Liberalisierung des Postdienstleistungsmarktes, die zu einem Wegfall des Beförderungsmonopols der Deutschen Post AG führte, schwieriger geworden. Dies gilt etwa für die grundlegende Frage, welche Rechtsbeziehungen zwischen dem Insolvenzgericht und dem für die Durchführung der Postsperre zuständigen Postdienstleistungsunternehmen gelten. § 99 Abs. 1 Satz 1 InsO ist insofern wenig weiterführend, da der Norm insofern keine Anhaltspunkte zu entnehmen sind, wer Adressat des gerichtlichen Gebots ist, alle Postsendungen dem Verwalter zuzuleiten. Um diesbezügliche Zweifel auszuräumen, schlägt der Gesetzentwurf in Übereinstimmung mit dem Bericht der Bund-Länder-Arbeitsgruppe „Insolvenzrecht" vor, eine Verpflichtung des Gerichts zu schaffen, das betroffene Dienstleistungsunternehmen im Beschluss ausdrücklich zu bezeichnen.

5. Förderung einer selbstständigen Tätigkeit des Schuldners

Wenn zur Masse Gegenstände gehören, die wertlos sind oder Kosten verursachen, welche den zu erwartenden Veräußerungserlös übersteigen, besteht ein rechtlich schutzwürdiges Interesse an einer Freigabe dieser Gegenstände. In Anlehnung an dieses Institut soll eine Regelung geschaffen werden, um den Schuldner zu einer selbstständigen Erwerbstätigkeit zu motivieren und zugleich eine Gefährdung der Masse zu verhindern. Daher soll dem Insolvenzverwalter die Möglichkeit eröffnet werden, mit Zustimmung des Gläubigerausschusses bzw., wenn dieser nicht bestellt ist, der Gläubigerversammlung, zu erklären, dass Vermögen aus einer selbstständigen Tätigkeit des Schuldners nicht zur Insolvenzmasse gehört. Um selbstständig tätige Schuldner den abhängig Beschäftigten gleichzustellen, findet § 295 Abs. 2 InsO entsprechende Anwendung.

6. Überprüfung der Anzeige der Masseunzulänglichkeit

Während unter der Konkursordnung in nahezu drei Viertel aller Verfahren eine Abweisung mangels Masse erfolgte, hat die Insolvenzordnung zu einer deutlich höheren Eröffnungsquote geführt. So hat sich seit 1998 die Eröffnungsquote für Personen- und Kapitalgesellschaften von 36 % auf 50 % verbessert. Damit steht allerdings noch nicht fest, dass diese Verfahren auch erfolgreich bis zu einer Schlussverteilung abgewickelt werden können. Vielmehr tritt in einer Vielzahl von Fällen Masseunzulänglichkeit im eröffneten Verfahren ein, so dass der Insolvenzverwalter regelmäßig nach § 208 InsO die Masseunzulänglichkeit anzuzeigen hat. Diese Anzeige ist mit gravierenden Folgen für die Massegläubiger verbunden. Die Masseverbindlichkeiten werden nun nur noch nach der in § 209 InsO festgelegten Reihenfolge befriedigt und für die Altmasseverbindlichkeiten wird das Vollstreckungsverbot des § 210 InsO ausgelöst. Zudem wird den Altmassegläubigern die Möglichkeit der Vorwegbefriedigung nach § 53 InsO genommen. Trotz dieser schwerwiegenden Konsequenzen kann nach geltendem Recht eine Überprüfung der Anzeige lediglich im Rahmen einer Haftung des Verwalters erfolgen.

Der vorliegende Gesetzentwurf sieht dennoch davon ab, die noch im Referentenentwurf eines Gesetzes zur Änderung der Insolvenzordnung, des Kreditwesengesetzes und anderer Gesetze vom September 2004 vorgesehene Möglichkeit, eine gerichtliche Überprüfung auf Antrag eines Massegläubigers zuzulassen, zu übernehmen. Zum einen ist bisher nicht ausreichend dokumentiert, dass für eine solche Überprüfungsmöglichkeit ein dringendes Bedürfnis besteht. Die unter dem geltenden Recht befürchtete starke Belastung der Prozessgerichte durch eine inzidente Überprüfung ist nicht hinreichend dokumentiert. Weit gewichtiger spricht jedoch gegen die Übernahme der im Referentenentwurf enthaltene Änderung von § 208 InsO die in zahlreichen Stellungnahmen anklingende Vermutung, die Vorschrift würde zu einer erheblichen Verfahrensverzögerung führen, da der regelmäßig mit der Entscheidung befasste Rechtspfleger bereits aus Haftungsgründen ein Sachverständigengutachten einholen werde. Ein zusätzliche Verzögerung könnte noch dadurch eintreten, wenn, wie in mehreren Stellungnahmen gefordert, die Entscheidung des Gerichts wegen ihrer weitreichenden Bedeutung für den antragstellenden Massegläubiger und den Insolvenzverwalter mit der sofortigen Beschwerde überprüfbar wäre. Der Gesetzentwurf greift nicht den in der Literatur wiederholt geäußerten Vorschlag auf, eine Verfahrenseröffnung nur dort vorzusehen, wo die „unausweichlichen Verwaltungskosten“ gedeckt sind. Insofern bestehen Zweifel, ob es mit praxistauglichen Kriterien gelingt, die „unausweichlichen Verfahrenskosten“ von den sonstigen Kosten abzugrenzen, die in jedem Insolvenzverfahren anfallen. Anderenfalls könnte die Gefahr bestehen, dass der Kreis der Verbindlichkeiten, die neben den eigentlichen Verfahrenskosten gedeckt sein sollen, zu weit gezogen wird und damit die Intention der InsO, zu einer erleichterten Verfahrenseröffnung zu gelangen, konterkariert würde.

7. Sonstige Änderungen

Für den allgemeinen Geschäftsverkehr ist es von großem Interesse zu erfahren, ob die Eröffnung des Verfahrens mangels einer die Verfahrenskosten deckenden Masse abgelehnt wurde. Um hier eine leicht zugängliche Informationsquelle zu eröffnen, soll künftig die Abweisung mangels Masse öffentlich bekannt gemacht werden. In den Fällen, in denen die Vermögensverhältnisse des Schuldners überschaubar und die Zahl der Gläubiger oder die Höhe der Verbindlichkeiten gering sind, besteht künftig die Möglich der Durchführung eines schriftlichen Verfahrens. Zur Vermeidung der Inanspruchnahme der Geschäftsstellen für die Protokollierung von Eigenanträgen wird nunmehr für den Eröffnungsantrag die Schriftform vorgeschrieben.

Das Recht zu einer erleichterten Kündigung eines Miet- oder Pachtverhältnisses nach § 109 InsO soll dem Insolvenzverwalter die Möglichkeit eröffnen, Verträge vorzeitig zu beenden, wenn er etwa den Vertragsgegenstand für die Masse nicht mehr angemessen nutzen kann. Durch die Ausweitung der Kündigungsfristen für gewerblichen Mietraum auf bis zu neun Monate wird diesem Bedürfnis nach einer Entlastung der Masse nicht mehr angemessen Rechnung getragen. Eine so lange Kündigungsfrist führt zu einer Bevorzugung der Vermieter im Vergleich zu anderen Gläubigern und dabei insbesondere im Vergleich zu Arbeitnehmern. Der Gesetzentwurf schlägt deshalb vor, in Anlehnung an § 113 Abs. 1 Satz 2 InsO für Miet- und Pachtverträge über Geschäftsraum ebenfalls eine Kündigungsfrist von drei Monaten vorzuschreiben.

Auch bei einem titulierten Anspruch besteht für den Schuldner die Möglichkeit, gegen die Forderungsanmeldung Widerspruch zu erheben. Nach der bisherigen Rechtslage muss nach überwiegender Auffassung der Gläubiger erneut einen Prozess führen und die damit verbundenen Kosten vorstrecken. Hierbei läuft er auch bei einer erfolgreichen Prozessführung Gefahr, diese Aufwendungen von dem Schuldner nicht erstattet zu bekommen. Zur Vermeidung von unbilligen Ergebnissen, wird nunmehr eine § 179 Abs. 2 InsO vergleichbare Regelung in § 184 InsO aufgenommen.

In der Literatur sind Zweifel laut geworden, ob der mit der Zustellung beauftragte Insolvenzverwalter sich auch der Zustellung durch Aufgabe zur Post bedienen darf. Gestützt werden diese Zweifel darauf, die Aufgabe zur Post erfordere eine Mitwirkung des Urkundsbeamten der Geschäftsstelle. Um diese unbürokratische Zustellungsart in Insolvenzverfahren künftig zweifelsfrei zu ermöglichen, schlägt der Gesetzentwurf insofern eine Klarstellung vor. Außerdem sieht der Entwurf vor, dass ein Schriftstück bereits drei Werktage nach Aufgabe zur Post als zugestellt gilt.

III. Auswirkung des Gesetzentwurfs auf die Einnahmen und Ausgaben der öffentlichen Haushalte, Kosten für die Wirtschaftsunternehmen und Auswirkungen auf das Preisniveau

Zusätzliche Belastungen für die öffentlichen Haushalte sind von dem Gesetzentwurf nicht zu erwarten. Vielmehr besteht die berechtigte Hoffnung, dass die Justizhaushalte der Länder durch die Konzentration der öffentlichen Bekanntmachungen auf das Internet deutlich entlastet werden. Geht man in Insolvenzverfahren über das Vermögen natürlicher Personen von Veröffentlichungskosten in Höhe von vorsichtig gerechnet 100 Euro aus, so kostet nach der Anlage 1 zu § 3 Abs. 2 GKG eine Veröffentlichung über das Internet lediglich 1 Euro, so dass künftig für das Verfahren insgesamt mit Veröffentlichungskosten von ca. 5 Euro zu rechnen wäre. Geht man von 35.000 Stundungsfällen pro Jahr aus, so würde sich das Einsparpotenzial bei einer Internetbekanntmachung auf über 3 Mio. Euro belaufen. Etwaige Rückflüsse nach Ablauf der Stundungszeit sind dabei allerdings nicht berücksichtigt.

Weitere Einsparmöglichkeiten für den Bund könnten sich daraus ergeben, dass künftig bei juristischen Personen des öffentlichen Rechts, die der Aufsicht des Bundes unterstehen, die Insolvenzfähigkeit ausgeschlossen werden kann. Dies hätte zur Folge, dass diese juristischen Personen nicht mehr der Beitrags- und Umlagepflicht nach dem SGB III und dem Betriebsrentengesetz unterliegen. Da noch völlig unklar ist, in welchem Umfang von dieser Möglichkeit Gebrauch gemacht wird, lässt sich das Einsparpotenzial auch nicht ansatzweise quantifizieren.

Da durch eine Internetveröffentlichung auch in Unternehmensinsolvenzverfahren eine Entlastung der Masse eintritt, können die Gläubiger in diesen Verfahren mit einer etwas höheren Quote rechnen. Das Einsparpotenzial in diesem Bereich ist hier deutlich höher als bei einem Verbraucherinsolvenzverfahren, da in der Insolvenz eines Unternehmens bisher regelmäßig auch die Veröffentlichung in einer Tageszeitung angeordnet wurde. Die Veröffentlichungskosten können sich dabei auf 1.000 Euro belaufen. Dementsprechend findet durch eine elektronische Bekanntmachung eine Anreicherung der Masse statt. Insofern ist mit einer gewissen Entlastung für die Wirtschaftsunternehmen zu rechnen.

II. Gesetzesentwürfe

IV. Gesetzgebungskompetenz, Sonstiges

Die Gesetzgebungskompetenz des Bundes folgt aus Artikel 74 Abs. 1 Nr. 1 des Grundgesetzes (das bürgerliche Recht, das gerichtliche Verfahren, die Rechtsanwaltschaft). Der Bund kann diese Gesetzgebungskompetenz nach Artikel 72 Abs. 2 des Grundgesetzes in Anspruch nehmen, da für das Insolvenzverfahren bundeseinheitliche Regelungen bestehen müssen. Nur durch ein einheitliches Verfahrensrecht kann gewährleistet werden, dass das Vermögen des Schuldners im Interesse der Insolvenzgläubiger möglichst optimal verwertet oder Sanierungschancen für das schuldnerische Unternehmen genutzt werden können. Bei unterschiedlichen Verfahrensregelungen können die Betroffenen nicht darauf vertrauen, in allen Ländern in gleicher Weise Rechtsschutz zu erlangen, was die Rechtswege zu den Bundesgerichten erschwert. Der Gesetzentwurf ist mit dem Recht der Europäischen Union vereinbar. Der Entwurf hat keine erkennbaren gleichstellungspolitischen Auswirkungen. Grundsätzlich sind Frauen und Männer von den Vorschriften des Entwurfs in gleicher Weise betroffen.

B. Besonderer Teil

Zu Artikel 1 (Änderung der Insolvenzordnung)

Zu Nummer 1

Die bisher nur in § 312 Abs. 2 InsO für das vereinfachte Insolvenzverfahren vorgesehene Möglichkeit, das Insolvenzverfahren oder Teile davon schriftlich abzuwickeln, wurde von manchen Insolvenzgerichten als wesentliche Verfahrenserleichterung gewertet, von der rege Gebrauch gemacht wurde. Von anderen Gerichten wurde demgegenüber betont, wie wichtig es für eine zügige Verfahrensdurchführung sei, sich mit den Verfahrensbeteiligten unmittelbar mündlich austauschen zu können. Für beide Ansätze lassen sich gute Gründe anführen, die nicht nur durch die jeweiligen Besonderheiten des Verfahrens vorgegeben sind, sondern auch durch die Vorlieben der handelnden Gerichtspersonen beeinflusst werden. Der Gesetzentwurf sieht nunmehr auch für das Regelinsolvenzverfahren vor, dem jeweiligen Insolvenzgericht in geeigneten Fällen die Wahl zu eröffnen, welche Verfahrensabwicklung am sinnvollsten ist. Während es in größeren Verfahren bei der bisherigen Verfahrensdurchführung bleibt, kann sich in der Insolvenz eines Kleinstunternehmens durchaus auch einmal eine schriftliche Abwicklung anbieten. Wegen der damit verbundenen Rechtsfolgen für die Gläubiger sind die Anordnung des schriftlichen Verfahrens, die Aufhebung oder Abänderung öffentlich bekannt zu machen.

Zu Nummer 2

Im Interesse einer einheitlichen Ausgestaltung der Rechtsmittel wird § 7 an die allgemeine Zulassungsbeschwerde nach § 574 Abs. 1 Nr. 2 ZPO angepasst. Dieses Ergebnis wäre auch über eine schlichte Streichung von § 7 möglich gewesen, im Interesse der Rechtsklarheit wird jedoch eine ausdrückliche Erwähnung der Zulassung vorgesehen. Werden die Zulassungsvoraussetzungen des § 574 Abs. 2 ZPO von den Beschwerdegerichten sorgfältig geprüft, so ist auch mit einer Entlastung des BGH von Rechtsbeschwerden in Insolvenzsachen zu rechnen, was bei einem Anstieg der Rechtsbeschwerden in Insolvenzsachen von 121 im Jahr 2002 auf 211 im Jahr 2004 dringend geboten wäre.

Zu Nummer 3

Die Zustellung durch Aufgabe zur Post ist eine unbürokratische Zustellungsart, die sich gerade in Verfahren mit zahlreichen Beteiligten, wie sie ein Insolvenzverfahren darstellt, anbietet. Auf Grund der gesetzlichen Zustellungsfiktion gilt die Zustellung als bewirkt, selbst wenn der Empfänger die Sendung tatsächlich nicht erhält oder wenn die Sendung als unzustellbar zurückkommt. Dass diese erleichterte Form der Zustellung im Insolvenzverfahren auch nach der Reform des Zustellungsrechts ohne die jetzt in der Zivilprozessordnung geltende Beschränkung auf Auslandszustellungen zulässig bleibt, stellt die Neufassung des § 8 Abs. 1 Satz 2 InsO-E klar. Während die in § 184 Abs. 2 Satz 1 ZPO vorgesehene Zweiwochenfrist für die Zugangsfiktion bei Auslandszustellungen auch im Bereich der Insolvenzordnung sinnvoll ist, sollte bei einer Zustellung im Inland unter Berücksichtigung der üblichen Postlaufzeiten eine kürzere Frist maßgebend sein. Der Gesetzentwurf sieht in dem vorgeschlagenen § 8 Abs. 1 Satz 3 InsO-E deshalb vor, bei Inlandszustellungen diese Frist auf 3 Werktage zu begrenzen.

Nach § 184 Abs. 2 Satz 4 ZPO hat der Urkundsbeamte der Geschäftsstelle die Anschrift des Zustellungsadressaten und den Zeitpunkt der Aufgabe bei der Post in einem Aktenvermerk festzuhalten. Vor dem Hintergrund der durch die genannte Vorschrift geforderten Tätigkeit des Urkundsbeamten der Geschäftsstelle sind Zweifel laut geworden, ob der mit der Zustellung nach § 8 Abs. 3 InsO beauftragte Insolvenzverwalter oder vorläufige Insolvenzverwalter (vgl. § 21 Abs. 2 Nr. 1 InsO) sich auch der Aufgabe zur Post bedienen kann. Durch die Ergänzung von Absatz 3 wird nun klargestellt, dass der Insolvenzverwalter, der durch die Übertragung der Zustellung wie ein beliehener Unternehmer tätig wird, sich aller in § 8 Abs. 1 InsO in Bezug genommenen Zustellungsarten bedienen kann. Dabei kann ohne weiteres von der erforderlichen Zuverlässigkeit des gerichtlich ausgewählten und bestellten Insolvenzverwalters ausgegangen werden. Es wäre allerdings unökonomisch, wenn der Insolvenzverwalter die Zustellungen durch Aufgabe zur Post und die hierfür erforderlichen Vermerke in eigener Person vornehmen müsste. In § 8 Abs. 3 Satz 2 InsO-E wird deshalb angeordnet, dass sich der Insolvenzverwalter hierbei eigenen Personals oder ggf. Dritter bedienen kann. Da der Verwalter keinen Vermerk in den Gerichtsakten fertigt, ist § 184 Abs. 2 Satz 4 ZPO in entsprechender Anwendung so zu verstehen, dass er die Aufgabe zur Post in seinen Unterlagen dokumentiert. Nach Abschluss des Insolvenzverfahrens hat der Insolvenzverwalter die von ihm gefertigten Zustellungsvermerke zu den Akten zu reichen, damit auch noch zu einem späteren Zeitpunkt die Zustellung ohne besonderen Aufwand dokumentiert werden kann. Die beiden genannten Änderungen von Absatz 3 ermöglichen es, die mit der Übertragung der Zustellung auf den Insolvenzverwalter angestrebten Vereinfachungs-, Verbilligungs- und Entlastungsfunktionen wirksam zu machen.

Zu Nummer 4

Die öffentliche Bekanntmachung ist für das Insolvenzverfahren von hervorragender Bedeutung. Im Vordergrund steht dabei die Information des Geschäftsverkehrs, also insbesondere der Gläubiger, aber auch potenzieller Geschäftspartner, die über die wirtschaftlichen Verhältnisse des Schuldners unterrichtet werden sollen. Über die Publizitätswirkung wird den öffentlich bekannt gemachten Entscheidungen auch gegenüber den Personen Geltung verschafft, an die eine Einzelzustellung nicht erfolgt ist. Der Lauf einer Rechtsmittelfrist wird einheitlich bestimmt und Mängel der Einzelzustellung werden durch die öffentliche Bekanntmachung geheilt. Insofern ist es geboten, eine Veröffentlichungsform zu wählen, die einerseits möglichst effektiv ist, andererseits aber die Masse oder die öffentliche Hand nicht über Gebühr mit Kosten belastet. Mit dem Internet steht heute ein Publikationsmedium zur Verfügung, das diesen Anforderungen in hervorragendem Maße genügt.

Bereits im Regierungsentwurf zur Insolvenzordnung war eine einheitliche Veröffentlichung im Bundesanzeiger vorgesehen, um mit einem einzigen Publikationsorgan lückenlos über alle öffentlichen Bekanntmachungen der Insolvenzgerichte zu unterrichten (vgl. BT-Drs. 12/2443 S. 111). Der Bundesrat hatte sich im damaligen Gesetzgebungsverfahren gegen eine durchgängige Veröffentlichung im Bundesanzeiger mit der Begründung ausgesprochen, für die große Mehrheit der Insolvenzverfahren mit lediglich örtlicher oder regionaler Bedeutung seien die Kosten, die mit einer solchen Veröffentlichung verbunden sind, nicht zu rechtfertigen. Außerdem würde die Bekanntmachung im Bundesanzeiger eine Veröffentlichung in den örtlichen Blättern nicht entbehrlich machen. Die Bundesregierung hatte seinerzeit diesen Bedenken Rechnung getragen. Mittlerweile haben diese Argumente jedoch vollständig ihre Überzeugungskraft eingebüßt. Mit dem Internet steht nunmehr ein Informationsmedium zur Verfügung, zu dem nahezu 50 % aller Haushalte Zugang haben. Bei den Wirtschaftskreisen, die im besonderen Maße an Informationen über das Insolvenzgeschehen interessiert sind, besteht ein nahezu lückenloser Anschluss an das Internet. Nach einer Mitteilung des Statistischen Bundesamtes vom November 2002 verfügen 99 % der Unternehmen mit 250 oder mehr Mitarbeitern über einen Internetzugang. Demgegenüber werden der Bundesanzeiger und vergleichbare Printmedien in den Ländern nur von einem geringen Prozentsatz der Betriebe bezogen. Damit wird ein weit höherer Verbreitungsgrad erreicht, als sie eine Veröffentlichung auch über mehrere Printmedien erlangen könnte. Bestanden bei der Verabschiedung des Gesetzes zur Änderung der Insolvenzordnung und anderer Gesetze vom 26. Oktober 2001 (BGBl. I S. 2710) noch gewisse Vorbehalte, da eine Internetveröffentlichung nicht für jedermann zugänglich war und sich keine bundeseinheitliche Form der Bekanntmachung bot (vgl. BT-Drs. 14/5680 S. 24), so hat sich seitdem ein entscheidender Wandel vollzogen. Zunächst ist der Verbreitungsgrad des Internets nochmals sprunghaft angestiegen. Von noch größerer Bedeutung ist jedoch, dass mit dem von Nordrhein-Westfalen mittlerweile betriebenen elektronischen Portal für Insolvenzbekanntmachungen (www.insolvenzbekanntmachungen.de) für die Mehrzahl der Bundesländer jetzt schon eine zentrale bundeseinheitliche Plattform zur Verfügung steht, die über das Insolvenzgeschehen informiert.

Mit der Internetveröffentlichung werden die Veröffentlichungskosten auf einen geringen Bruchteil des früheren Umfangs gesenkt. Dies entlastet zum einen die Insolvenzmasse und damit die Insolvenzgläubiger, zum anderen kommt diese preiswerte Veröffentlichungsform in den Stundungsfällen auch den Justizhaushalten der Länder zugute. Bei dem sprunghaften Anstieg der Stundungsfälle ist dies ein ganz erhebliches Einsparpotenzial für die öffentlichen Haushalte.

Da für eine Veröffentlichung in einem elektronischen Informations- und Kommunikationssystem künftig die Verordnung zu öffentlichen Bekanntmachungen in Insolvenzverfahren im Internet vom 12. Februar 2002 (BGBl. I S. 677) gilt, haben Personen, die über keinen eigenen Internetzugang verfügen, nach § 4 der genannten Verordnung einen Anspruch darauf, dass sie von den öffentlichen Bekanntmachungen in angemessenem Umfang unentgeltlich Kenntnis nehmen können. Durch die Verordnung wird auch sichergestellt, dass den Belangen des Datenschutzes in angemessenem Umfang Rechnung getragen wird (vgl. Artikel 2 des Gesetzentwurfs).

Durch eine Bekanntmachung über das Internet werden auch die in § 9 Abs. 2 Satz 1 InsO genannten zusätzlichen Veröffentlichungen in aller Regel überflüssig. Wie bereits ausgeführt, wird durch eine Publikation in einem elektronischen Informations- und Kommunikationssystem ein weit höherer Verbreitungsgrad erreicht, als dies ein Printmedium je erzielen würde. Im Gegensatz zu einer gedruckten Veröffentlichung bietet das Internet überdies eine einfache Recherchemöglichkeit, die es den Interessierten erlaubt, sich während der gesamten Laufzeit des Insolvenzverfahrens über (potenzielle) Geschäftspartner zu informieren. Zudem zeigen etwa die Erfahrungen in Österreich, das ebenfalls nur eine Internetveröffentlichung kennt, dass die Zeitungen im Rahmen ihres Informationsauftrags zumindest die für die jeweilige Region bedeutsamen Insolvenzen in ihrem redaktionellen Teil melden. Amtlich veranlasste Veröffentlichungen in den Tageszeitungen sollen daher regelmäßig nicht mehr erfolgen, was zu einer ganz spürbaren Reduzierung der Verfahrenskosten führen wird. Allerdings sieht der Gesetzentwurf vor, dass die Länder zusätzliche Veröffentlichungen landesrechtlich zulassen können, soweit sie dies – etwa aus regionalen Gründen – für erforderlich halten. In diesem Fall obliegt es den Ländern, sowohl die Voraussetzungen als auch Form und Umfang weiterer Veröffentlichungen zu regeln. Die Gerichte dürfen weitere Veröffentlichungen sodann nur im Rahmen dieser landesrechtlich zugelassenen Grenzen veranlassen.

Zu Nummer 5

– gestrichen –

Zu Nummer 6

Aus der Praxis wird berichtet, die Möglichkeit, Eigenanträge zu Protokoll der Geschäftsstelle zu stellen, würde erhebliche Arbeitskapazitäten bei den Gerichten binden. Vor dem Hintergrund, dass die Schuldner, die am ehesten auf eine Unterstützung seitens der Geschäftsstelle angewiesen wären, bereits nach § 305 Abs. 5 InsO einem Vordruckzwang unterliegen, sieht der Gesetzentwurf generell die Schriftform für den Insolvenzantrag vor. In der Praxis stellt der schriftliche Antrag ohnehin bereits den Regelfall dar.

Zu Nummer 7

In der Literatur wird teilweise unter Bezugnahme auf die amtliche Überschrift zu § 20 InsO und den Wortlaut der Vorschrift die Auffassung vertreten, den Schuldner treffe im Insolvenzeröffnungsverfahren nur eine Verpflichtung zur Auskunftserteilung. Im Eröffnungsverfahren reicht jedoch häufig eine Auskunft durch den Schuldner und/oder die Mitglieder der Vertretungs- und Aufsichtsorgane nicht aus, um das Vermögen zu sichern und eine zuverlässige Grundlage für die Eröffnung des Insolvenzverfahrens zu schaffen. Vielmehr kommt einer darüber hinausgehenden Mitwirkung des Schuldners eine nicht zu unterschätzende Bedeutung auch in diesem Stadium zu. So berichtet die Praxis von Fällen, in denen sich Rechtsanwälte, Steuerberater, Wirtschaftsprüfer oder Notare bei einem Auskunftsersuchen des vorläufigen Insolvenzverwalters auf ihre Verschwiegenheitspflicht berufen, so dass eine Entbindung von der Schweigepflicht durch den Schuldner notwendig ist. Bei Auslandsvermögen wird der Zugang zu Registern bzw. zu den Vermögenswerten oft erst von der Erteilung einer entsprechenden Vollmacht durch den Schuldner abhängig gemacht. Durch die Neufassung des § 20 InsO wird die bereits von der überwiegenden Auffassung in der Literatur vertretene umfassende Mitwirkungspflicht des Schuldners im Eröffnungsverfahren nun eindeutig klargestellt.

Zu Nummer 8

Die Insolvenzordnung wird von der Überzeugung getragen, eine wirtschaftlich sinnvolle Masseverwertung sei regelmäßig nur möglich, wenn die Inhaber dinglicher Sicherungsrechte in das Insolvenzverfahren einbezogen werden. Nur wenn dies gewährleistet ist, können für die Verwertung des Schuldnervermögens möglichst günstige Bedingungen geschaffen werden. Zur Erhaltung des wirtschaftlichen Verbundes des Unternehmens ist es legitim, sicherungsübereignete Gegenstände einem Verwertungsstopp zu unterwerfen und ein Verwertungsrecht des Insolvenzverwalters vorzusehen. Eine finanzielle Kompensation für diesen Entzug von Liquidität ist nach der Konzeption der Insolvenzordnung bis zum Berichtstermin nicht geboten. Bis dahin soll der Insolvenzverwalter die Möglichkeiten haben, Massebestandteile zu ermitteln und Verwertungsmöglichkeiten zu prüfen, ohne durch die Pflicht zur Verwertung oder ggf. Freigabe von Sicherheiten beeinträchtigt zu sein (vgl. BT-Drs. 12/2443 S. 86 ff.). Dies gilt auch für Gegenstände, deren Aussonderung verlangt werden kann, also etwa für bewegliche Sachen, die dem Schuldner unter Eigentumsvorbehalt geliefert wurden. Die Absicht der Insolvenzordnung, das dem unternehmerischen Zweck gewidmete materielle Substrat zusammen zu halten, wird unterlaufen, wenn Gläubiger, sobald sie von dem Eröffnungsantrag des Schuldners Kenntnis erhalten, die im Sicherungsvertrag erteilten Einziehungs-, Verarbeitungs- und Weiterveräußerungsermächtigungen widerrufen. Zur Sicherheit abgetretene Forderungen werden nach vorheriger Offenlegung der Abtretung vom gesicherten Gläubiger oftmals selbst realisiert. Für den Insolvenzverwalter besteht häufig nicht einmal die Möglichkeit zu prüfen, ob die vom Gläubiger geltend gemachte Globalzession überhaupt wirksam ist. Ist die Forderung durch den Gläubiger einmal eingezogen, so ist es schwierig, die entgangene Liquidität der Masse wieder zuzuführen. Ein Kostenbeitrag nach § 171 InsO kann für die Masse nicht geltend gemacht werden, da keine Verwertungshandlung des Verwalters vorliegt. In anderen Fällen werden mit Absonderungsrechten belastete Gegenstände von den Sicherungsgläubigern in Besitz genommen oder es wird die Nutzung bzw. Weiterveräußerung dieser Gegenstände untersagt. Dieses Vorgehen erschwert es dem vorläufigen Insolvenzverwalter, seiner Pflicht nachzukommen, das schuldnerische Unternehmen im Eröffnungsverfahren fortzuführen. Die Sanierungschancen werden hierdurch vereitelt und eine möglichst optimale Verwertung der Insolvenzmasse behindert.

In der Literatur ist derzeit umstritten, ob einem Insolvenzverwalter, auf den die Verwaltungs- und Verfügungsbefugnis über das schuldnerische Vermögen übergegangen ist, ohne ausdrückliche gerichtliche Anordnung ein Besitz-, Nutzungs- und Verwertungsrecht an dem zur Masse gehörenden Sicherungsgut auch dann zusteht, wenn nach der Ausgestaltung des Sicherungsvertrages dies dem Schuldner nicht mehr gestattet wäre. So wird etwa vertreten, auch unter Berücksichtigung der Verwaltungs- und Unternehmensfortführungsbefugnis des starken vorläufigen Insolvenzverwalters sei ein Eingriff in Drittrechte nicht zu legitimieren. Aber auch bei einer ausdrücklichen Anordnung seitens des Gerichts ist zweifelhaft, ob alle die Masse schmälernden Eingriffe gesicherter Gläubiger unterbunden werden können. Unstreitig dürfte sein, dass das Insolvenzgericht nach § 21 Abs. 1 InsO dem Schuldner die Herausgabe von körperlichen Sicherungsgegenständen verbieten und eine Zwangsvollstreckung seitens des gesicherten Gläubigers unterbinden kann. Demgegenüber werden Zweifel geäußert, ob das Gericht auch eine Forderungseinziehung durch den gesicherten Gläubiger untersagen kann.

Mit dem vorgeschlagenen § 21 Abs. 2 Nr. 5 InsO sollen diese Zweifel ausgeräumt werden. Dabei wurde jedoch darauf geachtet, möglichst schonend in die Rechte der gesicherten Gläubiger einzugreifen und dem besonderen Charakter des Eröffnungsverfahrens angemessen Rechnung zu tragen. Dieses Verfahren ist lediglich vorläufiger Natur und soll vor allem der Sicherung der Insolvenzmasse dienen. Es sollte deshalb vermieden werden, wesentliche Teile des Insolvenzverfahrens bereits in das vorläufige Verfahren zu verlagern und so ein Insolvenzverfahren vor dem Insolvenzverfahren zu kreieren. Deshalb werden dem Sicherungsgeber auch nicht mehr Rechte eingeräumt, als ihm auf Grund des Sicherungsvertrages und ohne die Stellung des Insolvenzantrages zustehen würden. Sollten sich dem vorläufigen Insolvenzverwalter einmal besonders günstige Verwertungschancen im Eröffnungsverfahren bieten, so sollte er durch Absprachen mit den Sicherungsgläubigern versuchen, diese zu nutzen. Jedoch darf nicht verkannt werden, dass auch die Verwertung durch den gesicherten Gläubiger vollendete Tatsachen schafft und die von der Insolvenzordnung angestrebte Einbeziehung der gesicherten Gläubiger in das Verfahren und deren Kostenbeitrag verhindert. Um das geschilderte Spannungsverhältnis auszugleichen, schlägt der Entwurf vor, im Wege von gerichtlich angeordneten Sicherungsmaßnahmen ein Verwertungs- und Einziehungsverbot gegenüber dem Sicherungsgläubiger zu verhängen und die Nutzungsbefugnis an unter Eigentumsvorbehalt gelieferten oder sicherungsübereigneten Betriebsmitteln zu ermöglichen, die für eine Betriebsfortführung von erheblicher Bedeutung sind. Nicht erfasst werden von dieser Regelung die von einem Factor bereits angekauften Forderungen. Diese gehören mit dem Abschluss der Vereinbarung weder rechtlich noch wirtschaftlich zu dem Vermögen des Schuldners. Den Interessen der absonderungsberechtigten Gläubigern sowie der Aussonderungsberechtigten wird ebenfalls Rechnung getragen. Diese können im Eröffnungsverfahren auch bei einer Beschränkung ihrer Rechte weiterhin die ursprünglich vertraglich vereinbarte bzw. gesetzlich vorgesehene Gegenleistung für die Nutzung beanspruchen. Soweit § 169 Satz 2 und Satz 3 InsO für den Fall einer längeren Vorenthaltung im Eröffnungsverfahren eine Zinszahlungspflicht für den Zugriffsverlust des Absonderungsberechtigten vorsehen, gilt diese Regelung nunmehr auch für den durch ein Verwertungsverbot betroffenen Aussonderungsberechtigten. Daneben ist der vorläufige Insolvenzverwalter verpflichtet, einen Wertverlust auszugleichen, der durch die Benutzung des Gegenstandes eintritt. Ein angeordneter Verwertungsstopp hat keine Auswirkungen auf ein etwaiges Kündigungsrecht des Gläubigers und die Herausgabe der Gegenstände im eröffneten Verfahren.

Ordnet das Insolvenzgericht an, dass sicherungsabgetretene Forderungen vom Sicherungsnehmer nicht mehr eingezogen werden dürfen, so muss gleichzeitig die Einziehung dieser Forderungen durch den vorläufigen Insolvenzverwalter zulässig sein, da andernfalls die Gefahr droht, dass die betreffenden Forderungen – etwa wegen einer Insolvenz des Drittschuldners – nicht mehr beigetrieben werden können. Wird eine sicherungsabgetretene Forderung vom vorläufigen Insolvenzverwalter eingezogen, so kann er auch für die künftige Masse einen Kostenbeitrag geltend machen. Dieser Ansatz ist deutlich flexibler, als es ein generelles Verwertungsverbot im Eröffnungsverfahren wäre. Angesichts dieses flexiblen Ansatzes ist es auch nicht gerechtfertigt, diese Sicherungsmaßnahmen nur für den starken vorläufigen Insolvenzverwalter vorzusehen. Zum Schutz des gesicherten Gläubigers darf die Nutzung jedoch nicht zu einer deutlichen Entwertung des Sicherungsgegenstandes führen.

Zu Nummer 9

Auf die Ausführungen zu Nummer 7 wird verwiesen.

Zu Nummer 10

Mit der Änderung soll einer seit langem in der Literatur erhobenen Forderung Rechnung getragen und der Beschluss, mit dem die Verfahrenseröffnung mangels Masse abgelehnt wird, öffentlich bekannt gemacht werden. Diese Tatsache ist nicht nur für die Gläubiger, sondern für den gesamten Geschäftsverkehr von erheblichem Interesse. Zahlreiche Anfragen, die die Insolvenzgerichte stark belasten, werden damit in Zukunft überflüssig. Ein erhöhter Verwaltungsaufwand ist mit der Bekanntmachung regelmäßig nicht verbunden, da zumindest in größeren Verfahren in aller Regel vorläufige Sicherungsmaßnahmen angeordnet werden, die nach § 23 InsO öffentlich bekannt zu machen sind. Werden diese Sicherungsmaßnahmen nach der Abweisung des Eröffnungsantrags aufgehoben, so ist dies ebenfalls öffentlich bekannt zu machen (§ 25 InsO). Auch das Kostenargument, das gelegentlich gegen eine Bekanntmachung des Abweisungsbeschlusses ins Feld geführt wurde, vermag nach Einführung der Internetveröffentlichung nicht mehr zu überzeugen.

Da der Abweisungsbeschluss, der nach § 34 InsO mit der sofortigen Beschwerde angegriffen werden kann, den Gläubigern und dem Schuldner zuzustellen ist, greift bei einer öffentlichen Bekanntmachung auch die Zustellungsfiktion des § 9 Abs. 3 InsO ein.

Zu Nummer 11

Wiederholt ist es in der Vergangenheit vorgekommen, dass namensidentische Personen, etwa Vater und Sohn, unter der gleichen Adresse wohnhaft waren und somit nicht deutlich wurde, über wessen Vermögen das Insolvenzverfahren eröffnet wurde. Mit der Erfassung des Geburtsdatums und des Geburtsortes wird künftig für Rechtssicherheit gesorgt. Zudem wird von der Praxis die Veröffentlichung der Handelsregisterbezeichnung und des Registergerichts gewünscht. Hierdurch können mögliche Verwechslungen vermieden und eine größere Rechtssicherheit geschaffen werden.

Für die Gläubiger ist es wünschenswert, möglichst frühzeitig darüber informiert zu werden, ob der Schuldner innerhalb der Frist des § 287 Abs. 1 Satz 2 InsO einen zulässigen Antrag auf Restschuldbefreiung gestellt hat. Da dieser Antrag nach § 287 Abs. 1 InsO mit dem Antrag auf Eröffnung des Insolvenzverfahrens verbunden werden soll, kann in den Eröffnungsbeschluss ein solcher Hinweis ohne Schwierigkeiten aufgenommen werden, der dann öffentlich bekannt gemacht wird.

Zu Nummer 12

Als Folgeänderung zu Nummer 4 wird der bisherige § 30 Abs. 1 Satz 2 InsO gegenstandslos. Mit dem neuen Satz 2 soll den besonderen Interessen der Gläubiger im Restschuldbefreiungsverfahren Rechnung getragen werden. Die Erteilung der Restschuldbefreiung zeigt für die Gläubiger einschneidende Folgen, da ihre Forderungen nicht mehr erzwingbar sind, also in so genannte unvollkommene Verbindlichkeiten umgewandelt werden. Es ist deshalb geboten, die Gläubiger möglichst frühzeitig über die Absicht des Schuldners zu informieren, eine Befreiung von seinen im Verfahren nicht erfüllten Verbindlichkeiten zu erlangen. Zwar werden die Gläubiger nach § 74 Abs. 2 InsO über die Tagesordnung des Schlusstermins und damit auch über den Antrag des Schuldners nach § 287 InsO hingewiesen, doch erfolgt diese Information erst in einem relativ späten Verfahrensstadium. Zur effektiven Wahrung ihrer Interessen sollten die Gläubiger jedoch zeitnah über eine mögliche Restschuldbefreiung unterrichtet werden, um sich etwa auf die Glaubhaftmachung von Versagungsgründen vorbereiten zu können. Da nach § 287 Abs. 1 Satz 1 InsO der Antrag auf Erteilung der Restschuldbefreiung mit dem Antrag auf Eröffnung des Insolvenzverfahrens zu verbinden ist, können die Gläubiger regelmäßig bereits mit der öffentlichen Bekanntmachung des Eröffnungsbeschlusses auch über einen Restschuldbefreiungsantrag informiert werden.

Zu Nummer 13

Es handelt sich um eine Folgeänderung zu Nummer 4.

Zu Nummer 14

In Insolvenzverfahren über das Vermögen natürlicher Personen versuchen Schuldner, die vor der Eröffnung des Verfahrens eine selbstständige Tätigkeit ausgeübt hatten, oftmals diese Tätigkeit nach Eröffnung des Verfahrens – mit oder ohne Kenntnis oder Duldung des Insolvenzverwalters – fortzusetzen oder eine neue Tätigkeit zu beginnen. Das Interesse des Schuldners, sich durch eine gewerbliche oder freiberufliche Tätigkeit eine neue wirtschaftliche Existenz zu schaffen, stellt aber die Insolvenzpraxis vor erhebliche Probleme. So gehören Einkünfte, die ein selbstständig tätiger Schuldner nach der Insolvenzeröffnung erzielt, gemäß § 35 InsO in vollem Umfang ohne Abzug für beruflich bedingte Ausgaben zur Insolvenzmasse. Damit ist eine selbstständige Tätigkeit des Schuldners außerhalb des Insolvenzverfahrens nahezu ausgeschlossen. Übt der Insolvenzschuldner dennoch – mit oder ohne Wissen oder Einwilligung des Verwalters – eine selbstständige Tätigkeit aus, dann hat der Insolvenzverwalter häufig ein Interesse, zwar den durch eine selbstständige Tätigkeit erzielten Neuerwerb für die Masse zu vereinnahmen, mit durch den Neuerwerb in vielfältiger Form begründete Verbindlichkeiten jedoch nicht die Masse zu belasten. Ein Weg, dem Insolvenzschuldner die Möglichkeit einer selbstständigen Tätigkeit außerhalb des Insolvenzverfahrens zu eröffnen, ist eine Art „Freigabe" des Vermögens, das der gewerblichen Tätigkeit gewidmet ist, einschließlich der dazu gehörenden Vertragsverhältnisse. Eine vergleichbare Regelung findet sich bereits in § 109 Abs. 1 Satz 2 InsO hinsichtlich der Wohnung des Schuldners. Den Neugläubigern, also den Gläubigern, die nach Eröffnung des Verfahrens mit dem Schuldner kontrahiert haben, stehen, sofern eine entsprechende Erklärung des Verwalters vorliegt, als Haftungsmasse die durch die selbstständige Tätigkeit erzielten Einkünfte zu Verfügung. Eine Verpflichtung der Insolvenzmasse durch die Tätigkeit des Schuldners scheidet dann von vornherein aus. Macht der Verwalter von der Freigabe keinen Gebrauch und duldet er die Fortführung der gewerblichen Tätigkeit durch den Insolvenzschuldner, dann werden die durch den Neuerwerb begründeten Verbindlichkeiten zu Masseverbindlichkeiten, da insofern eine Verwaltungshandlung vorliegt.

Der Insolvenzverwalter hat abzuwägen, ob der Behalt des Neuerwerbs in der Masse für diese vorteilhaft ist. In diesem Fall hat er aber auch alle mit dem Neuerwerb im Zusammenhang stehenden Verbindlichkeiten als Masseverbindlichkeiten zu erfüllen. Ist die Fortführung der selbstständigen Tätigkeit für die Masse nachteilig, dann muss der Verwalter den Neuerwerb aus der Masse an den Insolvenzschuldner freigeben können. Schon nach geltendem Recht kann ein Insolvenzverwalter auf Grund seiner Verwaltungs- und Verfügungsbefugnis (§ 80 InsO) nach pflichtgemäßen Ermessen (§ 60 InsO) Vermögensbestandteile aus dem Insolvenzbeschlag zugunsten des Schuldners freigeben. § 32 Abs. 3 InsO setzt die Freigabemöglichkeit voraus. Dem neu eingefügten Absatz 2 kommt daher zunächst einmal klarstellende Funktion zu, die durch die Bekanntmachungspflicht der Freigabeerklärung ergänzt wird. Die Bekanntmachung der Freigabeerklärung erleichtert den Nachweis, dass der Verwalter hinsichtlich des Vermögens aus der selbstständigen Tätigkeit endgültig und unbedingt auf seine Verwaltungs- und Verfügungsbefugnis verzichtet hat, und informiert die Neugläubiger und allgemein den Geschäftsverkehr, dass die Masse nicht für die Verbindlichkeiten aus der selbstständigen Tätigkeit des Schuldners haftet. Da der Verwalter keinen unmittelbaren Zugriff auf das länderübergreifende, zentrale elektronische Informations- und Kommunikationssystem hat, erfolgt auf Anzeige des Insolvenzverwalters die Veröffentlichung durch das Gericht.

Mit der Möglichkeit der Freigabe darf keine pauschale Besserstellung der Selbstständigen gegenüber den abhängig Beschäftigten verbunden sein. Vielmehr bedarf es einer Gleichbehandlung beider Gruppen von Schuldnern. Daher bietet sich an, die Freigabe der selbstständigen Tätigkeit des Schuldners mit einer Abführungspflicht entsprechend § 295 Abs. 2 InsO zu verknüpfen. Hierdurch lassen sich die mit der Beurteilung des wirtschaftlichen Erfolges und der mit der Ermittlung des Gewinns aus der wirtschaftlichen Tätigkeit verbundenen Probleme ohne besonderen Verwaltungs- und Kontrollaufwand lösen. Die Rechte der Gläubiger werden dadurch gewahrt, dass die Freigabe von der Zustimmung des Gläubigerausschusses bzw., wenn dieser nicht bestellt ist, der Gläubigerversammlung abhängig gemacht wird.

Zu Nummer 15

Die Zulässigkeit der Erhebung von Säumniszuschlägen (§§ 240 AO, 24 SGB IV) nach Eröffnung des Insolvenzverfahrens ist weitgehend unbestritten. Mit der Zahlungsunfähigkeit behalten die Säumniszuschläge ihre Funktion als Ausgleich für Verwaltungsaufwand und die eingetretenen Zinsverluste. Dieser Ausgleich entspricht seiner Natur nach dem Zins, also der nach der Laufzeit bemessenen Vergütung für die Überlassung von Kapital. Die Säumniszuschläge nehmen daher nach überwiegender Meinung entsprechend den Zinsen nur als nachrangige Insolvenzforderungen am Insolvenzverfahren teil. Dies wird durch die vorgesehene Ergänzung von § 39 Abs. 1 Nr. 1 InsO klargestellt.

Zu Nummer 16

Die Auswahl des Insolvenzverwalters steht schon seit längerer Zeit im Brennpunkt rechtspolitischer Diskussionen. Die Bund-Länder-Arbeitsgruppe „Insolvenzrecht“ hat sich intensiv mit diesem Fragenkreis beschäftigt und ihn in ihrem der 73. Justizministerkonferenz vorgelegten Abschlussbericht eingehend gewürdigt. Als rechtstatsächlicher Befund ist zunächst festzuhalten, dass nach wie vor ganz überwiegend Rechtsanwälte als Insolvenzverwalter bestellt werden. Dabei ist häufiger auch eine Doppelqualifikation etwa als Wirtschaftsprüfer oder Steuerberater feststellbar. Die Bestimmung des konkreten Insolvenzverwalters erfolgt bei den Insolvenzgerichten unter Verwendung von Listen, von denen zwei Grundtypen anzutreffen sind. Einige Gerichte verwenden „geschlossene“ Verwalterlisten, so dass nur Verwalter benannt werden, die in dieser Liste vermerkt sind, ohne dass für außenstehende Interessenten die Möglichkeit besteht, Zugang zu dieser Liste zu finden. Überwiegend werden jedoch „offene“ Listen geführt, in die teilweise alle Interessenten aufgenommen werden. Bei diesen eher umfangreichen Listen besteht dann die Neigung, als Unterauswahl eine „Liste der Liste“ zu führen, aus der der Richter die von ihm favorisierten Verwalter benennt. Es ist jedoch auch die Praxis anzutreffen, nur solche

Interessenten in die Liste aufzunehmen, die gewissen Qualifikationsanforderungen (etwa Mitarbeit in einem renommierten Verwalterbüro) genügen.

Während ein offenes Listensystem von der Bund-Länder-Arbeitsgruppe „Insolvenzrecht“ als verfassungsrechtlich unbedenklich eingestuft wird, werden erhebliche verfassungsrechtliche Zweifel an der Verwendung geschlossener Listen geäußert. Unter Heranziehung ausländischer Auswahlverfahren hat die Arbeitsgruppe überprüft, wie die Bestellung des Insolvenzverwalters möglichst zügig und unbürokratisch, gleichwohl unter größerer Berücksichtigung rechtsstaatlicher Anforderungen erfolgen kann. Dabei wurde auch erwogen, ob es sinnvoll ist, gesetzliche Zulassungsvoraussetzungen für Insolvenzverwalter zu schaffen, wie sie etwa das französische Recht kennt, das für die Zulassung zum Insolvenzverwalter eine mehrjährige Vorbereitungszeit und eine staatliche Prüfung fordert. Ein solches Verfahren würde jedoch einen hohen regelungs- und verwaltungstechnischen Aufwand erfordern, da eine Berufsordnung und ein ausdifferenziertes Zulassungsverfahren einschließlich eines gerichtlichen Rechtsschutzes geschaffen werden müssten. Unter Verhältnismäßigkeitsgesichtspunkten ließe sich ein solcher Aufwand nur dann rechtfertigen, wenn es in der Vergangenheit zu erheblichen Defiziten bei der Qualität der bestellten Verwalter gekommen wäre. Dafür liegen jedoch keine Anhaltspunkte vor.

Als Minus gegenüber einem ausdifferenzierten Zulassungsverfahren mit eigener Berufsordnung könnte erwogen werden, die in § 56 Abs. 1 InsO angesprochenen Bestellungsvoraussetzungen stärker auszudifferenzieren. Diesen Weg hat etwa der österreichische Gesetzgeber beschritten. Der mit diesem Vorgehen erzielte Gewinn an Rechtssicherheit ist jedoch eher gering zu veranschlagen, da diese Kriterien bereits seit vielen Jahren auch die Praxis der Verwalterbestellung in Deutschland prägen. Ebenso wenig effektiver wäre es, das weit verbreitete Listenverfahren auf eine gesetzliche Grundlage zu stellen, also die Aufnahme in die Liste zu einer Bestellungsvoraussetzung zu erheben. Ein rechtlich detailliert ausgestaltetes Listenverfahren ließe sich nur dann legitimieren, wenn die Verwalter in der Reihenfolge dieser Liste bestellt würden oder wenn sie zumindest regelmäßig aus der Liste ausgewählt würden. Die Verwalterauswahl in Deutschland ist, wie auch das sonstige Insolvenzverfahren, stark durch den Gedanken der Gläubigerautonomie geprägt. Die Gläubiger können deshalb nach § 57 InsO in der ersten Gläubigerversammlung einen neuen Insolvenzverwalter wählen. Es ist jedoch wenig überzeugend, ein regelungstechnisch aufwändiges Verfahren zur Ermittlung eines bestimmten Verwalters zu institutionalisieren, um dann in der ersten Gläubigerversammlung eine andere Person zu wählen. Zudem steht nach deutschem Recht die besondere Eignung des Verwalters für das konkrete Verfahren als Auswahlkriterium im Vordergrund, dem durch eine verbindliche Liste häufig nicht Rechnung getragen werden könnte.

Vor diesem Hintergrund beschränkt sich der Gesetzentwurf darauf, ausdrücklich klarzustellen, dass die Verwendung geschlossener Verwalterlisten unzulässig ist und nicht der Konzeption der Insolvenzordnung entspricht. Damit trägt der Gesetzentwurf auch den Vorgaben des Bundesverfassungsgerichts in seiner Entscheidung vom 3. August 2004 (1 BvR 135/00) Rechnung, in der das Gericht fordert, jeder Bewerber müsse eine faire Chance erhalten, entsprechend seiner Eignung bei der Vergabe von Insolvenzverwaltungen berücksichtigt zu werden. Damit sind die von einigen Gerichten verwendeten geschlossenen Listen über die bei der Vergabe von Insolvenzverwaltungen heranzuziehenden Personen aus verfassungsrechtlichen Gründen unzulässig. § 56 Abs. 1 Satz 1 InsO wird deshalb um den Hinweis ergänzt, dass bei der Auswahl des Verwalters grundsätzlich alle Interessenten heranzuziehen sind. Diese Regelung gibt allen Interessenten eine Chance auf willkürfreie Einbeziehung in das Vorauswahlverfahren und gewährleistet damit den uneingeschränkten Zugang zu dem Beruf des Insolvenzverwalters.

Häufig erfolgt die Bekundung dieses Interesses gegenüber dem Gericht im Rahmen eines persönlichen Gesprächs mit dem Insolvenzrichter oder durch Übersendung aussagekräftiger Unterlagen. In einem neuen Satz 2 wird klargestellt, dass die Bereitschaft, sich als Insolvenzverwalter bestellen zu lassen, auf bestimmte Verfahren beschränkt werden kann. Damit wird zwar letztlich nur eine Selbstverständlichkeit ausgedrückt, da niemand gezwungen werden kann, als Verwalter in einem Insolvenzverfahren tätig zu werden. Die vorgeschlagene Formulierung soll jedoch einen Anreiz dazu bieten, gegenüber dem Gericht eine Spezialisierung deutlich zu machen, die sich etwa auch auf Verbraucherinsolvenzverfahren beziehen kann. Viele größere Verwalterbüros tun sich schwer, ein Verbraucherinsolvenzverfahren oder ein Regelinsolvenzverfahren über das Vermögen eines gescheiterten Kleinunternehmers mit geringer Masse kostendeckend abzuwickeln. Dem erheblichen Personalaufwand, den diese Insolvenzverwalter auch in den masselosen Kleinverfahren betreiben, kann nach der InsVV nicht angemessen Rechnung getragen werden. Demgegenüber können Verwalter, die ihre Büroorganisation von vornherein auf die Abwicklung zahlreicher Kleininsolvenzen spezialisieren, auch auf diesem Gebiet erfolgreich operieren. Der vorgeschlagene Satz 2 soll deshalb auch als Anregung verstanden werden, auf diesem Weg der Spezialisierung fortzuschreiten. Einer solchen Spezialisierung hat auch das Bundesverfassungsgericht den Weg gewiesen, indem es seiner Entscheidung vom 03. August 2004 ausführt, dass abhängig von dem jeweiligen Verfahren – z. B. Insolvenz eines Großunternehmens oder Verbraucherinsolvenz – ganz unterschiedliche Anforderungen an den Insolvenzverwalter gestellt werden.

Weiterer Regelungsbedarf besteht nicht. Ein effektiver Rechtsschutz hinsichtlich der Aufnahme in die Auswahlliste wird durch das bestehende Verfahren nach §§ 23 ff. EGGVG gewährleistet. Ausnahmsweise kann es in einem atypischen Fall (z. B. wenn das Gericht entgegen den üblichen Gepflogenheiten nicht den zunächst bestellten vorläufigen Insolvenzverwalter mit der endgültigen Verwaltung beauftragt) geboten sein, dass das Gericht die maßgeblichen Gesichtspunkte für die Bestellung eines bestimmten Verwalters benennt. Die Rechte der Gläubiger bei der Bestellung des Insolvenzverwalters werden hinreichend durch die Regelung in § 57 InsO gewahrt.

Zu Nummer 17

Es handelt sich um eine redaktionelle Änderung, die dem Umstand Rechnung trägt, dass § 907 ZPO und § 908 ZPO aufgehoben worden sind.

Zu Nummer 18

Nach dem Wegfall des Postmonopols im Zuge der Liberalisierung des Postdienstleistungsmarktes sind Unklarheiten aufgetreten, ob auch private Dienstleistungsanbieter verpflichtet sind, einer Postsperre nachzukommen. Sobald die in § 51 PostG vorgesehene befristete gesetzliche Exklusivlizenz für die Deutsche Post AG für Briefsendungen Ende 2007 ausläuft, wird dieses Problem noch an Schärfe gewinnen. Zwar wird bereits zum geltenden Recht die Auffassung vertreten, aus dem unterschiedlichen Wortlaut von § 121 KO, der eine ausdrückliche Mitwirkungspflicht der „Post- und Telegrafenanstalten" vorsah und § 99 InsO, der lediglich von einer Zuleitung der Sendungen an den Insolvenzverwalter spricht, lasse sich eine Verpflichtung der sonstigen Lizenznehmer begründen, an der Postsperre mitzuwirken. Dennoch sollte eine ausdrückliche Verpflichtung in § 99 Abs. 1 InsO eingestellt werden, um im Falle der Weigerung des Postdienstleistungsunternehmens zügig Vollstreckungsmaßnahmen einleiten zu können. Durch die Anordnung der Postsperre wird nicht besonders in die Rechte des Postdienstleistungsanbieters eingegriffen, da die Unternehmen für ihre Tätigkeit das übliche Entgelt für eine Postnachsendung bzw. Postlagerung erheben können. Es deshalb nicht erforderlich, den Unternehmen ein Rechtsmittel gegen die Anordnung zu gewähren.

Zu Nummer 19

Bei der Änderung der Überschrift handelt es sich um eine redaktionelle Folgeänderung der Einfügung des neuen Absatzes 2. Mit diesem Absatz enthält § 108 InsO nunmehr auch Vorschriften über Darlehensverhältnisse.

Im Schrifttum besteht Uneinigkeit darüber, ob § 103 InsO auf Darlehensverträge anwendbar ist, wenn der Darlehensgeber die Darlehensvaluta vor Eröffnung des Insolvenzverfahrens ausbezahlt hat. Höchstrichterliche Rechtsprechung existiert zu dieser Frage nicht. Mit Einfügung des neuen Absatzes 2 wird die Rechtsunsicherheit beseitigt, die insbesondere am Kapitalmarkt zu Risikoaufschlägen führt und damit die Finanzierungskosten in Deutschland unnötig erhöht.

Ist der Schuldner als Darlehensgeber ein Darlehensverhältnis eingegangen, so wird durch den neuen Absatz 2 nunmehr klargestellt, dass dieses mit Wirkung für die Masse fortbesteht, soweit dem Darlehensnehmer der geschuldete Gegenstand zur Verfügung gestellt wurde. Bereits aus § 103 InsO ergibt sich, dass der Insolvenzverwalter das Darlehensverhältnis nicht außerhalb der darlehensrechtlichen Kündigungsmöglichkeiten beenden kann, da der Darlehensgeber mit der Auszahlung der Darlehensvaluta seine Hauptleistungspflicht erfüllt hat. In Falle einer Insolvenz eines Kreditinstitutes hat die Regelung den Vorteil, dass durch den Insolvenzverwalter nicht zahlreiche Darlehensverträge beendet werden können. Andernfalls wäre zu befürchten, dass einige Darlehensnehmer selbst in Zahlungsschwierigkeiten geraten, wenn sie nach der Beendigung nicht kurzfristig eine Umschuldung erreichen können. Dies würde insbesondere kleine und mittelständische Unternehmen treffen, für die in der gegenwärtigen Situation ohnehin das Umfeld für eine Kreditversorgung schwieriger geworden ist. Die Neuregelung des § 108 Abs. 2 lässt die Anwendbarkeit des § 116 InsO auf Kontokorrentkredite unberührt.

Zu Nummer 20

Nach § 109 Abs. 1 Satz 1 InsO kann der Insolvenzverwalter ein vom Schuldner eingegangenes Miet- oder Pachtverhältnis über unbewegliche Gegenstände oder Räume unter Einhaltung der gesetzlichen Frist kündigen. Die Regelung dient dem Ziel, die Masse nicht mit Mietansprüchen zu belasten, wenn eine wirtschaftliche Nutzung des Objekts nicht mehr möglich ist. Dieses Ziel wird aber nicht oder allenfalls sehr bedingt erreicht, wenn beispielsweise für gewerblichen Mietraum (vgl. § 580a Abs. 2, 4 BGB) eine Kündigungsfrist von bis zu neun Monaten maßgebend sein kann. Dies führt zu einer Aushöhlung der Masse und stellt eine nicht gerechtfertigte Ungleichbehandlung insbesondere gegenüber Arbeitnehmern dar, deren Arbeitsverhältnis nach § 113 Abs. 1 Satz 2 InsO mit einer Kündigungsfrist von drei Monaten beendet werden kann. Die Kündigungsfrist für Miet- und Pachtverhältnisse über unbewegliche Gegenstände und Räume im Insolvenzfall soll deshalb auf drei Monate verkürzt werden. Diese Verkürzung wirkt sich teilweise – etwa im Bereich der Pachtverhältnisse – erheblich aus. Eine Differenzierung zwischen Miet- und Pachtverträgen in § 109 InsO soll aber trotz der im Pachtrecht geltenden langen gesetzlichen Kündigungsfristen zu Gunsten der dann im Insolvenzfall einheitlichen dreimonatigen Sonderkündigungsfrist unterbleiben, zumal auch die rasche Lösung von eingegangenen Pachtverträgen im Einzelfall die Sanierungsaussichten eines Betriebes erheblich erhöhen kann.

Für die Berechnung der Kündigungsfrist sind aus Gründen der Einheitlichkeit der Kündigungsvorschriften in der Insolvenzordnung nicht die sonst im Miet- und Pachtrecht geltenden Regelungen mit ihren Karenztagen maßgebend. Vielmehr ist die Kündigung in Übereinstimmung mit der für die Kündigung von Arbeitsverhältnissen geltenden Regelung des § 113 InsO mit einer Frist von drei Monaten zum Monatsende zulässig. Bei der vorgeschlagenen Änderung wird nicht verkannt, dass es ein wesentliches Ziel der Mietrechtsreform war, Kündigungsfristen weitgehend zu vereinheitlichen. Die Ausnahmesituation der Insolvenz rechtfertigt jedoch die vorgeschlagene Ausnahmeregelung. In der Insolvenz muss eine unzureichende Haftungsmasse unter möglichst getreuer Beachtung des Grundsatzes der Gläubigergleichbehandlung verteilt werden. Die Dauerschuldverhältnisse Miete und Pacht über unbewegliche Gegenstände oder Räume einerseits und Arbeitsverhältnisse andererseits werden schon nach bisher geltendem Recht im Insolvenzfall gegenüber allen übrigen Dauerschuldverhältnissen privilegiert, die dem Wahlrecht des Insolvenzverwalters nach § 103 InsO unterfallen. Diese Privilegierung wird beibehalten. Allerdings sollen die privilegierten Rechtsverhältnisse hinsichtlich der Kündigungsfristen gleichgestellt werden. Denn es erscheint nicht sachgerecht, dass beispielsweise der Vermieter einer Gewerbeimmobilie noch neun Monate die Miete erhält, obwohl das Mietobjekt keinen Nutzen für die Masse besitzt, während dem Arbeitnehmer mit dreimonatiger Frist gekündigt werden kann.

Zu Nummer 21

Die Bestimmung der nahestehenden Personen in § 138 InsO unterscheidet zwischen natürlichen Personen, die von Absatz 1 erfasst werden, und juristischen Personen und Gesellschaften, die in Absatz 2 behandelt werden. Während in Absatz 2 detailliert geregelt ist, welche Gesellschaften oder juristischen Personen als nahestehend anzusehen sind, fehlt für die natürlichen Personen eine entsprechende Bestimmung. Diese Lücke wird in der Literatur zu Recht bemängelt, da es nicht selten vorkommt, dass ein Schuldner Vermögensteile auf eine Gesellschaft überträgt, an der er oder eine ihm nahestehende Person im Sinne von Absatz 1 beteiligt ist. Unter der Herrschaft der Konkursordnung war demgegenüber anerkannt, dass bei Verträgen des Gemeinschuldners, die nicht lange vor Konkurseröffnung geschlossen wurden und in die nahe Angehörige involviert waren, die Anfechtung nicht nur gegenüber natürlichen Personen, sondern in bestimmten Umfang auch gegenüber juristischen Personen erleichtert werden müsse (vgl. BGHZ 96 S. 352, 356). Durch den neuen § 138 Abs. 1 Nr. 4 InsO soll die Lücke des geltenden Rechts geschlossen werden. Eine Regelungslücke besteht bei natürlichen Personen auch insofern, als Personen, die aufgrund einer dienstvertraglichen Position besondere Informationsmöglichkeiten haben, nicht als nahestehend erfasst werden. Dem soll durch die Änderung von Nummer 3 Rechnung getragen werden.

Zu Nummer 22

Mit der Aufhebung von § 149 Abs. 2 InsO wird einer Forderung der Praxis Rechnung getragen, die die Vorschrift als unnötigen Formalismus kritisiert. Von Seiten der Verwalter wird berichtet, regelmäßig werde nach § 149 Abs. 3 InsO ohnehin von der Gläubigerversammlung eine abweichende Regelung getroffen und von der Vorschrift dispensiert. Sollte dies einmal nicht der Fall sein, so könnte es sich als verfahrenshemmend erweisen, wenn gerade kein Mitglied des Gläubigerausschusses präsent ist, um die Quittung mit zu unterzeichnen. Im Übrigen dürfte die Haftung des Insolvenzverwalters ausreichend sein, ihn zu einem ordnungsgemäßen Vorgehen bei hinterlegten Wertsachen anzuhalten.

Zu Nummer 23

Wiederholt wurde aus der Praxis von Sachverhalten berichtet, in denen sich vor dem Berichtstermin eine außerordentlich günstige Veräußerungsmöglichkeit für das Unternehmen bot, die jedoch nur zu diesem Zeitpunkt genutzt werden konnte, und sich bei längerem Zuwarten zerschlagen hätte. Eine Betriebsübertragung nach Eröffnung des Insolvenzverfahrens sieht sich nicht den gleichen Bedenken ausgesetzt wie eine Veräußerung durch einen vorläufigen Insolvenzverwalter, da in dieser Situation ein Insolvenzgrund durch das Gericht bereits festgestellt wurde und der Insolvenzverwalter ausreichend Gelegenheit hatte, sich ein Bild über die wirtschaftliche Lage des Unternehmens zu machen. Deshalb sollte dem Insolvenzverwalter die Möglichkeit eingeräumt werden, nach Verfahrenseröffnung zügig den Betriebsübergang einzuleiten und nicht noch unter Umständen drei Monate bis zum Berichtstermin abwarten zu müssen. In diesem Verfahrensstadium hat das Gericht bereits festgestellt, dass ein Eröffnungsgrund vorliegt. Die Zeit bis zur Verfahrenseröffnung könnte genutzt werden, eine eingehende Bewertung des schuldnerischen Unternehmens – etwa in einer „due dilligence" – zu veranlassen, und die Gläubiger und der Schuldner könnten auf eine solche Maßnahme vorbereitet werden.

Mit der Eröffnung des Insolvenzverfahrens steht fest, dass im Wesentlichen nur noch die wirtschaftlichen Interessen der Gläubiger auf dem Spiel stehen und sie die Folgen von wirtschaftlichen Fehlentscheidungen zu tragen haben. Zudem besteht für das Gericht die Möglichkeit, nach § 67 InsO einen Gläubigerausschuss einzusetzen, der überwacht, ob im Rahmen der geplanten übertragenden Sanierung die Interessen der Gläubigergesamtheit angemessen gewahrt werden. Vor diesem Hintergrund verzichtet die vorgeschlagene Änderung von § 158 InsO auf das Erfordernis einer Zustimmung durch den Schuldner.

Zu Nummer 24

Aus der Praxis wird berichtet, dass in zahlreichen Insolvenzverfahren der Einladung zur Gläubigerversammlung kein Gläubiger folge leistet. Gerade in kleineren Verfahren ist es häufig so, dass Rechtpfleger und Verwalter die Gläubigerversammlung allein bestreiten. Insoweit besteht die Gefahr, dass eine bestehende Sanierungsmöglichkeit aufgrund der fehlenden Beschlussfähigkeit scheitert. Die Einberufung einer weiteren Gläubigerversammlung ist mit zusätzlichen Kosten verbunden und führt zu einer Verzögerung des Verfahrens. Zudem ist in aller Regel nicht zu erwarten, dass bei einer weiteren Versammlung das Gläubigerinteresse größer ist und die notwendige Beschlussfähigkeit erreicht wird.

Teilweise wird vertreten, aus der mangelnden Teilnahme an der Versammlung ergebe sich ein Desinteresse der Gläubiger. Darin könne eine (stillschweigende) Übertragung der Entscheidungskompetenz hinsichtlich der bedeutsamen Rechtshandlung auf den Insolvenzverwalter gesehen werden. Andere Stimmen in der Literatur behandeln die Zustimmung als verweigert, solange der Gläubigerausschuss diese nicht ausdrücklich erteilt hat. Es sei notwendig, erneut eine Gläubigerversammlung einzuberufen. Durch die vorgeschlagene Ergänzung von § 160 Abs. 1 InsO wird einerseits für Rechtsklarheit gesorgt, andererseits wird es dem Insolvenzverwalter ermöglicht, Sanierungschancen zügig wahrnehmen zu können.

Zu Nummer 25

Der Schuldner ist berechtigt, entweder im Prüfungstermin oder im schriftlichen Verfahren die angemeldeten Insolvenzforderungen zu bestreiten. Sein Widerspruch hindert die Vollstreckbarkeit des Tabellenauszuges gemäß § 201 Abs. 2 Satz 1 InsO. Um dennoch im Falle des Widerspruchs nach Beendigung des Verfahrens im Wege der Einzelzwangsvollstreckung gegen den Schuldner vorgehen zu können, muss der Gläubiger den Widerspruch durch die Erhebung einer Klage oder die Aufnahme eines anhängigen Prozesses beseitigen. Dies gilt nach wohl h. M. auch dann, wenn der Gläubiger bereits im Besitz eines entsprechenden Titels ist.

Mit der vorgeschlagenen Neuregelung würde sich die Frage erledigen, ob der Gläubiger im Falle eines titulierten Anspruchs für eine weitere Klage überhaupt das notwendige Feststellungsinteresse besitzt. Teilweise wird in der Literatur uneingeschränkt ein Feststellungsinteresse bejaht, wenn der Schuldner Widerspruch erhebt. Demgegenüber fehlt nach anderer Auffassung das Rechtsschutzinteresse für eine zusätzliche Feststellungsklage, wenn die zur Tabelle angemeldete Forderung bereits rechtskräftig tituliert ist. Der Gläubiger könne bei einer Verfahrensaufhebung aus dem Titel die Zwangsvollstreckung betreiben (§ 201 Abs. 1 InsO). Dem Schuldner stünden insoweit gegen den rechtskräftig titulierten Anspruch nur die Einwendungen zu, die gegen ein rechtskräftiges Urteil gegeben sind.

Demgegenüber sieht § 179 Abs. 2 InsO für den Fall des Bestreitens einer titulierten Forderung durch den Insolvenzverwalter oder einen anderen Gläubiger vor, dass es dem Bestreitenden obliegt, den Widerspruch zu verfolgen. Eine entsprechende Regelung wird nunmehr auch in § 184 Abs. 2 InsO aufgenommen. Es erscheint unbillig, dass der Gläubiger trotz eines erstrittenen Titels nochmals prozessieren muss und auch bei einer erfolgreichen Prozessführung Gefahr läuft, wegen der wirtschaftlichen Situation des Schuldners seine Kostenerstattungsansprüche nicht oder nur schwer durchsetzen zu können.

Um alsbald Rechtsklarheit über die Wirkung des Widerspruchs zu erhalten, sollte eine Befristung der Widerspruchsklage vorgesehen werden. Es bietet sich an, in § 184 InsO eine ähnliche Regelung wie in § 878 Abs. 1 ZPO zu schaffen. Der Schuldner sollte verpflichtet werden, binnen einer Frist von einem Monat, die mit dem Prüfungstermin oder im schriftlichen Verfahren mit dem Bestreiten der Forderung beginnt, gegenüber dem Gläubiger Klage zu erheben. Verfolgt der Schuldner nicht innerhalb der Frist seinen Widerspruch, so gilt dieser als nicht erhoben. Damit kann der Gläubiger nach Verfahrensaufhebung gegen den Schuldner gemäß § 201 Abs. 2 Satz 1 InsO die Vollstreckung aus dem Tabellenauszug betreiben.

Zu Nummer 26

Für die Insolvenzverwalter besteht derzeit keine Möglichkeit, unmittelbar eine Veröffentlichung in das länderübergreifende, zentrale elektronische Informations- und Kommunikationssystem einzustellen. Durch Zwischenschaltung des Gerichts trägt die Neuregelung dem Rechnung.

Zu Nummer 27

Es handelt sich um eine Folgeänderung zu Nummer 4.

Zu Nummer 28

Es handelt sich um eine Folgeänderung zu Nummer 4.

Zu Nummer 29

Es handelt sich um eine Folgeänderung zu Nummer 12.

Zu Artikel 2 (Änderung der Verordnung zu öffentlichen Bekanntmachungen in Insolvenzverfahren im Internet)

Mit Artikel 2 wird die Verordnung zur öffentlichen Bekanntmachung in Insolvenzverfahren im Internet vom 12. Februar 2002 (BGBl. I S. 677) an den geänderten § 9

InsO angepasst. War bisher eine Internetveröffentlichung in Insolvenzverfahren nur zulässig, wenn eine solche Bekanntmachungsform durch die Landesjustizverwaltung bestimmt war, so wird nun die Internetveröffentlichung als Regelfall ausgestaltet. Die datenschutzrechtlichen Anforderungen, die durch die Verordnung aufgestellt wurden, bleiben im vollen Umfange erhalten.

Zu Artikel 3 (Änderung des Einführungsgesetzes zur Insolvenzordnung)

Zu Nummer 1

Es handelt sich um eine Folgeänderung zu Artikel 1 Nummer 12.

Zu Nummer 2

Um in bereits laufenden Insolvenzverfahren Übergangsprobleme zu vermeiden, sollen in Verfahren, die vor dem Inkrafttreten dieses Gesetzes eröffnet wurden, grundsätzlich die bisherigen gesetzlichen Vorschriften anwendbar sein. Eine Ausnahme hiervon gilt nur im Bereich der öffentlichen Bekanntmachungen nach § 9 InsO. Hier soll vermieden werden, dass die Gerichte neben den Internetveröffentlichungen noch über Jahre hinweg Veröffentlichungen in den Printmedien vornehmen müssen.

Zu Nummer 3

Die vorgeschlagene Aufhebung des Art. 107 EGInsO betrifft gemäß § 103c EGInsO-E nur Insolvenzverfahren, die nach dem Inkrafttreten dieses Gesetzes eröffnet werden. Für diese Verfahren ist die Abkürzung der Wohlverhaltensperiode auf fünf Jahre nicht mehr gerechtfertigt. § 107 EGInsO wurde im Zusammenhang mit dem Hinausschieben des Inkrafttretens der Insolvenzordnung um zwei Jahre eingefügt, um zu vermeiden, dass redliche Schuldner unzumutbar lange auf eine Restschuldbefreiung warten müssen. Dieser Zweck der Vorschrift wird beim Inkrafttreten dieses Gesetzes nicht mehr gegeben sein, weil jeder Schuldner, der bereits am 1. Januar 1997 zahlungsunfähig war, jedenfalls seit Einführung der Verfahrenskostenstundung zum 1. Dezember 2001 die Gelegenheit hatte, einen Restschuldbefreiungsantrag zu stellen. Diese Einschätzung wird auch durch die Entscheidung des BGH vom 21. Mai 2004 (IX ZB 274/03) gestützt, der zudem noch darauf hinweist, ein Schuldner habe durch die Verkürzung der Wohlverhaltensphase von sieben auf sechs Jahre und deren Beginn mit Verfahrenseröffnung regelmäßig im Ergebnis etwa dieselbe Vergünstigung erhalten, die sich für ihn nach dem bis zum 30. November 2001 geltenden Recht aus Art. 107 EGInsO ergab.

Zu Artikel 4 (Rückkehr zum einheitlichen Verordnungsgang

Artikel 4 enthält die für die künftige Änderung der Verordnung zu öffentlichen Bekanntmachungen in Insolvenzverfahren im Internet notwendige sog. Entsteinerungsklausel.

Zu Artikel 5 (Inkrafttreten)

Die Länder hatten ausdrücklich darum gebeten, der Praxis für die Umstellung auf das neue Recht einen gewissen Vorlauf zu gewähren. Dem wird durch die Fassung der Inkrafttretensvorschrift Rechnung getragen.

III. Stellungnahmen und Kritik

Anmerkungen zum InsolvenzverfahrensvereinfachungsG

Stefan Smid

Inhaltsübersicht

I. Auswahl der Person des Insolvenzverwalters durch das Insolvenzgericht (Art. 1 Nr. 16 Insolvenzverfahrens-vereinfachungsG: § 56 Abs. 1 InsO)

Die Entscheidung über die Auswahl des Insolvenzverwalters ist nachhaltig von der Arbeitsgruppe erörtert worden. Dabei ist die Arbeitsgruppe freilich insofern hinter dem Stand der Diskussion zurückgeblieben, als sie die Entscheidung des Insolvenzgerichts über die Auswahl des Insolvenzverwalters nicht als eine materielle Verwaltungsentscheidung angesehen und damit als von der Rechtsweggarantie des Art. 19 Abs. 4 GG nicht erfasst betrachtet hat. Das war nun aber in der Tat völlig verfehlt. Die Entscheidung des Insolvenzgerichts über die Verwalterauswahl ist ersichtlich keine Angelegenheit materieller Rechtsprechung.[1] Dies wird sowohl vom BGH[2] als auch vom BVerfG in dessen Entscheidungen zu Verwalterauswahl und Abberufung des Verwalters[3] ohne Einschränkung so gesehen. Die Bundesregierung stellt sich mit dem vorliegenden Entwurf zu recht durchaus nicht auf den Standpunkt der Arbeitsgruppe. Die im Entwurf vorgeschlagene Ergänzung des § 56 Abs. 1 InsO wird die Frustrationen unberücksichtigt gebliebener Prätendenten bei der Bestellung von Insolvenzverwaltungen nicht mindern. Denn der vorliegende Entwurf hält sich an die Vorgaben, die dem Gesetzgeber durch die vorliegenden Entscheidungen des BVerfG gemacht worden sind. Insofern aber ist der Entwurf gut gemeint und wenigstens unschädlich: er verpflichtet die Gerichte hinfort, den Insolvenzverwalter aus dem Kreis derjenigen Personen zu bestellen, die sich für ein solches Amt allgemein bei dem Insolvenzgericht beworben haben. Damit soll nicht etwa nur eine Selbstverständlichkeit ausgedrückt, sondern den Gerichten die Führung einer sog. geschlossenen Liste untersagt werden.[3a] Das Hamburger Modell[4] wird danach bereits nach dem Wortlaut des Gesetzes als rechtswidrig zu identifizieren sein. In der Begründung zum Entwurf wird freilich gesehen, dass Missbräuche bzw. fehlerhafte Auslegung des § 56 Abs. 1 nF InsO zwar bislang nach § 23 EGGVG auf dem Justizverwaltungsrechtsweg bekämpft werden können, bei der Eilentscheidung zur Verwalterauswahl aber – wie es das BVerfG[5] ausgedrückt hat – wegen der geringen Kontrolldichte der hierbei zugrunde zu legenden Maßstäbe dem Gericht ein erheblicher Entscheidungsspielraum gelassen bleiben wird. Im Übrigen ist es mit Nachdruck zu begrüßen, dass Prätendenten die Berücksichtigung bei der Vergabe von Insolvenzverwaltungen in Verbraucherinsolvenzfällen ablehnen können. Der entsprechende in Abs. 1 des § 156 InsO einzufügenden Satz wird dabei aber wohl allenfalls die Funktion haben, klarzustellen, dass eine Diskriminierung von Prätendenten nur deshalb, weil sie Verbraucherinsolvenzverfahren nicht abwickeln

---

1 *Smid* DZWiR 2001, 485, 490.

2 BGH, B. v. 17.7.2003, IX ZB 530 /02, DZWIR 2003, 379; BGH, B. v. 7.10.2004, IX ZB 128/03, DZWIR 2005, 124 ff.

3 BVerfG, B.v. 3.8.2004, 1 BvR 1086/01, DZWIR 2004, 370.

3a So auch *Pannen/Riedemann* NZI 2006, 193, 194.

4 vgl. *Schmidt*, in: 5. Leipziger Insolvenztag, 2005, 31 ff. mit krit. Bemerkungen Smids (a.a.O. 47 ff.).

5 BVerfG, B. v. 3.8.2004, 1 BvR 1086/01, DZWIR 2004, 370.

wollen, durch das Gericht nicht vorgenommen werden dürfen, bzw. dass kein Junktim zwischen der Übernahme von Verbraucherinsolvenzen und der Berücksichtigung bei der Beauftragung mit der Insolvenzverwaltung in Unternehmensinsolvenzverfahren Raum greifen darf. Es ist an anderer Stelle bereits eingehend ausgeführt worden[6], dass der bisherige Rechtszustand der Formalisierung eines Auswahlverfahrens nachdrücklich vorzuziehen ist.

Mit dem vorliegenden Entwurf macht die Bundesregierung deutlich, dass sie sich durch Stimmen in der Literatur nicht hat verunsichern lassen, denen zufolge die Judikatur des BVerfG die Rechtsfragen der Auswahlentscheidung des Insolvenzgerichts nach § 56 InsO weiter verunsichert habe. Der vorliegende Entwurf lässt unzweifelhaft erkennen, dass jede Form formalisierter Auswahlentscheidung durch den Gesetzgeber abgelehnt wird. Dies ist vorbehaltlos zu begrüßen. Ein Nachsatz in dieser Angelegenheit sei gestattet: Es ist außerordentlich zweifelhaft, ob es dem Gesetzgeber mit der beabsichtigten Ergänzung des § 56 Abs. 1 InsO gelingen wird, die zum Teil irrational unter Versorgungsgesichtspunkten geführte Debatte um diese Vorschrift zu beenden. Sie wird noch einmal aufflammen, sobald mit dem Wegfall des Stundungsmodells die Zahl von Verfahren, mit denen sich Verwalterbüros finanzieren, abnimmt. Gerade vor diesem Hintergrund indes ist das nach dem Entwurf zu erwartende legislatorische Votum zu begrüßen.

II. Streichung des § 12 InsO

Bemerkenswert ist, dass die in Art. 1 Nr. 5 vorgesehene Streichung des § 12 InsO, der die Insolvenzverfahrensfähigkeit juristischer Personen des öffentlichen Rechts regelt, keine nähere Begründung erhält.

III. Angabe des Geburtsdatums und des Geburtsortes des Schuldners bzw. Angabe von Registergericht und Handelsregisterbezeichnung im Eröffnungsbeschluss (Art. 1 Nr. 11 InsolvenzverfahrensvereinfachungsG: § 27 Abs. 2 Nr. 1 InsO)

Der Entwurf (Art. 1 Nr. 11.) sieht vor, dass der Schuldner im Eröffnungsbeschluss nicht mehr nur mit Namen und Vornamen, sondern durch Angabe des Geburtsdatums und des Geburtsortes bzw. durch Angabe von Handelsregistergericht und Handelsregisterbezeichnung individualisiert wird. Die Begründung hierzu[7] gibt an, die geplante Änderung solle für mehr „Rechtssicherheit" sorgen. Das wirft die Frage auf, wo das Sachproblem liegt, das der Gesetzgeber lösen will.

---

6 Smid DZWiR, 2001, 485 (496, 497).
7 Begr. B) zu Nr. 11.

III. Stellungnahmen und Kritik

Die „Rechtssicherheit", deren Förderung Anliegen des Entwurfs ist, kann sich nur darauf beziehen, dass nicht Insolvenzverfahren über den *falschen Schuldner* eröffnet werden. Hier kann dahingestellt bleiben, ob z.B. die Eröffnung eines Verfahrens über einen *zuvor* verstorbenen Schuldner oder eine *zuvor* vollbeendigte KG[8] wirksam ist – wogegen eine Reihe von Gründen sprechen.[9] Die geplante Regelung gibt zur Beantwortung dieser Frage wenig her, ruft aber neue Probleme auf. Wenn das Insolvenzgericht im Eröffnungsbeschluss zwingend Geburtsdatum und -ort des Schuldners angeben muss fragt es sich, woher es diese Daten bezieht. Grundsätzlich lässt sich dies nur durch eine Betrachtung der Reichweite der das Insolvenzgericht treffenden Amtsermittlungspflicht beantworten.

Nach § 5 Abs. 1 Satz 1 InsO hat das Insolvenzgericht von Amts wegen alle Umstände zu ermitteln, die für das Insolvenzverfahren von Bedeutung sind. Um die ihm obliegenden rechtsfürsorgerischen[10] Aufgaben erfüllen zu können, hat es die Voraussetzungen seines Tätigwerdens von Amts wegen zu ermitteln. Das Amtsermittlungsprinzip des § 5 Abs. 1 Satz 1 InsO greift auch im Eröffnungsverfahren.[11] Aber allein ein zulässiger Antrag löst die Amtsermittlungsaufgabe des Insolvenzgerichts aus; § 5 Abs. 1 S. 1 InsO kommt nicht zur Anwendung, soweit ein zulässiger Insolvenzantrag nicht vorliegt.[12] Da der vorliegende Entwurf zwar vorsieht, dass der Eröffnungsantrag schriftlich zu stellen sei (Art. 1 Nr. 6), um die Geschäftsstellen der Insolvenzgerichte von der Belastung zu befreien, Anträge zu Protokoll zu nehmen[13], für den Fremdantrag des Gläubigers aber keine Pflichten der Angabe von Geburtsdatum und -ort des Schuldners formulieren, scheint das Insolvenzgericht entsprechende Ermittlungen anstellen zu müssen. Das Fehlen dieser Angaben wird aber auch in Zukunft nicht zur Nichtigkeit des Eröffnungsbeschlusses führen. Bereits nach dem geltendem Recht ist der Eröffnungsbeschluß selbst dann wirksam, wenn er die Person des Schuldners überhaupt nicht benennt, diese aber eindeutig aus den Gerichtsakten ersichtlich ist und im Beschluss hierauf Bezug genommen wird.[14]

In den meisten Fällen ist die Angabe von Geburtsdatum und -ort bzw. handelsregisterrechtlicher Daten schlicht überflüssig, da der Schuldner durch Namen bzw. Firma und zustellfähige Anschrift hinreichend eindeutig bezeichnet ist – wovon das Gesetz seit 1856 zu Recht ausgegangen ist. Durch die vorgeschlagene Regelung werden unverzichtbare neben – meist – verzichtbare Identifikationsmerkmale gestellt.

---

8 BGH, Urt. v. 15.3.2004, II ZR 247/01, ZInsO 2004, 615.

9 *Smid*, Wirksame Eröffnung des Verfahrens über das Vermögen zuvor verstorbener natürlicher oder vollbeendigter juristischer Personen oder Personenhandelsgesellschaften? (in Vorbereitung)

10 *Smid*, Rechtsprechung. Zur Unterscheidung von Rechtsfürsorge und Prozeß, 1990, insbes. 258 ff., 559 ff.; *Thiemann*, Die vorläufige Masseverwaltung im Insolvenzverfahren, 2000, RdNr. 21.

11 *Smid*, Insolvenzordnung, 2. Aufl. 2001, § 5 RdNr. 9; MünchKomm-*Ganter*, InsO, § 5 RdNr. 14.

12 MünchKomm-*Ganter*, InsO, § 5 RdNr. 13; *Uhlenbruck*, Insolvenzordnung, 12. Aufl. 2003, § 5 RdNr. 4.

13 Begr. B) zu Nr. 6.

14 BGH ZIP 2003, 357; Jaeger-*Schilken* § 27 RdNr. 24.

IV. Rechtsbeschwerde in Insolvenzsachen als Zulassungsbeschwerde (Art. 1 Nr. 2 InsolvenzverfahrensvereinfachungsG: § 7 InsO)

Die im vorliegenden Entwurf (Art. 1 Nr. 2) vorgesehene Umstellung der bisherigen Rechtsbeschwerde zu einer Zulassungsbeschwerde verfolgt vordergründig das Ziel einer Anpassung des insolvenzverfahrensrechtlichen Rechtsmittelrechts an das allgemeine Zivilprozessrecht.[15] Dabei verhehlt die Begründung des Entwurfes nicht das Bestreben, den BGH in diesen Sachen nach einer Verdoppelung der Rechtsbeschwerden zu entlasten. Eine solche Entlastung ist an sich wünschenswert; die Errichtung von Zugangssperren zur Rechtsbeschwerdeinstanz ist aber der falsche Weg, dies zu erreichen.

Das Anliegen des vorliegenden Entwurfs kann nur unter der Voraussetzung gerechtfertigt werden, dass sachliche Gründe für eine Reduktion von Rechtsbeschwerden sprechen.

Ein Fragenkreis mag die Probleme deutlicher machen, die dabei auftreten. Sobald die Bestätigung des Insolvenzplans rechtskräftig ist, beschließt das Insolvenzgericht die Aufhebung des Verfahrens, § 258 Abs. 1 InsO.[16] Da die Insolvenzordnung keine Regelung darüber trifft, wann ein Insolvenzplan rechtskräftig wird, finden gem. § 4 InsO die zivilprozessualen Vorschriften der §§ 705 ff. ZPO auch hier Anwendung. Diese gelten unmittelbar zwar nur für Urteile, die vollstreckt werden sollen, nach einhelliger Auffassung entsprechend aber für alle gerichtlichen Beschlüsse[17]. Entsprechend §§ 705 Abs. 1 ZPO, 4 InsO hängt die formelle Rechtskraft des Beschlusses über die Bestätigung des Insolvenzplans davon ab, dass binnen der Beschwerdefrist kein Rechtsmittel – und damit: auch keine Rechtsbeschwerde gegen eine vorangegangene beschwerdegerichtliche Entscheidung – eingelegt worden ist.

In der Diskussion ist aber darauf aufmerksam gemacht worden, dass die bisherige Form des Rechtsmittelsystems nicht unerhebliche Risiken für die vom Gesetz intendierte Sanierung von Unternehmensträgern im Insolvenzplanverfahren zeitigt.[17a] Freilich ist es aus verfassungsrechtlichen Erwägungen bedenklich, das Rechtsmittelverfahren aus Effizienzgesichtspunkten zu beschneiden, zumal es näher liegt, in diesem Zusammenhang bei einer Vereinfachung des Insolvenzplanverfahrens selbst anzusetzen. Dieser Fragenkreis wird leider derzeit vom Gesetzgeber nicht in Angriff genommen.

---

15 Begr. B zu Nr. 2.

16 *Smid/Rattunde,* Insolvenzplan, 2. Aufl. RdNr. 16.7.

17 *Baumbach/Hartmann,* ZPO, § 706 RdNr. 11; Zöller-*Stöber,* ZPO, § 705 RdNr. 1.

17a Vgl. *Smid/Rattunde,* Der Insolvenzplan, 2. Aufl. 2005, S. 309 ff.; *Smid* NZI 2005, 296 ff. und *ders.* DZWIR 2005, 364 ff.

V. Gewährleistung der Betriebsfortführung im Eröffnungsverfahren durch Eingriffe in publizitätslose Mobiliarsicherheiten an Sachen und Rechten, (Art. 1 Nr. 8 InsolvenzverfahrensvereinfachungsG: § 21 Abs. 2 Nr. 5 InsO nF)

1. Gehalt der Änderung

Art. 1 Nr. 5 des Entwurfes vom 8.2.2006 sieht eine Änderung des § 21 Abs. 2 Nr. 4 InsO vor, die bereits in dem Referentenentwurf aus dem Jahr 2004 angedacht worden war. In Nr. 5 wird dem Insolvenzgericht die Befugnis gegeben, anzuordnen, dass Gegenstände, die im Fall der Eröffnung des Verfahrens von § 166 InsO erfasst würden oder deren Aussonderung verlangt werden könnte, vom Gläubiger nicht verwertet oder eingezogen werden dürfen. Solche Gegenstände sollen zur Fortführung des Unternehmens des Schuldners eingesetzt werden können. Voraussetzung dafür soll sein, dass diese Gegenstände für die Unternehmensfortführung von erheblicher Bedeutung sind. Laufende Zahlungen an den Gläubiger sollen einen durch die Nutzung eingetretenen Wertverlust ausgleichen.

Diese Regelung ist grundsätzlich zu begrüßen. Soweit sie Gegenstände, die der Gläubiger im Wege der Aussonderung herausverlangen kann, betreffen, zielt die Regelung auf unter Eigentumsvorbehalt gelieferte Sachen. Nach Eröffnung des Insolvenzverfahrens bleibt dem Insolvenzverwalter bekanntlich eine Frist bis zu 3 Monaten – nämlich bis zum Zeitpunkt, zu dem ein Berichtstermin abzuhalten ist, um über die Wahl der Erfüllung des Kaufvertrages und damit die Herbeiführung der Bedingung über den Eigentumserwerb an den gelieferten Sachen zu entscheiden. Die vom Entwurf vorgesehene Regelung setzt dem Streit darüber ein Ende, ob der Eigentumsvorbehaltsverkäufer im Vorfeld der Eröffnung des Insolvenzverfahrens dieses Wahlrecht des Verwalters soll dadurch konterkarieren können, dass er die Herausgabe der Sachen begehrt. Dies ist jedenfalls sinnvoll. Es ist auch sinnvoll, dass der Entwurf es ausschließt, dass absonderungsberechtigte Gläubiger Sachen im Eröffnungsverfahren an sich ziehen, an denen ihnen Absonderungsrechte bestellt worden sind.

2. Unklarheit des Wortlauts der neuen Vorschrift

Der vorgesehene Wortlaut der Änderung ist im Übrigen nicht so deutlich, wie er hätte sein können. Denn es geht in diesem Zusammenhang zum einen um die Nutzung von Absonderungsgut, wie z. B. Maschinen, Fuhrpark und dergl. mehr. Es wäre zur Klarstellung hilfreich, wenn der Gesetzgeber zudem im Hinblick auf Umschlagsgüter – man denke an die Insolvenz von Handelsunternehmen, die mit verderblichen Waren handeln – die Befugnis von Schuldner oder vorläufigen Insolvenzverwalter regeln würde, Absonderungsgut im gewöhnlichen Geschäftsgang auch im Eröffnungsverfahren weiter zu veräußern.

3. Aufgaben des Insolvenzgerichts und Unternehmensliquidität

§ 21 Abs. 1 InsO erteilt dem Gericht die Aufgabe, vorläufige Anordnungen zum Zweck der Sicherung der Masse zu treffen.[18] In der Insolvenz von Unternehmensträgern rückt der Zweck, den „Betrieb" als Wert zu erhalten, in den Vordergrund und damit die Frage der Sicherstellung der zur Betriebsfortführung erforderlichen Liquidität.[19] Außerhalb des Bereichs des § 21 Abs. 1 InsO stellt sich freilich die Frage nach der Erhaltung der Liquidität des Unternehmensträgers als Problem von Kreditierungsentscheidungen seiner Banken dar.[20] Diese müssen in der Krise darüber entscheiden, ob sie Darlehen stehen lassen und gegebenenfalls aus den ihnen überlassenen Sicherheiten, namentlich Globalzession, vorgehen und damit dem Geldfluss im allgemeinen Geschäftsbetrieb des Schuldners einen Riegel vorschieben.

Die Begründung zum vorliegenden Entwurf geht darauf ein, dass in der Literatur[21] derzeit umstritten ist, ob einem Insolvenzverwalter, auf den die Verwaltungs- und Verfügungsbefugnis über das schuldnerische Vermögen übergegangen ist, ohne ausdrückliche gerichtliche Anordnung ein Besitz-, Nutzungs- und Verwertungsrecht an dem zur Masse gehörenden Sicherungsgut auch dann zusteht, wenn nach der Ausgestaltung des Sicherungsvertrages dies dem Schuldner nicht mehr gestattet wäre. Auch unter Berücksichtigung der Verwaltungs- und Unternehmensfortführungsbefugnis eines vorläufigen Insolvenzverwalters mit Verfügungsbefugnis über das schuldnerische Vermögen unter Entmachtung des Schuldners (§ 21 Abs. 2 Nr. 2 InsO) sei ein Eingriff in Drittrechte nicht zu legitimieren.[22]

4. Körperliche Sicherungsgegenstände/sicherungsübereignete bewegliche Sachen)

Der Entwurf sieht als unstreitig an, dass das Insolvenzgericht nach § 21 Abs. 1 InsO dem Schuldner die Herausgabe von körperlichen Sicherungsgegenständen verbieten und eine Zwangsvollstreckung seitens des gesicherten Gläubigers unterbinden kann. Der vorliegende Entwurf soll aber mit dem vorgeschlagenen § 21 Abs. 2 Nr. 5 InsO die daran bestehenden Zweifel ausräumen, ob das Gericht auch eine Forderungseinziehung durch den gesicherten Gläubiger untersagen kann. Es ist grundsätzlich zu begrüßen, dass dabei darauf geachtet wurde, möglichst schonend in die Rechte der gesicherten Gläubiger einzugreifen und dem besonderen Charakter des

---

18 *Thiemann*, Die vorläufige Masseverwaltung im Insolvenzverfahren, 2000, RdNr. 10; *Smid*, Insolvenzordnung, 2. Aufl. 2001, § 21 RdNr. 1 ff.; *Uhlenbruck*, Insolvenzordnung, 12. Aufl. 2003, § 21 RdNr. 1.

19 *Smid* WM 2004, 2373.

20 *Smid* WM 2004, 2373.

21 *Becker*, Anm. zu BGH, Urt. v. 20.2.2003, IX ZR 81/02, DZWIR 2003, 332 ff.; *Fritsche* DZWIR 2005, 265 ff.

22 *Becker*, Anm. zu LG Stendal, Urt. v. 14.2.2002, 22 S 208/01, DZWIR 2002, 294 ff.; *Uhlenbruck*, Insolvenzordnung, 12. Aufl. 2003, § 22 RdNr. 35 ff.

Eröffnungsverfahrens angemessen Rechnung zu tragen, das vorläufiger Natur ist und der *Sicherung* der Insolvenzmasse dient. Das schließt es im Allgemeinen aus, die Masseverwertung als wesentlichen Teil des Insolvenzverfahrens bereits in das vorläufige Verfahren zu verlagern. Es bleibt dem vorläufigen Insolvenzverwalter (und dem Schuldner!) unbenommen, sich mit den Sicherungsgläubigern zu einigen, wenn sich die Chance besonders günstiger Verwertung von Sicherungsgegenständen im Eröffnungsverfahren bietet. Der Entwurf trachtet danach, zu verhindern, dass die Verwertung durch den gesicherten Gläubiger vollendete Tatsachen schafft. Hierzu wird vorgeschlagen, im Wege von gerichtlich angeordneten Sicherungsmaßnahmen ein Verwertungs- und Einziehungsverbot gegenüber dem Sicherungsgläubiger zu verhängen und die Nutzungsbefugnis an unter Eigentumsvorbehalt gelieferten oder sicherungsübereigneten Betriebsmitteln zu ermöglichen, die für eine Betriebsfortführung von erheblicher Bedeutung sind.

Wie im Jahr 2004 der Referentenentwurf ist auch der nunmehr vorliegende Regierungsentwurf nicht nur begrifflich, sondern auch in Funktionszusammenhängen zu wenig trennscharf. Im Regierungsentwurf ist auch dort von „Gegenständen" die Rede, wo es der Sache nach um „Sachen" (vgl. § 90 BGB, der Sachen als körperliche Gegenstände definiert) geht. Zwar hat sich, wie die Judikatur des BGH zur InsO deutlich gemacht hat, der Gesetzgeber der InsO von der Begrifflichkeit des BGB in einer Reihe von Bereichen entfernt. § 166 InsO unterscheidet dagegen nicht anders als das allgemeine bürgerliche Recht zwischen Sachen iSv § 190 BGB und Förderungen im Hinblick der jeweiligen Befugnisse des Insolvenzverwalters, diese Massegegenstände zu verwerten. Soweit der vorliegende Entwurf daher von einem Verwertungsstopp im Eröffnungsverfahren handelt, ist damit die Verwertung von körperlichen Gegenständen – also von Sachen – gemeint. Angesprochen wird damit durchaus plausibel, dass im eröffneten Verfahren das Anlagevermögen des schuldnerischen Unternehmens vor einer Verwertungsmaßnahme durch Sicherungsgläubiger geschützt werden soll. Das Unternehmen als Organismus beruht darauf, dass sein Betrieb aufrechterhalten werden kann, was wiederum die Bewahrung des Anlagevermögens als notwendige Voraussetzung hat.

Bereits zum Referentenentwurf ist auf folgende, auch gegenüber dem Regierungsentwurf greifende Einwendung hingewiesen worden[23]: Wird den Gläubigern die Verwertung des Sicherungsgutes untersagt und stellt sich erst nach einer längeren Frist des Eröffnungsverfahrens heraus, dass Massearmut die Verfahrenseröffnung hindert (§ 26 Abs. 1 InsO[24]), dann kann die Aussicht der Gläubiger, einen angemessenen Erlös bei der Verwertung des Sicherungsgutes zu erzielen, durch die Verzögerung verschlechtert, wenn nicht gar vereitelt worden sein. In diesen Fällen bürdet die neue Regelung den betroffenen Insolvenzrichtern nicht unerhebliche Amtshaftungsansprüche (§ 839 Abs. 2 BGB[25]) auf. Zu begrüßen ist daher, dass der Referenten-

---

23 *Smid* WM 2004, 2373 (2379).

24 Kübler/Prütting-*Pape* InsO, § 26 RdNr. 19; *Haarmeyer* ZInsO 2001, 103, 104 ff.

25 Zu den haftungsrechtlichen Folgen Kübler/Prütting-*Pape* § 26 RdNr. 3; MünchKomm-*Haarmeyer* § 26 RdNr. 14 f; *Kilger/K. Schmidt*, KO, § 107, Anm. 2.

entwurf den vorläufigen Insolvenzverwalter darauf verweist, Absprachen mit den Sicherungsgläubigern für diejenigen Fälle zu treffen, in denen sich besonders günstige Verwertungschancen bereits im Eröffnungsverfahren bieten. Zutreffend ist weiter, dass der Referentenentwurf ausführt, dass sowohl durch die Verwertung durch einen vorläufigen Insolvenzverwalter als auch durch die Sicherungsgläubiger Fakten geschaffen werden.[26]

5. Stellung des vorläufigen Verwalters und Einziehungsbefugnis an sicherungszedierten Forderungen

Die bisherige gesetzliche Regelung der §§ 21 f. InsO hat die Beantwortung der dabei auftretenden Fragen nicht leichter gemacht. So hat der IX. Zivilsenat des BGH in seinem Urt. v. 18.7.2002[27] festgestellt, dass grundsätzlich bis zum Erlass des den Schuldner entmachtenden (arg. § 80 Abs. 1 InsO) Eröffnungsbeschlusses davon auszugehen ist, dass der Schuldner für und gegen sein Vermögen rechtsgeschäftlich handelt. Vermag der Schuldner daher die Banken dazu zu veranlassen, dass sie aus der Sicherungsabrede nicht vorgehen und ihm die rechtsgeschäftlich eingeräumte Befugnis als Sicherungszedent die zedierten Forderung einzuziehen belassen, besteht jedenfalls aus dem Zweck der Sicherung des Vermögenswertes als „going-concern" kein Anlass, den Schuldner bereits im Eröffnungsverfahren zu entmachten – es sei denn, er sei im Verdacht, Gläubiger benachteiligende Handlungen zu begehen oder allgemein unfähig, das Unternehmen zu leiten.[28] Regelmäßig tritt aber der Fall auf, dass die gesellschaftsrechtlichen Organträger des Schuldners, ja der Name des schuldnerischen Unternehmensträgers an sich, einen so schlechten Klang bei den Banken haben, dass eine Duldung der weiteren Wahrnehmung der Rechte aus der Sicherungsabrede durch den Schuldner nicht zu erwarten ist. In diesem Fall kann sich der Erlass einer vorläufigen Anordnung des Insolvenzgerichts als zweckgerecht erweisen, da die Einsetzung eines vorläufigen Insolvenzverwalters den Kreditgebern einen kompetenten und verlässlichen Ansprechpartner verschafft. Denn auch im Falle eines Zustimmungsverwalters können sich die Banken darauf verlassen, dass dessen Wort Bestand haben wird, wie die jüngste Judikatur des BGH[29] zeigt. Freilich scheint dies die Fragen der Betriebsfinanzierung aus Vereinnahmung sicherungszedierter Forderungen noch zu komplizieren.[30] Ein vorläufiger Verwalter ist unabhängig davon, ob er unter vollständiger Entmachtung des Schuldners mit umfassender Rechtsmacht wie ein Verwalter im eröffneten Verfahren ausgestattet, mit teilweisen Befugnissen bestellt (vgl. § 22 Abs. 2 InsO) oder ein

---

26 *Smid* WM 2004, 2373, 2379.
27 BGH, Urt. v. 18.7.2002, IX ZR 195/01, DZWIR 2002, 470; *Smid*, DZWIR 2002, 444–448.
28 BGH, Urt. v. 18.7.2002, IX ZR 195/01, DZWIR 2002, 470; *Thiemann*, in: Smid, Insolvenzordnung. Kommentar, 2. Aufl. 2002 § 21 RdNr. 16.
29 BGH, Urt. v. 9.12.2004, IX ZR 108/04, DZWIR 2005, 151.
30 Vgl. zur Lage nach geltendem Recht *Smid*, Kreditsicherheiten in der Insolvenz des Sicherungsgebers, 2003, § 6 RdNr. 20 ff.

Zustimmungsverwalter iSv § 21 Abs. 2 Nr. 2, 2. Var. InsO ist nicht dazu *berechtigt*, sicherungszedierte Forderungen einzuziehen, da auch § 166 Abs. 2 im Eröffnungsverfahren nicht zum Zuge gelangt.[31] Solange daher ein Eröffnungsbeschluss noch nicht erlassen ist, bleibt grundsätzlich der Sicherungszessionar zur Einziehung sicherungszedierter Forderungen soweit berechtigt, wie ihm die Sicherungsabrede diese Rechtsmacht einräumt – und zwar unabhängig davon, ob die Sicherungszession zuvor offen gelegt worden ist (da die Offenlegung andernfalls mit der Einziehung erfolgt).

Erst nach Erlass des Eröffnungsbeschlusses geht die Einziehungsbefugnis auf den Insolvenzverwalter über.[32] Dann ist eine Einziehung der Forderung durch den Sicherungszessionar rechtswidrig, da sie gegen § 166 Abs. 2 InsO verstößt, der Schutzgesetzcharakter hat.[33] Weder nach *geltendem Recht* noch nach der beabsichtigten Regelung des vorliegenden Entwurfes lässt sich daher *vor* Erlass des Eröffnungsbeschlusses eine Einziehungsbefugnis des vorläufigen Verwalters wegen sicherungszedierter Forderung begründen. Entsprechende Ermächtigungsbeschlüsse, wie sie manche Insolvenzgerichte[34] erlassen haben, entbehren der gesetzlichen Grundlage. Sie sind daher nicht allein im Lichte des auch die betroffenen Sicherungsgläubiger schützenden Verhältnismäßigkeitsgrundsatzes[35] zweifelhaft, sondern greifen rechtswidrig in das Eigentumsrecht (Art. 14 Abs. 1 GG) des Sicherungszessionars ein.[36]

6. Verfahrenskosten und Liquidität

Es ist bereits zum Entwurf 2004 bemerkt worden,[37] dass sich die Frage nach der Herstellung von Liquidität im Eröffnungsverfahren nicht als Problem der insolvenzgerichtlichen Ausweitung der Befugnisse eines vorläufigen Verwalters stellt.

Anders als es der vorliegende Regierungsentwurf annimmt, fließt der Masse nicht bereits dadurch Liquidität zu, dass etwa *Verfahrenskosten* aus dem vereinnahmten Betrag einbehalten werden können. Dies ist bereits kritisch zum Referentenentwurf 2004 angemerkt worden:[38] Anders als die Kommission für Insolvenzrecht[39] hat der Reformgesetzgeber[40] mit der Regelung der §§ 170, 171 Abs. 1 und Abs. 2 S. 1 u. S. 2 InsO keinen Zuschuss der Sicherungsgläubiger zur Masse vorgesehen. Bei den Ver-

---

31 BGH, Urt. v. 20.2.2003 IX ZR 81/02, DZWIR 2003, 332.
32 *Uhlenbruck,* InsO, 12. Aufl. 2003, § 22, Rn. 42; vgl. BGH, Urt. v. 2.10.1952, IV ZR 2/52, NJW 1953, 217, 218; BGH, Urt. v. 6.4.2000, IX ZR 422/98, ZIP 2000, 895.
33 BGH, Urt. v. 20.11.2003, IX ZR 259/02, DZWIR 2004, 205.
34 LG Berlin ZInsO 1999, 355; BayObLG NZI 2001, 592; *Kirchhof,* ZInsO 2001, 1, 3; MünchKomm-*Haarmeyer,* § 22, RdNr. 55.
35 *Smid,* DZWIR 2002, 444, 445.
36 BGH, B. v. 4.3.2004 IX ZB 133/03, ZIP 2004, 915.
37 *Smid* WM 2004, 2373, 2379 f.
38 *Smid* WM 2004, 2373, 2374 f.; befürwortend *Pannen/Riedemann* NZI 2006, 193, 195.
39 Zur Entstehungsgeschichte siehe Kübler/Prütting-*Kemper,* § 170, Rn. 1, § 171, Rn. 1.
40 BT-Drs. 12/2443, S. 89.

fahrenskostenbeiträgen gem. §§ 170, 171 InsO geht es allein um die Kompensation solcher Vermögensnachteile, die der Masse dadurch entstehen, dass der zur Einziehung der sicherungszedierten Forderung befugte Verwalter nach der InsVV eine entsprechend höhere Vergütung erhält[41] – dies hat der IX. Zivilsenat des BGH erstmalig im „Lebensversicherungsfall"[42] außer Zweifel gestellt. Dort hatte der Insolvenzverwalter Zustimmung zur Einziehung des bei der Lebensversicherung angesammelten Betrages an die Sparkasse als Sicherungszessionarin erteilt. Für das Zustimmungsschreiben wollte der Insolvenzverwalter seinerzeit Verwertungskosten in Höhe einer Geschäftsführungsgebühr gem. § 118 BRAGO geltend machen, was der IX. Zivilsenat des BGH verständlicherweise mit Verweis auf die Regelung des § 171 Abs. 2 S. 2 InsO abgelehnt hat.[43]

7. Szenarien des Forderungs„einzugs" im Eröffnungsverfahren

Die gesetzgeberischen Intentionen gehen an den Problemen so vorbei wie die Diskussion bisweilen.

De lege lata ergibt sich folgende, nur vordergründig überraschenderweise nicht insolvenzrechtlich geprägte Lage, die durch folgende Szenarien illustriert werden kann.

Ausschlaggebend ist, dass die Rechtsbeziehungen zwischen Sicherungszessionar, der Bank, und dem Schuldner regelmäßig durch die Sicherungsabrede[44] geregelt werden. Die Sicherungsabrede sieht im Allgemeinen vor, dass der Schuldner und Sicherungsgeber zur Vereinnahmung des Forderungsbetrages (zur „Einziehung") berechtigt ist.[45] In der „Krise" des Sicherungsgebers hat die Bank die Befugnis,[46] Darlehen und Sicherungsabrede zu kündigen und mit der letzteren Kündigung die materiellrechtliche Einziehungsbefugnis des Schuldners aufzuheben.[47]

Legt die Bank die Sicherungszession gem. § 409 BGB[48] offen, muss der Drittschuldner die Abtretung gegen sich wirken lassen. Er kann dann gem. § 407 Abs. 1 BGB nicht mehr mit befreiender Wirkung an den Schuldner leisten.[49] Die sicherungszedierte Forderung erlischt daher nicht, sondern die Bank bleibt weiter Inhaber eines Sicherungsrechtes an dem Sicherungsgegenstand.

---

41 BGH, Urt. v. 20.11.2003, IX ZR 259/02, DZWIR 2004, 205.
42 BGH, Urt. v. 11.7.2002, IX ZR 262/01, DZWIR 2002, 464 mit Anm. Becker.
43 *Smid*, DZWIR 2004, 1, 19.
44 Vgl. *Reinicke/Tiedtke*, Kreditsicherung, 4. Auflage 2000, RdNr. 504 ff.; *Bülow*, Recht der Kreditsicherheiten, 5. Auflage 1999, RdNr. 43 ff.
45 Vgl. *Reinicke/Tiedtke*, Kreditsicherung, 4. Auflage 2000, RdNr. 600; MünchKomm-*Roth*, § 398 RdNr. 46.
46 Regelmäßig unter der Voraussetzung, dass der Sicherungsfall eingetreten ist; *Bülow*, Recht der Kreditsicherheiten, RdNr. 1178; Bamberger/Roth-*Rohe*, § 398 RdNr. 51.
47 Bamberger/Roth-*Rohe*, § 398 RdNr. 70.
48 Bamberger/Roth-*Rohe*, § 398 RdNr. 57; Staudinger-*Busche*, § 398 RdNr. 23.
49 *Bülow*, Recht der Kreditsicherheiten, 5. Auflage 1999, RdNr. 1232.

Kündigt die Bank die Sicherungsabrede, erlischt die „Einziehungsbefugnis" des Schuldners und Sicherungsgebers. In einem Einziehungsprozess wäre daher der Schuldner nicht mehr aktivlegitimiert. Eine Klage wäre, wenn dies in den Prozess eingeführt würde, abzuweisen. Erbringt der Drittschuldner aber in Unkenntnis der Abtretung die Leistung an den Schuldner und Sicherungsgeber, kann er sich ebenfalls auf § 407 Abs. 1 BGB[50] berufen, wonach seine Leistung an den Sicherungszedenten vor Offenlegung der Abtretung nach § 362 Abs. 1 BGB[51] zum Erlöschen der Forderung als Sicherungsgegenstand führt.

Im vierten Szenario – das tatsächlich nicht wirklich selten vorkommt – macht die Bank gar nichts. Bleibt die Bank untätig, stellt sich dies als Finanzierungsentscheidung dar. Der Drittschuldner darf dann nämlich weiter an den Schuldner leisten und der Schuldner darf die Gelder vereinnahmen. Seine materielle Befugnis hierzu folgt aus der Sicherungsabrede. Kündigt die Bank daher die Sicherungsabrede nicht, erlischt die Forderung als Sicherungsgegenstand mit der Vereinnahmung des durch den Drittschuldner geschuldeten Betrages; dies ist durch die entsprechenden Sicherungsabreden gedeckt, solange die Bank nicht die Befugnis des Schuldners widerrufen hat, die sicherungszedierten Gelder einzuziehen. Eine Verbuchung des aus der Vereinnahmung aufgrund sicherungszedierter Forderung erlangten Geldes auf einem Sonderkonto ist nicht geboten.

8. Entsprechende Anwendung der §§ 170, 171 InsO im Eröffnungsverfahren

Der 2. Satz der einzufügenden Vorschrift Nr. 9 ist dagegen so dunkel, wie die entsprechende Regelung, die der Entwurf September 2004 vorsah: Danach sollen die §§ 170, 171 entsprechend gelten, wenn der vorläufige Insolvenzverwalter für eine zur Sicherung eines Anspruchs abgetretene Forderung anstelle des Gläubigers (des Zessionars) eintritt. In der Begründung zum vorliegenden Entwurf[52] heißt es, es sei im Eröffnungsverfahren schwierig, die im Falle der Realisierung zur Sicherheit abgetretener Forderungen nach vorheriger Offenlegung der Abtretung durch den gesicherten Gläubiger dem Unternehmen entzogene Liquidität der Masse wieder zuzuführen. Dabei greift die Begründung an der zitierten Stelle u. a. darauf zu, ein Kostenbeitrag nach § 171 InsO könne in diesen Fällen für die Masse nicht geltend gemacht werden, da keine Verwertungshandlung des Verwalters vorliege. Darin unterscheidet sich die Lage aber nicht nur nicht vom eröffneten Verfahren im Falle der rechtswidrigen Einziehung der Forderung durch den Sicherungszessionar, sondern es geht dieses Argument überhaupt an der Fragestellung vorbei.

---

50 Staudinger-*Busche*, § 407 RdNr. 8; MünchKomm-*Roth*, § 407 RdNr. 2.
51 *Bülow*, Recht der Kreditsicherheiten, 5. Auflage 1999, RdNr. 1232.
52 B (zur Nr. 8).

VI. Keine Reform des § 26 Abs. 1 InsO

In der Begründung zum Entwurf[53] lehnen es die Verfasser ab, einen in der Literatur wiederholt geäußerten Vorschlag aufzugreifen, eine Verfahrenseröffnung nur dort vorzusehen, wo die „unausweichlichen Verwaltungskosten" gedeckt seien. Die Begründung äußert Zweifel daran, ob diese „unausweichlichen Verfahrenskosten" von den sonstigen Kosten mit praxistauglichen Kriterien unterschieden werden könnten. Die Fragestellung geht bekanntlich auf eine Untersuchung *Rattundes* zurück,[54] der gefordert hatte, im Gutachten nur solche Verfahrenseröffnungen empfehlen zu müssen, bei denen der Verwalter nicht Gefahr liefe, sehenden Auges Masseverbindlichkeiten begründen zu müssen, für die einzustehen ihm die Mittel evident nicht zur Verfügung stünden. *Rattunde* hat in diesem Zusammenhang insbesondere auf Fragenkreise der öffentlich-rechtlichen Verantwortlichkeit des Verwalters hingewiesen, die freilich mittlerweile durch die Judikatur des BVerfG entschärft worden sind, sowie auf Probleme der allgemeinen Verkehrssicherungspflicht des Verwalters. Ob insoweit eine Änderung des § 26 Abs. 1 InsO weiter geführt hätte, mag hier dahingestellt bleiben; jedenfalls hätte sie einen klarstellenden Charakter gehabt. Umgekehrt stellt es kein Votum des Gesetzgebers gegen die Berücksichtigung „unausweichlicher Verfahrenskosten" bei der Beurteilung des Vorliegens einer verfahrenskostendeckenden Masse dar, wenn, wie in der Begründung zum vorliegenden Entwurf, allein darauf abgestellt wird, solche Kriterien wären nicht hinreichend trennscharf, um den Gerichten über den Einzelfall hinaus, klare Maßstäbe an die Hand zu geben. Das in Aussicht gestellte Schweigen des Gesetzgebers ist also nicht beredt; das seit 1999 diskutierte Problem bleibt bestehen.

VII. Freigabe von Massegegenständen und Neuerwerb in dem über das Vermögen Selbständiger eröffneten Insolvenzverfahren, (Art. 1 Nr. 14 Insolvenzverfahrensvereinfachungs G: § 35 Abs. 2 und 3 InsO n.F.)

1. Fragestellung

Zu den für die Praxis brennenden Problemen gehört die Frage, ob die vom Verwalter oder Treuhänder nicht angeordnete, nur geduldete, aber nicht untersagte selbständige Tätigkeit des Schuldners, die er entweder nach Eröffnung des Insolvenzverfahrens über sein Vermögen aufnimmt oder fortsetzt, zu einer Masseverbindlichkeit führt,[55] wenn der Schuldner dabei Verbindlichkeiten eingeht und nicht zahlt.[56] Diese Fragen sind im Wesentlichen im Zusammenhang der rechtlichen Ausgestal-

53 A Nr. 6.
54 *Rattunde/Röder* DZWIR 1999, 309 ff.; im Anschluss daran Smid, 1. Leipziger Insolvenzrechtstag 2000, 23 ff.
55 *Henning* ZInsO 2004, 585, 586.
56 Zum Ganzen *Smid* WM 2005, 625; *Andres/Pape* NZI 2005, 141 ff.

tung der Wohlverhaltensperiode und des Verhältnisses der verschiedenen Gläubigerränge zueinander in Ansehung der nach § 292 Abs. 1 S. 2 InsO[57] vorzunehmenden Ausschüttungen erörtert worden.[58] Überwiegend ist in diesem Zusammenhang vertreten worden, die durch die Fortführung einer selbständigen Tätigkeit des Schuldners entstandenen „neuen" Schulden seien als Masseverbindlichkeiten vor Ausschüttung der Teilungsmasse an die Insolvenzgläubiger zu befriedigen.[59] Wäre diese Meinung zutreffend, würden aus der selbständigen Tätigkeit natürlicher Personen nach Eröffnung des Insolvenzverfahrens über ihr Vermögen nicht unerhebliche Haftungsrisiken des Insolvenzverwalters oder Treuhänders folgen.[60] Der Gesetzgeber hat bereits mit dem Referentenentwurf vom September 2004 diese Frage aufgegriffen und mit Art. 1 Nr. 14 InsolvenzverfahrensvereinfachungsG einen überarbeiteten Regelungsvorschlag unterbreitet.

2. Steuerrechtliche Probleme

Brisanz gewinnt die den Gesetzgeber berührende Fragestellung aber gerade aus der Zugehörigkeit des Neuerwerbs zur Masse gem. § 35, 2. Hs. InsO in der geltenden Fassung wegen der daraus abgeleiteten *einkommenssteuerrechtlichen* und *umsatzsteuerrechtliche* Konsequenzen. Es besteht Einigkeit darüber, dass Einkommenssteuer aus einer Fortführung des schuldnerischen Betriebes unter § 55 Abs. 1 Nr. 1 InsO fällt.[61] Ohne dass dies in der Begründung des Referentenentwurfs ausdrücklich so genannt würde, scheint die vorgeschlagene Neufassung des § 35 InsO insbesondere eine legislatorische Reaktion darauf darzustellen, dass einkommenssteuerrechtliche Gefahren für die Masse und haftungsrechtliche Probleme für Insolvenzverwalter/Treuhänder bei selbständiger Erwerbstätigkeit des Schuldners befürchtet werden.[62] In der Tat scheint es von vielen Finanzämtern praktiziert zu werden, die Masse wegen solcher Einkommenssteuern in Haft zu nehmen, die auf Einkünfte aus selbständiger Tätigkeit natürlicher Personen entfallen, über deren Vermögen das Insolvenz- bzw. Verbraucherinsolvenzverfahren eröffnet worden ist.[63]

Eine Reihe von Teilfragen ist freilich mittlerweile entschärft:

So hat insbesondere die Frage eine Rolle gespielt, wer für die durch eine solche neue gewerbliche Tätigkeit des Insolvenzschuldners begründete Umsatzsteuer einzustehen habe.[64] Der BFH hat nunmehr entschieden, dass diejenigen Umsatzsteuerverbindlichkeiten, die dadurch begründet werden, dass der Schuldner während des

---

57 Vgl. *Smid/Haarmeyer*, InsO, 2. Aufl. 2001, § 292 RdNr. 1 ff.

58 *Mäusezahl*, ZVI 2003, 617; *Pape* NZI 2004, 1.

59 A.A. allein *Voigt*, InsO 2002, 569.

60 Vgl. zur Haftung des Treuhänders: Uhlenbruck/*Vallender*, InsO, § 292 RdNr. 11.

61 *Uhlenbruck/Berscheid*, InsO, 12. Aufl. 2003, § 55 RdNr. 37; MünchKomm-*Hefermehl*, InsO 2001, § 55 RdNr. 76.

62 *Maus*, ZIP 2004, 389 ff.; *Smid* WM 2005, 625 ff.; *Kothe*, Anm. zu BGH, B. v. 20.3.2003, IX ZB 388/02, NZI 2003, 393, 394; *Grote*, Anm. zu BGH, B. v. 20.3.2003, IX ZB 388/02, ZInsO 2003, 416.

63 *Dahms*, ZInsO 2005, 794 ff.

64 Zum ganzen eingehend *Smid* WM 2005, 625, 631.

über sein Vermögen eröffneten Insolvenzverfahrens eine neue selbständige Erwerbstätigkeit aufnimmt, in deren Rahmen er durch seine Arbeit und mit Hilfe von nach § 811 Nr. 5 ZPO unpfändbaren Gegenständen steuerpflichtige Leistungen erbringt, nicht zu den nach § 55 Abs. 1 Nr. 1 InsO zu zählenden Masseschulden gehört.[65] Der erkennende Senat des BFH hat in dem von ihm entschiedenen Fall zunächst einmal festgestellt, dass unstreitig vom Schuldner Leistungen gegen Entgelt ausgeführt worden waren, was den Tatbestand des § 1 Abs. 1 Nr. 1 UStG erfüllt. Darauf schuldet der Schuldner Umsatzsteuer nach § 18 UStG und §§ 46, 47 UStDV. Zwar kann eine Masseverbindlichkeit auch dadurch begründet werden, dass neben eigenen Handlungen des Insolvenzverwalters in anderer Weise durch die Verwaltung der Insolvenzmasse Verbindlichkeiten ausgelöst werden. Dies ist aber nur dann der Fall, wie der BFH ausführt, wenn Umsatzsteuerschulden neben eigener Leistung der Masse vertreten durch den Insolvenzverwalter im Wege einer ertragbringenden Nutzung der zur Insolvenzmasse gehörenden Vermögensgegenständeumsätze, die Steuerpflicht auslösen, verwirklicht worden sind. Soweit Personen, die aus ihrer körperlichen oder geistigen oder sonstigen persönliche Leistung ihren Erwerb ziehen, dabei Gegenstände einsetzen, die dieser Erwerbstätigkeit dienen, sind diese der Zwangsvollstreckung nach § 811 Abs. 1 Nr. 5 ZPO nicht unterworfen und fallen daher nach § 36 Abs. 1 InsO nicht in die Insolvenzmasse. Soweit natürliche Personen daher mit derartigen Gegenständen ihren Erwerb verwirklichen und Umsätze erzielen, werden damit nach § 55 Abs. 1 Nr. 1 InsO keine Masseverbindlichkeiten ausgelöst. Für den Insolvenzverwalter bedeutet dies: Der Insolvenzverwalter kann dem Schuldner z. B. im Falle eines Friseursalons oder einer Gastwirtschaft den Zutritt zu den Räumen, die etwa angemietet oder angepachtet sind, verwehren, da das Nutzungspotenzial dieser Räume zweifellos in die Masse fällt. Damit werden selbst soweit sich in diesen Räumen unpfändbare Gegenstände i. S. v. § 811 Abs. 1 Nr. 5 ZPO iVm § 36 Abs. 1 InsO befinden, diese Gegenstände gleichsam entwidmet und vom Insolvenzbeschlag erfasst. Der Insolvenzverwalter kann aber auch dem Schuldner nahe legen, solche unpfändbare Gegenstände an sich zu nehmen und anderenorts einer eigenen Tätigkeit nachzugehen. Dann läuft er keine Gefahr mehr, auf die Umsatzsteuer in Anspruch genommen zu werden.

Offen und mit dem vorliegenden Entwurf nicht gelöst ist folgendes Problem:

Der abhängig beschäftige Schuldner erzielt Einkünfte, die er auch zu versteuern hat. Denn nach § 850 e Nr. 1 ZPO, auf den § 36 Abs. 1 S. 2 InsO[66] verweist, gilt das so genannte Nettolohnprinzip.[67] Von dem der Zwangsvollstreckung unterworfenen Einkommen ist daher nach § 850 e Nr. 1 ZPO die zu entrichtende Einkommenssteuer abzuziehen.[68] Soweit es „Neuerwerb" angeht, ist daher allein der pfändbare Teil des nach Eröffnung des Insolvenzverfahrens erzielten Arbeitseinkommens zu versteuern. Nur so weit reicht die Verwaltungsbefugnis des Insolvenzverwalters oder Treuhänders, der daher auch nicht verpflichtet ist, für den Schuldner für den Zeitraum nach Verfahrenseröffnung Einkommenssteuererklärungen abzugeben.

---

65 BFH, Urt. v. 7.4.2005, VR5/04, ZIP 2005, 1376; dazu *Dahms* ZInsO 2005, 794 ff.

66 *Grote*, Einkommensverwertung und Existenzminimum des Schuldners in der Verbraucherinsolvenz, RdNr. 98, 105.

67 MünchKomm-*Smid*, ZPO, 2. Aufl. § 850 e RdNr. 1, 2 ff.; HK-*Eickmann* § 36 RdNr. 17.

68 MünchKomm-*Smid*, ZPO, 2. Aufl. § 850 e RdNr. 4.

Die Behandlung der Einkünfte selbständig tätiger Schuldner ist demgegenüber komplizierter. Liegen – wie üblicherweise bei Selbständigen – keine Forderungen auf wiederkehrend zahlbare Vergütungen für persönlich geleistete Dienste, sondern jeweils einzelne Honorarforderungen vor, werden diese grundsätzlich zur Gänze („brutto") von einer Zwangsvollstreckung und damit auch vom Insolvenzbeschlag erfasst. § 850 i Abs. 1 S. 1 ZPO gibt dem Schuldner für den Fall der Pfändung dieser Ansprüche das Recht, beim Vollstreckungsgericht zu beantragen, ihm im Umfang der Pfändungsfreibeträge anteilig die Honorarforderungen zu belassen. Nach § 36 Abs. 4 InsO hat der Schuldner einen entsprechenden Antrag an das Insolvenzgericht zu richten. Daraus könnte der Schluss gezogen werden, dass allein der Pfändungsfreibetrag vom Insolvenzbeschlag nicht, im Übrigen der Differenzbetrag zum Bruttohonorar vom Insolvenzbeschlag erfasst werde.

Die allgemeine *persönliche* Steuerpflichtigkeit des Schuldners als inländische natürliche Person gem. § 1 Abs. 1 EStG führt in diesem Zusammenhang nicht weiter, da damit nicht die sachliche Steuerpflicht des Schuldners begründet ist.[69] Maßgebend für die sachliche Steuerpflicht ist die Auslegung des § 34 Abs. 1 S. 2 AO, der die sachliche Steuerpflicht der gesetzlichen Vertreter natürlicher und juristischer Personen sowie der „Geschäftsführer" nichtrechtsfähiger Vermögensmassen anordnet.[70]

3. Systematische Stellung der Frage nach selbständiger Tätigkeit des Schuldners

Die Verwalterpflichten beziehen sich nicht auf die *Person* des Schuldners *selbst*.[71] Es bedarf keiner besonderen Erwähnung, dass die Person des Schuldners selbstverständlich nicht wie auch immer konkurslich arretiert wird. Gleiches gilt für die *Arbeitskraft des Schuldners*. Sie mag der einzige „Wert" sein, über den der Schuldner verfügt, und doch erstreckt sich die konkursliche Beschlagnahme nicht auf sie.[72] Die Befugnisse des Verwalters erstrecken sich also jedenfalls soweit nicht auf die Entscheidungsfreiheit des Schuldners, wie der Verwalter nicht aus *besonderen* Gründen die Mitwirkung des Schuldners nach § 97 InsO[73] in Anspruch nimmt oder nach § 98 InsO erzwingt.[74] Es gehört daher nicht in den Bereich der dem Insolvenzverwalter gesetzlich eingeräumten[75] Aufgaben (Befugnisse und Pflichten), im Falle der Insolvenz natürlicher Personen dem Schuldner vorzuschreiben, was er zu tun und zu

---

69 Vgl. allein *Schmidt*, EStG 24. Aufl. 2004 § 1 RdNr. 1.
70 *Pahlke/Koenig*, Abgabenordnung, 2004, § 1 RdNr. 1.
71 *Smid* WM 2005, 625 (627, 628).
72 So die ungeteilte Meinung: *Smid* WM 2005, 625 (628).
73 *Smid* WM 2005, 625 (628).
74 *Smid* WM 2005, 625 (628).
75 Diese durch Gesetz bestimmte Reichweite seiner Befugnisse und Pflichten kann nicht durch Insolvenzgerichte oder andere Stellen „erweitert" werden, da damit ohne gesetzliche Grundlage in die Grundrechte des Schuldners eingegriffen würde, vgl. die „Sachverständigenentscheidung" des BGH, B. v. 4.3.2004, IX ZB 133/03, ZIP 2004, 915.

lassen, namentlich, welche Erwerbstätigkeiten er auszuüben hat.[76] *Systematisch* gehört die Regelung der Freigabebefugnis nicht zur Bestimmung des Insolvenzbeschlags (§ 35 InsO), sondern zur Regelung der Aufgaben der Masseverwaltung. Der hier vorgeschlagene neue Abs. 3 des § 148 InsO bildet gleichsam klarstellend die Rechtsgrundlage dieser Maßnahme des Verwalters gibt den Rahmen für die weiteren die Freigabe betreffenden Vorschriften der grundbuchlichen Form und der Effektuierung der Gläubigerautonomie.

4. Selbständige Tätigkeit des Schuldners und Sicherung seines Lebensbedarfs unter Mitwirkung der Gläubiger

Die im Regierungsentwurf vorgesehene Regelung eines neuen Abs. 2 des § 35 InsO hat eine andere Funktion zu haben, als sie die Begründung des Entwurfes (und zuvor die des Referentenentwurfs 2004) nahe legt.[76a] Die „Freigaberegelung" soll nicht etwa dafür sorgen, dass seitens des Insolvenzverwalters dem Schuldner Mittel zum Erwerb des persönlichen Lebensbedarfs belassen werden. Der Unterschied zwischen der Regelung des vorgesehenen § 35 Abs. 2 Regierungsentwurf InsO auf der einen und des geltenden § 100 InsO auf der anderen Seite liegt dann zum einen darin, dass § 100 InsO[77] die Zahlung von Mitteln aus der Masse zum Zwecke des Bestreitens des laufenden Lebensunterhalts betrifft, während die vorgeschlagene Regelung dem Schuldner die sächlichen Mittel aus der Masse anvertrauen soll, derer er bedarf, um sich den laufenden Lebensunterhalt zu verdienen. Zum anderen wäre § 35 Abs. 2 InsO eine Ermächtigung des Insolvenzverwalters oder Treuhänders, die Aufnahme einer selbständigen Tätigkeit durch den Schuldner zu subventionieren. Dunkel ist das Verhältnis der vorgesehenen Freigaberegelung zur Entscheidungsbefugnis der Gläubiger über die Abwicklung des Insolvenzverfahrens gem. § 157 InsO[78], der im Übrigen auch im Verbraucherinsolvenzverfahren anwendbar ist, da § 312 InsO insoweit keine Ausnahmeregelung trifft.[79]

5. Freigabeentscheidung des Verwalters und Gläubigerautonomie

Bestimmte Rechtsgeschäfte des Verwalters haben eine erhebliche Tragweite für die Abwicklung des Insolvenzverfahrens. Wegen dieser Geschäfte ist daher eine Mitwirkung der Gläubigerschaft durch Erteilung ihrer Zustimmung sinnvoll.[80] Während die KO jedoch diese Rechtshandlungen abschließend aufzählte und dabei noch hinsichtlich der Voraussetzungen und der Rechtsfolgen differenzierte, ist die neue

76 *Smid* WM 2005, 625 (627).
76a Befürwortend *Pannen/Riedemann* 2006, 193, 195 f.
77 *Eickmann*, in: HeidelbergerKomm, InsO, § 100 RdNr. 1 ff.
78 *Balthasar*, in: Nerlich/Römermann, § 157 RdNr. 8 ff.
79 Vgl. allein *Landfermann*, in: HeidelbergerKomm, InsO § 313 RdNr. 9 f.
80 *Smid*, InsO, 2. Aufl. 2001, § 160 RdNr. 1.

Vorschrift flexibler gefasst. Sie stellt in § 160 Abs. 1 S. 1 InsO[81] den allgemeinen Begriff der „Rechtshandlungen, die für das Insolvenzverfahren von besonderer Bedeutung sind" voraus; in Abs. 2 wird dieser Begriff *beispielhaft* erläutert. § 160 Abs. 1 InsO ordnet generalklauselartig die Zustimmungspflichtigkeit solcher Rechtshandlungen des Verwalters an, die erhebliche Auswirkungen auf den Bestand des verwalteten Vermögens haben.[82] Hierzu werden insbesondere Forderungsabtretungen gezählt.[83]

Der Gesetzgeber darf nun nicht so missverstanden werden, dass die neue Regelung dem Insolvenzverwalter die Befugnis zu einer Subvention des Insolvenzschuldners auch ohne eine entsprechende ihn legitimierende Entscheidung der Gläubigerversammlung normieren solle. Liegt daher ausnahmsweise eine Situation vor, in der die zum selbständigen Erwerb einzusetzenden Sachen des Schuldners Teil der Soll-Masse sind und erteilt die Gläubigerversammlung wegen dieser wenigen freien Massegegenstände dem Insolvenzverwalter die Genehmigung, sie an den Schuldner frei zu geben, dann würde § 35 Abs. 2 InsO in der vom Regierungsentwurf vorgesehenen Fassung ausnahmsweise greifen. Es ist evident, dass damit ein seltener Ausnahmefall beschrieben werden soll, dessen Abgrenzung von § 160 InsO erhebliche haftungsrechtliche Folgeprobleme aufwirft.

Dem gebotenen Schutz der Absonderungsberechtigten und der nicht nachrangigen Insolvenzgläubiger wird Rechnung getragen.

6. Deklaratorische Bedeutung des § 35 Abs. 2 nF InsO

Die Einfügung eines neuen Abs. 2 in § 35 InsO hätte allenfalls *deklaratorische Bedeutung*. Sie gibt dem Insolvenzverwalter oder Treuhänder insbesondere keine Befugnis, ohne Zustimmung bzw. Genehmigung der Gläubigerversammlung werthaltige Massebestandteile der Insolvenzverwaltung zu entziehen.[84]

7. Gesetzgebungsvorschläge

Der gewünschte Effekt einer Reform lässt sich – besser als durch den geplanten Abs. 2 des § 35 InsO – durch Änderungen bewirken, die im folgenden **im Text hervorgehoben** dargestellt werden:

Änderung des § 35 InsO:
Das Insolvenzverfahren erfasst das gesamte Vermögen, das dem Schuldner zur Zeit der Eröffnung des Verfahrens gehört und das er während des Verfahrens erlangt (Insolvenzmasse). **Der In-**

81 *Smid*, InsO, 2. Aufl. 2001, § 160 RdNr. 1.
82 *Smid*, InsO, 2. Aufl. 2001, § 160 RdNr. 1.
83 *Smid*, InsO, 2. Aufl. 2001, § 160 RdNr. 9.
84 *Smid* WM 2005, 625, 632.

solvenzbeschlag nach Satz 1 erfasst bei selbständiger Tätigkeit die um die vom Schuldner abzuführenden Steuern und von ihm veranlassten sonstigen Kosten bereinigten Nettoeinkünfte.

Der hier vorgeschlagene Satz 2 des neu gefassten § 35 InsO vermeidet durch die Klarstellung der Reichweite des Insolvenzbeschlags des Neuerwerbs die Belastung der Masse mit den entsprechenden Verbindlichkeiten.

Änderung des § 36 InsO:

(1) Gegenstände, die nicht der Zwangsvollstreckung unterliegen, gehören nicht zur Insolvenzmasse. Die §§ 850, 850a, 850c, 850e, 850f Abs. 1, 850g bis 850i der Zivilprozessordnung gelten **nach Maßgabe des § 35 Satz 2** entsprechend. **Diese Gegenstände gibt der Insolvenzverwalter an den Schuldner frei.**

(2) Zur Insolvenzmasse gehören jedoch
1. die Geschäftsbücher des Schuldners; gesetzliche Pflichten zur Aufbewahrung von Unterlagen bleiben unberührt;
2. die Sachen, die nach § 811 Abs. 1 Nr. 4 und 9 der Zivilprozessordnung nicht der Zwangsvollstreckung unterliegen.

(3) Sachen, die zum gewöhnlichen Hausrat gehören und im Haushalt des Schuldners gebraucht werden, gehören nicht zur Insolvenzmasse, wenn ohne weiteres ersichtlich ist, dass durch ihre Verwertung nur ein Erlös erzielt werden würde, der zu dem Wert außer allem Verhältnis steht.

(4) Für Entscheidungen, ob ein Gegenstand nach den in Absatz 1 Satz 2 genannten Vorschriften der Zwangsvollstreckung unterliegt, ist das Insolvenzgericht zuständig. Anstelle eines Gläubigers ist der Insolvenzverwalter antragsberechtigt. Für das Eröffnungsverfahren gelten die Sätze 1 und 2 entsprechend.

Die hier vorgeschlagene Neufassung des § 36 Abs. 1 Satz 1 InsO stellt klar, dass auch für den Neuerwerb von Forderungen iSd § 850i ZPO das Nettolohnprinzip entsprechend auch ohne den ansonsten erforderlichen Antrag gem. § 36 Abs. 3 InsO gilt – den zu stellen der Schuldner unterlassen kann!

Änderung des § 158 InsO und des § 160 InsO:

§ 158

(1) Will der Insolvenzverwalter vor dem Berichtstermin **Massegegenstände freigeben oder** das Unternehmen des Schuldners stilllegen, so hat er die Zustimmung des Gläubigerausschusses einzuholen, wenn ein solcher bestellt ist.

§ 160

(2) Die Zustimmung nach Absatz 1 ist insbesondere erforderlich,
1. wenn das Unternehmen oder ein Betrieb, das Warenlager im ganzen, ein unbeweglicher Gegenstand aus freier Hand, die Beteiligung des Schuldners an einem anderen Unternehmen, die der Herstellung einer dauernden Verbindung zu diesem Unternehmen dienen soll, oder das Recht auf den Bezug wiederkehrender Einkünfte veräußert werden soll;
2. **Massegegenstände freigegeben werden sollen (§ 148 Absatz 3);**
3. wenn ein Darlehen aufgenommen werden soll, durch das die Insolvenzmasse erheblich belasten würde;
4. wenn ein Rechtsstreit mit erheblichem Streitwert anhängig gemacht oder aufgenommen, die Aufnahme eines solchen Rechtsstreits abgelehnt oder zur Beilegung oder zur Vermeidung eines solchen Rechtsstreits ein Vergleich oder ein Schiedsvertrag geschlossen werden soll.

Die hier vorgeschlagenen Änderungen verbindet die Freigabebefugnis mit der Gläubigerautonomie.

VIII. Auswirkung des Insolvenzverfahrens auf Darlehensverträge mit dem Schuldner als Darlehensgeber, (Art. 1 Nr. 19 InsolvenzverfahrensvereinfachungsG: § 108 InsO nF)

Die Argumentation der verbreiteten, an der alten Rechtslage der §§ 17 ff. KO orientierten Meinung verläuft folgendermaßen: Zwar fallen in den Anwendungsbereich des § 103 Abs. 1 InsO Darlehensverträge über verzinsliche Darlehen, wenn die Valuta fest zugesagt, aber nicht ausgezahlt worden ist[85] oder im Falle unverzinslicher Darlehen.[86] Anders verhält es sich nach einer weithin vertretenen, als herrschend anzusehenden Meinung dagegen, wenn – wie im vorliegenden Fall – die Darlehensvaluta ausgezahlt worden ist. Das wird aus der Qualität des Darlehensvertrages als Dauerschuldverhältnis gefolgert: Der Zins als die in die Masse zu erbringende Leistung des anderen Teils ist nämlich über die Laufzeit pro rata temporis zu erbringen. Solange dies geschieht und demzufolge ein Kündigungsgrund nach allgemeinen bürgerlichrechtlichen Regeln (§ 610 BGB) nicht vorliegt. Insofern ist bei der Bestimmung der – erfüllten bzw. nicht erfüllten – Leistungspflichten auch nicht auf die Rückzahlung der Darlehensvaluta abzustellen; die Rückzahlung der Darlehensvaluta ist allein Pflicht des Darlehensnehmers, hier: der Beklagten, nicht des Darlehensgebers, hier: der Insolvenzschuldnerin. Die im Synallagma stehenden Pflichten sind Hingabe der Darlehensvaluta und Zinszahlung; die Situation bei Darlehensverträgen unterscheidet sich daher darin von den insolvenzrechtlich normierten Dauerschuldverhältnissen des Dienstleistungsvertrages oder des Mietvertrages. Dort fließt der Masse zwar durch die Dienstleistung bzw. das Nutzungsrecht an der Mietsache ein Wert zu. Dessen Verwertung ist aber den der Verwertung eigenen Risiken ausgesetzt. Beim Darlehen im Falle ausgereichter Valuta verhält es sich insofern anders, als sich das begebene Kapital durch die zur Masse vereinnahmten Zinsen selbst verwertet. Der Gesetzgeber hat allerdings anders als im Falle der Dienst- und Mietverträge für Darlehensverträge keine Sonderkündigungsrechte im Falle der Insolvenz des Darlehensgebers normiert.

Allerdings war bereits die zur KO vertretene Lehre, die Auszahlung des Darlehens sei für dessen insolvenzrechtliche Beurteilung maßgeblich, während die Belassung außer Betracht bleibe,[87] erheblichen Bedenken ausgesetzt. Denn diese Lehrmeinung scheint zunächst auf der Qualifikation des Darlehens als Realvertrag beruht zu haben,[88] die in bedeutenden *Jaeger'schen* Großkommentar zur KO auch in seiner Fortführung durch *Henckel* weiter zitiert worden ist, ohne allerdings die dogmatische Grundlegung in der Lehre vom Realvertrag zu reflektieren.[89]

---

85 Statt vieler NerlichRömermann-*Balthasar*, § 103 RdNr. 12; *Smid*, Insolvenzordnung, 2. Aufl. 2002, § 103 RdNr. 11.

86 BGH, Urt. v. 26. Oktober 2000, WM 2001, 95 m. Anm. *Smid* WUB VI B § 17 .01.

87 *Luther*, Darlehen im Konkurs, 1990, 23 ff.

88 *Jaeger-Lent*, KO, 8. Aufl. § 17 Anm. 2.

89 *Jaeger-Henckel*, KO, 9. Aufl. § 17 RdNr. 2.

Demgegenüber ist darauf aufzubauen, dass mit der InsO auch *valutierte Darlehensverträge* einer von der Behandlung durch die KO neuen, anderen systematischen Einordnung im Recht der §§ 103 ff. InsO unterworfen worden sind.[90]

Den Darlehensgeber trifft die – aus Vertrag oder unmittelbar aus Gesetz folgende – Pflicht, dem Darlehensnehmer die Darlehensvaluta hinzugeben und zu belassen. Nur im Hinblick auf diese Belassungspflicht des Darlehensgebers und der darauf bezogenen Zinszahlungspflicht des Darlehensnehmers stellt sich das Darlehen als Dauerschuldverhältnis dar. Geht man mit der – zutreffenden – Judikatur des BGH davon aus, dass die Eröffnung des Insolvenzverfahrens gem. § 103 Abs. 1 InsO das ursprüngliche Vertragsverhältnis dahingehend suspendiert, dass die Hauptleistungspflichten nicht mehr gefordert werden können und hat die Erfüllungswahl des Insolvenzverwalters damit die Funktion, die Hauptleistungspflichten gleichsam neu zu begründen, folgt daraus für das Darlehensverhältnis in dem über das Vermögen des Darlehensgebers eröffneten Insolvenzverfahren, dass ohne Erfüllungswahl des Insolvenzverwalters der Darlehensnehmer keinen Anspruch darauf hat, dass ihm die Darlehensvaluta fürderhin belassen wird.

Die Belassung der Valuta beim Darlehensnehmer nach Eröffnung des über das Vermögen des Darlehensgebers eröffneten Insolvenzverfahrens stellt sich danach als die aus der Masse zu erbringende (§ 55 Abs. 1 Nr. 2 InsO) Gegenleistung dar, auf die der Darlehensnehmer einen Anspruch hat, wenn der Insolvenzverwalter die Erfüllung des Darlehensvertrages gewählt hat. Dann und nur dann ist der Darlehensnehmer zur Zinszahlung verpflichtet. Dass die Belassung der Darlehensvaluta beim Darlehensnehmer sich als Leistung der Masse an ihn darstellt folgt zwanglos daraus, dass der Darlehensnehmer im Falle der Erfüllungswahl hierauf einen Anspruch hat – der sich nach § 194 BGB auf ein Unterlassen richten kann.

Zwei entscheidende systematische Argumente sprechen zwingend dafür, die vertragliche Belassungspflicht unter § 103 Abs. 1 InsO zu subsumieren:

Erstens entspricht dies *bislang* dem in den Gesetzesmaterialien explizit geäußerten Willen des Reformgesetzgebers, den Anwendungsbereich des § 103 Abs. 1 InsO zu erweitern. Insofern ist der methodische Auslegungsgrund zu berücksichtigen, wonach der subjektive Wille des Gesetzgebers bei erst kürzlich in Kraft getretenen Regelungen in besonderem Maße Berücksichtigung zu finden hat.[91] Zweitens folgt dies aus der Systematik der §§ 103 Abs. 1, 108 InsO. Denn § 108 InsO ordnet nur für Miet-, Pacht-, bestimmte Leasing- und Arbeitsverträge eine Ausnahme von § 103 Abs. 1 InsO an; im Allgemeinen werden z. B. Leasingverträge nach neuem Recht dem § 103 InsO unterstellt.[92] Der Gesetzgeber geht daher – wie auch die Analyse der Systematik des Gesetzes zeigt – davon aus, dass auch Dauerschuldverhältnisse dem „Wahlrecht" des Verwalters unterfallen.

90 *Uhlenbruck*, InsO, 12. Aufl., 2002, § 103 RdNr. 21; *Kübler-Prütting-Tintelnot*, InsO, § 103 RdNr. 19; *Lind* ZInsO 2004, 580.

91 So ausdrücklich *Pawlowski*, DZWIR 2001, 45 ff.

92 Statt aller *Smid*, InsO, 2. Aufl. 2001, § 103 RdNr. 23.

Nun ist diese Rede vom „Wahlrecht" des Verwalters selbst missverständlich. Wie die Judikatur des BGH deutlich gemacht hat, geht es bei § 103 Abs. 1 InsO um eine Folge der Eröffnung des Insolvenzverfahrens:

Für den Darlehensvertrag – den § 108 InsO ausdrücklich nicht nennt und der auch nicht einen den in dieser Vorschrift genannten Fällen von Miete oder Arbeitsvertrag irgendwie vergleichbaren Fall darstellt – folgt daraus: § 103 Abs. 1 InsO ist bislang auf valutierte Darlehensverträge anwendbar.

Für die Unterwerfung des Darlehensvertrages unter § 103 Abs. 1 InsO spricht daher die Systematik des Gesetzes. Denn § 108 InsO stellt keine Norm dar, die eine Regelung allgemein für Dauerschuldverhältnisse für den Insolvenzfall trifft. Denn die §§ 104 ff. InsO stellen Sonderregelungen gegenüber § 103 InsO auf; nur soweit diese Sonderregelungen reichen, unterfällt ein Vertrag nicht dem § 103 Abs. 1 InsO. Dabei ist – hat man diesen systematischen Schluss aus der Stellung der Vorschriften im Gesetz gezogen – nach allgemeinen methodischen Erwägungen[93] zunächst der Wortlaut der Gesetzesvorschrift als Grenze ihrer möglichen Bedeutung heranzuziehen, sodann nach Notwendigkeiten einer teleologischen, auf die Funktion der Vorschrift zielenden Auslegung zu fragen.

Gegenstand der Auslegung ist dabei § 108 Abs. 1 InsO. Diese Vorschrift behandelt allerdings allein zwei Dauerschuldverhältnisse, nämlich Miet- und Pachtverträge[94] sowie Dienstverträge. Dem liegt folgende legislatorische Interessenabwägung zugrunde: Miet- und Pachtverhältnisse bedürfen einer besonderen Regelung gegenüber der Behandlung anderer gegenseitiger Verträge in § 103. Denn sonst befände sich der Verwalter in der Lage, entweder Erfüllung wählen zu müssen, andernfalls dem Aussonderungsverlangen des Vermieters nicht begegnen zu können. Umgekehrt sind auch Interessen des Vermieters im Spiel: Würde ein Miet- oder Pachtverhältnis gem. § 103 mit Eröffnung des Insolvenzverfahrens in ein Abwicklungsverhältnis übergeleitet werden und würde es ausschließlich von der Wahlbefugnis des Verwalters abhängen, ob der Vertrag ab Eröffnung fortgesetzt wird, müsste der Vermieter ggf. damit vorlieb nehmen, dass er wegen der zeitlichen Nutzungsspanne zwischen Verfahrenseröffnung und Rückgabe der Miet- oder Pachtsache nur Bereicherungsansprüche gegen die Masse richten kann.[95] Weiters regelt der § 108 InsO zur Gewährung des sozialen Schutzes der Arbeitnehmer des Schuldners den Fortbestand von Dienstverträgen in der Insolvenz des Arbeitgebers. Der Insolvenzverwalter kann daher die Arbeitsverträge nicht dadurch beenden, dass er für die Zukunft nicht die Erfüllung wählt (so aber wäre es, kämen die §§ 103 Abs. 1, 105 InsO zur Anwendung); er muss vielmehr kündigen, wobei die allgemeinen arbeitsrechtlichen Kündigungsschutzregeln durch die besonderen insolvenzrechtlichen Regelungen der §§ 113, 124 ff. InsO überlagert werden. Man mag nun die §§ 607 ff. BGB als Ausdruck einer besonderen gesetzlichen Gewichtung der Rechte von Dar-

---

93 *Pawlowski*, Methodenlehre für Juristen, 3. Aufl. 1999.
94 *Smid-Meier*, InsO, 2. Aufl. 2001, § 108 RdNr. 1.
95 *Jaeger/Henckel*, KO, § 19 RdNr. 3.

lehensnehmer und Darlehensgeber ansehen. Man mag auch ein besonderes Schutzbedürfnis des Darlehensnehmers vermuten. Der Gesetzgeber der InsO hat dies indes gegenüber der Normierung der allgemeinen Auswirkung der Insolvenz in § 103 Abs. 1 InsO nicht berücksichtigt. Hiergegen kann auch nicht eingewandt werden, § 110 InsO legitimiere den Insolvenzverwalter im Vermieterkonkurs ausdrücklich zur Lösung des Mietverhältnisses, während ein solches insolvenzrechtliches Lösungsrecht für andere Dauerschuldverhältnisse und insbesondere das Darlehen nicht normiert sei. Denn insolvenzrechtlich-spezialgesetzlicher Regelungen bedarf es insoweit schon deshalb nicht, weil die in § 103 Abs. 1 InsO statuierte allgemeine Insolvenzwirkung sich auf den Darlehensvertrag erstreckt.[96]

IX. Änderungsbedarf im Insolvenzplanrecht, (Art. 1 Nr. 28 InsolvenzverfahrensvereinfachungsG: § 258 InsO)

Art. 1 Nr. 28 sieht eine kosmetische Änderung des § 258 Abs. 3 InsO als Folgeänderung des § 200 InsO vor. Der Gesetzgeber verpasst dort die Gelegenheit, erheblicher praktischer Schwierigkeiten des Insolvenzplanverfahrens Herr zu werden:

1. Sicherheitsleistung aufgrund Anwendbarkeit des § 258 Abs. 2 InsO?

Im Rahmen der Verfahrensbeendigung tauchen einige praktische Probleme auf. Zum einen ist es derzeit nicht geklärt, wie der Insolvenzverwalter die Masseschulden bezahlen oder für sie Sicherheit leisten soll, wie in § 258 Abs. 2 InsO vorausgesetzt wird. Masseverbindlichkeiten entstehen ständig (Steuern) oder doch jedenfalls fortlaufend (Strom, Telefon) oder stellen sich erst hinterher heraus, wenn der Lieferant abrechnet. Die Erklärung des Verwalters, die Schulden seien bezahlt, ist im Regelfall falsch. Die Praxis behilft sich mit der Erklärung des Verwalters, es sei genug Masse vorhanden oder werde an den Schuldner herausgegeben, um die vorhandenen oder zu erwartenden Masseverbindlichkeiten begleichen zu können. Dies mag nach Beendigung des Insolvenzverfahrens als Sicherheit reichen. Andernfalls müsste man eine Bankbürgschaft haben, die der Insolvenzschuldner derzeit nicht trägt. Oder der Verwalter müsste einen jedenfalls ausreichenden Geldbetrag zurückbehalten, der dann aber im Unternehmen fehlt. Die in einem derartigen Fall ergangene Entscheidung des LG Stuttgart[97] verdient daher Zustimmung, in der das Landgericht darauf erkannt hat, § 258 Abs.2 InsO finde auf Fälle der Aufhebung des Insolvenzverfahrens nach Bestätigung des Insolvenzplans keine Anwendung.

---

96 *Weber* InVo 2005, 82; Krit. *Marotzke* ZInsO 2004, 1063 ff., der ein neues „Supervorrecht" der Banken vermutet.
97 LG Stuttgart, Urt. v. 11.12.2002, 27 O 295/02, DZWIR 2003, 171.

Das Gesetz sieht vor, dass der Insolvenzverwalter dem Insolvenzgericht bestätigen muss, dass er die Masseschulden berichtigt habe.[98] Hierbei handelt es sich um eine Regelung, die dem Insolvenzverwalter Unmögliches abverlangt. Der gesetzlichen Reglung liegt freilich folgende Vorstellung des Gesetzgebers zugrunde: Es gebe Masseschulden, die der Insolvenzverwalter ausgelöst hat. Die soll er bezahlen, bevor das Insolvenzverfahren über das schuldnerische Vermögen aufgehoben werden könne. Diese Vorstellung ist indes irrig. Denn der Insolvenzverwalter ist schlechthin außerstande, die Masseschulden zur Gänze zu berichtigen. Denn in dem Augenblick, in dem er sich zum Insolvenzgericht begibt, entstehen jeweils neue Masseverbindlichkeiten in Gestalt von Grundsteuern, Telefongebühren, der Raummiete – eine Vielzahl von Dauerschuldverhältnissen lösen Masseverbindlichkeiten aus. Man kann auch an Fälle denken, die beispielsweise Waren betreffen, die der Insolvenzverwalter tags zuvor bestellt hat und die noch nicht einmal konstruiert, geliefert oder noch nicht fakturiert worden sein können. Denn die diesbezügliche Rechnung wird erst in späteren Zeiten gelegt. Weiter ist an die Masseverbindlichkeiten zu denken, die noch gar nicht fällig sind. In diesem Fall wäre es geradezu masseschädigend, wenn der Insolvenzverwalter noch nicht fällige Verbindlichkeiten begleichen und damit letztendlich Geld verschenken würde, das dem sanierten Unternehmen nach den Abreden mit dem Vertragspartner zugute kommen soll. Sinnvollerweise bestimmt das Gesetz in § 258 Abs. 2 InsO, dass für streitige Masseschulden Sicherheit zu leisten ist und dass unstreitige zu bezahlen sind. Zutreffenderweise hat der Insolvenzverwalter damit dem Gericht folgende Erklärung abzugeben:

„Ich habe die bekannten und fälligen Masseschulden bezahlt und für die Begleichung der nicht fälligen und unbekannten Masseschulden Rückstellungen in Höhe von XXX € vorgenommen."

Das Gesetz formuliert mithin ein Regel-Ausnahmeverhältnis. Danach verliert der Verwalter in der Regel die Befugnis, Anfechtungsprozesse auch nach Aufhebung des Insolvenzverfahrens fortzuführen, was in praxi erhebliche Probleme macht. Es ist schon an verschiedenen Teilstellen dieser Überlegung darauf hingewiesen worden, dass es beim Insolvenzplan sehr häufig auf eine rasche Entscheidung der Gläubiger und eine zügige Beendigung des Insolvenzverfahrens ankommt. In derartigen Fällen – dafür ist die *Herlitz*-Insolvenz ein illustratives Beispiel – liegen dem Insolvenzverwalter sehr häufig zum Zeitpunkt der Erörterung und Abstimmung über den Insolvenzplan noch nicht hinreichend Informationen über zu führende Anfechtungsprozesse vor. Nach dem systematischen Aufbau des § 259 Abs. 3 InsO drohen die damit zusammenhängenden Ansprüche mit der Aufhebung des Verfahrens geradezu zwingend undurchsetzbar zu werden. Für die Praxis ergibt sich daraus, dass formularmäßig in Insolvenzpläne ein Passus über die Fortdauer der Prozessführungsbefugnis des Verwalters über die Aufhebung des Verfahrens hinaus wegen Anfechtungsprozessen aufgenommen werden sollte. Freilich wird damit nur die

98 Smid-*Smid/Rattunde,* InsO, 2. Aufl., 2001, § 258 RdNr. 3; Uhlenbruck-*Lüer,* InsO, 12. Aufl., 2003, § 258 RdNr. 9.

Prozessionsbefugnis des Verwalters wegen zum Zeitpunkt der Aufhebung bereits anhängiger Anfechtungsprozesse betroffen. De lege ferenda besteht in diesem Fall ein Änderungsbedarf, der Möglichkeiten eröffnet, dem Sachwalter nach Beendigung des Insolvenzverfahrens die Befugnisse der §§ 129 ff. InsO zu überantworten.

2. Eigenverwaltung

Der Wegfall des Stundungsmodells eröffnet den Weg zur Anordnung der Eigenverwaltung in Verfahren der Verbraucherinsolvenz. Sowohl für die Verbraucherinsolvenz als auch für die Unternehmerinsolvenz wäre de lege ferenda eine Klarstellung der Voraussetzungen der Anordnung der Eigenverwaltung nach § 270 InsO wünschenswert. Eine Vorbemerkung mag Missverständnisse vermeiden helfen. Neben dem Bock-zum-Gärtner-Argument bedienen sich die Gegner der Anordnung der Eigenverwaltung regelmäßig einer Begründung aus Gesichtspunkten wohlmeinender Entmündigung: Der Schuldner hat ja in der Vergangenheit gezeigt, dass er mit seinen Angelegenheiten nicht zurecht kommt. Seine Gläubiger machen ohnedies mit ihm was sie wollen. Nur das Auftreten des Insolvenzverwalters kann noch Schlimmeres verhindern. Diese Argumente treffen sehr häufig zu. Aber: wenn der Gesetzgeber überhaupt die Eigenverwaltung als Option aufrecht erhalten will – was aus den genannten Gründen und Gesichtspunkten sinnvoll ist – können diese Argumente allenfalls im konkreten Fall dann gegen die Eigenverwaltung sprechen, wenn im Vorfeld der Verfahrenseröffnung hinreichend deutlich wird, dass die Eigenverwaltung nicht funktioniert. Typischerweise ist dies der Fall, wenn das Verfahren durch Fremdantrag eines Gläubigers gem. § 270 Abs. 2 Nr. 2 InsO eingeleitet wird. Die InsO selbst hat also die Gegenargumente in typisierter Form aufgegriffen. Die berechtigte Skepsis gegenüber den Fähigkeiten des Schuldners, in der Eigenverwaltung seine Angelegenheiten in Ordnung zu bringen mit dem zitierten Beispiel des österreichischen Privatkonkurses zu widerlegen, ist müßig. Der Gesetzgeber würde die Probleme der Praxis mit der Anordnung der Eigenverwaltung dadurch verringern helfen, dass die Anordnungsvoraussetzungen nach § 270 Abs. 2 Nr. 3 InsO genauer gefasst werden. Bedenkt man, dass im Falle der Verbraucherinsolvenz der Schuldner seinem Eigenantrag eine Kreditorenliste beifügen muss, lässt sich z. B. für diese Verfahren daran denken, dass der Schuldner seinem Antrag nach § 270 InsO Erklärungen der Mehrheit seiner Gläubiger beifügt, die eine Anordnung der Eigenverwaltung unterstützen. Ein praktisches Beispiel hierfür findet sich bei *Flöther/Smid/Wehdeking*, Die Eigenverwaltung in der Insolvenz, 2005, Teil 3 RdNr. 9. Im Bereich der Unternehmensinsolvenz liegen dem Gericht zum Zeitpunkt der Stellung des Antrags nach § 270 InsO häufig noch keine hinreichenden Kreditorenlisten vor. Um diesen Unterschieden Rechnung zu tragen, könnte § 270 Abs. 2 Nr. 3 InsO um folgenden Satz ergänzt werden: Die Anordnung der Eigenverwaltung ist insbesondere dann nicht für die Gläubiger nachteilig, wenn der Schuldner Umstände glaubhaft macht, aufgrund derer zu erwarten ist, dass die erste Gläubigerversammlung nicht die Aufhebung der Anordnung beantragen wird.

Der typische Fall der „Kleininsolvenz“ betrifft Fälle selbständig Tätiger. Nimmt man die beabsichtigte Neuregelung des § 35 InsO in den Blick, wird deutlich, dass dem Gesetzgeber in diesen Fällen typischerweise ein Verfahren vor Augen steht, dass die heutige Praxis bereits aufgrund der Rechtsprechung des BFH und des BGH zur Freigabe von Massegegenständen und zur einkommenssteuerrechtlichen Haftung der Masse bei Fortsetzung selbständiger Tätigkeit des Schuldners realisiert. Werden nämlich die Massegegenstände freigegeben, mittels derer der Schuldner seine selbständige Tätigkeit wahrnimmt, dann ist ihm die Fortsetzung seiner Erwerbstätigkeit gleichsam selbst überantwortet. Dies ist nichts anderes als eine Form der „Eigenverwaltung“. Die landläufig geäußerten Befürchtungen eines Missbrauchs der Eigenverwaltung werden bereits durch die Erfahrungen der gegenwärtigen Praxis mehr als in Frage gestellt. Die Freigabeerklärungen bei selbständiger Tätigkeit des Schuldners sollten de lege ferenda mit dem vorhandenen gesetzlichen Modell der Eigenverwaltung verbunden werden. Es empfiehlt sich, in § 35 nF InsO nicht allein eine Freigabebefugnis des Insolvenzverwalters, sondern auch des Sachwalters bei Anordnung der Eigenverwaltung ausdrücklich vorzusehen, auch um die Sinnbezüge durch den Text des Gesetzes zu verdeutlichen, die in Verbraucherinsolvenzverfahren der Anordnung der Eigenverwaltung zugrunde liegen.

X. Ergänzung des § 160 InsO um eine Zustimmungsfiktion der nicht beschlussfähigen Gläubigerversammlung

Die ins Auge gefasste Ergänzung des § 160 Abs. 1 InsO um einen Satz, der bei Beschlussunfähigkeit der Gläubigerversammlung die Zustimmung zu der vorgelegten Verwaltungsmaßnahme fingiert (Art. 1 Nr. 24), ist zu begrüßen. Die Erwägungen der Begründung des Gesetzesentwurfs, dass in praxi in einer größeren Zahl von Insolvenzverfahren die Gläubiger der Gläubigerversammlung fernbleiben und Verwalter und Rechtspfleger gleichsam unter sich bleiben,[99] führt häufig zu Unsicherheiten darüber, ob die vorgesehenen Sanierungsmaßnahmen, aber auch Verwertungsvorgänge, die Führung von Prozessen und dergl. mehr durchgeführt werden sollen. Den Verfassern des Entwurfs ist zuzustimmen, dass weitere Einladungen zu neuen Gläubigerversammlungen nicht nur kostenträchtig sind, sondern zu Verzögerungen des Verfahrens führen und deshalb in aller Regel sinnlos sind, weil in späteren Versammlungen ebenfalls die Gläubiger fernbleiben können. In der Literatur ist z. T. nach geltendem Recht das Fernbleiben der Gläubiger als Verweigerung der Zustimmung zu den zu erörternden Maßnahmen behandelt worden.[100] Die vorgeschlagene Ergänzung ist daher zu begrüßen, denn sie führt in einer wichtigen Frage zur gesetzlichen Klärung der Probleme.

---

99 B (Nr. 24)
100 Kübler/Prütting-*Onusseit*, InsO Bd. II, § 160 RdNr. 7.

Anmerkungen zum Entwurf eines Gesetzes zur Entschuldung völlig mittelloser Personen und zur Änderung des Verbraucherinsolvenzverfahrens

Silke Wehdeking

Inhaltsübersicht

I. Übersicht

1. Bedeutung der Änderung

Der Entwurf eines Gesetzes zur Entschuldung völlig mittelloser Personen und zur Änderung des Verbraucherinsolvenzverfahrens stellt den Kernpunkt der Fundamentalreform des geltenden Insolvenzrechts dar. Mit ihm werden nicht allein fiskalische Probleme behandelt – auch wenn dies im Vordergrund der Intentionen des Gesetzgebers stehen mag. Der vorliegende Entwurf berührt vielmehr das bisherige Recht im Kern.

Nachdem die anhaltende Diskussion über das Schuldenbereinigungs- und das Restschuldbefreiungsverfahren Eingang in den Koalitionsvertrag 2005 gefunden hat, der die Fortdauer des breiten politischen Konsenses zur Abschaffung der bisherigen Verfahren hat deutlich werden lassen, liegt nunmehr ein Gesetzesentwurf der Bundesregierung zu einem Entwurf eines Gesetzes zur Entschuldung völlig mittelloser Personen und zur Änderung des Verbraucherinsolvenzverfahrens vor. In *Hemingways* „For Whom the Bell Tolls" heißt es an einem Punkt nicht ohne Resignation, es sei „like a merry go round". Die Geschichte hat eine Bewegung durchlaufen und ohne dass nennenswerte substantielle Fortschritte zu verzeichnen wären, ist sie an ihren Ausgangspunkt zurückgekehrt, nachdem die Betroffenen erhebliche Lasten und Mühen durchlitten haben. Ganz so dramatisch wie bei *Hemingway* ist es mit dem Verbraucherinsolvenzverfahren nicht, wiewohl dessen Kosten exorbitant waren. Immerhin befindet sich der Erkenntnisstand der Bundesregierung dort, wo sich die Kritik an der InsO-Gesetzgebung in den 90er-Jahren des vergangenen Jahrhunderts befunden hat, wenn es in der Einleitung zur Problem- und Zielbeschreibung des Gesetzesentwurfes heißt, es läge nunmehr ein einhelliger Konsens dahingehend vor, dass das Restschuldbefreiungsverfahren für „völlig mittellose Personen" zu aufwändig sei, da ihm ein – so heißt es wörtlich! – weitgehend sinnentleertes Insolvenzverfahren vorzuschalten ist. Die Gesamtvollstreckung gegen die völlig mittellosen Personen, die im Zentrum des Gesetzesentwurfes der Bundesregierung stehen, stelle einen reinen Formalismus dar, da mit einer Befriedigung der Gläubiger in keinem Fall zu rechnen sei. Bereits an dieser Stelle vollzieht sich die eigenartige Volte, der sich die Bundesregierung wohl verpflichtet weiß. Denn das Verfahren soll nicht etwa im Interesse der Gläubiger, die ihrem schlechten Geld gutes hinterherwerfen, sondern im Interesse der überschuldeten Menschen und zur Schonung der knappten Ressourcen der Justiz vereinfacht werden.

Bereits an dieser Stelle ist freilich auf Folgendes hinzuweisen: Bei aller Ironie, die der jüngeren Geschichte der Behandlung von Verbindlichkeiten von Privatpersonen mit dem Instrumentarium des Insolvenzrechts innewohnt, ist doch von dem nunmehr vorliegenden Gesetzesentwurf der Bundesregierung – welche Kritik im einzelnen an seinen Regelungen geübt werden mag – ein Positivum keineswegs abzusprechen.[1] Mit der Kritik der insolvenzverfahrensrechtlichen Begründung von Restschuldbefreiungsverfahren im Sinne eines discharge-Verfahrens ist zu hoffen, dass das Insolvenzrecht von den eigenartigen Diskussionen entlastet wird, die aus der Perspektive eines sozialpolitisch motivierten Schutzes von Privatpersonen herrührten. Neben den fiskalischen Kosten der in den ersten 7 Jahren der Geltung der Insolvenzordnung durchgeführten Schuldenbereinigungs- und Verbraucherinsolvenzverfahren sind unleugbare Folgelasten für die innere Konsistenz des Insolvenzrechts aufgetreten, die, wie der vorliegende Gesetzesentwurf erwarten oder wenigstens erhoffen lässt, mit einem gesetzgeberischen Federstrich zu beseitigen sein werden.

2. Beseitigung des Stundungsmodells

Der Gesetzgeber sieht nun, dass ein Gesamtvollstreckungsverfahren als Voraussetzung einer discharge unsinnig ist, wenn der Schuldner noch nicht einmal in der Lage ist, die Verfahrenskosten aufzubringen. Die Reparatur der Insolvenzrechtsreform aus dem Dezember 2001, in deren Gefolge durch das Stundungsmodell der §§ 4a–4d InsO insbesondere nach der verfehlten Judikatur des IX. Zivilsenats des BGH zur Vergütung von Treuhändern[2] Verbraucherinsolvenzverfahren exponential angewachsen sind, hat aus fiskalpolitischer Sicht einen „Reformstau" aufgehäuft, der zu rechtspolitisch sinnvollen Überlegungen führt. Der fiskalische Druck hat nicht nur einen „breiten Bewusstseinswandel"[3] herbeigeführt, sondern lässt den Gesetzgeber daran zweifeln, ob die Verbindung eines Insolvenzverfahrens mit der discharge-Regelung (zu deutsch: Schuldbefreiung) überhaupt sinnvoll gewesen sein sollte.

Auf der anderen Seite war damals wie heute der sozialpolitische und damit verfassungsrechtliche aus dem Sozialstaatsprinzip begründete Bedarf an einem Verfahren, überschuldeten Personen eine wirtschaftlichen Neuanfang zu eröffnen, unzweifelhaft und ist unzweifelhaft geblieben.

---

1 Keineswegs handelt es sich darum, eine „Verbraucherinsolvenz im neuen Gewand" zu präsentieren, wie B. *Schmidt* (InVo 2005, 481) meint.

2 BGH DZWIR 2004, 164; BGH DZWIR 2004, 165; krit. Smid, DZWIR 2004, 265 (265–267).

3 Begr. A(I1).

II. Strukturprobleme des bisherigen Verbraucherinsolvenzverfahrens

1. Passivität von Schuldnern

Worauf haben die Probleme beruht, die zum Scheitern und Ende der bisherigen Gesetze und Regelungen und der aus ihnen herrührenden Verfahren der Schuldenbereinigung und des Verbraucherinsolvenzverfahrens geführt haben? Die Antwort darauf fällt eigenartigerweise sehr leicht. Der Gesetzgeber selbst gibt sie mit dem Hinweis auf die „Passivität, die manche Schuldner dem gegenwärtigen Restschuldbefreiungsverfahren zeigen“.[4] Diese Passivität kommt nicht von ungefähr. Sie hat im wesentlichen ihren Grund darin, dass der Gesetzgeber die discharge natürlicher Personen nach dem Bild der Unternehmensinsolvenz abgewickelt haben wollte – was von vornherein zu Schieflagen führen musste. Nach dem bisher geltenden Modell wurden und werden zur Vorbereitung der discharge aus öffentlichen Mitteln gespeiste Schuldnerberatungsstellen (vgl. § 305 Abs. 1 InsO[5]) eingeschaltet, deren Pläne häufig von den Gläubigern im Vorfeld nicht akzeptiert wurden, was dann mehr oder weniger folgerichtig zu einem Verbraucherinsolvenzverfahren führte. Zu dessen Vorbereitung wurden neben den Fachleuten der kostspieligen Schuldnerberatungsstellen Insolvenzrichterinnen und -richter mit der Befähigung zum Richteramt in die Prüfung und Erörterung der Schuldenbereinigungspläne eingeschaltet. Schuldenbereinigungsplan und Ablehnung des Schuldenbereinigungsplans durch die Gläubiger haben bereits indiziert, dass das Verbraucherinsolvenzverfahren letztendlich eine weitere Erkenntnis für die Gläubiger nicht abzuwerfen imstande war. Denn den Gläubigern lag bereits die eidesstattliche Versicherung des Schuldners (§ 98 InsO) über dessen Vermögensverhältnisse vor, so dass ein Verbraucherinsolvenzverfahren nie den Erkenntniswert eines Insolvenzverfahrens der Unternehmensinsolvenz erreichen konnte: dort führt die Durchführung des Insolvenzverfahrens uns regelmäßig durch eine Reihe von Faktoren wie die Anfechtung gläubigerbenachteiligender Rechtshandlungen, die Behandlung gegenseitiger Verträge, das Insolvenzarbeitsrecht – um nur wenige Stichpunkte zu benennen – dazu, dass die Beschlagnahme des schuldnerischen Vermögens und die Einsetzung eines Insolvenzverwalters den betroffenen Gläubigern wenigstens die Erkenntnis vermittelt, dass der Schuldner in der Tat insolvent und nicht allein nur unwillig ist. Mit dem hochkomplexen Unternehmensinsolvenzverfahren (das auch dann hochkomplex ist, wenn es sich um kleinere Unternehmen handelt), hat das Verbraucherinsolvenzverfahren nichts gemein. Die Anfechtungen sind nur ausnahmsweise dem Treuhänder überantwortet, der Zentralpunkt der Behandlung von Kreditsicherheiten ist völlig aus dem Verbraucherinsolvenzverfahren exkludiert (§ 313 Abs. 3 InsO), und der Treuhänder hat allein die Aufgabe, aus-

---

4 Begr. A(I2).
5 *Smid,* Insolvenzordnung (InsO), 2001, § 305 RdNr. 3; Nerlich/Römermann-*Römermann,* § 305 RdNr. 3, 11–35, 47–66.

nahmsweise werthaltige Vermögensgegenstände dazu zu nutzen, dem Schuldner die Beschaffung von Mitteln durch Betteleien im Familienkreis abzupressen (§ 314 InsO).[6] Unabhängig von der fiskalischen Belastung war es bereits strukturell aus den genannten Gründen absurd, hoch qualifizierte Insolvenzpraktiker mit Verbraucherinsolvenzverfahren zu betrauen, in denen weder ein Friedungserfolg für die Gläubiger durch die Gewinnung der Erkenntnis der Chancenlosigkeit der Verwertung von Vermögensgegenständen noch ein entsprechender ökonomischer Erfolg erzielbar war. Dass nebenbei die frustrierend-sinnentleerten Verbraucherinsolvenzverfahren auch noch zu unsinnigen Deals zwischen Insolvenzgericht und Insolvenzverwaltern geführt haben, mag nur noch zur Abrundung in Erinnerung gerufen werden.

2. Fehlende Befriedungswirkung des bisherigen Verbraucherinsolvenzverfahrens

Dieses bei Lichte betrachtet die Grenzen der Absurdität streifende Verfahren hat und hatte nur einen Grund. Da man einem völlig mittellosen und überschuldeten Schuldner nichts mehr abnehmen kann, musste der mit der Erteilung der discharge verbundene „erhebliche Aufwand, den das Durchlaufen eines Insolvenzverfahrens erfordert" damit gerechtfertigt werden, nur durch ein Schuldenbereinigungsverfahren und ein gegebenenfalls anschließendes Verbraucherinsolvenzverfahren könne hinreichend sichergestellt werden, dass nur einem redlichen Schuldner die Rechtswohltat einer Entschuldung zuteil werde.[7] Es dürfe nicht der Grundsatz pacta sunt servanda vollständig entwertet werden.[8] Die Sorge des Gesetzgebers bereits in den 90er Jahren des vergangenen Jahrhunderts und so auch heute liegt im beim Bild eines dolos handelnden Schuldners, der sich von seinen Verbindlichkeiten befreit und zugleich Vermögenswerte beiseite schafft.

Vor diesem Hintergrund hätte von der deutschen Gesetzgebung erwartet werden können, sich nach Vorbildern einer sinnvolleren und einfacheren Vorbereitung der discharge mittelloser und überschuldeter Verbraucher umzusehen.

III. Beibehaltung des „0-Plan-Prinzips"

1. Folgeprobleme

Diese Sorgen mögen verständlich sein oder nicht; sie halten einer rechtsvergleichenden ernsthaften Untersuchung in keiner Weise stand. Die Probleme der bisherigen deutschen Lösung, die sich im Übrigen in der Sorge des vorliegenden Gesetz-

---

6 Zu diesem in praxi glücklicherweise kaum gehandhabten Verfahren einer Brandschatzung vgl. krit. bereits mit Inkrafttreten der InsO *Grub* und *Smid* DZWIR 1999, 1 ff.

7 Begr. (AI2a).

8 Begr. (AI2a).

entwurfes spiegeln, was denn geschieht, wenn kein Insolvenzverwalter respektive Treuhänder die Vermögensverhältnisse des Schuldners ermittelt,[9] sind nicht stichhaltig, wie das Beispiel des österreichischen Privatkonkurses zeigt. Das dortige Modell beruht auf zwei Eckpfeilern. Die eine Flanke der Sicherung des Privatkonkurses vor zu hohen Verfahrenskosten ist die Gewährleistung einer 10%igen Mindestquote, die andere ist die in nur geringen Ausnahmefällen durchbrochene regelmäßige Anordnung der Eigenverwaltung des Schuldners.[10] An dieser Stelle mag dahingestellt bleiben, welche Nachteile das österreichische Mindestquotenprinzip gegenüber dem deutschen 0-Planprinzip haben mag. Die Apathie der im Restschuldbefreiungsverfahren befindlichen Schuldner, die nach aus der Praxis berichteten Erfahrungen bereits im Verbraucherinsolvenzverfahren anzutreffen ist, hat freilich in der Tat auch mit dem 0-Planprinzip zu tun. Denn dem Schuldner kann es völlig gleich sein, wie die Befriedigung der Gläubiger verläuft, da er jedenfalls seine Restschuldbefreiung dann bekommt, wenn er die geforderten Auskünfte ordnungsgemäß erbringt, Einnahmen, Wohnungswechsel und dergl. zeitig meldet und bestimmte Straftaten zu begehen meidet. Der Höhepunkt seiner „Apathie" aber ist die Person des Treuhänders. Dieser wird schon alles machen – und macht denn auch alles jedenfalls nach der deutschen Gesetzeslage. Das Problem liegt daran, dass der Gesetzgeber der neunziger Jahre des vergangenen Jahrhunderts eine Quadratur des Kreises wollte: Das Tätigwerden eines Spezialisten der Unternehmensinsolvenz (zu dessen zweiter Natur es gleichsam gehört, „alles" an sich zu ziehen) und ein höchst vereinfachtes Verfahren, in dem es nur um einen kleinen Kreis von Problemen des materiellen Insolvenzrechts geht (namentlich gegenseitige Verträge, Anfechtungen, Sicherungsrechte, Aufrechnungen) – deren Behandlung dem Treuhänder zudem in wesentlichen Bereichen entzogen wurden.

Nun stellt sich in der Tat die Frage, warum man Personen, von denen man noch nicht einmal erwarten kann, unter den Bedingungen eines automatic stay darzutun, dass ihnen Vermögenswerte nicht mehr zur Verfügung stehen bzw. wenige verbleibende Vermögenswerte zu liquidieren, überhaupt die Lasten eines Verfahrens auferlegt, wie sie das deutsche Verfahren mit sich bringt – was schließlich den Anlass zur gegenwärtigen Gesetzgebung nach sich zieht. Es ist aber in diesen Fällen überhaupt nicht nachzuvollziehen, weshalb man derartigen Personen in so eklatanter Weise misstraut, wie es die deutsche Gesetzgebung wie einen roten Faden durchläuft. In der Tat wird noch im Folgenden zu zeigen sein, dass die vorliegenden Regelungsvorschläge des Gesetzgebers auf eine Art von Eigenverwaltungsverfahren hinauslaufen, das sich durch die Beibehaltung des Null-Planprinzips von dem österreichischen Modell unterscheidet.

---

9 Begr. (AI2a).

10 *Konecny*, Eigenverwaltung im Konkurs privater Schuldner, in: Buchegger (Hrsg.), Beitr. ZPR V (1995), 45 ff.; *Kodek*, Handbuch Privatkonkurs, 2002, Rn 24, 124; *Wehdeking*, Masseverwaltung durch den insolventen Schuldner, 2005, Kap. 2 RdNr. 3, 5.

2. Eine rechtsvergleichende Bemerkung: Vertane legislatorische Möglichkeiten

Der Ansatzpunkt ist aber bedauerlicherweise kein rechtsvergleichender, den der Gesetzgeber gewählt hat, sondern vielmehr eine verfehlte sozialpolitisch determinierte Sicht des Insolvenzrechts. So führt die Begründung zum vorliegenden Entwurf aus, auch im Insolvenzverfahren werde bei Eintritt der Masseinsuffizienz schließlich „in Kauf genommen", das Verfahren einzustellen und dem Schuldner unverwertbare Vermögensbestandteile zurückzugeben.[11] Damit strebt der Gesetzgeber einen wahren Drahtseilakt an. Wirklich mittellose Personen (man fragt sich, ob das die völlig mittellosen Personen sind, von denen im übrigen Entwurf die Rede ist), soll das neu zu schaffende Verfahren vorbehalten werden, während (nicht wirklich mittellosen) Schuldnern Anreize gegeben werden sollen, frühzeitig in ein Insolvenzverfahren zu gehen, um den weiteren Verfall in Vermögenslosigkeit zu vermeiden.[12]

IV. Art. 1 Nr. 34 des vorliegenden Entwurfes

1. Aufhebung der §§ 312–314 InsO

Art. 1 Nr. 34 des vorliegenden Entwurfes stellt neben Art. 1 Nr. 24, in dem die §§ 303a ff. InsO als Regelung des Entschuldungsverfahrens[13] eingeführt werden, den Kern des Änderungsvorhabens dar. Denn die Regelung des Art. 1 Nr. 34 besagt, dass die Vorschriften über die Verbraucherinsolvenz in den bisherigen §§ 312–314 InsO aufgehoben werden.[14] Fünf Jahre Verbraucherinsolvenz seien genug, wurde in der Literatur geäußert.[15] Nach etwa sieben Jahren nimmt dieses Gebiet eine völlig neue Gestalt an.

2. Teleologische Auslegung des § 305 InsO nF?

Dies ist von außerordentlicher Reichweite. Die Differenzierung zwischen Regel- und Verbraucherinsolvenzverfahren fällt damit in sich zusammen. Allerdings fragt es sich, wie der Gesetzgeber auf die Idee kommen kann, der außergerichtlich zu verhandelnde und abzuschließende Schuldenbereinigungsplan sei der einzige Plan, der künftig in einem über das Vermögen einer Privatperson eröffneten Insolvenzverfahren greifen könne. Denn da § 313 InsO gestrichen wird, ist dies dem Entwurf

---

11 A(I2b).
12 A(I2b).
13 Solche Regelungen sind keine rechtshistorischen Unbekannten, vgl. *Göttler* NZI-aktuell, Heft 2/2006 S. VII, aber anders als Göttler es suggerieren mag, nicht nationalsozialistisch vorbelastet.
14 *Pape* ZInsO 2005, 843.
15 *Klaas* ZInsO 2004, 577.

jedenfalls nicht zu entnehmen. Weder in den Vorschriften der §§ 305–309 in der Fassung des Entwurfs wird die Vorlage eines Insolvenzplans ausgeschlossen, noch sieht der Entwurf eine Änderung der §§ 216 ff. InsO in dieser Hinsicht vor. Im Gegenteil bestimmt § 304 InsO in der neuen Fassung die Geltung der allgemeinen Vorschriften, zu denen dann im Übrigen auch die des Insolvenzplans zu zählen wären. Die Ansicht des Gesetzgebers bzw. der Verfasser des Entwurfes, dass der außergerichtlich zu verhandelnde Schuldenbereinigungsplan die Vorlage des Insolvenzplans ausschließt, müsste sich also aus einer entsprechenden „teleologischen" Interpretation des neu gefassten § 305 InsO ergeben, die sich auf die vom Gesetzgeber intendierte Vereinfachungsfunktion des neuen Rechts beziehen würde.

3. Unklare Abgrenzungskriterien nach §§ 305, 305a InsO nF

Sieht man daher in dem Zustimmungsersetzungsverfahren nach dem neuen § 305 a InsO das funktionale Äquivalent zu einem Insolvenzplanverfahren, wird deutlich, dass es für das neue Recht darauf ankommt, in plausibler Art und Weise den Geltungsbereich abzustecken, in dem ein Insolvenzplan von einer natürlichen Person vorgelegt werden kann. Dieser Grenzbereich wird durch den neu gefassten § 304 InsO (Art. 1 Nr. 26 des Entwurfs) markiert. Die Neufassung des § 304 InsO verzichtet auf die bisherigen Abgrenzungskriterien. Die Reform des Jahres 2001 hatte bekanntlich die Grenze dort gezogen, wo eine natürliche Person keine Arbeitnehmer beschäftigte und ihr daher keine Forderung aus Arbeitsverhältnissen entgegengehalten wurden und die Zahl der Gläubiger unter 20 blieb. Damit wurden kleine Unternehmer den Regelungen des Verbraucherinsolvenzverfahrens unterworfen, was bekanntlich im Hinblick auf die Diskussion über die Behandlung des Neuerwerbs und insbesondere der durch selbständige Tätigkeit verursachten Verbindlichkeiten der Insolvenz von Selbständigen Nahrung gegeben hat. Nun wirft der Gesetzgeber das Ruder herum. So soll es sinnvoll sein, auch dann Insolvenzen mit über 20 Gläubigern einem vereinfachten Verfahren zu unterwerfen, wenn zwar mehr als 20 Gläubiger auftreten, das Unternehmen des Schuldners aber schon seit Jahren liquidiert ist. Maßstab soll sein, ob der Schuldner zum Zeitpunkt der Antragstellung eine selbstständige wirtschaftliche Tätigkeit entfaltet oder nicht. Alle ehemals Selbstständigen unterfallen damit den Regelungen des Verbraucherinsolvenzverfahrens.[16] Das hat folgende Konsequenz: Der abhängig Beschäftigte ist den Regelungen der §§ 304 ff. InsO unterworfen. War er jemals selbstständig tätig, hat er also beispielsweise ein Unternehmen als Einzelhandelskaufmann geführt, soll durch den Formularzwang der Antragstellung gewährleistet werden, dass er strukturierte Unterlagen über das eingestellte Unternehmen vorlegt. Der Gesetzgeber will damit Forderungen aus der Praxis gerecht werden.[17] Dies sollte man sich auf der Zunge zergehen lassen. Der Geschäftsführer der maroden GmbH kann ohne

---

16 B zu Art. 1 (Änderung der Insolvenzordnung) zu Nr. 26.
17 B zu Art. 1 (Änderung der Insolvenzordnung) zu Nr. 26.

Vorlage auch nur der geringsten Unterlagen die Eröffnung eines Insolvenzverfahrens beantragen. Sein Antrag ist zulässig. Die Beschaffung der erforderlichen Informationen obliegt Sachverständigen, vorläufigen Insolvenzverwaltern und Insolvenzverwaltern im eröffneten Verfahren. Der Rechtsanwalt oder Steuerberater, dem die Zulassung wegen seiner Vermögenslage durch die zuständige Kammer entzogen wird, der Arzt, der wegen seiner materiellen Insolvenz eine Beschäftigung in abhängiger Stellung angenommen hat oder der Architekt, der die Fortführung seines Planungsbüros aufgegeben hat. All diese Personen haben „strukturierte Unterlagen" vorzulegen, damit sie einen zulässigen Antrag auf Eröffnung des Insolvenzverfahrens über ihr Vermögen stellen können. Das ist außerordentlich bedenklich.

V. Alternativen zum neuen Entschuldungsverfahren

Immerhin ist die Verwirklichung dieser nicht nur einfachen Ziele zu begrüßen. Eingeführt werden soll ein Entschuldungsverfahren, das kein Gesamtvollstreckungsverfahren mehr ist. M.a.W. soll dieses Verfahren aus dem Bereich des Insolvenzrechts herausgenommen werden.[18] Das neue Entschuldungsverfahren soll eine Entschuldung nur gegenüber den vom Schuldner benannten und an dem Verfahren effektiv beteiligten Gläubigern vorsehen. Die Wirkungserstreckung auf nicht am Verfahren beteiligte Gläubiger, die durch den hoheitlichen Beschlag des Insolvenzverfahrens gerechtfertigt werden, sollen diesem besonderen Entschuldungsverfahren daher nicht eigen sein.[19] Der Gesetzgeber beabsichtigt nunmehr, während des besonderen Entschuldungsverfahrens, die Zwangsvollstreckung nicht generell auszuschließen. Auch damit wird deutlich, dass dieses Entschuldungsverfahren kein Insolvenzverfahren mehr ist, dessen typische Eigenart der automatic stay – also die vorläufige Einstellung von Maßnahmen der Individualzwangsvollstreckung während des laufenden Insolvenzverfahrens ist.[20] Die aus den Reihen, insbesondere von Schuldnerberatungsstellen, hieran geübte sozialpolitische Kritik läuft darauf hinaus, die Fortdauer von Zwangsvollstreckungsmaßnahmen während eines Entschuldungsverfahrens müsse nachgerade notwendig zu einer sozialen Desintegration des Schuldners führen, da diese Maßnahmen regelmäßig im Bereich der Lohn- und Gehaltspfändung des § 850 ff. ZPO abgewickelt würden, die nach der arbeitsgerichtlichen Judikatur den Verlust des Arbeitsplatzes des Schuldners nach sich führen könne. Der Gesetzgeber weist indes zu Recht darauf hin, dass dies keine Probleme sind, die notwendig mit den Mitteln des Insolvenzrechts, sondern denen des Zwangsvollstreckungsrechts zu lösen sind. Der Ansatz des vorliegenden Entwurfs und seiner Begründung, den Schuldnerschutz auf die Regelungen der §§ 811 ZPO, 850ff. ZPO, §§ 721, 794a ZPO und insbesondere des § 850k ZPO und die allgemeine Härteklausel des § 765 ZPO zu verweisen[21] wird allerdings der Problem-

18 A(I2c)aa).
19 A(I2c)aa).
20 A(I2c)bb).
21 A(I2c)bb).

stellung nicht gerecht, die bei der Verschuldung privater Personen zu der Reformgesetzgebung der 90er Jahre des vergangenen Jahrhunderts geführt haben. Der Ansatz, dem der Gesetzgeber sich heute verschreibt, ist allerdings richtig – und hat auch in den Diskussionen der 90er Jahre des vergangenen Jahrhunderts eine Rolle gespielt: die vorliegende Begründung des Entwurfs führt nämlich völlig zu Recht aus, dass ein automatic stay – ein genereller Ausschluss der Zwangsvollstreckung – nur durch ein Verfahren des Gesamtvermögensbeschlags (also ein Insolvenzverfahren) bewirkt würde. Das nun ins Auge gefasste Verfahren ist allerdings kein Insolvenzverfahren, so dass der Schutz des Schuldners durch zwangsvollstreckungsrechtliche Maßregeln geboten ist. Diese sind bereits in den 90er Jahren des vergangenen Jahrhunderts erörtert worden, etwa durch die Einführung eines § 765b ZPO flankierend durch eine Regelung des § 138 BGB für die Reduktion der Verbindlichkeiten verarmter Privatpersonen. Die Teilnahme am Insolvenzverfahren tritt an die Stelle der Individualzwangsvollstreckung; stellt der Staat kein Insolvenzverfahren zur Verfügung, darf er die Individualzwangsvollstreckung nicht beschränken. Dies sieht der Gesetzgeber im vorliegenden Entwurf.[22]

VI. Indidivualvollstreckung, Verbraucherinsolvenz und Entschuldung

1. Geltung des Prioritätsprinzips im künftigen Entschuldungsverfahren

Der Gesetzgeber sieht, dass damit nicht allein das zwangvollstreckungsrechtliche Prioritätsprinzip zum Durchbruch gelangt, sondern, aufgrund unterschiedlicher Reaktionsweisen der Gläubiger auf die Situation des Schuldners Ungleichbehandlungen nicht ausbleiben werden.

2. Förderung der Druckausübung durch die Gläubiger?

Die amtliche Begründung zeigt nämlich, dass einige Gläubiger verstärkt die Zwangsvollstreckung als Druckinstrument nutzen werden, um den Schuldner zu veranlassen, aus seinem pfändungsfreien Vermögen eine Befriedigung zu erbringen, während andere Gläubiger ihre Forderung einfach ausbuchen und keine Anstrengung zur Eintreibung mehr entfalten werden.[23]

---

22 A(I2c)bb).
23 A(I2c)bb).

VIII. Entschuldungsverfahren außerhalb insolvenzrechtlicher Haftungsordnung

1. Abkehr vom Verjährungsmodell

Anders als noch im vergangenen Jahr diskutiert, soll das Entschuldungsverfahren nicht zur Folge haben, dass die Forderungen der Gläubiger mit einer Einrede behaftet aus dem Verfahren heraustreten (das sog. Verjährungsmodell). Vielmehr soll eine wirkliche discharge-Wirkung eintreten.[24] Der Schuldner soll sich nach der Entschuldung von der Forderung gegen Vollstreckungsversuche des betroffenen Gläubigers „wie im Rahmen des § 301 InsO“ gegen die Vollstreckungsmaßnahme wehren können.

2. Einführung eines ausschließlich außergerichtlichen Schuldenbereinigungsplans

Das Schuldenbereinigungsverfahren und das Verbraucherinsolvenzverfahren werden durch den vorgelegten Entwurf im Kern umgestaltet.[25] So wird das gerichtliche Schuldenbereinigungsplanverfahren abgeschafft, da es in der Praxis wegen des darin zu tragenden Aufwandes bis auf wenige Ausnahmen nicht zu einer Justiz entlastenden Wirkung geführt hat.[26] Die Behauptung der Begründung des vorliegenden Entwurfs zu Art. 1 Nr. 28 (der die Neufassung des § 305 InsO betrifft), die bisherige Trennung zwischen einem außergerichtlichen und einem gerichtlichen Plan entfiele, ist so nicht ganz richtig; das gerichtliche Schuldenbereinigungsplanverfahren entfällt mit Ausnahme des Zustimmungsersetzungsverfahrens. An die Stelle des gerichtlichen soll ein vorgerichtlicher Schuldenbereinigungsplan treten. Das Gericht kann nur die Zustimmung ablehnender Gläubiger ersetzen. Das Verfahren wird dabei vom Schuldner und der ihn unterstützenden Schuldnerberatungsstelle betrieben. Das Gericht ist nur im Hinblick auf die Ersetzung der Zustimmung einzelner Gläubiger zuständig. Da das Schuldenbereinigungsplanverfahren mit Ausnahme der Zustimmungsersetzung außerhalb des Verbraucherinsolvenzverfahrens abgewickelt wird, hat der Schuldner für den Fall der Eigenantragstellung dem Gericht gegenüber entsprechende Erklärungen über die Verfahrensabwicklung im Vorfeld abzugeben und gegebenenfalls einen Zustimmungsersetzungsantrag zu stellen. Das Gericht hat auf den Zustimmungsersetzungsantrag hin die Gläubiger einzeln zur Äußerung zum Plan und zum Antrag auf Zustimmungsersetzung aufzufordern. Schweigen wird als Zustimmung zum Plan gewertet, auch dann wenn der Gläubiger ursprünglich die Ablehnung geäußert hat. Das ist nicht systemwidrig, da der BGH jüngst in einer Entscheidung ausgeführt hat, dass der Gläubiger auch die Möglichkeit hat, eine zunächst erklärte Ablehnung des Planes zu verwerfen und dem Plan nachträglich die Zustimmung zu erteilen.

---

24 A(I2c)kk).
25 A(II2).
26 A(II2).

3. Kein Ausschluss der Individualzwangsvollstreckung

Da es sich bei dem Entschuldungsverfahren nicht um ein Insolvenzverfahren handelt, wird eine Forderungsprüfung nicht vorgesehen; denn das Verfahren dient nicht dazu, einen Titel für eine nachkonkursliche Forderung zu schaffen.[27] Das ist plausibel. Da das Entschuldungsverfahren keinen automatic stay nach sich zieht und Zwangsvollstreckungsverfahren in diesen Verfahren nicht ausgeschlossen sind, kann sinnvollerweise auch die Vorschrift des § 87 ZPO nicht zur Anwendung gelangen, so dass auch Leistungsklagen gegen den Schuldner nicht ausgeschlossen sind. Daher kann sich der Gläubiger während des Entschuldungsverfahrens jederzeit selber einen Leistungstitel verschaffen. Dieser Zusammenhang wird von der Begründung nicht hinreichend gesehen. Es ist aber nicht zu verkennen, dass die Vorschriften des § 87 InsO und des § 89 InsO in einem strukturellen Sinnzusammenhang stehen.

4. Übergang vom Entschuldungs- in das Insolvenzverfahren

Das Entschuldungsverfahren zieht keine Zwangsvollstreckungs-, aber auch keine Insolvenzsperre nach sich.[28] Wird ein Insolvenzverfahren während des laufenden Entschuldungsverfahrens eröffnet, ist das Entschuldungsverfahren gleichsam gescheitert und zwingend einzustellen.[29] Dieses Changieren vom Entschuldungs- zum Insolvenzverfahren würde freilich dazu führen, dass im äußersten Fall dem Schuldner eine Restschuldbefreiung erst nach 14 Jahren (!) zuteil würde. Um dies auszuschließen, hat der Gesetzgeber das sog. Anrechnungsmodell bevorzugt, nach dem in ein im Anschluss an das Insolvenzverfahren durchzuführendes Restschuldbefreiungsverfahren die vor dem Insolvenzverfahren durchlaufene Zeit eines Entschuldungsverfahrens anzurechnen sei.[30] Das legislatorische Modell ruft eine Reihe von Unsicherheiten auf den Plan. Neben der erörterten Frage der Anrechnung stellt sich das Problem, wie die Ungleichbehandlung der im Entschuldungsverfahren berücksichtigten Gläubiger gegenüber den Gläubigern zu rechtfertigen ist, die im Insolvenzverfahren berücksichtigt werden. Weiter kommt es zur Frage, was mit solchen Altforderungen zu geschehen hat, die der Schuldner zwar bei Einleitung des Entschuldungsverfahrens hätte benennen müssen, aber nicht angegeben hat. Der Entwurf geht davon aus, eine Abkürzung der Wohlverhaltensperiode solle bei diesen Forderungen ausgeschlossen sein, da dem Schuldner einerseits eine Pflichtverletzung vorgeworfen werden könne, andererseits die betroffenen Gläubiger keine Kenntnis hatten, dass ihre Forderungen künftig nicht mehr durchsetzbar sein sollten.[31] Es ist unklar, was man sich darunter vorzustellen hat. Auch im Hinblick

---

27 A(I2c)hh).
28 A(I2c)jj).
29 A(I2c)jj).
30 A(I2c)jj).
31 A(I2c)jj).

auf die Forderungen, die der Schuldner während des Entschuldungsverfahrens vor Eröffnung des Insolvenzverfahrens über sein Vermögen begründet hat, stellt sich nach der Begründung zum vorliegenden Entwurf[32] die Frage, ob diese Gläubiger von der Wirkung des § 301 InsO betroffen sein können. Der Entwurf sieht die Inkonsistenzen, diese Gläubiger einzubeziehen, kommt indes zu dem Gesamtergebnis, dass alle Forderungen, die zum Zeitpunkt der Eröffnung des sich an das Entschuldungsverfahren anschließenden Insolvenzverfahren richtigerweise das Insolvenzverfahren, das an die Stelle des Entschuldungsverfahrens tritt und dieses ausschließt, erfasst werden. Es sollen dann aber unterschiedliche Fristen für die Wohlverhaltensperiode anzurechnen sein. Es liegt auf der Hand, dass damit ein erheblicher administrativer Aufwand für Gericht und Treuhänder verbunden ist.

5. Beschränkung von Vorausabtretungen außerhalb des Insolvenz- im Entschuldungsverfahrens

Der Gesetzgeber will den Gedanken, dass es sich beim Entschuldungsverfahren nicht um ein Insolvenzverfahren mit einem Gesamtvermögensbeschlag handelt, nicht konsistent durchhalten – was Kritik nach sich zieht. Durch eine entsprechende Änderung des § 114 InsO soll nämlich die Vorausabtretung, Verpfändung und Pfändung von Lohn- und Gehaltsforderungen des Schuldners im Entschuldungsverfahren nur eingeschränkt Wirkung entfalten.[33]

Dies wird mit der Überlegung gerechtfertigt, § 114 habe für den Gesetzgeber der 90er Jahre des vergangenen Jahrhunderts die Aufgabe zu erfüllen gehabt, die Durchführung eines Restschuldbefreiungsverfahrens zu finanzieren. Die laufenden Bezüge des Schuldners sollten zunächst einmal im eröffneten Insolvenzverfahren der Gläubigergesamtheit zur Verfügung stehen, so dass die Insolvenzbeschlagnahme des Neuerwerbs gem. § 35 2. Hs. InsO nicht wegen der Vorausverfügung des Schuldners über diese Bezüge konterkariert werde. Nun sieht der Gesetzgeber freilich nur den Gedanken, dass man 1993 die Restschuldbefreiung zu finanzieren berücksichtigt habe.[34] Damit wird freilich verkannt, dass die Vorausabtretung bzw. die Pfändung der Bezüge regelmäßig die völlige Mittellosigkeit des Schuldners nach sich ziehen, von der die ganze Zeit im Rahmen des Entschuldungsverfahrens die Rede ist. Soweit § 114 InsO die Unwirksamkeit solcher Vorausverfügungen statuiert, ist dies nur vor dem Hintergrund des Insolvenzbeschlags von Neuerwerb gerechtfertigt, da andernfalls der Schuldner wiederum frei über diese Mittel würde verfügen können. Zudem führt die Anwendung des § 114 InsO dazu, dass ein Insolvenzverwalter oder Treuhänder die entsprechend frei werdenden Mittel zur Masse zieht, um sie der gemeinschaftlichen Befriedigung der Gläubiger zuzuführen. Gleiches gilt in einem Verfahren, in dem die Eigenverwaltung des Schuldners angeord-

32 A(I2c)jj).
33 A(I2c)ll).
34 BT-Drs. 12/2443 S. 150 f.

net ist, da auch dann eine Masse konstituiert wird,[35] aufgrund derer die Mittel der Masse der Gläubigerbefriedigung zugeführt werden. Die Begründung zum Gesetzesentwurf scheint dies durchaus auch zu sehen, insbesondere soweit es sich um die Beschränkung der Wirksamkeit einer Gehaltspfändung nach § 114 Abs. 3 InsO und ihre entsprechende Anwendung im zu schaffenden Entschuldungsverfahren handelt. Auf die Unterschiede zwischen dem Entschuldungsverfahren, in dem wie gesehen ein automatic stay nicht greift und dem Insolvenzverfahren soll dadurch reagiert werden, dass die Pfändung so lange ihre Wirksamkeit behält, wie auch eine Gehaltsabtretung Wirkungen entfaltet. Es ist evident, dass damit erhebliche Unsicherheiten in das Verfahren der Lohn- und Gehaltspfändung hineingetragen werden. Der Gesetzgeber rechtfertigt dies mit einem „zufälligen Vorsprung eines Gläubigers". Wenn aber doch im Entschuldungsverfahren das zwangsvollstreckungsrechtliche Prioritätsprinzip nicht unterminiert werden soll, dann ist es wenig überzeugend, ein vor Einleitung des Entschuldungsverfahrens mit der Pfändung und Überweisung von Lohn und Gehalt durchgeführtes Zwangsvollstreckungsverfahren in seinen Wirkungen zu beschränken, während es nach Einleitung des Entschuldungsverfahrens volle Wirkungen soll entfalten können. Es ist ersichtlich, dass der Gesetzesentwurf hier an erheblichen Mängeln leidet – die seine Verwirklichung in Frage stellen. Die Ungleichbehandlung beider Fälle ist schlechthin verfassungswidrig. Und auf dieser Verfassungswidrigkeit ruht wiederum der Gedanke der Finanzierung des Entschuldungsverfahrens.

6. Entlastungswirkungen des Entschuldungsverfahrens durch funktionale Zuständigkeit des Rechtspflegers

Das Entschuldungsverfahren soll dadurch zur Entlastung des sachlich zuständigen Insolvenzgerichts beitragen, dass die funktionelle Zuständigkeit beim Rechtspfleger liegen soll, ohne dass es eines Richtervorbehaltes nach Ansicht der Verfasser des Entwurfes bedarf.[36]

7. Beschränkung der Entschuldungswirkung auf Forderungen vom Schuldner benannter Gläubiger

Da die Entschuldungswirkung des Entschuldungsverfahrens sich nur auf diejenigen Gläubiger bezieht, die an ihm kraft Benennung durch den Schuldner teilgenommen haben, sehen die Verfasser des Entwurfes eine öffentliche Bekanntmachung als verzichtbar an – was keine großen Einsparerfolge erwarten lässt, nachdem das Bundesjustizministerium in seinem Entwurf zur Änderung der Regelungen über die Unternehmensinsolvenz die obligatorische Internetbekannt-

---

35 *Wehdeking*, Masseverwaltung durch den insolventen Schuldner, 2005, Kap. 4 RdNr. 12.
36 A(I2c)mm).

machung vorgesehen und damit die erheblichen Kosten der überkommenen Form der öffentlichen Bekanntmachung ausgeschlossen hat. Im Entschuldungsverfahren soll aber an die Stelle der öffentlichen Bekanntmachung zur Warnung des Geschäftsverkehrs die Eintragung des Beginns des Laufs der Entschuldungszeit in das Schuldnerverzeichnis treten.[37]

8. Gläubiger- statt Insolvenzanfechtung

Das Stichwort des vorliegenden Entwurfes lautet: Einfachheit. Das Entschuldungsverfahren sieht anders als in der ursprünglichen Regelung des Verbraucherinsolvenzverfahrens insbesondere keine Insolvenzanfechtung vor.[38] Da die Individualvollstreckung nicht gesperrt wird, kommt während des Entschuldungsverfahrens die Gläubigeranfechtung nach dem AnfG zum Zuge.

IX. Erreichbarkeit einer Mindestquote als Voraussetzung der Eröffnung des Insolvenzverfahrens?

Eine Mindestquote hatte die Arbeits- und Sozialministerkonferenz im November 2005 in einem Alternativmodell zu dem mittlerweile vorliegenden Gesetzentwurf vorgeschlagen. Danach sollte ein Insolvenzverfahren nur unter der Voraussetzung eröffnet werden, das über eine die Verfahrenskosten deckende Masse hinaus eine Gläubigerbefriedigung in Höhe von 5 % am Ende der Wohlverhaltensperiode erreicht werden könne. Immer dann sollte danach kein Insolvenzverfahren eröffnet werden, wenn diese 5 %ige Befriedigungsquote nicht erreichbar schien. Der vorliegende Entwurf verwirft diesen Vorschlag mit guten Gründen.[39] Die Eröffnung eines Insolvenzverfahrens von einer Prognose abhängig zu machen, trägt sachfremde Argumente in die Zulässigkeitsprüfung hinein. Der vorliegende Entwurf spricht in seiner Begründung zutreffend von erheblichen Unsicherheiten. Wäre denn nach § 34 InsO die Eröffnung des Insolvenzverfahrens anfechtbar, wenn der Schuldner vortrüge, es sei ungewiss, ob er eine 5 %ige Befriedigungsquote erreichen könne? Mit welchen Mitteln soll bewiesen werden können, ob dies zu erwarten sei oder nicht – zumal es vom Schuldner abhängt, welche Erwerbsmöglichkeiten er nutzt. Die Diskussion zwischen dem Vorschlag der Arbeits- und Sozialministerkonferenz aus dem November 2005 und dem vorliegenden Entwurf entfaltet sich freilich nur anhand der Frage, ob es sinnvoll ist, ein masseunzulängliches oder gar massearmes Verfahren zu eröffnen. Während die Arbeits- und Sozialministerkonferenz dies für eine sinnlose Formalität gehalten hat (ein offensichtlich derzeitig hoch en vogue befindliches Argument) hat das Bundesministerium der Justiz zutreffend

37 A(I2c)oo).
38 A(I2c)jj).
39 A(I2c)ii).

darauf hingewiesen, dass die Frage der Massearmut häufig nur im Insolvenzverfahren überhaupt beantwortet werden kann.[40] Beide Seiten verkennen freilich, dass es darum in der vorliegenden Sache gar nicht geht. Denn die Kontrahenten übersehen, dass die Mindestquote gleichsam ein Argument zum einen für die Vergleichswürdigkeit des Schuldners ist, zum anderen die Fortdauer seiner Verwaltungs- und Verfügungsbefugnis zu rechtfertigen geeignet ist.

Die gegenwärtige fiskalische Lage verstellt also stark den Zugang zu Sachargumenten. Gleichwohl ist die Art der Argumentation der Arbeits- und Sozialministerkonferenz nicht stichhaltig und dem vorliegenden Entwurf der Vorzug zu geben.

X. Verfahrensvereinfachungen

1. Vereinfachung der Anforderungen an die Einleitung eines Verbraucherinsolvenzverfahrens

Der Gesetzgeber erwartet, dass eine Vereinfachung des Verfahrens der Verbraucherinsolvenz dadurch herbeigeführt werden kann, dass in der Vergangenheit überzogene Anforderungen einzelner Gerichte an einen Schuldnerantrag auf ein „mit der InsO übereinstimmendes Maß" zurück zu schneiden seien, wie es in der Begründung zum Entwurf ausdrücklich heißt. Die Erwartungen scheinen hier relativ gering zu sein, da die Begründung zum Entwurf ausführt, es solle künftig mit Rechtsmitteln überprüft werden können, ob sich die Gerichte an die gesetzlichen Vorgaben (!) hielten.

2. Normierung der Voraussetzungen einer optionalen Schriftlichkeit von „Kleinverfahren"

In allen Insolvenzverfahren ist nach § 5 Abs. 2 S. 1 InsO die mündliche Verhandlung entbehrlich.[41] Art. 1 Nr. 4 des Entwurfs sieht nun vor, dass, wenn die Voraussetzungen für die Anordnung eines schriftlichen Verfahrens nach § 5 Abs. 2 S. 1 InsO vorliegen, das Gericht im Eröffnungsbeschluss bestimmen kann, dass die Forderungen binnen einer Notfrist von 3 Monaten anzumelden sind. Der Gesetzgeber meint nun, dass in Kleinverfahren die Einführung dieser Notfrist eine verfahrensbeschleunigende Wirkung haben kann. In anderen Verfahren könne sie zu einer Mehrbelastung führen, wie die durchaus zweifelhaften Erfahrungen mit § 14 GesO gezeigt haben. Der Entwurf bezieht sich insofern auf den Gesetzesentwurf zur Vereinfachung des Insolvenzverfahrens vom 8.2.2006. Dort ist in „Art. 1 Änderung der Insolvenzordnung" unter Nr. 1 in § 5 ein Abs. 2 mit dem folgenden Wortlaut einfügt: „Sind die Vermögensverhältnisses des Schuldners überschaubar und die Zahl der Gläubiger oder die Höhe der Verbindlichkeiten gering, so kann das Insolvenz-

---

40 A(I2c)ii.
41 HK-*Kirchhoff*, § 5 RdNr. 23.

gericht anordnen, dass das Verfahren oder einzelne seiner Teile schriftlich durchgeführt werden. Es kann diese Anordnung jederzeit aufheben oder verändern. Die Anordnung, ihre Aufhebung oder Abänderung sind öffentlich bekannt zu machen." Diese Änderung des § 5 InsO resultiert aus der Streichung des § 312 Abs. 2 InsO, der für das vereinfachte Insolvenzverfahren die Möglichkeit vorgesehen hatte, das Insolvenzverfahren oder Teile davon schriftlich abzuwickeln. Beide Verfahrensweisen sind den Insolvenzgerichten nun anheim gestellt.[42] Die Änderungen, die für die allgemeinen Insolvenzverfahren durchgeführt werden, führen indes für die in § 5 Abs. 2 nF InsO angesprochenen Kleinverfahren zur Einführung der Möglichkeit einer Präklusionsregel nach dem Vorbild des § 14 GesO. Art. 1 Nr. 5 sieht für § 29 Abs. 2 InsO eine Änderung vor, nach der, für den Fall, dass ein Verfahren nach § 5 Abs. 2 S. 1 InsO vorliegt, also die Vermögensverhältnisse des Schuldners überschaubar sind, das Gericht einen Prüfungstermin bestimmen kann. Dies soll mit einem Verzicht auf den Berichtstermin verbunden sein. Dies soll dazu dienen, das Verfahren zu beschleunigen, da der Berichtstermin in Fällen eines solchen überschaubaren kleinen Insolvenzverfahrens verzichtbar sei. Denn es sei hier von den Gläubigern nichts mehr zu entscheiden, da die Gläubiger in diesen Fällen keine Wahl zwischen Liquidation und Reorganisation hätten, die nach den §§ 156, 157 InsO zu treffen sei.[43] Es fragt sich freilich, ob dies dann gegen die Anordnung der Eigenverwaltung spricht. Das ist aber nicht der Fall. Denn der Gesetzgeber sagt selbst, dass in den einfachen Verbraucherinsolvenzverfahren nurmehr die Liquidierung des Schuldnervermögens in Betracht kommt, so dass aus der Anordnung der Eigenverwaltung ein besonderes Risiko für die Gläubiger nicht abzuleiten ist, die es in der Hand hätten, ein anderes Verfahren zu ihrer Befriedigung zu wählen. Freilich stellt sich dann die Frage, wie sich die Gläubiger gegen die Anordnung der Eigenverwaltung wehren können, da dies gem. § 272 InsO regelmäßig im Berichtstermin zu erfolgen hat. An die Stelle des vom Gericht einzuberufenden Berichtstermins tritt dann aber nach allgemeinen Regelungen eine erste Gläubigerversammlung, die auf Antrag der betroffenen Gläubiger nach den allgemeinen Regelungen der §§ 74 ff. InsO einzuberufen ist.

3. Ergänzung des § 88 InsO um den Inhalt des bisherigen § 312 Abs. 1 S. 3 InsO aF

Bisher bestimmte § 312 Abs. 1 S. 2 InsO, dass die Rückschlagsperre des § 88 InsO im Verbraucherinsolvenzverfahren sich auf einen Zeitpunkt von 3 Monaten vor dem Antrag auf Eröffnung des Verfahrens erstrecken sollte. Damit sollte bislang vermieden werden, dass einzelne Gläubiger das Verfahren eines außergerichtlichen Einigungsversuches torpedierten. Art. 1 Nr. 8 des Entwurfes übernimmt diese Vorschrift des zu streichenden § 312 Abs. 1 S. 3 InsO aF als Abs. 2 des § 88 InsO.[44]

---

42 Begr. 8.2.2006, B(zu Nr. 1).
43 B(zu Nr. 5).
44 B(zu Nr. 8).

4. Verhältnis zum Europäischen Insolvenzrecht

Das neue Schuldenbereinigungsverfahren ist nach alledem kein Verfahren mehr, dass unter den Geltungsbereich des Art. 1 Abs. 1 EuInsVO fallen würde, da es weder den geforderten Gesamtvermögensbeschlag verwirklicht – da das Verfahren keine Bündelung der Rechtsverfolgung der Gläubiger vornimmt und folgerichtig keinen automatic stay auslöst.[45] Zudem wird weder ein Insolvenzverwalter noch ein die „Eigenverwaltung" des Schuldners kontrollierender Sachwalter bestellt,[46] so dass es auch an dieser Voraussetzung fehlt, um das neue Verfahren dem europäischen Recht grenzüberschreitender Insolvenzverfahren zu unterstellen.

Das wird z. T. in der Diskussion als irritierend angesehen. Diese Beunruhigung ist grundlos. Hier wird ein Scheinproblem aufgeworfen.

Die Anwendung der EuInsVO wäre nur dann sinnvoll, wenn die Person, die von dem neuen Schuldenbereinigungsverfahren Gebrauch machen soll, mittellos wäre. Stellt sich nun heraus, dass diese Person über Vermögen im Ausland verfügt, hindert das Entschuldungsverfahren die Einleitung eines Insolvenzverfahrens nicht, das dann wiederum europäisch-universelle Wirkungen zeigt.

XI. Beseitigung der Rechtsfigur des Treuhänders im Verbraucherinsolvenzverfahren

1. Brüche im bisherigen Recht

Die Streichung der §§ 311, 312–314 InsO zielt insbesondere auf die Sonderstellung, die der Treuhänder im bisherigen vereinfachten Verbraucherinsolvenzverfahren eingenommen hat.[47] So konnte der Treuhänder weder Anfechtung vornehmen, noch Gegenstände verwerten, an denen Pfandrecht oder andere Absonderungsrecht bestanden (§ 313 Abs. 3 InsO). Schließlich sah für den Treuhänder § 314 InsO das bereits genannte Brandschatzungsverfahren vor, das in praxi wohl nicht zur Anwendung gelangt ist.

2. Kostenreduktion durch Beseitigung des Treuhänders?

Das neue Recht wird zwischen Treuhänder und Insolvenzverwalter nicht mehr substantiell unterscheiden. Die genannten Vorschriften erschienen dem Gesetzgeber daher verzichtbar. Damit wird die Tür zur Eigenverwaltung des Schuldners in einfachen Insolvenzverfahren aufgestoßen, was es ermöglicht, unter der Aufsicht

---

45 *Smid*, Deutsches und Europäisches Internationales Insolvenzrecht. Kommentar, 2004, EuInsVO Art. 1 Rn. 9 a. E.
46 *Smid*, Deutsches und Europäisches Internationales Insolvenzrecht. Kommentar, 2004, EuInsVO Art. 1 Rn. 21–23.
47 B(zu Nr. 34).

eines Sachwalters eine weitere Kostenreduktion vorzunehmen, die den Interessen der Gläubigergemeinschaft in diesen Verfahren außerordentlich entgegenkommt. Hierzu findet sich leider keine Überlegung in der Begründung zum vorliegenden Entwurf.

XII. Möglichkeit der Eigenverwaltung in Kleinverfahren

1. Europarechtliche Anforderungen an die Ausgestaltung von Kleininsolvenzverfahren

Angelpunkt aller Fragestellungen ist der erhebliche Kostenfaktor, der an der Verbindung von Gesamtvermögensbeschlag und Verwalterbestellung im Verbraucherinsolvenzverfahren anhängt. Dabei ist im Übrigen daran zu erinnern, dass jede Art von Insolvenzverfahren den Gesamtvermögensbeschlag durch haftungsrechtliche Zuweisung des Vermögens an die Gläubigergemeinschaft unter Bestellung eines Verwalters voraussetzt, wie Art. 1 Abs. 1 EuInsVO deutlich macht.[48] Auch die Eigenverwaltung des Schuldners[49] ändert daran nichts. Ein rechtsvergleichender Blick in Regelungen der Eigenverwaltung des Schuldners in Verfahren des Gesamtvermögenbeschlages zeigt,[50] dass jedenfalls die Funktionen eines Verwalters durch entsprechende Aufsichtspersonen (den curatore im italienischen concordato, den Ausgleichsverwalter im österreichischen Ausgleichsverfahren, den Gerichts- und den Masseverwalter im Privatkonkurs in Österreich, den Sachwalter im deutschen Eigenverwaltungsverfahren, um nur einige Fälle zu nennen), wahrgenommen werden.

2. Begrenzte Wirkung des Ausschlusses von Insolvenzverfahren für völlig mittellose Personen

Der Gesetzgeber will in Deutschland nun für die völlig mittellosen Personen überhaupt auf ein Insolvenzverfahren verzichten, um die Problematik der Vergütung des Treuhänders abschütteln zu können, denn diese Problematik ist nach der Judikatur des BGH und die falsche Reaktion des Gesetzgebers darauf zur Vergütung des Treuhänders in Kleinstverfahren[51] zu dem Punkt geworden, an dem das Verbraucherinsolvenzverfahren aus staatlicher Sicht unerträglich geworden ist. Nun würde es den durch Art. 1 Abs. 1 EuInsVO normierten europäischen Maßstäben immer noch genügen, wenn der deutsche Gesetzgeber, dem österreichischen Bei-

48 *Smid*, Deutsches und Europäisches Internationales Insolvenzrecht, 2004, Art. 1, EuInsVO RdNr. 9–14.

49 Vgl. *Wehdeking*, Masseverwaltung durch den insolventen Schuldner, 2005, Kap. 4 RdNr. 9.

50 *Wehdeking*, Masseverwaltung durch den insolventen Schuldner, 2005, Kap. 1 RdNr. 34–49 zum italienischen Recht, Kap. 2 RdNr. 5–82 zum österreichischen Recht, Kap. 4 RdNr. 6a–36 zum deutschen Recht.

51 § 293 InsO idF vom 26.10.2001, in Kraft getreten am 01.12.2001.

spiel folgend, die Eigenverwaltung des Schuldners auf das Verbraucherinsolvenzverfahren mit der Maßgabe ausdehnen würde, dass in Fällen einer Gläubigerintervention bzw. entsprechender Anträge des Schuldners aufgrund der gerichtlichen Aufsicht über den eigenverwaltenden Schuldner, diesem die Masseverwaltung anvertraut würde und nur für die genannten Fälle die Bestellung eines Treuhänders vorzusehen wäre.

3. Eigenverwaltung und Verbraucherinsolvenz

Die Eigenverwaltung in Kleininsolvenzverfahren stößt indes auf die den gesetzlichen Regelungen der §§ 270 ff. InsO innewohnenden Probleme.[52]

Wann die Eigenverwaltung des Schuldners für die Gläubiger nachteilig ist (§ 270 Abs. 2 Nr. 3 InsO), ist seit Inkrafttreten der InsO hoch fraglich. Die Judikatur geht mehr oder weniger stillschweigend flankiert von der Mehrheit des Schrifttums (kaum einmal expressis verbis, aber doch in der Sache) davon aus, die Eigenverwaltung des Schuldners sei immer nachteilig für die Gläubiger. Das ist natürlich falsch, da dies dem Geist des Gesetzes nicht gerecht wird.[53] Da es sich bei der Frage der Nachteiligkeit der Anordnung der Eigenverwaltung letztendlich um eine Prognoseentscheidung handelt, die das Gericht zu treffen hat, bedarf es einfacher Maßstäbe, damit das Gericht diese Prognoseentscheidung in dem Insolvenz- als Eilverfahren fällen kann. *Wehdeking*[54] hat darauf aufmerksam gemacht, dass die Eigenverwaltung dann nachteilig ist, wenn der Schuldner entweder persönlich aufgrund bestimmter Straftaten, eines bestimmten Vorverhaltens im Vorfeld der Insolvenz oder schlicht mangelnder persönlicher Fähigkeiten ungeeignet ist, die Masseverwaltung wahrzunehmen. Ferner hat sie gezeigt,[55] dass die Anordnung der Eigenverwaltung dann nachteilig für die Gläubiger ist, wenn der Schuldner gleichsam wie vor der Eröffnung des Insolvenzverfahrens weiter zu wurschteln intendiert. Das Gericht hat die Gewissheit, dass dieses Weiterwurschteln ausgeschlossen ist, wenn der Schuldner dem Gericht und im Berichtstermin den Gläubigern darstellt, was er zur Verwertung der Masse respektive zur Sanierung des Unternehmens anders machen will als zuvor. Er muss also gleichsam darstellen, welche Maßnahme er als Verwalter der Masse treffen will. Darin unterscheidet er sich nicht vom Insolvenzverwalter oder vom Treuhänder. Im Verfahren der Unternehmensinsolvenz kann der Schuldner dies durch den Bericht, den er anstelle des Verwalters abzuliefern hat, erfüllen (§ 281, Abs. 2 S. 1 InsO)[56] oder durch Vorlage eines Insolvenzplans – der zugunsten des bisherigen Schuldenbereinigungsplans aus der Verbraucherinsolvenz ver-

---

52 *Wehdeking*, Masseverwaltung durch den insolventen Schuldner, 2005, Kap. 4 RdNr. 20–36.

53 *Huhn*, Die Eigenverwaltung im Inslvenzverfahren, 2003, RdNr. 408, 409; Flöther/Smid/Wehdeking-*Smid*, Die Eigenverwaltung in der Insolvenz, 2005, Kap. 1 RdNr. 1; *Wehdeking*, Masseverwaltung durch den insolventen Schuldner, 2005, Kap. 3 RdNr. 40–42, Kap. 4 RdNr. 23.

54 *Wehdeking*, Masseverwaltung durch den insolventen Schuldner, 2005, Kap. 4 RdNr. 23b.

55 *Wehdeking*, Masseverwaltung durch den insolventen Schuldner, 2005, Kap. 3 RdNr. 9.

56 Flöther/Smid/Wehdeking-*Wehdeking*, Die Eigenverwaltung in der Insolvenz, Kap. 2 RdNr. 118.

bannt war. Will man keinen Schuldenbereinigungsplan des Schuldners, dann kann im Rahmen der Verbraucherinsolvenz die Eigenverwaltung nur dann einen Sinn haben, wenn der Schuldner den Gläubigern die Zahlung einer Mindestquote verspricht.[57] Das gesamte Verbraucherinsolvenzverfahren könnte also sehr preiswert und sehr einfach ausgestaltet werden, wenn der Gesetzgeber sich von der Vorstellung eines 0-Plans verabschieden würde. Dann aber wäre für völlig mittellose Personen das Instrumentarium einer Entschuldung versperrt.

Dieser Exkurs macht klar, dass der Ansatz des Gesetzgebers richtig ist. Ein undifferenziertes Insolvenzverfahren für alle „Verbraucher“ (Privatpersonen, die nicht unternehmerisch tätig sind) hat sich als falsch erwiesen. Für völlig mittellose Personen ist eine Schuldenreorganisation durch eine Form von Akkord ausgeschlossen. Daher ist es richtig und zu begrüßen, will man diese Personen nicht aus jeder Form gerichtsförmiger Entschuldung exkludieren, ein außerhalb des Insolvenzrechts organisiertes Entschuldungsverfahren einzurichten. Das mag aus den Kreisen, die, das Insolvenzrecht denaturierend, es zu einem sozialpolitischen Instrument umzufunktionieren versucht haben, auf Proteste stoßen, ist aber eine notwendige strukturelle Folge, nimmt man zum einen den sozialpolitischen Auftrag ernst, völlig mittellose Personen zu entschulden, und hält auf der anderen Seite an den Aufgaben des Insolvenzrechts fest. Die zaghafte Argumentation in der Begründung des vorliegenden Entwurfes[58] lässt dies nur unvollkommen erkennen. Sie ist nichtsdestotrotz zutreffend.

4. Bestellung eines Sachverständigen

Es ist kein Widerspruch in sich, wenn der Gesetzgeber dem Gericht für das geplante Entschuldungsverfahren konzediert, es könne einen Sachverständigen bestellen, um besonders komplexe Vermögensverhältnisse einer solchen Privatperson zu klären, die – völlig mittellos – in das Entschuldungsverfahren eintreten will, in dem es früher unternehmerisch tätig gewesen ist. Denn die Bestellung eines Sachverständigen zur Klärung komplexer Sachverhalte ist keine Domäne des Insolvenzverfahrens. Zudem werden durch die Bestellung eines Sachverständigen nicht die erheblichen Kosten ausgelöst, die die Treuhänderbestellung im derzeitigen Verbraucherinsolvenzverfahren nach sich zieht.

5. Eigenverwaltung als aussichtsreiche Lösung

Nach der Streichung der §§ 311–314 InsO durch Art. 1 Nr. 33 und Nr. 34 des vorliegenden Entwurfs stellt sich über die Frage der Geltung der Regelung über den

---

57 *Wehdeking*, Masseverwaltung durch den insolventen Schuldner, 2005, Kap. 4 RdNr. 33, Zusf. RdNr. 3.
58 A(I2c)cc).

Insolvenzplan hinaus die Frage, ob in einem Verfahren, das über das Vermögen einer natürlichen Person eröffnet wird, die Eigenverwaltung gem. § 270 InsO angeordnet werden kann. Für das besondere Verbraucherinsolvenzverfahren – das aber nunmehr beseitigt werden soll – war dies durch § 27 Abs. 1 S. 2 InsO a. f. iVm § 213 InsO ausdrücklich von Gesetzes wegen ausgeschlossen. Der Entwurf (Art. 1 Nr. 3) ändert § 27 Abs. 1 S. 2 InsO dahingehend, dass nurmehr ausgeführt wird, § 270 InsO bleibe unberührt. Die Begründung[59] führt allein aus, es handele sich um eine Folgeänderung zur Aufhebung von § 313 InsO. Daher stellt sich die Frage, ob für Fälle der Eröffnung des Insolvenzverfahrens über das Vermögen von „Verbrauchern" eine teleologische Reduktion des § 27 Abs. 1 S. 2 InsO dahingehend geboten sei, dass wie bisher die Eigenverwaltung nicht angeordnet werden könne. Es hat sich bereits gezeigt, dass die teleologisch einschränkende Auslegung der Anwendbarkeit allgemeiner Regelungen nach § 305 InsO in Bezug auf den Insolvenzplan zu dem nachvollziehbaren Ergebnis kommen kann, dass anstelle des Insolvenzplans allein der außergerichtliche Schuldenbereinigungsplan im über das Vermögen natürlicher Personen eröffneten Verfahren greifen könne. Nun könnte man auf die Idee kommen, dass damit folgerichtig auch die Anordnung der Eigenverwaltung in solchen Insolvenzverfahren ausgeschlossen sei. Zwar sieht das Gesetz im Übrigen keine Verbindung zwischen Eigenverwaltung und Insolvenzplan vor. Es steht mittlerweile außer Streit, dass die Eigenverwaltung auch in einem liquidierenden Verfahren angeordnet werden kann. Mit guten Gründen ist aber vertreten worden, dass dem Schuldner nur dann die Eigenverwaltung der Insolvenzmasse vom Gericht anvertraut werden kann, ohne dass damit Nachteile für seine Gläubiger drohen, wenn er in Form eines Planes dem Gericht vorstellt, wie er die Masse zu verwalten und zu verwerten und die Gläubigerbefriedigung zu organisieren beabsichtigt. Im Schrifttum[60] ist indes darauf aufmerksam gemacht worden, dass damit typischerweise ein Insolvenzplan angesprochen wird, ohne dass dies notwendig in Gestalt eines Insolvenzplans zu geschehen hat. Das Fehlen eines gesetzlichen Junktims von Eigenverwaltung und Vorlage eines Insolvenzplans lässt sich daher zwanglos daraus erklären, dass der Gesetzgeber die Prüfung der möglichen Nachteiligkeiten der Anordnung der Eigenverwaltung durch den Schuldner nicht allein von einem Insolvenzplan im engen Sinne der gesetzlichen Vorschriften der §§ 216 ff. InsO abhängig machen wollte. Vielmehr genügt es, dass der Schuldner dem Gericht auch auf andere Weise – durch Vorlage des im Berichtstermin zu haltenden Berichts u. dgl. m. darstellt, wie die Masseverwaltung abgewickelt werden soll. Hat eine natürliche Person sich außergerichtlich mit ihren Gläubigern zu einigen versucht und zu diesem Beruf einen Vergleichsvorschlag in Gestalt des Schuldenbereinigungsplanes vorgelegt, ist diesen ungeschriebenen Anforderungen des Gesetzes genüge getan. Gegen die Anordnung der Eigenverwaltung spricht dann nichts. Die Neufassung des § 27 Abs. 1 S. 2 InsO erreicht damit einen Rechtszustand, wie er im österreichischen Privatkonkurs seit 10 Jahren erfolgreich praktiziert wird.

---

59 B(zu Nr. 3).

60 *Wehdeking*, Masseverwaltung durch den insolventen Schuldner, 2005, Kap. 4 RdNr. 34–36.

XIII. Änderungen im Recht des Restschuldbefreiungsverfahrens

1. Änderung des § 290 InsO zur Verbesserung der Stellung der Gläubiger

Im künftigen Restschuldbefreiungsverfahren soll den Gläubigern die Möglichkeit gewährt werden, Einwendungen gegen die Erteilung der Restschuldbefreiung auch außerhalb des Schlusstermins vorzubringen. Damit reagiert der Gesetzgeber darauf, dass die Gläubiger die Kosten der Teilnahme am Schlusstermin häufig gescheut haben.[61] Die Versagung der Restschuldbefreiung soll künftig u. a. nach Art. 1 Nr. 12 aufgrund eines dem § 290 InsO anzufügenden Abs. 3 auch dann erfolgen, wenn dem Gericht ohne Antrag eines Gläubigers Versagungsgründe offenkundig sind. Die Begründung des Entwurfs[62] stellt für die Gerichtsnotorietät darauf ab, ob im Gerichtssprengel einer beliebig großen Menge von Personen Tatsachen bekannt oder wahrnehmbar waren, über die man sich aus zuverlässigen Quellen ohne besondere Fachkunde unterrichten kann. Die bloße Kenntnis der Existenz von behördlichen Akten oder gar das private Wissen des Richters soll insoweit ausscheiden. Gerichtskundig sind Tatsachen, die in eigenen amtlichen Handlungen des Richters bestehen oder den Gegenstand seiner amtlichen Wahrnehmung gebildet haben.[63] Zutreffend lehnt es der vorliegende Entwurf ab, alle an das Gericht gemachten amtlichen Mitteilungen, die sich überhaupt nur in den Akten der Gerichtsbehörde befinden, zum Bereich gerichtskundiger Tatsachen zu zählen.[64] Denn dies sind aktenkundige Tatsachen, die der Richter, ginge es darum, die Versagung der Restschuldbefreiung hierauf zu stützen, zu ermitteln hätte.[65] Die gerichtskundigen Tatsachen sind daher auf die eigene Tätigkeit des Richters zu beschränken.[66]

2. Vereinfachung der Versagung der Restschuldbefreiung

Die Versagung der Restschuldbefreiung soll vereinfacht werden. Im Falle der Verletzung von verfahrensrechtlichen Mitwirkungspflichten des Schuldners sieht der Gesetzesentwurf eine stärkere Möglichkeit der Verweigerung der Restschuldbefreiung vor.[67] Ferner soll über den Bereich der vom Schuldner begangenen Insolvenzstraftaten hinaus auch dann die Restschuldbefreiung versagt werden, wenn der Schuldner gegenüber dem Gläubiger, der den Antrag hierzu gestellt hat, eine Straftat von erheblichem Gewicht verübt hat.[68]

---

61 B(zu Nr. 11).
62 B(zu Nr. 12).
63 *Stein*, Das private Wissen des Richters, 1893, 157.
64 *Stein*, Das private Wissen des Richters, 1893, 158.
65 Vgl. bereits *Stein*, Das private Wissen des Richters, 1893, 159.
66 *Stein*, Das private Wissen des Richters, 1893, 159/160.
67 A(II1).
68 A(II1).

3. Neufassung des § 297 InsO

Folgerichtig sieht Art. 1 Nr. 17 des Entwurfes vor, dass § 297 InsO dahingehend neu gefasst wird, dass die Restschuldbefreiung vom Amts wegen oder auf Antrag eines Insolvenzgläubigers zu versagen ist, wenn der Schuldner wegen Insolvenzstraftaten oder wegen einer zum Nachteil des Antrag stellenden Insolvenzgläubigers vergangenen Straftat zu einer Freiheitsstrafe verurteilt wird. Die amtswegige Reaktion des Insolvenzgerichts auf das Vorliegen von Insolvenzstraftaten soll den Geltungsbereich der Restschuldbefreiung sinnvoll einschränken.[69]

4. Weiterhin Redlichkeitsprüfung statt Mindestquoten

Der nachvollziehbare Verzicht auf einen Übergang zu Mindestquoten als Voraussetzung einer discharge ist vor dem Hintergrund zu sehen, dass das Gesetz auch künftig für das Entschuldungsverfahren an der Notwendigkeit einer Redlichkeitsprüfung festhält.[70] Besonderen Wert legt der Gesetzgeber auf vom Gericht amtswegig einfach festzustellende Versagensgründe. Hier legt der Gesetzgeber wert insbesondere auf die Begehung von Insolvenzstraftaten nach den §§ 283–283 StGb gem. § 290 Abs. 1 Nr. 1 InsO bzw. die Verletzung von Auskunfts- oder Mitwirkungspflichten gem. § 290 Abs. 1 Nr. 5 InsO. Wegen der Entschuldungsfunktion des Verfahrens legt der Gesetzgeber dem Schuldner die Obliegenheiten auf, die ihn in § 295 InsO im Restschuldbefreiungsverfahren treffen, namentlich die Erwerbsobliegenheit nach § 295 Abs. 1 Nr. 1 InsO.[71] Zwar korrespondiert mit der Erwerbsobliegenheit kein Vermögensbeschlag des Neuerwerbs im § 35 InsO bzw. keine Abtretung iSv § 287 InsO. Die Erwerbsobliegenheit soll dem Schuldner aber vor Augen führen, dass er sich während des Verfahrens um eine bestmögliche Befriedigung seiner Gläubiger zu bemühen hat.

5. Mindestquoten und abgestufte Dauer der Wohlverhaltensperiode

Der Entwurf sieht freilich Mindestquoten vor. Diese aber nur im Zusammenhang der Restschuldbefreiung. Sie sind nicht konzipiert als Tatbestandsvoraussetzungen für die Vergleichs- und Eigenverwaltungswürdigkeit des Schuldners, sondern als materieller Anreiz, den Gläubigern einen höchst möglichen Befriedigungssatz zu verschaffen.[72] Die Überantwortung des Entschuldungsverfahrens an das Insolvenzgericht hat gewiss Argumente der Pragmatik für sich, hält aber an dem alten Systembruch fest, Verfahren die .... Es liegt nahe, dass die Frage, ob ein automatic stay durch das Entschuldungsverfahren ausgelöst werden kann, zu den zentralen

69 B(zu Nr. 16).
70 A(I2c)ff).
71 A(I2c)gg).
72 B(zu Nr. 21 a).

Streifragen gehört, die der vorliegende Entwurf ausgelöst hat.[73] Es gehört zu den zentralen Schwächen des vorliegenden Entwurfs, diesen Streit nicht zu lösen, sondern in § 303i 5 Alternativen einer möglichen Regelung vorzuschlagen, die einander ausschließen. Eine Konzession an die petita von Schuldnerberatungsstellen stellt die 2. Variante (der Entwurf sieht 5 Alternativen vor, was sprachlich nicht nachvollziehbar ist), die die Zwangsvollstreckung in Arbeitseinkommen des Schuldners oder gleichstehende Bezüge bzw. Ansprüche auf laufende Geldleistungen, die der Sicherung des Lebensunterhalts zu dienen bestimmt sind, bzw. entsprechende Guthaben auf einem für den Schuldner bei einem Kreditinstitut geführten Konto a priori für der Zwangsvollstreckung ausgeschlossen bestimmen. Das wäre eine Form von automatic stay, der im Widerspruch zu der legislatorischen Qualifikation des Entschuldungsverfahrens als eines Verfahrens außerhalb des Bereichs des Insolvenzrechts stehen würde. Weshalb der Pfändungspfandgläubiger, der auf Arbeitseinkommen des Schuldners zugreift, schlechter stehen soll, als der Gläubiger, der eine Stereoanlage des Schuldners hat beschlagnahmen lassen, ist nur dann zu erklären, wenn man davon ausginge, dass der Neuerwerb zu einer kollektiven Gläubigerbefriedigung der Masse gezogen würde. Dies aber soll im Entschuldungsverfahren nicht der Fall sein, so dass die 2. Variante nicht überzeugend ist. Die Varianten 1, 3 und 4 sehen auf Antrag des Schuldners die Einstellung von Maßnahmen der Zwangsvollstreckung wegen Geldforderungen vor, wobei entweder daran angeknüpft wird, dass der Schuldner glaubhaft macht, in dieser Frist die Mittel zur Abdeckung der Kosten für die Eröffnung eines Insolvenzverfahrens aufbringen zu können (1. Variante), was vor dem Hintergrund des § 88 InsO nachvollziehbar ist, oder auf die Abgabe der eidesstattlichen Versicherung, die zur Einleitung des Entschuldungsverfahrens erforderlich ist, abstellt. Aufgrund der Struktur des Entschuldungsverfahrens ist die Variante 5 vorzugswürdig. Sie sieht vor, dass der Schuldner beim Vollstreckungsgericht die Aufhebung, Untersagung oder einstweilige Einstellung von Maßnahme der Zwangsvollstreckung wegen Geldforderung soll beantragen können, wenn die Abgabe der eidesstattlichen Versicherung durch den Schuldner nicht länger als ein Jahr zurückliegt. Dies soll ein in die ZPO einzufügender § 807a vorsehen.[74] Die Begründung des Gesetzesentwurfs macht freilich nicht wirklich deutlich, dass durch die Zuweisung dieser Angelegenheit an das Vollstreckungsgericht der besonderen Struktur der fraglichen Problemstellungen in besonderer Weise Rechnung getragen wird.

---

73 B(zu Nr. 303 i).
74 B(zu Nr. 303 i, 5. Alternative).

Reform der Zustellung insolvenzgerichtlicher Entscheidungen und des Rechts der Insolvenzanfechtung

Mark Zeuner

Inhaltsübersicht

I. §§ 8, 9 InsO

I. Geplante Änderungen[1]

1. Überblick

Mit dem Gesetz zur Änderung der Insolvenzordnung und anderer Gesetze vom 26. Oktober 2001 wurde nach der Begründung des Gesetzes durch eine Änderung von § 9 InsO erreicht, dass öffentliche Bekanntmachungen auch über das Internet erfolgen können. Ausgenommen wurden damals lediglich die Veröffentlichungen, die nach der Insolvenzordnung zwingend im Bundesanzeiger bekannt zu machen sind. Nachdem der Verbreitungsgrad des Internets weiter stark angestiegen sei und vor allem nachdem die technischen Voraussetzungen des Internets geschaffen worden seien, auf einer bundeseinheitlichen Internetplattform das Insolvenzgeschehen lückenlos zu dokumentieren, bestünden keine Hinderungsgründe mehr, von Printveröffentlichungen in Insolvenzsachen Abschied zu nehmen und als Regelfall nur noch eine elektronische Bekanntmachungsform vorzusehen. Die Bundesregierung hält die Veröffentlichung über das Internet insofern sogar für geeigneter, den Geschäftsverkehr über die wirtschaftlichen Verhältnisse des Schuldners zu informieren als durch die Veröffentlichung im Bundesanzeiger oder vergleichbaren Veröffentlichungsmedien der Länder. Nach einer Mitteilung des Statistischen Bundesamtes vom November 2002 verfügten nämlich 99 % der Unternehmen mit 250 oder mehr Mitarbeitern über einen Internetzugang. Die Zahl der Bezieher des Bundesanzeigers bzw. vergleichbarer Printmedien der Länder sei dagegen bedeutend kleiner.

2. Kostenaspekt

Einen weiteren Punkt, der nach Ansicht der Bundesregierung die Veröffentlichung über das Internet der Veröffentlichung in Printmedien vorzugswürdig macht, stellen die Kosten dar, die neben der Insolvenzmasse und damit den Insolvenzgläubigern auch zunehmend die Staatskasse belasteten. Angesichts der stark angestiegenen Zahl von Fällen, in denen die Verfahrenskosten gestundet würden und damit zumindest für eine bestimmte Zeit von der Staatskasse auch die Auslagen zu tragen seien, müssten zwingend alle Möglichkeiten ergriffen werden, die zu einer Reduktion der Auslagen beitragen könnten. Unter diesem Blickwinkel böten sich die Veröffentlichungskosten im besonderen Maße an. Außerdem zeige die Lage in Österreich, einem Land mit ausschließlicher Internetveröffentlichung, dass die Tageszeitungen ohnehin von selbst über Insolvenzverfahren in ihren Regionen berichteten. Daher solle zukünftig insbesondere auf zusätzliche Veröffentlichungen

1 Entwurf eines Gesetzes zur Vereinfachung des Insolvenzverfahrens vom 8. Februar 2006.

in Tageszeitungen verzichtet werden, was die Veröffentlichungskosten ebenfalls spürbar senken würde.

3. Verbesserte Recherchemöglichkeiten

Schließlich merkt die Bundesregierung an, dass die Recherchemöglichkeit durch die Internetveröffentlichungen wesentlich erleichtert werde. Ein Gläubiger könnte sich während der Dauer des gesamten Insolvenzverfahrens über die wirtschaftliche Lage eines Schuldner informieren.

4. Änderungen des § 8 InsO

Bezüglich der Änderungen in § 8 InsO stellt die Bundesregierung fest, dass die Zustellung durch Aufgabe zur Post unbürokratisch sei und sich gerade in einem Verfahren mit zahlreichen Beteiligten, wie es ein Insolvenzverfahren darstelle, anböte. Trotz der Änderungen des Zustellungsrechts in der Zivilprozessordnung möchte die Bundesregierung diese erleichterte Form der Zustellung für das Insolvenzverfahren beibehalten, was sie durch die Verweisung in § 8 Abs. 1 S. 2 des Entwurfs klarmache. Einzig die Frist sollte auf die regelmäßigen Postlaufzeiten im Inland angepasst werden.

Durch die Ergänzung von § 8 Abs. 3 InsO versucht die Bundesregierung klarzustellen, dass der Insolvenzverwalter, der durch die Übertragung der Zustellung wie ein beliehener Unternehmer tätig werde, sich aller in § 8 Abs. 1 InsO in Bezug genommenen Zustellungsarten bedienen könne. Aus Wirtschaftlichkeitsgesichtspunkten sehe der Gesetzentwurf vor, dass sich der Insolvenzverwalter für die Vornahme der im Rahmen der Zustellung durch die Aufgabe zur Post erforderlichen Vermerke eigenen Personals oder ggf. Dritter bedienen könne. Der Verweis auf § 184 Abs. 2 S. 4 ZPO solle zu einer entsprechenden Anwendung führen, indem der Insolvenzverwalter eben keinen Vermerk in den Gerichtsakten, dafür aber in seinen Unterlagen vornehmen solle. Die Bundesregierung meint, durch die Änderungen von Absatz 3 werde es ermöglicht, die mit der Übertragung der Zustellung auf den Insolvenzverwalter angestrebten Vereinfachungs-, Verbilligungs- und Entlastungsfunktionen zu fördern.

Mit Art. 2 des Gesetzesentwurfs wird die Verordnung zur öffentlichen Bekanntmachung in Insolvenzverfahren im Internet an den geänderten § 9 InsO angepasst, da in dem Gesetzentwurf zu § 9 InsO die Internetveröffentlichung als Regelfall ausgestaltet ist und damit die vorher als Regelfall vorgesehene Möglichkeit der Veröffentlichung in dem für amtliche Bekanntmachungen des Gerichts bestimmten Blatt aufgegeben wurde. An den datenschutzrechtlichen Vorgaben hat sich daher auch nichts geändert.

II. Auswirkungen der Änderung

1. Kostensenkung und Verfahrensvereinfachung

Die geplanten Veränderungen wirken auf eine Beschleunigung und Verbilligung des Insolvenzverfahrens hin. Der Handlungsspielraum des Insolvenzverwalters bezüglich möglicher Zustellungsarten wird erweitert.

Weiterhin tritt durch die Internetveröffentlichung eine Entlastung der Masse ein, da die Kosten für eine Bekanntmachung geringer sind, die Gläubiger können somit mit einer etwas höheren Quote in dem Verfahren rechnen. Dementsprechend findet durch eine elektronische Bekanntmachung eine Anreicherung der Masse statt. Außerdem wird den Bestrebungen des BGH, das Insolvenzverfahren einfacher und schneller zu machen, Rechnung getragen.[2]

2. Kritik des VID

Der VID[3] kritisierte an dem Gesetzesentwurf bezüglich der §§ 8 und 9 InsO, dass eine Einreichung der Vermerke nach Abschluss des Insolvenzverfahrens, also nach dem Schlusstermin nicht sinnvoll sei. Das Insolvenzgericht müsse zeitnah prüfen können, ob der Insolvenzverwalter den Zustellungsauftrag nach § 8 Abs. 3 InsO ausgeführt hat. Hierdurch wird das Verfahren unnötig verlängert, da eine Prüfung durch das Gericht erst nach Abschluss des Verfahrens erfolgt. Ferner wird es schwieriger, auf eventuelle Zustellungsmängel rechtzeitig zu reagieren.

III. Änderungen der §§ 131, 133 InsO

1. Überblick

Mit dem Entwurf eines Gesetzes zum Pfändungsschutz der Altersvorsorge und zur Anpassung des Rechts der Insolvenzanfechtung vom 15.8.2005 hat die Bundesregierung Änderungen der §§ 131 und 133 InsO vorgeschlagen.

2. Ausgangspunkt der Änderungen – Die Rechtsprechung des BGH

a) § 131 Abs. 1 InsO: Kritik des VID

Die ständige Rechtsprechung des BGH zu § 131 InsO ist über einen längeren Zeitraum bereits gefestigt. Danach stellen Zwangsvollstreckungsmaßnahmen gleich

2 Vgl. BGH, Urt. v. 20.03.2003, IX ZB 140/02, ZIP 2003, 768; BGH, Urt. v. 13.02.2003, IX ZB 368/02; ZIP 2003, 726.
3 Stellungnahme des VID vom 6. 7. 2005.

welcher Art inkongruente Deckungen i.S.d. § 131 Abs. 1 InsO dar.[4] Dies begründet der BGH damit, dass dem insolvenzrechtlichen Gleichbehandlungsgrundsatz innerhalb der Krise der Vorrang gegenüber dem Prioritätsprinzip der Einzelzwangsvollstreckung gebühre. Der par conditio creditorum würde dann Vorrang genießen, wenn ansonsten für die Gläubiger nicht mehr die Aussicht besteht, aus dem Vermögen des Schuldners volle Deckung zu erhalten. Dann tritt die Befugnis des einzelnen vollstreckenden Gläubigers, sich mit Hilfe hoheitlicher Zwangsmittel eine rechtsbeständige Sicherung oder Befriedigung der eigenen fälligen Forderungen zu verschaffen, hinter dem Schutz der Gläubigergesamtheit zurück. Findet also eine Vollstreckungsmaßnahme innerhalb des drei Monats Zeitraums vor Insolvenzantrag statt, muss der vollstreckende Gläubiger auf sein Recht, die Vollstreckung durchzuführen, zu Gunsten der Gläubigergesamtheit verzichten. Früher begründete der BGH seine Rechtsprechung auch damit, dass Zwangsvollstreckungsmaßnahmen dem Gläubiger eine Sicherung oder Befriedigung ermöglichen würden, die diesem in dieser Art nicht zustehen würden.

Ebenfalls Rechtshandlungen, die zu einer inkongruenten Deckung führen, stellen nach dem BGH Androhungen von Zwangsvollstreckungsmaßnahmen oder auch Androhungen der Stellung eines Insolvenzantrags dar.[5] Der Gläubiger sollte dem Schuldner nicht mit der Durchsetzung staatlicher Hoheitsgewalt drohen dürfen und die Leistung insolvenzanfechtungsfest erwerben.

b) § 133 InsO

Bezüglich der aktuellen Fassung von § 133 InsO ist festzustellen, dass bisher im Gesetzeswortlaut in Bezug auf die Voraussetzungen des § 133 InsO zwischen einer kongruenten Deckung und einer inkongruenten Deckung nicht unterschieden wurde.

Der BGH äußerte sich in seinem Urteil vom 27.5.2003 dahingehend, dass für den Benachteiligungsvorsatz auch bei kongruenten Deckungsgeschäften die Feststellung ausreicht, der Schuldner habe sich eine Benachteiligung nur als möglich vorgestellt, sie aber in Kauf genommen, ohne sich durch die Vorstellung dieser Möglichkeit von seinem Handeln abhalten zu lassen.[6] Allerdings sind erhöhte Anforderungen an die Darlegung und den Beweis des Benachteiligungsvorsatzes zu stellen.[7]

---

4 BGH Urt. v. 9.9.1997, IX ZR 14/97, BGHZ 136, 309; BGH Urt. v. 15.12.1994, IX ZR 24/94, BGHZ 128, 196; BGH, Urt. v. 27.5.2003, IX ZR 169/02, ZIP 2003, 1506; BGH, Urt. v. 22.1.2004, IX ZR 39/03, ZIP 2004, 513.

5 BGH, Urt. v. 15.5.2003; IX ZR 194/02; WM 2003, 1278; BGH, Urt. v. 11.4.2002, IX ZR 211/ 02, ZIP 2002, 1159; BGH, Urt. v. 18.12.2003, IX ZR 199/02; ZIP 2004, 319.

6 BGH, Urt. v. 27.5.2003, IX ZR 169/02, ZIP 2003, 1506; so auch BGH, Urt. v. 17.7.2003; IX ZR 272/02, NZI 2003. 507; BGH, Urt. v. 13.5.2004, IX ZR 190/03; ZIP 2004, 1512.

7 BGH, Urt. v. 13.5.2005, IX ZR 190/03, ZIP 2004, 1512; BGH, Urt. 8.12.2005, IX ZR 182/01, ZIP 2006, 290.

Der Benachteiligungsvorsatz bei kongruenten Zahlungen besteht, wenn der Schuldner wenigstens mittelbar auch die Begünstigung des Gläubigers bezweckt. Dies liegt insbesondere dann nahe, wenn der Schuldner mit der Befriedigung gerade dieses Gläubigers Vorteile für sich erlangen oder Nachteile von sich abwenden will. Einem Schuldner, der weiß, dass er nicht alle seine Gläubiger befriedigen kann und der Forderungen eines einzelnen Gläubigers vorwiegend deshalb erfüllt, um diesen von der Stellung eines Insolvenzantrages abzuhalten, kommt es nicht in erster Linie auf die Erfüllung seiner Verbindlichkeit, sondern auf die Bevorzugung dieses einzelnen Gläubigers an; damit nimmt er die Benachteiligung der Gläubiger im allgemeinen in Kauf.[8]

Wenn ein Schuldner zur Vermeidung einer unmittelbar bevorstehenden Zwangsvollstreckung an einen einzelnen Gläubiger leistet, obwohl er weiß, dass er nicht mehr alle seine Gläubiger befriedigen kann und infolge der Zahlung an einen einzelnen Gläubiger andere Gläubiger benachteiligt werden, so ist in aller Regel ebenfalls die Annahme gerechtfertigt, dass es ihm auf die Bevorzugung dieses einzelnen Gläubigers ankommt.[9]

Ein starkes Beweisanzeichen für das Vorliegen des Gläubigerbenachteiligungsvorsatzes des Schuldners begründet nach der Rechtsprechung des BGH das Vorliegen einer inkongruenten Deckung. Voraussetzung ist hierfür allerdings, dass die Wirkungen der Rechtshandlung zu einem Zeitpunkt eintraten, als zumindest aus der Sicht des Anfechtungsgegners Anlass bestand, an der Liquidität des Schuldners zu zweifeln.[10] Nimmt beispielsweise ein Sozialversicherungsträger trotz bereits erfolglos verlaufener Pfändungen Zahlungen des Schuldners entgegen, liegt die Annahme nahe, dass der Schuldner insolvent ist und nicht alle seine Gläubiger befriedigen kann. Die Indizwirkung einer inkongruenten Deckung fällt aber um so weniger ins Gewicht, je länger die Handlung vor der Verfahrenseröffnung liegt.[11]

Ein weiteres Beweisanzeichen dafür, dass der Schuldner die angefochtenen Rechtshandlungen mit Benachteiligungsvorsatz vorgenommen hat, ist laut BGH dann anzunehmen, wenn der Schuldner zum Zeitpunkt der Wirksamkeit der Handlung bereits zahlungsunfähig war.[12] Aus diesem Grund bejahte der BGH den Benachteiligungsvorsatz in dem ihm vorliegenden Fall, in welchem das Finanzamt den Schuldner mehrmals wegen ausstehender Forderungen anmahnte. Als sich dieses als erfolglos herausstellte, kündigte das Finanzamt Vollstreckungsmaßnahmen an und leitete diese auch ein. Nach einer teilweisen Stundung der Forderung zahlte die Insolvenzschuldnerin einen Teilbetrag. Zu diesem Zeitpunkt lag Zahlungsunfähigkeit bereits vor.

---

8 BGH, Urt. v. 17.7.2003, IX ZR 272/02, ZIP 2003, 1799.
9 BGH, Urt. v. 13.5.2005, IX ZR 190/03, ZIP 2004, 1512.
10 BGHZ 123, 320, 326; BGH, Urt. v. 11.3.2004, IX ZR 160/02, ZIP 2004, 1060; BGH, Urt. v. 18.12.2003, IX ZR 199/02, ZIP 2004, 319; BGH, Urt. 8.12.2005, IX ZR 182/01, ZIP 2006, 290.
11 BGH, Urt. v. 18.12.2003, IX ZR 199/02, ZIP 2004, 319.
12 BGH, Urt. v. 8.12.2005, IX ZR 182/01, ZIP 2006, 290.

Bestrebungen in den unteren Instanzen, bei kongruenten Deckungsgeschäften den Vorsatz nur dann zu bejahen, wenn ein unlauteres Zusammenwirken zwischen Schuldner und Gläubiger vorliegt, trat der BGH entgegen. Diese Abgrenzungsregel geht auf die Fassung des § 31 KO zurück, der seinem Wortlaut nach eine Benachteiligungsabsicht voraussetzte. Für § 133, der nur einen Benachteiligungsvorsatz verlangt, ist sie nicht anwendbar, da andere Fälle ebenfalls vorstellbar sind, in denen Benachteiligungsvorsatz, aber kein unlauteres Handeln vorliegt.[13]

Bezüglich Sozialversicherungsträgern und Finanzverwaltungen als Gläubigergruppen entschied der BGH, dass Leistungen des Schuldners auf Drohung mit Einleitung von Zwangsvollstreckungs- oder Insolvenzverfahren der Insolvenzanfechtung nach § 133 unterworfen sind, wobei dies im Fall der Androhung von Einzelzwangsvollstreckungsmaßnahmen auf den Zeitraum von drei Monaten vor Antragstellung beschränkt wurde. Vor diesem Zeitpunkt handelt es sich um ein allgemeines Beweisanzeichen, dass im Rahmen einer Gesamtbewertung Berücksichtigung findet. In diesen Fällen würde der Schuldner mit Benachteiligungsabsicht handeln und die Gläubiger jeweils hiervon Kenntnis haben, da die Gläubigerbefriedigung sich in diesen Fallkonstellationen als inkongruent erweist. Die Indizwirkung der Inkongruenz begründet hier den Gläubigerbenachteiligungsvorsatz. Nicht unter § 133 fallen dagegen Zwangsvollstreckungsmaßnahmen, da sie keine Rechtshandlungen des Schuldners sondern lediglich des Gläubigers darstellen.[14]

Durch diese Rechtsprechung des BGH wurden vornehmlich die Leistungen an die Sozialversicherungsträger und die Finanzverwaltungen aufgrund von Vollstreckungen für anfechtbar erklärt. Dies lag zum einen daran, dass der BGH mit seiner Auslegung der Tatbestandsmerkmale dem Willen des Gesetzgebers, die Anfechtung zu erleichtern, entsprach. Zum anderen haben die Sozialversicherungsträger und Finanzbehörden die Möglichkeit, Ansprüche zügig zu titulieren und die Vollstreckung einzuleiten, weshalb sie in den meisten Prozessen Anfechtungsgegner sind. Dies hat dazu geführt, dass ein erheblicher Teil der eingezogenen Ansprüche zurückgezahlt werden müssen. Bei den Sozialversicherungsträgern beispielsweise wird ein Beitragsausfall von mehreren 100 Mio. Euro jährlich befürchtet.

2. Darstellung der geplanten Änderungen[15]

a) *Änderung des § 131 InsO*

Die Bundesregierung plant, die §§ 131 Abs. 1 und 133 Abs. 1 S. 2 InsO zu ändern.

§ 131 Abs. 1 InsO soll folgender Satz angefügt werden: *„Eine Rechtshandlung wird nicht allein dadurch zu einer solchen nach Satz 1, dass der Gläubiger die Sicherung oder Befriedigung durch Zwangsvollstreckung erlangt“.*

---

13 BGH, Urt. v. 17.7.2003, IX ZR 272/02, ZIP 2003, 1799.

14 Vgl. zuletzt BGH, Urt. v. 10.2.2005, IX ZR 211/02, ZIP 2005, 494.

15 Entwurf eines Gesetzes zum Pfändungsschutz der Altersvorsorge und zur Anpassung des Rechts der Insolvenzanfechtung vom 15.8.2005.

Die Bundesregierung möchte mit dieser Änderung die ständige Rechtsprechung durchbrechen, wonach eine in der Krise durch Zwangsvollstreckung erlangte Sicherung oder Befriedigung inkongruent ist und damit unter den erleichterten Voraussetzungen des § 131 Abs. 1 InsO angefochten werden kann. Sie bezweifelt, dass eine derartige gerichtliche Auslegung sich wirklich auf die Entstehungsgeschichte der Konkursordnung stützen kann. Es soll wieder eine deutliche Trennung zwischen kongruenter und inkongruenter Deckung gefördert werden. Für die Bewertung der Inkongruenz soll die gewährte Deckung an sich und nicht die Art und Weise ihrer Herbeiführung im Vordergrund der Erwägungen stehen. Ob eine Leistung kongruent oder inkongruent sei, werde sich künftig allein danach zu bestimmen haben, ob der Gläubiger das erhält, worauf er einen Anspruch hat. Auf die Art der Durchsetzung des Anspruchs soll es nicht mehr ankommen. Wenn der Gläubiger also die geschuldete Leistung erhalte, müsse der Insolvenzverwalter nunmehr das Vorliegen der objektiven und subjektiven Voraussetzungen der kongruenten Deckung nachweisen.

b) Änderung des § 133 InsO

§ 133 Abs. 1 S. 2 InsO soll durch folgende Sätze ersetzt werden: „*Bei einer Rechtshandlung, die nicht eine nach § 130 Abs. 1 ist, wird diese Kenntnis vermutet, wenn der andere Teil wusste, dass die Zahlungsunfähigkeit des Schuldners drohte und dass diese Handlung die Gläubiger benachteiligte. Eine Rechtshandlung nach § 130 Abs. 1 kann nach Satz 1 nur angefochten werden, wenn ein unlauteres Verhalten des Schuldners vorliegt*“.

Das zentrale Anliegen der Bundesregierung bei der Änderung der Insolvenzordnung ist es, auf sozial- und wirtschaftspolitischem Gebiet, die langfristige finanzielle Stabilität der sozialen Sicherungssysteme zu gewährleisten. Das Vertrauen des Bürgers in den Sozialstaat soll bewahrt und bestärkt werden, dies unter anderem dadurch, dass die Finanzierung von Renten-, Kranken- und Pflegeversicherung sowie die Arbeitsförderung auf eine solide finanzielle Grundlage gestellt werden. Eine Akzeptanz in der Bevölkerung sei eine wesentliche Vorbedingung für den sozialen Frieden und damit für stabile wirtschaftliche Rahmenbedingungen. Diesem wirtschafts- und sozialpolitisch notwendigen Bestreben laufe es zuwider, wenn den Sozialkassen jährlich mehrere 100 Mio. Euro an Beitragsaufkommen im Wege der Insolvenzanfechtung durch Insolvenzverwalter entzogen würden und dies, wie die Praxis zeige, mit zunehmender Tendenz.

Insbesondere in Hinsicht auf die Sozialversicherungsträger sieht die Bundesregierung es deshalb für gerechtfertigt an, das Anfechtungsrecht einzuschränken. Die Sozialversicherungsträger seien in der Akzeptanz ihrer Schuldner nicht selbstbestimmt, sondern müssten jeden annehmen, der Arbeitgeber sozialversicherungspflichtiger Beschäftigter sei. Eine Auswahl nach der Bonität oder etwa nach langjährigen Geschäftsbeziehungen sei für sie gesetzlich ausgeschlossen. Die Beitragsforderung der Sozialversicherungsträger entstehe nach § 22 Abs. 1 SGB IV unabhängig von jeder tatsächlichen Lohn- und Gehaltszahlung fortlaufend mit der Beschäftigung von pflichtversicherten Arbeitnehmern gegen Arbeitsentgelt. Die

Möglichkeit, das Sozialversicherungsverhältnis zu beenden, bestünde für die Kassen nicht, da dieses kraft Gesetzes entstehe und nur unter den gesetzlich fixierten Voraussetzungen beendet werden könnte. Selbst bei nicht voller Befriedigung der Forderungen oder unregelmäßiger Zahlung an die Sozialversicherungen hätten diese keine Möglichkeit, sich aus dem Verhältnis zu lösen. Schuldner und Gläubiger seien ohne Rücksicht auf die finanzielle Situation des Schuldners und damit auf die Höhe der Rückstände bis zur Entlassung aller Beschäftigten untrennbar verbunden.

Die Bundesregierung ist der Ansicht, dass die Sozialversicherungsträger gegenüber anderen gleichwertigen Vertragspartnern schlechter stehen. Selbst wenn die Sozialversicherungsträger keinerlei Einnahmen durch die Arbeitgeber zu verbuchen hätten, blieben sie gleichwohl gegenüber den Arbeitnehmern zur Leistung verpflichtet. Diese Leistungspflicht begönne, ehe überhaupt ein Beitrag gezahlt worden sei, da es keine Wartezeit wie in der Privatversicherung gäbe. Zusätzlich zu diesen Regelungen sind die Einzugsstellen der Behörden einer Haftung für verspätet oder nicht geltend gemachte Forderungen gegen den Arbeitgeber ausgesetzt, da sie kraft gesetzlichen Auftrags die Beitragsforderungen auch für die gesetzliche Rentenversicherung, die Pflegeversicherung und die Bundesagentur für Arbeit geltend machen müssten. Aus diesen Ausführungen folgert die Bundesregierung ein nachhaltiges Interesse der Sozialkassen daran, dass über zahlungsunfähige Arbeitgeber zügig ein Insolvenzverfahren eröffnet werde. Denn nur über die Verfahrenseröffnung könnten sie verhindern, dass weitere Forderungen, bei denen in der Regel keine Hoffnung auf Erfüllung bestehe, und damit einhergehende Leistungspflichten entstünden. Kämen die Einzugsstellen dem nach und stellten im eigenen Interesse rechtzeitig einen Insolvenzantrag, würde auch die Gefahr einer Insolvenzanfechtung ihnen gegenüber reduziert.

Eine weitere rechtspolitische Überlegung, die die Bundesregierung bei der Gesetzesänderung leitet, ist die nach einem klar umrissenen Anfechtungstatbestand. Beabsichtig ist, die Belastung von Geschäftsbeziehungen des Insolvenzschuldners durch Anfechtungsrisiken aufgrund des Anfechtungszeitraum von 10 Jahren zu vermeiden. Außerdem soll einer Vermischung von kongruenter und inkongruenter Deckung im Hinblick auf die Beweiserleichterung des § 133 InsO entgegengewirkt werden. Angestrebt ist eine Unterscheidung zwischen diesen Deckungen, indem die Anforderungen an den Vorsatz verändert werden. Während bei einer inkongruenten Rechtshandlung eine Beweiserleichterung bezüglich der Kenntnis des Vorsatzes durchaus sinnvoll erscheine, sei sie doch bei einer kongruenten Deckung weniger angebracht, da hier schließlich nur das vermögensrechtlich Gewollte realisiert werde. Die in § 133 Abs. 1 S. 2 InsO enthaltene Vermutung solle daher zukünftig nicht mehr auf kongruente Deckungen anwendbar sein. Sie wird zurückgenommen, wodurch dem Insolvenzverwalter dann die vollständige Beweiserbringungslast bzgl. des Vorliegens eines Benachteiligungsvorsatzes des Schuldners und der Kenntnis des Gläubigers obläge. Weiterhin werden die Anforderungen an den Benachteiligungsvorsatz des Schuldners erhöht. Dieser läge nicht schon dadurch vor, dass der Schuldner bei der Vornahme der Rechtshandlung darüber im Klaren sei, dass er nicht alle Gläubiger wird befriedigen können, sondern es bedürfe eines weiteren Unwerturteils in Form der zusätzlichen Voraussetzung des unlauteren Verhaltens.

3. Stellungnahmen zu den Änderungen

a) Bundesrat

Der Bundesrat hat sich mit den Vorschlägen der Bundesregierung befasst und lediglich zu § 133 Abs. 1 InsO Bedenken.[16] Die Beschränkung des Anfechtungsrechts auf unlauteres Verhalten sei zum einen zu weitgehend, zum anderen befürchtet der Bundesrat Auslegungsprobleme aufgrund des unbestimmten Rechtsbegriffes. Außerdem sei das Verhältnis zwischen dem unlauteren Verhalten und dem Benachteiligungsvorsatz nicht eindeutig. Ferner stelle die Beschränkung des Anfechtungsrechts eine systemwidrige Bevorzugung der Sozialkassen dar. Dadurch würden die Sozialversicherungsträger weiter davon abgehalten werden, von ihren Antragsrechten Gebrauch zu machen und so die Rettung von krisenbefallenen Unternehmen erschwert.

Auf diese Stellungnahme des Bundesrates hat die Bundesregierung mit einer Gegenäußerung[17] reagiert und versucht, die Bedenken des Bundesrates zu zerstreuen. Zwar stelle der Begriff des unlauteren Verhaltens einen unbestimmten Rechtsbegriff dar, dieser sei aber bereits durch die Rechtsprechung in hinreichender Weise ausgefüllt worden. Bzgl. der Befürchtung des Bundesrates hinsichtlich des Verhältnisses zwischen dem unlauteren Verhalten und dem Benachteiligungsvorsatz reagierte die Bundesregierung mit einem abgeänderten Formulierungsvorschlag für § 133 Abs. 1 InsO:

„Anfechtbar ist eine Rechtshandlung, die der Schuldner in den letzten zehn Jahren vor dem Antrag auf Eröffnung des Insolvenzverfahrens oder nach diesem Antrag mit dem Vorsatz, seine Gläubiger auf unlautere Weise zu benachteiligen, vorgenommen hat, wenn der andere Teil zur Zeit der Handlung den Vorsatz des Schuldners kannte. Bei einer Handlung, die nicht eine nach § 130 Abs. 1 ist, wird diese Kenntnis vermutet, wenn der andere Teil wusste, dass die Zahlungsunfähigkeit drohte und dass diese Handlung die Gläubiger benachteiligte“.

Das unlautere Verhalten soll sich also auf den Benachteiligungsvorsatz beziehen. Abschließend merkte die Bundesregierung an, dass die Änderungen keinesfalls eine systemwidrige Bevorzugung der Sozialkassen darstellten sondern allen potenziellen Anfechtungsgegnern zugute kommen würden.

---

16 BR-Drucks. 618/05 vom 23.9.2005.

17 Gegenäußerung der Bundesregierung zur Stellungnahme des Bundesrates vom 23.9.2005 zum Entwurf eines Gesetzes zum Pfändungsschutz der Altersvorsorge und zur Anpassung des Rechts der Insolvenzanfechtung.

b) Bundesrechtsanwaltskammer

Neben dem Bundesrat haben sich auch zahlreiche Verbände zu dem Gesetzentwurf geäußert. Diesen Stellungnahmen ist gemein, dass sie sich nahezu einhellig gegen den Gesetzentwurf stellen. So meint etwa die Bundesrechtsanwaltskammer,[18] dass die Einschränkung von § 131 InsO für die Fälle der Zwangsvollstreckung die Insolvenzmassen in Zukunft deutlich schmälern würde. Dies würde insbesondere bei Verfahren über das Vermögen von Kapitalgesellschaften und bei fehlender Stundung der Verfahrenskosten zu weniger Verfahrenseröffnung führen. Damit rücke der Gesetzgeber von einem der Ziele der Insolvenzrechtsreform ab, nämlich der Erleichterung von Verfahrenseröffnungen. Außerdem bestünde die Befürchtung, dass die Problematik der inkongruenten Deckung lediglich von § 131 InsO in § 133 Abs. 1 InsO verlagert werde. Denn insbesondere die zwangsweise Beitreibung von Forderungen im insolvenznahen Dreimonatszeitraum vor Antragstellung indiziere die Kenntnis der Zahlungsunfähigkeit des Schuldners durch den Gläubiger sowie die Kenntnis, dass die Zwangsvollstreckungshandlung die übrigen Gläubiger benachteilige, in starkem Maße. Ferner stelle der Gesetzentwurf eine weitere Privilegierung der öffentlichen Kassen dar, die bereits im Rahmen der Einzelzwangsvollstreckung nicht nur einen Informationsvorsprung hätten sondern sich auch die Titel selber erstellen dürften und mit ihrem eigenen Personal vollstrecken könnten.

Auch die Änderungen zu § 133 Abs. 1 InsO werden von der Bundesrechtsanwaltskammer kritisiert. Sie seien überflüssig und sogar kontraproduktiv, da die nach ständiger Rechtsprechung und Literaturmeinung durchzuführende einzelfallbezogene richterliche Würdigung eingeschränkt würde. Außerdem sei unklar, wie der unbestimmte Rechtsbegriff des unlauteren Verhaltens Klarheit bringen solle.

c) Verband der Insolvenzverwalter Deutschlands (VID)

Auch der Verband der Insolvenzverwalter Deutschlands (VID)[19] hat sich mit dem Gesetzentwurf der Bundesregierung befasst. Durch die geplante Änderung in § 131 InsO werde die ursprünglich geplante Verschärfung des Anfechtungsrechts aufgegeben. Von den Änderungen profitierten lediglich die Sozialversicherungsträger und die Finanzbehörden, die ohnehin gegenüber den „normalen" Gläubigern im Vorteil seien, zu Lasten der einfachen Gläubiger. Ferner sei der Hauptgrund für die Änderungen, nämlich die jährliche Belastung der Sozialversicherungsträger durch die Insolvenzanfechtung mit mehr als 100 Millionen Euro, nicht näher belegt.

Auch die Änderungen zu § 133 Abs. 1 S. 2 InsO werden durch den VID kritisiert. Das Problem der Anfechtung würde sich überhaupt nicht stellen, wenn die Sozialversicherungsträger ihre Praxis änderten und nicht unter Ausnutzung ihrer hoheitlichen Möglichkeiten versuchten, alles in Beschlag zu nehmen, was sie könnten. Stattdessen sollten sie bei erkennbarer Zahlungsunfähigkeit einen Insolvenzantrag

---

18 BRAK-Stellungnahme-Nr. 22/2005 vom Juli 2005.
19 Stellungnahme des VID vom 6.7.2005.

stellen. Auch ein eventuell bestandenes übergroßes Insolvenzrisiko sei spätestens mit der neuesten BGH-Entscheidung obsolet, da dieser hier festgestellt habe, dass eine Befriedigung durch einen Pfändungs- oder Überweisungsbeschluss nicht von dem Tatbestand des § 133 Abs. 1 InsO erfasst sei. Weiterhin sei der Zeitrahmen von zehn Jahren rein theoretischer Natur, da niemand sich über einen so langen Zeitraum der Gefahr einer Zwangsvollstreckung ausgesetzt sähe. Der Gesetzgeber sollte dennoch lieber den Zeitrahmen auf ein Jahr oder sechs Monate verkürzen, anstatt die geplanten Änderungen vorzunehmen.

d) Gravenbrucher Kreis

Neben dem VID hat sich auch der Gravenbrucher Kreis zu dem Gesetzentwurf der Bundesregierung geäußert.[20] Die geplanten Änderungen des § 133 InsO stünden im Widerspruch zu § 88 InsO, der durch Zwangvollstreckung erlangte Sicherheiten im Zeitraum von einem Monat vor Stellung des Insolvenzantrages für unwirksam erkläre, ohne dass es einer Anfechtung bedürfe. Außerdem sei in den Jahren seit Inkrafttreten der Insolvenzordnung die Quote der Betriebsfortführungen und die Eröffnung der Verfahren auf über 50 % gestiegen. Diese auch im Ausland angesehene Errungenschaft werde durch die geplanten Änderungen gefährdet. Durch die Einführung der Vorrechte für Sozialversicherungsträger und Finanzbehörden werde die Betriebsfortführung im Eröffnungsverfahren erschwert, was zu einer früheren Entlassung von Mitarbeitern führe. Hierdurch entstünden Folgekosten für die Bundesagentur für Arbeit. Auch der Insolvenzverschleppung werde durch die geplanten Änderungen Vorschub geleistet, da die Sozialversicherungsträger kein Interesse mehr hätten, einen Insolvenzantrag zu stellen, wenn sie sanktionslos Vollstreckungsmaßnahmen durchführen könnten. Der hierdurch entstehende immense Schaden für die Gesamtwirtschaft werde von der Bundesregierung nicht beachtet.

e) Deutsche Richterbund

Auch der Deutsche Richterbund schließt sich der Kritik an dem Gesetzentwurf an.[21] Die Einfügung in § 131 Abs. 1 InsO stelle eine willkürliche Bevorzugung solcher Gläubiger dar, die bereits über einen Titel verfügen, also vornehmlich der Sozialversicherungsträger und der Finanzbehörden. Dies sei ein Bruch der unumstrittenen Wertung, dass die Zwangsvollstreckung eine Art Befriedigung darstelle, die keines besonderen Schutzes bedarf. Anstatt dieser versteckten Bevorzugung schlägt der Richterbund vielmehr eine ausdrückliche Aufnahme der Sozialversicherungsträger und der Finanzbehörden in den Wortlaut des § 131 InsO vor, da dies größere Wirkung erzielen würde. So hätten nämlich dann tatsächlich nur die genannten Gläubiger Vorteile gegenüber den anderen Gläubigern. Andernfalls könnte es sein, dass „normale“ Gläubiger, die einen Titel haben gegenüber den titellosen „normalen“

---

20 Stellungnahmen vom 13.7.2005 und vom 2.12.2005.
21 Stellungnahme des DRB vom 10.2005.

Gläubigern bevorzugt würden. Dies sei aber nicht Ziel der Bundesregierung. Eine solche Bevorzugung sei sachlich auch nicht begründet, da das Haben eines Titels eine rein formale Angelegenheit darstelle und nichts über die Qualität der zugrunde liegenden Forderung aussage. Auch der Entwurf zur Änderung des § 133 Abs. 1 InsO sei wenig gelungen, da hierdurch, was auch ausdrücklich im Regierungsentwurf angesprochen werde, solche Gläubiger bevorzugt würden, die ihre Forderungen mittels besonders rüder Methoden eintrieben.

f) *Zentralverband des Deutschen Handwerks*

Einzig der Zentralverband des Deutschen Handwerks steht dem Gesetzentwurf positiv gegenüber.[22] Die Änderung des § 131 Abs. 1 InsO findet die Zustimmung der Zentralverbandes, da nicht nur von der Art und Weise der Durchsetzung der Forderung auf ihre Anfechtbarkeit abgestellt werden könne. Auch im Hinblick auf die Änderungen bei § 133 Abs. 1 InsO stimmt der Zentralverband mit der Bundesregierung überein.

g) *Literatur*

Auch die insolvenzrechtliche Fachliteratur stört sich erheblich an dem Entwurf der Bundesregierung. Die Kritik bezieht sich hier vor allem auf die Gesetzesbegründung. Es wird dem Gesetzgeber vorgeworfen, er beabsichtige mit scheinheiligen Argumenten eine Aufhebung des zentralen Grundsatzes der Gläubigergleichbehandlung.[23] Die Möglichkeit zur Zwangsvollstreckung durch die stärksten und schnellsten Gläubiger, also die Erstreckung des Prioritätsprinzips bis zur Insolvenzeröffnung, würde zur Ausplünderung der späteren Insolvenzmasse führen. Die Zahl der mangels Masse nicht eröffneten Verfahren stiege ganz erheblich an und der Bestrebung, der Massearmut entgegenzuwirken, wäre nicht geholfen.[24] Die Bundesregierung argumentiere, dass sich die Sozialversicherungsträger ihre Schuldner nicht aussuchen dürften sondern vielmehr jeden akzeptieren müssten, gleich wie schlecht dessen finanzielle Situation aussehe. Darüber hinaus bliebe auch die Zahlungspflicht der Sozialversicherungsträger gegenüber den Arbeitnehmern ihrer Schuldner bestehen, selbst wenn bereits das Insolvenzverfahren über das Vermögen der Schuldner eröffnet worden sei. Diesen Argumenten sei indes entgegenzuhalten, dass der Kontrahierungszwang auch ein Garant für stetige Beitragszahlungen sei. Außerdem seien die Sozialversicherungsträger aufgrund der ihnen durch Gesetz gegebenen Befugnis in der Lage, sich ihre vollstreckbaren Titel selbst durch einen Verwaltungsakt auszustellen, sie mithin einen schnelleren Zugriff auf das Ver-

---

22 Stellungnahme des ZDH vom 7.7.2005.

23 Vgl. *Flöther/Bräuer*, Die Inthronisierung des Gläubigersouveräns – Zur Privilegierung von Fiskus und Sozialkassen durch Änderung des Insolvenzanfechtungsrechts, in: InVo 2005, 392; *Marotzke*, Anmerkung zu BGH vom 10.2.1005, in: JR 2006, 25; *Pape/Uhlenbruck*, 30 Jahre Insolvenzrechtsreform für die Katz?, in: ZIP 2005, 421.

24 *Huber*, Referentenentwurf: „Anpassung des Rechts der Insolvenzanfechtung", in: ZInsO 2005, 788; *Flöther/Bräuer*, (Fn. 23), 392.

mögen des Schuldners haben, als andere Gläubiger. Zudem stünde die Nichtabführung von Arbeitnehmeranteilen zur Sozialversicherung gem. § 266a StGB unter Strafe.[25] Insofern seien die vermeintlichen Nachteile der Sozialversicherungsträger durch einige Vorteile ausgeglichen, so dass es nicht noch einer weiteren Vorteilsgewährung durch die Reform der Insolvenzanfechtung bedürfe. Smid[26] verweist in diesem Zusammenhang zurecht darauf, dass der Gesetzgeber mit der Wiedereinführung von Privilegien einzelner Gruppierungen, für deren Abschaffung sich der Gesetzgeber erst kürzlich ausgesprochen hat, dem Grundanliegen der Insolvenzrechtsreform widerspricht, daher diese ersatzlos zu streichen seien. Weiterhin verweist er auf den Widerspruch der geplanten Änderung zu der Rückschlagsperre des § 88 InsO, der Sicherungen und Befriedigungen im Zeitraum von einem Monat vor Antragsstellung automatisch für unwirksam erklärt. § 88 ergänze das Anfechtungsrecht, indem er sich auch auf Zwangsvollstreckungsmaßnahmen beziehe. Aus dem Fehlen jeglicher subjektiver Voraussetzungen sei zu folgern, dass dieser im Zusammenhang mit § 131 InsO stünde und Zwangsvollstreckungsmaßnahmen somit als inkongruent zu qualifizieren wären. Dieses Verhältnis würde durch den Gesetzesentwurf gestört.[27]

4. Auswirkungen der geplanten Änderungen

Die geplanten Änderungen stellen im Hinblick auf die heutige Rechtslage einen Rückschritt dar. Die Insolvenzanfechtung droht, ihre Wirkung zu verlieren. Sorgen bereitet insbesondere, dass die Gläubiger förmlich zu rüden Vollstreckungsmethoden eingeladen werden. Wer nicht darauf achtet, dass er so schnell wie möglich mittels Zwangsvollstreckung an sein Geld kommt, wird leer ausgehen.

Durch eine dem Entwurf entsprechende Gesetzesänderung wird eine traditionelle Rechtsprechung mit einem Schlag durchbrochen. Seit den frühen Entscheidungen des Reichsgerichts war es einhellige Auffassung, dass Zwangsvollstreckungen Rechtshandlungen darstellen, die zu einer inkongruenten Deckung führen. Diese Rechtsprechung war aufgrund der Gestaltung des § 131 InsO, der kaum subjektive Voraussetzungen aufstellt, zugegeben sehr anfechtungsfreundlich. Dies entsprach aber auch dem Willen des Reformgesetzgebers von 1999, der die Insolvenzanfechtung stärken wollte. Die Notwendigkeit der Erleichterung des Anfechtungsrechts wurde bereits in dem Ersten Bericht der Kommission für Insolvenzrecht von 1985 erkannt, in dem angemerkt wurde, dass das damalige Konkursanfechtungsrecht seine ihm vom Gesetzgeber zugedachte Aufgabe, den Bestand des den Gläubigern haftenden Vermögens des Schuldners wiederherzustellen und damit die Massearmut zu verhindern, nicht ausreichend erfüllen konnte, da die Durchsetzung von

---

25 *Flöther/Bräuer*, (Fn. 23), 389.
26 *Smid*, Zur „Anpassung des Rechts der Insolvenzanfechtung" und anderen Fragen der gegenwärtigen Gesetzgebung, in: DZWIR 2005, 417.
27 *Smid*, (Fn. 26), 416; vgl. auch *Huber*, (Fn. 24), 787.

Anfechtungsansprüchen aufgrund zu vieler subjektiver Tatbestandsmerkmale erheblich erschwert wurde. Eine damals durchgeführte Befragung von Konkursverwaltern in Deutschland habe ergeben, dass die Mehrheit der Befragten die Gründe für die wenigen Anfechtungsprozesse in den Beweisschwierigkeiten gesehen hätten.[28] Daher hat sich die Kommission für Insolvenzrecht auch die Abschaffung der subjektiven Tatbestandsmerkmale bzw. die Erleichterung ihres Nachweises auf die Fahne geschrieben.[29] Diesem Anliegen wurde dann auch in dem Diskussionsentwurf „Gesetz zur Änderung des Insolvenzrechts“ des Bundesministeriums der Justiz von 1988 gefolgt, indem subjektive Tatbestandsmerkmale teilweise beseitigt und teilweise durch Vermutungen und Umkehrungen der Beweislast zugunsten des Insolvenzverwalters entschärft wurden.[30] Auf diesen Diskussionsentwurf folgte ein Referentenentwurf, der nochmals deutlich machte, dass es gerade das Ziel sei, die Insolvenzanfechtung wirksamer auszugestalten. Hierzu sei die vorgenommene teilweise Abschaffung der subjektiven Tatbestandsmerkmale sowie die Erleichterung deren Beweisbarkeit erforderlich.[31]

Diese Entwicklung in Rechtsprechung, Literatur und in der Gesetzgebung nun ohne triftigen Grund ins Gegenteil zu verkehren, will nicht einleuchten. Eine Konsequenz der geplanten Änderungen wird sein, dass Zwangsvollstreckungsmaßnahmen unter § 130 InsO fallen werden. Dieser stellt allerdings erhöhte Voraussetzungen an die Kenntnis des Gläubigers, der diese Zwangsvollstreckungsmaßnahme vornimmt. Das Vorliegen dieser subjektiven Voraussetzungen muss der Insolvenzverwalter beweisen, will er die Rechthandlung anfechten.[32] Dies wird für ihn eine nahezu unmögliche Aufgabe darstellen. Wie die Erfahrung gezeigt hat, wird die Zahl der Anfechtungsprozesse, vornehmlich bzgl. Zwangsvollstreckungsmaßnahmen, zurückgehen, was dazu führen wird, dass faktisch ein Gläubigerprivileg zugunsten der Sozialkassen und des Fiskus wieder eingeführt wird. Eine zwangsläufige Beeinträchtigung der Sanierungschance eines Unternehmens, die in Stellungnahmen im Schriftum befürchtet wird,[33] wird dagegen nicht erfolgen. Dies anzunehmen stellt eine praxisferne Erwägung dar, weil eine mögliche Sanierung zum Zeitpunkt der Anfechtung entweder bereits stattgefunden oder ohnehin keine Aussicht auf Erfolg hat.

Eine weitere Konsequenz der geplanten Änderungen wird sein, dass die Befriedigungsaussichten der Mehrzahl der Insolvenzgläubiger zugunsten der Sozialversicherungsträger und der Finanzbehörden, die sich ihre Titel selbst erstellen können

28 Bundesministerium der Justiz, Erster Bericht der Kommission für Insolvenzrecht, S. 399.
29 A.a.O., S. 399.
30 Bundesministerium der Justiz, Diskussionsentwurf Gesetz zur Reform des Insolvenzrechts, S. B113 f.
31 Bundesministerium der Justiz, Referentenentwurf Gesetz zur Reform des Insolvenzrechts, Teil 3 S. 142.
32 Vgl. *Kirchhof*, in: MünchKomm InsO, § 130 Rn. 61.
33 Vgl. die Nachw. in der Einleitung zur Kritik des Entwurfs eines Gesetzes zum Pfändungsschutz der Altersvorsorge und zur Anpassung des Rechts der Insolvenzordnung an den Rechtsausschuss des Bundestages.

und den Insolvenzgläubigern, die bereits über einen Zwangsvollstreckungstitel verfügen, sinken werden. Von einer Gläubigergleichbehandlung kann in dieser Hinsicht nicht mehr gesprochen werden. Eine solche Bevorzugung einzelner Gläubiger wirft dazu verfassungsrechtliche Bedenken auf, da die Ungleichbehandlung keinesfalls auf materielle Unterscheidungskriterien hinsichtlich der Forderungen zurückzuführen ist, sondern lediglich von der Inhaberschaft eines Zwangsvollstreckungstitels abhängt. Zudem fällt auf, dass die Begründung der Bundesregierung nicht ganz zum Wortlaut des § 131 InsO passt. Dieser spricht eindeutig davon, dass eine Sicherung oder Befriedigung unter anderem dann inkongruent ist, wenn sie nicht „in der Art“ zu beanspruchen war. Indem die Bundesregierung nunmehr auf dieses Merkmal gar nicht mehr abstellen will und sagt, dass es darauf nicht mehr ankäme, widerspricht sie dem Wortlaut; konsequenter wäre gewesen, das Merkmal dann ersatzlos zu streichen.

Auch die Änderungen zu § 133 InsO werden nicht zu einer Stärkung der Insolvenzanfechtung beitragen. Die Bundesregierung möchte zwar den Wortlaut des § 133 InsO klarer gestalten, wie dieses Ziel mit der Einfügung des unbestimmten Rechtsbegriffes des unlauteren Verhaltens erreicht werden soll, leuchtet allerdings nicht ein. Problematisch ist in diesem Zusammenhang sicherlich zunächst die Ausfüllung dieses unbestimmten Rechtsbegriffes. Nach der Begründung der Bundesregierung reicht für den Benachteiligungsvorsatz, der unlauteres Handeln erfordert, jedenfalls das Bewusstsein, nicht alle Gläubiger befriedigen zu können, nicht aus. In diesem Zusammenhang weist der Entwurf darauf hin, dass ein Schuldner, der in Kenntnis der Überschuldung leistet, in erster Linie aber seinen vertraglichen Verpflichtungen nachkommen möchte, nicht die subjektiven Voraussetzungen der Norm erfüllen würde. Jedenfalls sei die Erfüllung eines gesetzlichen Auftrages öffentlich-rechtlicher Gläubiger nicht unlauter. Hinzukommen muss ein kollusives Zusammenwirken zwischen Schuldner und Gläubiger. Warum allerdings gerade die Sozialversicherungsträger und Finanzbehörden nie unlauter handeln würden, nur weil sie einen gesetzlichen Auftrag erfüllen – gegebenenfalls auch im Zusammenwirken mit dem Schuldner-, leuchtet nicht ein. Die Gesetzesbegründung zeichnet sich letztlich dadurch aus, dass sie eher um eine Bestimmbarkeit einer unlauteren Handlung kreist, als dass sie sie trifft. Danach soll der spätere Gemeinschuldner bei der Erfüllung seiner Verbindlichkeiten in einer mit Treu und Glauben nicht zu vereinbarenden, unlauteren Weise einen Gläubiger bevorzugen. Es soll dem Schuldner ausschließlich darauf ankommen, andere Gläubiger zu benachteiligen, dem Empfänger der Leistung also einen Vorsprung zu gewähren. Oder aber der Schuldner verheimlicht wissentlich seine Vermögensunzulänglichkeit, um den Zugriff anderer Gläubiger zu erschweren oder unmöglich zu machen. Unlauter handelt jedoch der Schuldner nicht, wenn er sich von einer Sanierungserwartung leiten lässt oder aber wenn sich der Schuldner durch Unterlassen einer Zahlung dem Risiko aussetzt, wegen einer Straftat verfolgt zu werden.

Hilfreich sind diese Ausführungen bei der Auslegung nicht. Vielmehr drängt sich auf, dass der Gesetzgeber zwar das Ziel formuliert, dass Zahlungen an den Fiskus oder Sozialkassen durch Zwangsvollstreckung oder Drohung mit einer Zwangsvollstreckung nur dann anfechtbar seien, wenn gravierende zusätzliche Umstände hinzukommen, aber den Rechtsanwender auf dem Weg dorthin im Regen stehen lässt. Es drängt sich der Verdacht auf, dass hier eine Bevorteilung des Fiskus und der Sozialkassen geschaffen werden soll, ohne das Kind beim Namen zu nennen oder nennen zu wollen. Die Bundesregierung zieht sich in ihren Stellungnahmen darauf zurück, ein ausgewogenes Verhältnis zwischen den Beschränkungen der Anfechtungsmöglichkeiten und damit einhergehender Erschwerung der Sanierungsmöglichkeiten einerseits, und der Stabilität sozialer Sicherungssysteme andererseits Sorge tragen zu müssen. Um dieses Ziel zu erreichen, müsse das Anfechtungsrecht wieder auf die ursprüngliche Zielrichtung zurückgeführt werden. Eine Besserstellung soll deswegen aber nicht erkennbar sein, was dadurch erreicht werden soll, dass eben nicht eine Sonderregelung für öffentlich-rechtliche Gläubiger geschaffen werden soll.[34] Diese Ausführungen werden dem tatsächlichen Ziel der geplanten Änderungen aber nicht gerecht. Tatsächlich werden Erkenntnisse der vergangenen 30 Jahre, die in der Novellierungen der Insolvenzordnung mündeten, aufgegeben und alte Wunden wieder aufgerissen, in dem Privilegien für die Sozialkassen und den Fiskus wieder eingeführt werden.

IV. Änderung des § 138

1. Änderungen

a) *Inhalt des Gesetzentwurfes*[35]

Die Bundesregierung beabsichtigt, § 138 Abs. 1 InsO um folgende Punkte erweitern:

In Nummer 3 sollen nach dem Wort *„haben“* die Wörter *„sowie alle Personen, die auf Grund einer dienstvertraglichen Verbindung zum Schuldner die Möglichkeit haben, sich über dessen wirtschaftliche Verhältnisse zu unterrichten“* eingefügt werden.

Außerdem soll folgende Nummer 4 angefügt werden: *„eine juristische Person oder eine Gesellschaft ohne Rechtspersönlichkeit, sofern der Schuldner oder eine der in Nummer 1 bis 3 genannten Personen Mitglied des Vertretungs- oder Aufsichtsorgans, persönlich haftender Gesellschafter oder zu mehr als einem Viertel an deren Kapital beteiligt ist oder auf Grund einer vergleichbaren gesellschaftsrechtlichen oder dienstvertraglichen Verbindung die Möglichkeit hat, sich über die wirtschaftlichen Verhältnisse des Schuldners zu unterrichten“*.

b) *Begründung des Gesetzentwurfes*

Mit der Einfügung der Nummer 4 will die Bundesregierung eine Lücke schließen, die bereits in der Literatur bemängelt wurde. In der heutigen Fassung des § 138 InsO enthalte lediglich Absatz 2 eine detaillierte Regelung, welche juristischen Per-

---

34 So in einem Schreiben an den Vorsitzenden des VID vom 7.3.2006, veröffentlicht unter www.vid.de

35 Entwurf eines Gesetzes zur Vereinfachung des Insolvenzverfahrens vom 8.2.2006.

sonen bzw. Gesellschaften als nahestehend anzusehen seien. Eine solche Regelung fehle dagegen für die Insolvenz der natürlichen Person. Den Grund für die Notwendigkeit einer solchen Regelung sieht die Bundesregierung vornehmlich in der Tatsache, dass es nicht selten vorkomme, dass ein Schuldner Vermögensteile auf eine Gesellschaft übertrage, an der er oder eine ihm nahestehende Person im Sinne von Abs. 1 beteiligt sei.

Auch in dem Fehlen der dienstvertraglichen Verbindung in Nummer 3 sieht die Bundesregierung eine Regelungslücke, deren Schließung sie bezweckt. Es müsse beachtet werden, dass eine natürliche Person, die im Rahmen eines Dienstvertrages mit dem Schuldner verbunden sei, besondere Informationsmöglichkeiten habe, deretwegen sie als nahestehende Person zu qualifizieren sei.

2. Auswirkungen der Änderung

Auch der BGH hatte die Lücke des § 138 InsO bereits erkannt und vom Schuldner beherrschte Gesellschaften mehrmals als nahestehende Personen qualifiziert.[36] Die Begründung für diese Sichtweise wurde zu Zeiten der Konkurs- und Vergleichsordnung geliefert. Eine vergleichbare Problematik stellte sich auch schon unter § 31 Nr. 2 KO, der seinem Wortlaut nach auf natürliche Personen beschränkt war. Der BGH hat hier erkannt, dass sich die „Gefahr, welcher die Bestimmung vorbeugen und abhelfen soll, und der Verdacht bei den dort ausgeführten Geschäften" nicht ausschließlich auf natürliche Personen beschränken. Daher müsse nach Sinn und Zweck des Gesetzes die Vorschrift grundsätzlich in bestimmtem Umfang auch auf juristische Personen Anwendung finden.[37] Beschritten wurde dieser Weg im Konkurs einer offenen Handelsgesellschaft, einer Kommanditgesellschaft und einer Ein-Mann-GmbH.[38] Im Falle des Konkurses einer GmbH mit mehreren Gesellschaftern zog der BGH § 108 Abs. 2 VerglO heran. Begründet wurde diese Analogie mit der rechtsvergleichenden Erwägung, dass die Vorschrift § 32 Abs. 2 der österreichischen Konkursordnung entspreche. Da § 108 Abs. 2 VerglO, wenn auch nur im Rahmen des Vergleichsverfahrens, Eingang in das deutsche Insolvenzrecht gefunden habe, erscheine eine Anwendung auf § 31 Nr. 2 KO gerechtfertigt, zumal der Maßstab klar sei und zu einem sachgerechten Ergebnis führe.[39]

Kritik am Regierungsentwurf ruft lediglich die Ergänzung der Nummer 3 des § 138 Abs. 1 InsO hervor. Der VID bemängelt, dass die geplante Ausdehnung der Anfechtungsmöglichkeit in der Praxis nur schwer umzusetzen sein würde.[40] Außerdem sei

---

36 Vgl. BGH Urt. v. 18.12.2003, IX ZR 45/03, NZI 2004, 449; BGH Urt. v. 12.12.1985, IX ZR 1/85, BGHZ 96, 352; BGH Urt. v. 22.12.1971, VIII ZR 136/70, BGHZ 58, 20.
37 BGH Urt. v. 12.12.1985, IX ZR 1/85, BGHZ 96, 352; vgl. auch BGH Urt. v. 22.12.1971, VIII ZR 136/70, BGHZ 58, 20.
38 BGH Urt. v. 12.12.1985, IX ZR 1/85, BGHZ 96, 352.
39 BGH Urt. v. 22.12.1971, VIII ZR 136/70, BGHZ 58, 20.
40 Stellungnahme des VID vom 15.3.2006.

nicht nachvollziehbar, warum die Ausdehnung der Anfechtungsmöglichkeit auf Personen mit einer dienstvertraglichen Verbindung zum Schuldner beschränkt sein sollte und damit die in der Krise mit viel besseren Kenntnissen über seine wirtschaftliche Situation ausgestatteten Berater, insbesondere Unternehmens- und Steuerberater, aus der Norm herausfielen. Der Wortlaut dürfe also nicht auf dienstvertragliche Verbindungen beschränkt sein sondern müsse vielmehr generell alle vertraglichen Verbindungen umfassen.

An der Einfügung durch Nummer 4 ist nichts auszusetzen. Vielmehr wird dadurch die bisher kritisierte Lücke geschlossen, die Insolvenzanfechtung damit ein Stück erleichtert. Doch im Rahmen der Ergänzung durch Nummer 3 wird tatsächlich die Beschränkung auf dienstvertragliche Verbindungen nicht verständlich.

Die Entschuldung völlig mittelloser Personen, ein Alternativmodell zum Gesetzesentwurf vom 2.3.2006

André Houben

I. Einleitung

Der der die Entschuldung völlig mittelloser Personen betreffenden Teil des Gesetzesentwurfes der Bundesregierung ist nicht praktikabel, um den vom Gesetzgeber verfolgten Zweck der Gesetzesänderung zu erreichen.

Mittel der angestrebten Kostenersparnis soll die Einsparung von Personal sowohl in der Justiz als auch bei den Schuldnerberatungsstellen sein. Die Neukonzeption eines komprimierten Entschuldungsverfahrens im gerichtlichen Teil des Insolvenzverfahrens soll die Einsparung bewirken.[1]

Außerdem wird angeführt, dass die Vergütung für den Treuhänder den größten Kostenblock im Verfahren ausmacht und dieser daher abzuschaffen ist.[2]

Beide Prämissen sind nach den Erfahrungen des Verfassers, dessen Kanzlei in ca. 1.500 Fällen als Treuhänder bestellt ist und die mehr als 500 vorgerichtliche Verfahren durchgeführt hat, falsch und die aus ihnen gezogenen Folgerungen erscheinen zur Erreichung der legislatorischen Ziele ungeeignet.

Da beim Entschuldungsverfahren die Arbeit des Treuhänders auf die Rechtspfleger übertragen und da das gesamte Entschuldungsverfahren in den gerichtlichen Teil eingeordnet wird, bleibt für die Richter die gleiche Arbeit und für die Rechtspfleger deutlich mehr als bisher zu tun. Dies führt nach eigenen Ausführungen im Entwurf zu Mehrausgaben.[3] Die Behauptung, dass die Kosten des Treuhänders den größten Block ausmachen, ist deswegen falsch, weil bei den in den Statistiken dokumentierten Kosten des Gerichts jeweils vergessen wird, die Personalkosten für den Richter, die Rechtspfleger sowie die Geschäftsstellen in Ansatz zu bringen. Berücksichtigt wurden ausschließlich Veröffentlichungskosten und ähnliches.

Die Kosten des Treuhänders für seine Tätigkeit im gerichtlichen Verfahren liegen maximal bei 1.000,00 €, die Kosten im Restschuldbefreiungsverfahren bei 6 x 100,00 €, sodass man im Schnitt von ca. 1.500,00 € an Kosten für den Treuhänder ausgehen kann. Allein die Personalkosten des Gerichts für Richter, Rechtspfleger und Geschäftsstelle dürften diesen Betrag weit übersteigen.

---

1 Begründung, A, Allgemeiner Teil, I., 1, 1. Absatz.
2 Begründung, A, I., 2., c), cc), 1. Absatz.
3 Einleitung, D., 2. b).

Unabhängig davon, dass seit Änderung der Insolvenzordnung mit Einführung des Stundungsmodells noch keinerlei Erfahrungen darüber vorliegen, inwieweit der Insolvenzschuldner nach Ablauf der Vierjahresfrist im Anschluss an die Restschuldbefreiung die gestundeten Kosten zurückgezahlt hat,[4] ist das im Gesetzesentwurf der Bundesregierung vom 02.03.2006 aufgezeigte Entschuldungsverfahren nicht geeignet, die beabsichtigte Kostenreduzierung und Verschlankung des Verfahrens zu erreichen.

Wenn daher ein Entschuldungsverfahren eingeführt werden soll muss der Hebel an anderer Stelle angesetzt werden.

II. Lösungsansatz

Seit einigen Jahren überlegen die Justizminister der Länder im Rahmen der großen Justizreform das Gerichtsvollzieherwesen komplett zu privatisieren. Der Deutsche Gerichtsvollzieherbund befürwortet diese Lösung.[5] Hierfür ist angedacht, ein Beleihungsmodell einzuführen, in dem privatisierte Gerichtsvollzieher das Recht eingeräumt bekommen, hoheitsrechtliche Aufgaben wahrzunehmen.[6]

Dieser Grundidee folgend, sollten Aufgaben des Gerichts im Verbraucherinsolvenzverfahren und zwar im Wesentlichen diejenigen der Rechtspfleger, Treuhändern übertragen werden, die als Beliehene des Staates sämtliche Rechte wahrnehmen, die erforderlich sind, um eine gerechte Durchführung der Entschuldung zu gewährleisten.

Auch der Koalitionsvertrag spricht nicht gegen eine Übertragung zumindest von Teilen des staatlichen Entschuldungsmonopols auf Treuhänder als Beliehene. Denn dort wird nicht nur angesprochenen, dass ein neues Verfahren zur Entschuldung mittelloser Personen geschaffen wird,[7] sondern es ist genauso der Wunsch der Koalitionsparteien, die Diskriminierung von Public Private Partnerships unter anderem auch für das Sozialhilfegesetz und damit auch für die Schuldnerberatung abzuschaffen.[8] Der Mittelstand soll von den Public Private Partnerships profitieren.

Die Übertragung von Teilen des gerichtlichen Verbraucherinsolvenzverfahrens auf einen beliehenen Treuhänder, der in einem Zug das vorgerichtliche Verfahren mit erledigen kann, um anschließend noch die Überwachungsfunktion im Restschuldbefreiungsverfahren zu übernehmen, gewährleistet eine Kostenersparnis durch Personaleinsparungen bei Gericht und eine Konzentration auf eine spezialisierte Person, sodass die im Gesetzesentwurf angestellten verfassungsrechtlichen Überlegungen obsolet sind. Dies setzt natürlich voraus, dass zwischen einer Entschul-

---

4 *Mäusezahl*, ZVJ, 2005, 398 ff.
5 Handelsblatt, 5. Januar 2005.
6 Hinweis auf Zwischenberichte des Deutschen Gerichtsvollzieherbundes zur Vorlage bei den Justizministerkonferenzen im Juni 2005, Internet www.dgvb.de
7 Koalitionsvertrag B, VIII, 2, 2.2., Seite 142.
8 Koalitionsvertrag B, I, 1.2., Seite 21.

dung mittelloser Verbraucher und dem Verbraucherinsolvenzverfahren mit zumindest Verfahrenskosten deckender Masse nicht differenziert wird.

Dieses Verfahren des beliehenen Treuhänders diskriminiert auch nicht die Schuldnerberatungsstellen, die im Falle ausreichender Qualifikation selbstverständlich den Status des beliehenen Treuhänders erlangen können.

Ein Bestellungsverfahren, wie derzeit bei den Regelinsolvenzverwaltern, sollte entfallen. In Anlehnung an die Bestellung von Notaren muss die Gesetzesänderung Voraussetzungen für die Erlangung des Treuhänderamtes konstituieren. Wie auch bei der Wahl des Notars muss es für den Insolvenzschuldner offen sein, welchen Treuhänder er sich aussucht. Gegen ein Auswahlverfahren entsprechend den derzeit praktizierten Bestellungen der Regelinsolvenzverwalter spricht die Uneinheitlichkeit der Regelungen bei den einzelnen Insolvenzgerichten. Auch wenn mittlerweile wohl ein Anspruch auf Aufnahme in die Vorauswahlliste besteht, sind die Anforderungen für einen Anspruch auf Bestellung durch die Oberlandesgerichte völlig uneinheitlich.[9] Diesem Dilemma kann am einfachsten entgangen werden, wenn man zu dem beliehenen Treuhänder freien Zugang gewährt.

Gläubigeranträge auf Eröffnung des Verbraucherinsolvenzverfahrens bei Gericht sind von Ihrer Anzahl her vernachlässigbar. Beantragt ein Gläubiger die Eröffnung des Insolvenzverfahrens über das Vermögen einer privaten Person, so wird es sich in der Regel um ein Regelinsolvenzverfahren handeln, da man insoweit der im Gesetzesentwurf vorgeschlagenen Regelung[10] zur Abgrenzung zwischen Regel- und Verbraucherinsolvenz folgen soll. Denn nur natürliche Personen, die derzeit keine selbständige wirtschaftliche Tätigkeit ausüben, kommen für das Verbraucherinsolvenzverfahren in Betracht, alle übrigen unterfallen dem Regelinsolvenzverfahren.

III. Verfahren

Entsprechend den Ansätzen des Gesetzesentwurfs soll auch beim Beliehenen-Modell das vorgerichtliche Verfahren mit dem gerichtlichen Verfahren, soweit es die Aufnahme des Gläubigerbestands und die Erarbeitung des Schuldenbereinigungsplans angeht, zusammengelegt werden.

Demnach sind nachfolgende Einzelpunkte, ohne Anspruch auf Vollständigkeit, in der Insolvenzordnung neu zu regeln:

1. Eingangsprüfung

Der Treuhänder prüft seine Vorbefassung, da für ihn ein Vorbefassungsverbot gilt. Der Treuhänder prüft und stellt fest, ob es sich um ein Verbraucher- oder Regel-

9 ZInso 2006, 78 ff.
10 § 304 des Gesetzesentwurfes.

insolvenzverfahren einer Privatperson handelt. Handelt es sich um ein Regelinsolvenzverfahren, kann der Treuhänder dem zukünftigen Insolvenzschuldner im zu eröffnenden Regelinsolvenzverfahren z. B. bei der Antragstellung oder im eröffneten Verfahren rechtsberatend zur Seite stehen.

Da es sich dabei nicht mehr um vorgerichtliche Beratungstätigkeit handelt, können die Rechtsanwälte nur über RVG, VV 3313, 3317 liquidieren.

Beratungshilfe kommt für gerichtliche Beratungstätigkeit nicht in Betracht. Prozesskostenhilfe wird nach obergerichtlicher Rechtsprechung nicht gewährt. Wenn Schuldnerberatungsstellen tätig werden, erhalten sie ihre Vergütung mittels Zuwendungen des jeweiligen Landesministeriums. Vom Insolvenzschuldner braucht keine Gebühr verlangt zu werden. Insoweit ist die verfassungsmäßig relevante Ungleichbehandlung von Anwälten und Schuldnerberatungsstellen über das Gesetz zu beheben.

2. Vorverfahren im Verbraucherinsolvenzverfahren

Wie im Gesetzesentwurf soll der Zwang zum außergerichtlichen Einigungsversuch grundsätzlich beibehalten werden.[11]

Auf die Begründung zu Nr. 28 kann insoweit verwiesen werden. Dies gilt nicht, soweit das Insolvenzgericht mit dem Verfahren befasst werden soll. Das Prüfen der Aussichtslosigkeit eines vorgerichtlichen Schuldenbereinigungsversuchs, die Durchführung des Schuldenbereinigungsversuchs sowie das Bescheinigen des Scheiterns liegen ebenso in der Kompetenz des Treuhänders wie das Zustimmungsersetzungsverfahren.

Gleiches gilt für den im Entwurf enthaltenen § 305 Abs. 3. Auch hier obliegt es dem Treuhänder, den Antrag des Schuldners als unzulässig zu verwerfen. Das Insolvenzgericht kommt erst ins Spiel, wenn hiergegen die sofortige Beschwerde eingelegt wird.[12] Das Versenden des Schuldenbereinigungsplans und ggf. das Bestätigen der Einigung übernimmt ebenfalls der Treuhänder, ebenso wie alle nötigen Veröffentlichungen.

Die Vergütung des Treuhänders bemisst sich nach VV RVG 2604 bis 2608 analog. Da im Übrigen keine weiteren Kosten durch die Tätigkeit des Treuhänders auf den Staat zukommen werden, sollte man diese Vergütung vom Insolvenzschuldner nicht zurückverlangen.

Die Nichtbefassung der Gerichte durch die Einsetzung des beliehenen Treuhänders spart in erheblichem Umfang Personalkosten, sodass man die Vergütung zwischen

---

11 Entwurf Art. 1, Rz. 28.

12 Vgl. § 5 Abs. 3 des Entwurfs sowie die weiteren Anmerkungen zu Nr. 28 in der Begründung.

224,00 € und 560,00 €, die ansonsten im Rahmen der Beratungshilfe vom Staat zu zahlen gewesen wären, diesem durchaus überhelfen kann. Gleiches gilt für die Veröffentlichungskosten.

3. Forderungsprüfung

Die Gläubiger sind weiterhin verpflichtet, auf das erste Anschreiben des Treuhänders ihre Forderungen zu beziffern. Der Treuhänder prüft gemeinsam mit dem Insolvenzschuldner die Forderungen und trägt das Ergebnis in die Tabelle ein Mit Erstellung der Tabelle beginnt die 6-jährige Restschuldbefreiungsphase.

4. Entschuldungsphase

Der Insolvenzschuldner ist verpflichtet, einmal im Jahr beim Treuhänder eine eidesstattliche Versicherung bzw. eine Vermögensübersicht abzugeben. Der Treuhänder stellt diese den Gläubigern z. B. über das System GIS zur Verfügung.

Im Fall von Massemehrung erfolgt kein Übergang vom Entschuldungsverfahren in das klassische Insolvenzverfahren, da beide Verfahrensarten in dem kombinierten komprimierten Treuhänderverfahren vereinheitlicht sind.

5. Zwangsvollstreckung

Zwangsvollstreckungsmaßnahmen der Gläubiger erübrigen sich, da Vermögensdaten des Schuldners jährlich vom Treuhänder über das Internet veröffentlicht werden. Kosten für Gerichtsvollzieher werden eingespart.

6. Kontrollrechte der Gläubiger

Den Gläubigern wird die Möglichkeit eingeräumt, das Insolvenzgericht anzurufen, wenn ausreichende Hinweise bestehen, dass der Schuldner gegen den Wohlverhaltenskodex der Insolvenzordnung verstößt. Sollte ein Verstoß festgestellt werden, wird die Restschuldbefreiung versagt. Wird der Gläubigerantrag abgewiesen, hat der Gläubiger die Kosten des Verfahrens zu tragen.

7. Kosten

Neben den vom Staat zu tragenden Vergütungen des Treuhänders analog VV 2604 ff. und den Veröffentlichungskosten sind vom Insolvenzschuldner für die Tätigkeit des Treuhänders im Restschuldbefreiungsverfahren jährlich 100,00 € direkt an den Treuhänder zu entrichten.

Kommt der Insolvenzschuldner seiner Verpflichtung nicht nach, wie die Restschuldbefreiung versagt.

8. Sonstige Verfahrensmodalitäten

Die umfangreiche und massive Kritik am Gesetzesentwurf vom 2.3.2006, wie sie sich z.B. anlässlich des Deutschen Insolvenzrechtstages am 30.3.2006 in Berlin in Workshop 1 manifestiert hat und gegen die der anwesende Vertreter des BMJ auch nicht das geringste an Argumenten entgegenzusetzen hatte, soll in diesem Beitrag nicht weiter eingegangen werden. Es wird zahlreiche Veröffentlichungen zu den einzelnen Vorschlägen des Gesetzgebers, wie z. B. Anfechtungsrecht des Treuhänders, Versagungsanträge des Gerichts oder des Treuhänders, Verschärfung der Widerrufs- und Versagungsvorschriften usw. geben, die man im Einzelnen in das Beliehenenmodell einbeziehen kann. Kritik am Gesetzesentwurf, der nach Meinung der Praktiker zu einem Chaos bei den Gerichten führen wird, soll hier nicht weiter verfolgt werden, da der Rahmen des Beitrags gesprengt werden würde.

IV. Zusammenfassung

Das Bestreben des Staates, die Kosten für die masselosen Verfahren zu minimieren, wird über das vorgeschlagene Modell erreicht.

Die VV RVG 2601 ff. sind dem Beliehenenmodell anzupassen.

Kosten für staatliche Organe fallen in diesem Verfahren nahezu nicht mehr an, da Rechtspfleger, Gerichtsvollzieher und Insolvenzrichter nur noch in Ausnahmefällen mit dem Verfahren befasst sein werden.

Die Qualifikation des Treuhänders und der geeigneten Stellen, die das Entschuldungsverfahren durchführen, muss über ein Zulassungsverfahren gesichert sein.

Sachregister

FSC
www.fsc.org
MIX
Papier | Fördert
gute Waldnutzung
FSC® C083411

Kolibri 360 GmbH
Ferdinand-Jühlke-Straße 7
99095 Erfurt, Deutschland
produktsicherheit@kolibri360.de